中国广告四十年
FORTY-YEAR HISTORY SERIES
OF ADVERTISING IN CHINA

总策划：黄升民　总编辑：丁俊杰

中国媒体经营四十年
(1979 ~ 2019)

1979

FORTY-YEAR HISTORY
OF MEDIA MANAGEMENT IN CHINA

王薇 刘珊 著

2019

社会科学文献出版社
SOCIAL SCIENCES ACADEMIC PRESS (CHINA)

"中国广告四十年"项目组

总　指　导：李西沙

总　统　筹：张国华

总　监　制：杨汉平

总　策　划：黄升民

总　编　辑：丁俊杰

主　　　编：刘英华　赵新利

编　　　委：黄京华　王　薇　王　昕　宋红梅　高　山
　　　　　　刘　珊　董俊祺　黄爱武

课题组组长：丁俊杰

执行副组长：黄升民　刘英华

课题组成员：

消费四十年课题组：

　　　　　　董俊祺　黄京华　李　珂　张心森　云　庆
　　　　　　曹启溟　邢　楠　余　敏　刘莎莎　谭迪新
　　　　　　弓　婕

媒体经营四十年课题组：

　　　　　　王　薇　刘　珊　陈苡扬　刘　硕　张熙悦
　　　　　　谢晨薇

品牌四十年课题组：

　　　　　　赵新利　张　驰　项星宇　张允竞　安　瑀
　　　　　　彭英伦

广告公司四十年课提组：

    王 昕 刘佳佳 刘新鑫 王墨雨 刘姝君

    陈 烨

文献记录组：

    高 山 王 帆 邢 拓 李 柳 李文蕾

    吴昕宇 葛伟滕 傅潇莹 邵巧露 王天绮

    刘怿卿 王静倩 黄 爽 张乐平 付少文

    黄 岳 高卉语

事 务 组：轩金鸽 张兰兰 高 慧

支持机构：中国商务广告协会；

    中国广告协会；

    中国广告主协会；

    中国新闻史学会

    （排名不分先后）

支持媒体：中央广播电视总台

总　序

壮哉，四十年！

四十年弹指挥间，中国广告浮沉跌宕，壮丽磅礴。

二十年前，我们第一次用纪录片手法回顾中国广告二十年。影片开头就是为迎接国庆，重新绘制的巨幅主席像在天安门城楼徐徐升起，解说词旁白，毛主席微笑地看着长安街川流不息的车水马龙。这个时候有谁想到主席像的绘制者就是中国的老广告人？五十年代绘制抗美援朝大跃进的宣传栏，六十年代做过满大街"红海洋"，七十年代一声春雷，他们打开尘封的画册，将单一的"语录街"变成了七彩斑斓的广告街。

广告反映时代，我们记录广告，且每十年一次。二十年，三十年，又到今天四十年，我们以品牌、媒体、创意与消费四个板块形成四大卷本和四十集文献纪录片，铺展中国的广告社会史。

第一卷：狂飙突进的品牌　1978 年改革开放，中国经济从崩溃边缘走出，企业作为国民经济的细胞，于混沌之中率先破冰，成为中国市场探索的先行者。从完全的计划经济转向市场经济，企业活跃于最激烈的市场变革中，疯狂生长，奋力求生，其间历经千难万险，付出巨大代价，有落后挨打也有领先突破，于短短四十年间，完成了发达工业国上百年的历史积淀，发展之快令世人瞠目结舌。进入风云际会的新时期，转型升级成为当下中国企业发展的关键词，作为广告活动的发起者、需求者与规则制定者，企业通过广告营销塑造出享誉世界的中国品牌，在与国际品牌的较量中，不断创新求索，于奔跑中适应全球化步调，于兴衰沉浮中谱写中国广告的品牌历程。

第二卷：生死轮回的媒体　媒体与企业一样，在改革开放中从事业单位走向市场经营，从原来作为创收补充的小型广告体做大到集团产业，做强到拥有全球最大互联网市场的巨头公司。如今中国传媒产业总规模早已突破万亿元，广告经营额达到 8000 亿元量级。可以看到，一方面媒体于市场竞逐中不断演进，于技术迭代中增加传播力，匡助企业完成一次次品牌建构。另一方面，官商两面的属性使媒体肩负政治与商业的双重使命，于制度和市场博弈中左冲右突夹缝求生。旧媒体衰落于新媒体降生之中，更新的媒体又好整以暇酝酿而生，淘汰不灭，生生不息。媒体变革风起云涌，改革历程艰辛非常。

第三卷：彩练当空的广告 凭借对时代的敏锐嗅觉，广告人最早洞察行业复苏迹象。1979 年以后，经历了为广告正名，摘掉意识形态污名化的帽子，中国本土广告于奋斗中走过了短暂繁荣，但争议与责难一直不断。随着国外 4A 公司登上中国舞台，土洋竞争持续升级，资本角力，技术掣肘，从 20 世纪 90 年代至 2000 年，本土广告公司都在惊涛骇浪中步步惊心。伴随互联网广告公司登场，包括国际 4A 在内的所有广告公司都面临艰难的变革突破，生存还是死亡，是时刻紧扣广告公司及其背后广告人的深刻焦虑。相比于企业和媒体两大市场主体，广告公司于市场中竞争最为彻底开放，这期间广告人凭借聪明才智一次次扭转危局，避开急流险滩。这群以灿烂作品名动于世的幕后英雄们，虽至今仍未赢得广泛尊重，却用智慧与汗水演绎出最精彩绝伦的壮阔舞曲。

第四卷：汹涌澎湃的消费 改革开放为压抑已久的中国市场打开缺口，民众的消费欲望瞬间迸发，成为浩浩荡荡、奔腾不息的原始动力，推动市场经济全速发展。蓬勃的消费浪潮一浪高过一浪。人民追求幸福的权利天经地义，满足民众最根本的消费需求是所有生产者与传播者的终极目标。创意策动传播，传播作用生产，深厚的消费力带动广告生产持续发力，蓬勃的消费血液深深汇入中国社会的骨络，循环往复，生生不息——人民，只有人民才是历史的创造者。

企业的强烈需求对接消费者的蓬勃消费欲望，媒介的技术变革呼应广告公司的转型突破，消费市场代表一切广告的本源和终点。四个角色于相互碰撞之中交相配合、环环相扣，共同构成四十年中国广告社会的长轴画卷。

广告世相，滴水太阳。广告渺小而平凡，却蕴含折射世间万象的力量。透过广告，可以看到企业的形象和媒体的兴衰，可以看到无穷的创意和喷涌的需求，可以看到人类文明的演进和一个大步跳跃的国家步伐。当然，也可以在社会梦境之中看到人类共有的深层欲望……

中国传媒大学资深教授、中国广告博物馆馆长

黄升民

目　录

序

中国传媒大学广告学院不止是一所培养专业人才的高等院校，也是我国广告、媒体产业的参与者与研究者集结之地。因为这样的身份，回溯历史、引领未来，就成为我们责无旁贷的职责和使命，是我们所立足的这个行业所必须完成的一项基础工程。从"中国广告 20 年"、"中国广告 30 年"再到"中国广告 40 年"，我们的团队一直在前进。2017 年春，"中国广告 40 年"研究课题正式启动，品牌、媒体、广告公司、消费者，先后四支队伍踏上了这段"历史征程"。

本序，作给"中国媒体经营 40 年"研究小组历时两年的研究成果，是上一段研究工作的小结，也会是下一段研究之路的开启。

1979 年 1 月 4 日，《天津日报》刊登了一条天津牙膏厂的广告，从这个不起眼的小豆腐块开始，伴随着我国改革开放的进程，中国媒体走过了 40 年波澜壮阔的市场耕耘之路。

40 年大国崛起，中国的媒体产业也经历了天翻地覆的变革，取得了举世瞩目的发展成就。在这个过程中，媒体"经营"这一概念的内涵和外延也得到了丰富和拓展，绝不再是"广告"二字可以囊括。

40 年发展，市场巨变。从媒体规模和收入数据等指标综合来看，中国媒体的市场格局在不断变化：20 世纪 80 年代曾经是纸媒的天下，《天津日报》与《文汇报》是熠熠闪烁的明星机构；90 年代电视媒体逐步壮大乃至突破百亿、千亿规模，把持中国媒体广告收入市场第一把交椅长达 20 多年；进入千禧年，互联网快速崛起，2012 年之后更是掀起了移动化的滔天巨浪，自此一骑绝尘远超传统媒体的市场增速，成为毫无疑问的 NO.1……从一穷二白到万亿规模，推动中国媒体不断向前发展的动力到底是什么？我们认为，是政策、技术和资本。改革开放后中国媒体经营发展的 40 年，其实也是媒体产业经营与政策博弈的 40 年，是技术奔腾向前的 40 年，也是资本影响力逐渐加码的40年。

40年发展，博弈竞合。媒体的经营发展，不可避免地受到政策管控与限制，其经营空间的大小、经营能力的强弱，都在一定程度上与政策支持程度成正相关。1993年中共中央、国务院在《关于加快发展第三产业的决定》中，正式把报刊经营管理、广播电视业列为第三产业，这才有了90年代中后期的媒介产业化进程的加速。进入21世纪，政策对媒体产业的价值认定一路走高。2009年7月国务院出台的《文化产业振兴规划》里，媒体所属的文化产业成为国家战略性产业。到了2017年"十三五"规划，文化产业已经成为国民经济支柱性产业。近20年来，国家针对传媒行业陆续出台了金融支持、放松投资限制、税收优惠、转企改制等多个方面的各类扶持政策，在此影响之下，媒体机构上市、兼并收购成为常态，传媒行业发展加速，逐渐成为资本市场的宠儿。

40年发展，技术为王。我们常说内容为王或渠道为王，其实在媒体经营发展的推动力中，技术同样至关重要。40年来，每一种新的媒体形态和产业链条的诞生，每一次的媒体产业版图的重新调整，都少不了技术因素的影响：20世纪80年代，电视就是当时的"新媒体"，此后凭借着有线网和卫星传输技术进一步推动了产业的蓬勃发展。21世纪初，数字技术的发展不但逼迫着传统媒体"转型"，也催生了新媒体的勃发。到了21世纪第二个十年，媒体技术开始朝着智能化、融合化方向发展，出现了OTT、云服务、跨屏互动等新的业态，大数据、人工智能开始广泛影响媒体的各个环节，颠覆了旧有的媒体形态、内容生产模式和媒体经营模式，媒体开始变得更加智能、更加融合。与此同时，技术也在直接推动媒体的经营创新。尤其是进入互联网时代以来，技术给媒体提供了更多的经营资源，创造了全新的经营理念和经营模式，重构了媒体的经营逻辑与经营体系。

40年发展，资本进军。40年来，资本对媒体的影响力经历了一个逐渐加码的过程。从最初的抗拒到试探再到拥抱、追逐，随着媒体产业化进程的推进，资本对媒体发展的影响力越来越大，而资本的进入，无疑又进一步深化了媒体产业化的发展。从80年代的"两面性"之争，到90年代中后期的市场化探索，再到2000年之后的亲密接触，资本始终在影响着媒体产业。进入2010年，伴随着促进文化产业大发展大繁荣的政策支持，资本逐渐成为推动媒体产业发展的重要动力，兼并收购、重组上市、投资融资逐渐成为推动行业发展的重要手段。

恀忽 40 载，中国媒体产业亦作为改革开放的见证者、亲历者、记录者，谱写着荡气回肠的发展故事，有多少可歌可泣的人物值得尊敬，又有多少彷徨失败值得反思。今天，21 世纪即将进入第三个十年，未来已来，技术洪流依然滚滚向前，资本势力不断汹涌而入，与政策的博弈也将持续下去，身处大时代中的媒体，还将谱写更多值得记录、值得回味的未来。

中国传媒大学学术委员会副主任、广告学院院长

丁俊杰

2019 年 5 月

第一篇

恢复期：为广告正名（1979～1984）

1979 年，媒体恢复广告经营，这一阶段主要是对广告功能的恢复和对广告价值的争论。在广告 40 年的发展中，媒体作为广告的承载和经营体，发挥了不可替代的作用。在这一阶段，媒体和广告之间的重要关系在于：给媒体从事广告经营定了调，为此后几十年的媒体广告经营之路指明了方向。

1978 年改革开放之后，媒体出于自身发展需要开始探讨恢复商业广告经营的可行性。自 1979 年起，以《天津日报》、上海广播电视台等为代表的一批媒体先后恢复和开启了商业广告的播出，此后广告逐渐发展成为我国各种媒体的支柱性收入来源。

但是，自这一阶段，恢复广告经营之路并非一帆风顺，对媒体是否能够经营广告、广告的性质等问题还存在诸多疑问，争议之声不时出现，为广告正名也成为这一阶段的重要任务。

经过几年的实践探索，广告的定位、对媒体发展的价值等问题逐渐得到认同，媒体从事广告经营逐渐得到广泛认可，为此后媒体广告经营之路指明了方向，打下了基础。

与此同时，媒体自身的功能也得以快速恢复。报刊纷纷复刊、创刊，广播电视台和节目内容快速增多，户外广告数量增加，媒体也逐渐恢复到正常状态。

第一章　广告归来

改革开放伊始，百废待兴。对于当时的报纸杂志、广播电视、户外广告来说，既看到了重新出发的新希望，同时又面临着经费严重匮乏的现实。于是，广告作为创收可能自然而然地进入了媒体运营者的视野。

1979 年 1 月 4 日，《天津日报》上刊登了天津牙膏厂的一条广告，日后这条广告被公认为改革开放之后在媒体上刊登的第一条广告。自此，媒体广告经营逐渐开展起来，广告重新回归媒体，也拉开了日后持续几十年的媒体产业经营的序幕。

第一节　报纸率先恢复广告

在各种媒体中，报纸是最早恢复广告经营的媒体类型。对于报社来说，经营广告并不是什么新鲜事，因此，改革开放伊始，面对经费短缺的现实困境，报社自然而然地想到了广告，希望以广告收入来改善办报条件，报纸也成了最早恢复广告经营的媒体。

一　《天津日报》，打响了恢复广告的第一枪

《天津日报》是改革开放后最早恢复广告经营的媒体。"文革"前曾任该报总编辑的石坚当时回到报社复职，发现报社依靠财政拨款勉强维持，条件非常困难，员工生活条件也很艰难。作为报社总编辑，石坚开始琢磨如何改变这一现状。他认为，商业广告是在"文革"中被砍掉的东西，"文革"结束后，自然应该恢复经营。1978 年，天津日报社组建了广告科，当时全科只有主任王巨忱一人。

然而寻找广告客户的过程并不容易。《中国报业》在 2009 年对时任

《天津日报》广告科主任王巨忱同志进行过一次采访，其中就有对这段往事的描述。采访中王巨忱回忆道："当时我骑着自行车一家家地跑，专找那些生产民用产品的企业，甚至向上找到他们的主管部门。商业广告是为市场服务的，是帮助企业撬动市场的一根杠杆，可惜许多企业，连同主管部门都是婉言拒绝，或说没这个必要，或说没这笔开支，有的干脆就说不想找麻烦。一朝遭蛇咬，十年怕井绳。严密的计划经济，被全国上下经营、打造了 20 多年，固似铁桶，你想给它钻个眼儿，谈何容易？"

"后来，天津百货采购供应站的同志看在与《天津日报》多年的交情上，帮着动员当时的天津牙膏厂，最终达成了由天津牙膏厂花 700 元在《天津日报》上刊发一条广告的协议。当时我们非常高兴，但毕竟是全国的第一笔商业广告，心里没底，不敢把它发得太大，通栏 20 行高，还得放在三版的最底下。发表前，总编辑石坚同志亲自审稿，他看了又看，确认没什么问题，才让我们拿去制版。"

图 1-1-1　1979 年 1 月 4 日《天津日报》刊登的蓝天牙膏广告被视为恢复广告经营以来的第一条在媒体刊播的商业广告

资料来源：中传广告博物馆，《为广告正名：从 1979 到 1984》，https://www.sohu.com/a/228133776_100102940，搜狐网，2018 年 4 月 3 日，最后访问时间：2019 年 1 月。

这条广告就这样被刊登在了 1979 年 1 月 4 日的《天津日报》上。确切地说，这条被放在三版垫底的通栏广告的主题是"天津牙膏厂主要产品介绍"。蓝天牙膏占据了广告位约 1/3 的版面，其余的版面被均匀分配给了"橘子香型"的"富强牙膏"、"金刚牙膏"、"氟化钠牙膏"和"美人蕉高级牙膏"。手工绘制的图片下面附着产品说明书。这些牙膏都是由天津牙膏厂生产、天津百货站包销。

当时这条广告刊出后的商业效果并不是很大，因为人们平时常见的就是这几种牙膏，没有太多新鲜感，因此工商界仍是没人愿意做广告，仍旧需要游说。但这条广告的最大意义在于其政治影响，人们开始意识到社会正在发生变革，它的出现表明了党的机关报从此走向市场，是对当时依然占据统领地位的计划经济的一种挑战。

这条广告就这样成为改革开放之后媒体上刊播的第一条商业广告，从此媒体广告以燎原之势迅速恢复发展起来。香港《大公报》为此专门刊发新闻，评价"大陆被禁锢十年之久的商业广告又出现在报纸上，它意味着市场营销的问题开始得到重视，统购统销的模式看来要发生变化"。

据王巨忱回忆，在恢复广告经营业务后，《天津日报》迎来了显著的变化，广告客户排大队，争着给报社"送钱"。《天津日报》迅速摆脱了贫困，短短两三年，修旧房 1 万平方米，建新房 6000 平方米，在全市率先改善了自己的居住条件，极大改善了办报条件。

二 报纸广告开始走向大众

随着改革开放的启动，报纸也开始逐渐走向大众。1982 年 6～8 月，中国社科院新闻研究所在北京做了首次大规模新闻受众调查，打破了新闻研究中定性分析统天下的局面。同年 11 月，《新民晚报》社长赵超构提出"我们的报纸绝不是专办给领导同志看的"，这标志着受众意识开始在国内传媒业界萌动。

对读者服务重视程度的提升，也体现在了报纸广告上。1981 年 1 月 8 日，《市场报》在显著位置刊登全国第一例"征婚广告"。王润泽的《新中国的征婚第一人》中对这则广告有较为详细的描述，原文如下：

> 求婚人丁乃钧，男，未婚，四十岁，身高 1 米 7。曾被错划为右派，已纠正。现在四川江津地区教师进修学院任数学教师，月薪四十三元五角。请应求者来函联系和附一张近影。

这在今天看似一则很普通的征婚启事，然而在改革开放之初的中国，还真是一桩破天荒的大事。

丁乃钧的这一举动尽管在当时备受争议，但站在历史的角度回溯，这一事件不仅代表了中国改革开放的思想解放信号，也是受众利用报纸媒介的一大创举，广告作为一种商业形式以另一种表达服务读者。

第二节 广播广告重启

紧随报纸之后，广播也开始恢复广告经营，也因而诞生了在中国媒介与广告史上极具标志性的事件。

2011 年，周果的《当代北京广告史话》在当代中国出版社出版。作为我国广告史的研究者之一，他在另一篇文章中曾经对这段过往进行过描述。当时的上海电视台已经开始播出商业广告，但实际上拥有电视的家庭并不多，收音机（话匣子）的普及率更高，因此厂商更乐意把广告投放在广播平台。上海家用化学用品厂看中了上海人民广播电台这一传播渠道，他们生产的洗发乳质量上乘，尤其是新开发的药用发乳对保护头皮、促进发根毛囊生长有较好作用，但由于没地方做广告，难以得到消费者的信任，商家不进货，导致产品积压非常严重。于是，在与上海人民广播电台的多次沟通和完成审批流程后，终于在 1979 年 3 月 5 日，播出了这一在广播历史中具有重要意义的广告——"春蕾药性发乳"，成为全国电台首例商业广告。

此广告一经播出，就收到了非常好的效果，原来滞销的"春蕾药性发乳"一下子火了起来，各大百货公司和经销商纷纷要求进货，厂家不得不组织工人加班加点生产。这条广告还引起了外国通讯社的注意，日本的共同社和法国的路透社以"上海改革开放了，上海电台播出广告了，中国改革开放前途远大"为主题发布消息，形成了一定的国际影响。①

之后，包括北京在内的其他各地广播电台也相继开始恢复广告业务。1979 年，广东人民广播电台播放了"乐都表"外商广告。1979 年 11 月，一批商业性广告在北京台的广播中露面了。

中央人民广播电台于 1979 年 7 月成立了筹办播出广告的班子，由一名副台长挂帅，电台办公室正、副主任具体运作。后来又成立了广告科，专门组成了一个班子。由于中央人民广播电台的特殊地位，加上思想不够解放，以及漫长的审批过程，直到 1980 年 1 月 1 日，中央人民广播电台的广

---

① 周果：《1979：中国广告业复苏元年》，《传媒历史》2011 年第 10 期，第 96~99 页。

告节目才姗姗来到，正式开播广告栏目"广告文艺"。

"广告文艺"主要播送歌曲、音乐，在播送文艺节目的中间播出一段广告。直到 1980 年 5 月 19 日，"广告文艺"才更名为"广告"，以广告为主，而不是以文艺为主。但以广告为主也不是想播什么就播什么、谁给钱多就给谁播，而是要符合台里制定的"沟通产销、活跃经济、促进生产、指导消费、方便人民生活"的节目方针。[①]

此后，广播广告在全国普遍开展起来。到 1982 年年底，在全国工商行政管理机构已登记发证的经营广告业务的广播电台达到了 115 家。1983 年 1 月，我国 29 个省份广播电台联合举办"全国优质名牌产品节目"广告大联播，广播广告得到了广泛认同。

第三节　电视广告首次试水

如果说对报社和广播电台来说，恢复广告这一事情的出现还算顺理成章的话，那么对于电视台来说，广告则是破天荒的创新了——在"文革"之前，电视台也没有播出过广告。所以相对来说，电视台走上广告经营之路难度更甚，而上海电视台成了第一个吃螃蟹的机构。

一　上海电视台首开广告经营先河

1979 年 1 月 28 日，这个星期天与众不同，并不是因为它是春节，而是因为这是中国历史上第一条电视广告片播放的日子。当时，片长 1 分 30 秒的参桂养荣酒的广告出现在上海家庭 100 多万台电视机上。同日，上海电视台还打出了"上海电视台即日起受理广告业务"的字幕，虽然当时一次的播出费不到 300 元，但从此揭开了中国电视广告的序幕。广告播了 4 天，产品销售一空。

这时，距党的十一届三中全会闭幕才 37 天，全会刚确定全党工作重点转移到社会主义现代化建设上来。那么，上海电视人吃的第一只蟹是怎么来的呢？

---

① 周果：《1979：中国广告业复苏元年》，《传媒历史》2011 年第 10 期，第 96~99 页。

当时，上海电视台经费极其困难，就想到了通过广告来增加经费的方式。一开始，上海电视台联合《文汇报》等请示恢复广告，报纸的请示得到了积极的批复，然而电视台因为以前没做过广告经营，所以第一次并没有被通过。后来，上海电视台领导找到《资本论》中的话当证明，又上上下下四处游说，终于获得了认可。

据《解放日报》2013年12月24日的一篇文章对此段往事的描述，当时这条广告片的制作者是上海电视台新闻组的摄影记者吴国泰。吴国泰在接受媒体采访时对于这条广告片的诞生历程是这样描述的："每到春节，电视台都要做一些反映大好形势的、市场繁荣的节目。这时，我们认识了药材公司的老朱同志。在拍完预定节目之后，他提出帮大补酒拍些镜头，少量地出些钱。"

药材公司要拍的，就是参桂养荣酒。中国人讲究"冬令进补，夏天打虎"，参桂养荣酒是一种补酒，与十全大补酒、人参酒齐名。主要原料是生晒参、糖参、桂圆肉和玉竹，用的是52度的高度白酒。此时，正是市场销售的大好时机。

吴国泰的请示得到了电视台总负责人邹凡扬的支持。总负责人就是当时电视台的一把手，到了两个月后产生新班子，才有了台长和副台长的称谓。此时的电视台，没有专拍广告的，更无现在社会上多如牛毛的制作机构。这活儿就交给了吴国泰。拍广告片用的是16毫米彩色胶片，而不是磁带。

遗憾的是，这条在中国广告史、中国电视史甚至在中国改革开放史上都具有划时代意义的广告，现在却已经无法再找到。据相关人员对"参桂养荣酒"广告的回忆，我们面前展现了这样的画面：晚辈在店里买酒，送到长辈家孝敬长辈，拿着酒的长辈笑逐颜开。

按照现在的眼光看，当时的这条广告很粗糙，既无分镜头脚本，也谈不上什么市场调查、产品分析和创意，而且是由电视台的新闻记者按照新闻样式去拍的。

代理参桂养荣酒广告的是上海市美术公司（现上海市广告装潢公司），公司在这年的年初就恢复了广告业务。而上海电视台，则是在该广告播出的三天之前，由邹凡扬向中共上海市广播事业局委员会和中共上海市委宣传部递交了他起草的《关于试办广告业务的报告》。

图 1 - 1 - 2　参桂养荣酒广告模拟图

资料来源：袁念琪：《1979，上海广告归来》，http://sh. wenming. cn/HPFQ/sh _ hpfq/ 201402/t20140211_ 1736358. htm，中国文明网，2014 年 2 月 11 日，最后访问时间 2019 年 1 月。

与此同时，邹凡扬主持、汪志诚起草的《上海电视台广告业务试行办 法》和《国内外广告收费试行标准》也面世了。在这份可以说是中国内地 第一个的广告刊例价里清晰地标注出：国内广告播出费是每 30 秒 100 元， 每 60 秒 160 元；制作费是彩色幻灯片每张 10 ~ 20 元，彩色影片每分钟 （40 英尺）500 元；来自国外和港澳地区的播出费是每 30 秒 1700 元，每 60 秒 2000 元；每分钟制片费 5000 元。此外，上海电视台的广告业务科也 宣告成立。

一石激起千层浪。美联社、路透社等20 多个国家和地区的媒体纷纷发 了消息，其中一家美国报纸写道：“上海电视播放广告是中国开放的 信号。”

二　电视广告逐渐成为电视台的标配

紧随上海电视台之后，更多的电视台也加入了开办广告业务的行列， 而中央电视台的加入，进一步彰显了行业对广告业务的认可。

1979 年，中央广播事业局召开了全国电视节目会议，标志着中国电视 从长期依靠行政拨款走向了自办经营。这一年，中央电视台改全额预算为 差额补助，开始播放广告，接受赞助。进入下半年，中宣部下发文件，同 意其开办广告业务、成立广告科。

1979 年 9 月 30 日，中央电视台播出了第一条有偿广告——美国威斯 汀豪斯电器广告。10 月 27 日，中央电视台发出了《关于中央台试办广告 节目的请示报告》，先在中央二套（对北京地区）播出，内容为对“四化"建设有影响的新技术、新产科研成果和主要日用品。在这种情况下，中央电视台决定开辟商品信息栏目，集中播放国内外广告。1979 年 12 月，中央电视台播出第一条自制广告"首都出租汽车公司"，不久又为河北冀县暖气片厂制作并播出了广告。

这一时期中央电视台分别在两套节目中播出广告，每天五分钟，初期电视广告分三种形式：一种是介绍商品的；一种是介绍厂商；一种是外商提供的带广告性的节目（如纪录片）。后来又成立了商品信息营业科，每天播出 3 分钟广告。广告业务逐渐从偶发事件成为常规动作。

除了中央电视台之外，经济发展较快的广东地区也较早开展了广告经营活动。广东电视台是改革开放后兴办最早、规模最大并且发展较快的省级电视台之一，因此积极加入广告经营行列并不出奇。1979 年广东电视台广告部成立，同年 4 月 13 日广东电视台播出了第一条商业广告——荔江工厂的"泥斗车"；随后，广东电视台开设了中国电视史上第一个广告节目。这一年，广东电视台在春季广交会开幕当晚播出第一条收费商业广告。该台当年制作、播出中外广告收入达人民币 12 万元、港币 120 万元。

三　电视广告经营起航初探

随着电视台对广告业务的认可度的提升，更多的尝试也在悄然展开。1984 年，北京电视台与北京广播电视服务公司签署了《关于把电视广告移交给北京电视台管理的协议书》，决定设立广告部，统一管理，经营电视广告业务。电视台广告部的设立，为电视广告日后的蓬勃发展打下了基础，也为电视广告经营的日益规范建立了一个良好的开端。1984 年的最后 4 个多月时间里，广告部为台里创下了 85 万元的广告收入。在这之后的几年时间里，北京电视台的广告收入连年增长，1985 年为 360 万元，1986 年达到 540 万元。

1981 年，国产电视剧《卖大饼的姑娘》尝试贴片广告，这也是首例在国产电视剧中加入贴片广告的模式。

1983 年，浙江电视台与杭州广告公司联合举办电视广告联播，这也是全国最早的电视广告联播。

第四节　外商广告艰难起步

虽然报社、广播电台和电视台都开始经营广告了，但一开始上的广告都是国内企业的产品。那么，外商广告到底能不能上呢？在改革开放之初，外商往往意味着更敏感的政策问题，媒体也经历了一个摸索的过程。

一　上海媒体首开外商广告

在这方面，上海媒体同样走在了前列。1979年3月15日，《文汇报》和上海电视台先后刊登和播出了改革开放后第一条外商广告——瑞士雷达表。当时正处于中美建交首年，美国波士顿交响乐团到上海访问演出，在实况转播时，雷达表广告被插播了两次，每次片长60秒。由于播放仓促，当时的广告片段直接使用外国雷达表广告，只是配上了中文字幕。

这条广告播出之后，引起了社会舆论的关注，批评意见众多，其中最严厉的是"出卖主权"的指责。这种批评，最终导致上海电视台负责人邹凡扬和广告负责人汪志诚被调离电视台。

有意思的是，广告所宣传的产品雷达表要在四年后才进入中国市场，是看得到买不到的。而在广告刊出的三天内，就有700多人到黄浦区的商场里去询问"雷达表"，外商广告的效果有目共睹。

二　外商广告渐获认可

外商广告的价值在高层得到了呼应。1979年11月，中共中央宣传部发出《关于报刊、广播、电视台刊登和播放外国商品广告的通知》，文件提出要"调动各方面的积极因素，更好地开展外商广告业务"。政策层面对外商广告的认同，也得到了媒体的呼应。

很快，中央电视台增加了播放外商广告的数量，影响力也随之提升。

1980年，中央电视台在尝试引进当时的热播日本动画片《铁臂阿童木》的时候，由于缺少节目引进经费，最终采用了贴片广告的形式，在节目播出的时候加入了卡西欧的广告，卡西欧也是在那时候就成了中国几乎家喻户晓的品牌。

直到今天，不少人一见阿童木就会想起 1985 年上海电视台的"卡西欧杯家庭演唱大奖赛"，它仍是广告与电视节目成功结合的一个杰作。此后的 960 万平方公里土地上，几乎是无杯不赛、无赛不杯。稍稍搜索，就有雀巢杯通俗歌曲演唱大奖赛、健牌中国国际台球大赛、风华杯杂文征文、如意杯节目主持人评选。

"卡西欧杯家庭演唱大奖赛"以家庭为参赛单位，不要任何专业背景，能唱会演就行。用今天的话来说，它就是个"海选"节目，为中国内地电视选秀节目的鼻祖。其吸引力不仅有时尚的电子琴奖品，而且是参赛者一家老小都能上电视。初赛、复赛，电视全程播出，决赛更是安排在大年夜的黄金时段直播。它让平民百姓、普通人家第一次走上荧屏。

除此之外，还有不少日企在此阶段挤入中国市场，与之相对应的，则是它们在媒体上的广告投放。1980 年日本计时产品——西铁城与中央电视台、北京电视台签订长期广告播放合同。日本西铁城公司在《新闻联播》前推出了"西铁城——星辰表，誉满全城"的报时广告。随后，中央电视台二套又与"西铁城"公司签订了一年的播出合同。

电视之外，报纸和广播也开始刊登、播出外商广告。《工人日报》刊登了日本东京芝浦电气株式会社的电器广告，而且是正版的广告。具有全国影响力的政治哲学类报纸的中央大报《光明日报》刊登了日本企业欧林巴斯的电器产品广告。1979 年 10 月 28 日，《人民日报》刊登了一则日本航空公司的广告，也是改革开放以来第一则外资航空公司广告。一系列事件表明，外商广告已经不再是禁区。

图 1-1-3　1979 年 10 月 28 日，《人民日报》刊登日本航空公司广告

资料来源：1979 年 10 月 28 日《人民日报》。

通过外商广告的引入，电视台解决了引进海外节目经费不足的问题，报社增加了广告收入，消费者也觉得耳目一新，见识到了全球范围内的最新商品，从国家层级上看则是有利于增加外汇收入。在多重利好的加持之下，外商广告终于逐渐得到了普遍认可，对其属性的质疑逐渐消失。

第五节　户外广告恢复与波折

与此同时，户外广告这一古老的广告形式也在这一阶段得以恢复。1979年2月，上海南京路出现改革开放后的第一块户外广告牌，在11个站点树立了40余块广告牌，户外广告由此开启大幕，成为这一阶段与报纸广告并列的主要广告形式。

但是，与此同时，户外广告也是最容易被质疑的一种广告媒体。这一时期，户外广告因其巨大的展示面积、显著的影响效果，更容易成为争执焦点，一遇到风吹草动就很有可能被取缔，也可以说是广告属性的风向标。

1979年，北京市委同意恢复户外广告。当年春天，西单民主墙变成了广告墙，但1979年12月6日，以维护首都交通和人民生活、工作的正常秩序，整顿首都市容为由，西单墙被取消，这一理由在日后40年的户外广告历程中，仍然屡屡发挥威力，直接影响着户外广告的发展。

日本共同通讯社摄影记者越石建夫，用自己的视角记录下了北京广告的变迁。他在个人日记《北京的800天》中写下了北京户外广告从无到有的过程：

"1979年10月23日，在遛大街中初次发现大栅闹市中妇女服装店安装上了霓虹灯，在前门也发现了3个安上霓虹灯的铺子。

12月20日，市内各处出现了商业的广告路牌，东单公园周围的路牌特别大。

1980年3月22日，松下、日立、三洋相继在百货店设置广告橱窗。

1980年1月，北京饭店前"毛泽东思想万岁"的标语换成了电影的广告，这也被看成中国对外开放的风向标。

1980 年，王府井百货大楼橱窗陈列松下电器形象，被质疑"将中国青年引向何处去"。

图 1 - 1 - 4　1980 年王府井百货大楼陈列松下电器形象

资料来源：中传广告博物馆，《为广告正名：从 1979 到 1984》，https://www.sohu.com/a/228133776_100102940，搜狐网，2018 年 4 月 3 日，最后访问时间 2019 年 1 月。

尽管此时户外广告开始放宽，但舆论对于户外广告的态度各不相同。此时期最具备代表性的事件，莫过于上海国际饭店的东芝霓虹灯广告和王府井索尼广告。

1985 年 11 月底，国际饭店楼顶的"东芝 TOSHIBA"霓虹灯广告，引起极大关注。霓虹灯广告是中国广告业恢复之后最早兴起并迅速发展壮大的一类广告形式。作为上海的地标之一，国际饭店位置特殊，1950 年，市测绘部门将饭店楼顶旗杆中心定为上海的"零"号位置，并以此为原点确立了上海城市的坐标系，以国际饭店当时在上海的地位，这个广告位就相当于今天陆家嘴震旦大厦的巨屏 LED 广告。

此广告一经投放，当即引起了上海市民的热议。作为上海第一高楼，国际饭店也代表着上海市民的心理高度。"第一高度"被日企品牌广告牌占领，当时对于不少人而言"有辱国格"。在"东芝"登顶后不久，国际饭店楼顶的其他几个方向又摆上了国内产品广告牌，这场风波才告平息。①

① 何佳：《"上海原点"竖起争议外商广告》，2015 年 2 月 3 日，《城市导报》，第 6 版（城事）。

同年在北京，曾经有一次比较大的"抵制日货"的活动。在王府井大街和长安街转角有一块黄颜色的索尼广告牌，上面画了很多产品，像产品目录一样。当时正好临近"一二·九"运动纪念日，这块广告牌遭到了北京学生的一些抗议。1986年7月，北京市政府下令拆除三环路以内及北京与外界相通的主要公路的所有商业广告牌，以体现首都作为全国政治中心的特色。就在王府井大街口巨大的SONY广告牌被换上《北京市公共交通线路示意图》四年后，东芝霓虹灯广告仍立在上海国际饭店的顶层。

可以说，在这一阶段，户外广告与意识形态的碰撞非常直接，一块广告牌往往会跟改革开放的政策、国家发展方向等问题联系起来。这也从另一方面彰显了户外媒体的广告价值所在。

但是，无论遭到何种质疑，过程如何波折，户外广告还是快速发展了起来。1982年，北京就已经有300多块户外广告牌，面积6000平方米左右，同年，北京也开始出现地铁广告。

第二章　为广告正名

媒体恢复广告业务并非一帆风顺，关于广告属性的争论在这一时期非常显著。不过，媒体人也在通过多方努力为广告正名，政策层面也逐渐认可了媒体从事广告业务。我国媒体"事业单位、企业化管理"的双重属性，在这一阶段被确立，并持续影响至今。

第一节　媒体"吹风"

改革开放之初，关于广告的性质、媒体能否做广告是存在很大争议的。在恢复之初，广告遭遇到了诸多质疑。但是，通过媒体人和广告行业的不懈努力，广告的属性终于被正名。

一　《为广告正名》，吹响媒体恢复广告的号角

报纸作为当时最主流的媒体，也成为为广告正名的主战场。说到为广告正名，就不能不提 1979 年 1 月 14 日，上海广告公司广告科的丁允朋在《文汇报》上发表的《为广告正名》的文章。

丁允朋所在的上海广告公司成立于 1962 年，"文革"时期被撤销，1977 年上海包装进口广告进出口公司（原上海广告公司）恢复成立，丁允朋任广告科科长。

恢复经营后的广告公司业务开展迅速。至 1978 年上半年，基本上恢复了同 19 个国家、地区共 61 家新闻媒体的广告业务联系。同年向国外 73 家媒体发布中国产品广告 161 次，总金额达 83 万美元。

对外广告的初战告捷极大鼓舞了外贸广告工作者的斗志，也激发了丁允朋恢复国内广告的热情，更是为《为广告正名》一文打下了坚实的

基础。

《中国广告》杂志在 1999 年就这篇在中国近代广告史中意义重大的文章专访丁允朋先生，在访谈中丁先生还原了他当时创作的动因。

在发表《为广告正名》之前，丁允朋先生在 1978 年年底的《文汇内参》中发表了一篇文章，介绍恢复出口广告后取得的效果，同时提出恢复国内广告的设想。丁允朋在商业经营思想尚未全面解放的当时发表这样的文章承担着未知的风险，但幸运的是，该文在一个月后就得到胡耀邦"可以一试"的意见反馈。[1]

于是，在文汇报社梁廉禁、郭志坤的联系下，1979 年 1 月 14 日的《文汇报》第二版，就出现了可以说是中国广告界一声春雷的千字文章——《为广告正名》。

图 1-2-1　1979 年 1 月 14 日《文汇报》第二版刊登丁允朋《为广告正名》

资料来源：发表于 1979 年 1 月 14 日《文汇报》第二版。

---

[1]　曹时炯：《为商业广告恢复而呐喊的人——访"为广告正名"一文的作者丁允朋》，《中国广告》1999 年第 1 期，第 20～20 页。

文章中这样说道："当时社会上很多人认为广告是资本主义的生意经，要它干什么，广告是吹牛皮、摆噱头。我认为，对资本主义的生意经要一分为二。要善于吸取它有用的部分，广告就是其中之一。我们有必要把广告当作促进内外贸易、改善经营管理的一门学问对待。广告也是可以用来促进产品质量提高、指导消费的。公益广告还可以宣传好的思想。外商广告可以增加外汇收入、扩大群众眼界。"

丁允朋这篇短短千字的小文章，为媒体吹响了恢复广告的号角。同一天，《文汇报》就恢复刊登了广告。

二 《人民日报》持续报道，广告得到官方认可

如果说丁允朋在《文汇报》刊登的这篇文章还只是个人和个别媒体的行为的话，那么，《人民日报》对广告的报道则被认为是中央高层对广告的表态。

1979年，《人民日报》对广告做了四篇专门的报道，分别是《上海恢复商品广告业务》、《漫谈外国广告》、《一条广告的启示》和《一张广告救了一个厂》。这四篇文章通过讲述与广告有关的实际案例故事或陈述广告业内正在发生动态的形式，向大众介绍广告的回归及其发挥的积极作用，报道篇幅虽然都比较短小，却足以表现中央对媒体广告经营行为所释放的正面信号。

1979年3月12日，《人民日报》的第二版刊登了题为《上海恢复商品广告业务》的报道。报道陈述了一系列当时刊播的广告，比如"幸福可乐"出现在上海电视台转播的国际女子篮球比赛中；上海《解放日报》《文汇报》和上海人民广播电台相继恢复中断十多年的商品广告；上海市中心和郊区的户外广告、杂志广告、橱窗广告、电影院大荧幕广告等各种形式的广告得到恢复与迅速发展。文章的最后以这样一句话总结，"广告在促进工农业生产和发展内外贸易、旅游业、技术交流等方面可以起到积极作用"，这明确表明和肯定了广告所发挥的价值。

《漫谈外国广告》发表在1979年5月6日第二版，报道用较大的篇幅对外国广告发展情况做了全面介绍。文章中不仅介绍了外国媒体及广告的数量、内容类型、广告的经济和政治功能这些微观经营层面的情况，还纵向对国外广告如何逐渐成为一个行业，建立专门的广告协会等宏观层面行

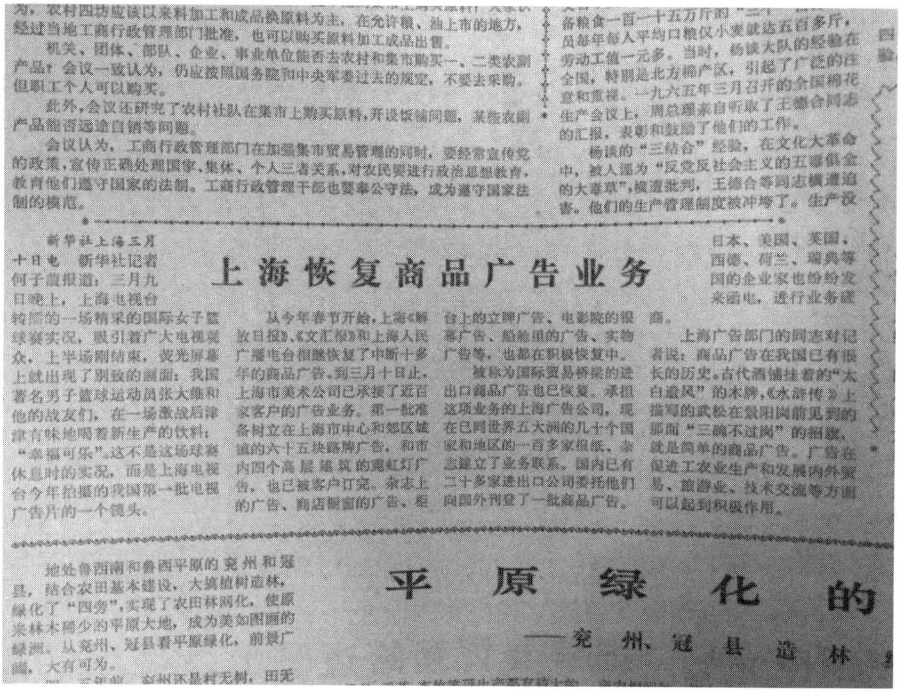

机关、团体、部队、企业、事业单位能否去农村和集市购买一、二类农副产品？会议一致认为，仍应按照国务院和中央军委过去的规定，不要去采购。但职工个人可以购买。

此外，会议还研究了农村社队在集市上购买原料，开设饭铺问题，某些农副产品能否远途自销等问题。

会议认为，工商行政管理部门在加强集市贸易管理的同时，要经常宣传党的政策，宣传正确处理国家、集体、个人三者关系，对农民要进行政治思想教育，教育他们遵守国家的法制。工商行政管理干部也要奉公守法，成为遵守国家法制的模范。

杨谈的"三结合"经验，在文化大革命中，被人诬为"反党反社会主义的五毒俱全的大毒草"，横遭批判，王德合等同志横遭迫害。他们的生产管理制度被冲垮了。生产设

新华社上海三月十日电　新华社记者何子霞报道：三月九日晚上，上海电视台转播的一场精采的国际女子篮球赛实况，吸引着广大电视观众，上半场刚结束，荧光屏幕上就出现了别致的画面：我国著名男子篮球运动员张大维和他的战友们，在一场激战后津津有味地喝着新生产的饮料："幸福可乐"。这不是这场球赛休息时的实况，而是上海电视台今年拍摄的我国第一批电视广告片的一个镜头。

上海恢复商品广告业务

从今年春节开始，上海《解放日报》、《文汇报》和上海人民广播电台相继恢复了中断十多年的商品广告。到三月十日止，上海市美术公司已承接了近百家客户的广告业务。第一批准备树立在上海市中心和郊区城镇的六十五块路牌广告，和市内四个高层建筑的霓虹灯广告，也已被客户订完。杂志上的广告、商店橱窗的广告、柜台上的立牌广告、电影院的银幕广告、船舱里的广告、实物广告等，也都在积极恢复中。

被称为国际贸易桥梁的进出口商品广告也已恢复。承担这项业务的上海广告公司，现在已同世界五大洲的几十个国家和地区的一百多家报纸、杂志建立了业务联系。国内已有二十多家进出口公司委托他们向国外刊登了一批商品广告。日本、美国、英国、西德、荷兰、瑞典等国的企业家也纷纷发来函电，进行业务磋商。

上海广告部门的同志对记者说：商品广告在我国已有很长的历史。古代酒铺挂着的"太白遗风"的木牌，《水浒传》上描写的武松在景阳岗前见到的那面"三碗不过岗"的招旗，就是简单的商品广告。广告在促进工农业生产和发展内外贸易、旅游业、技术交流等方面可以起到积极作用。

地处鲁西南和鲁西平原的兖州和冠县，结合农田基本建设，大搞植树造林，绿化了"四旁"，实现了农田林网化，使原来林木稀少的平原大地，成为美如图画的绿洲。从兖州、冠县看平原绿化，前景广阔，大有可为。

平原绿化的

——兖州、冠县造林

图 1－2－2　1979 年 3 月 12 日《人民日报》第二版刊登《上海恢复商品广告业务》

资料来源：发表于 1979 年 3 月 12 日《人民日报》第二版。

业的发展做了介绍。文章通过大量数据的堆积和案例的说明，让大众较为直接地感受到真实的国外广告市场并逐渐从心里接受这种现实。在文章的最后，作者表明观点："广告也从一个角度反映生产技术发展的动态和趋向。因此，我们应该对外国的广告进行一定的分析和研究。作为商品介绍，扩大生产者和消费者之间的联系，如何发挥广告和商标的作用，国外在这方面的有些经验还是我们可以借鉴的。"

1979 年 7 月 18 日，《人民日报》第一版刊登了题为《一条广告的启示》的报道，通过四川宁江机床厂承接广告后改善经营条件和两个反面例子来论证和肯定广告在生产经营活动中的积极作用。文章最后写道："我们国家这么大，各项建设事业的需要，包括人民生活的需要，五花八门，如果单是依靠行政手段去安排组织，不免挂一漏万；利用市场经济，做一些调剂补充，只会有好处。大有好处的事，何乐而不为呢？"各行各业普遍认为这是中央高层对媒体广告经营的认可。此后，国内的报纸纷纷开始刊登商业广告。

图 1 - 2 - 3 1979 年 7 月 18 日《人民日报》第一版刊登《一条广告的启示》

资料来源：发表于 1979 年 7 月 18 日《人民日报》第一版。

刊登在 1979 年 12 月 22 日第三版的《一张广告救了一个厂》则讲述了岳阳的一个保温材料厂，通过在《湖南日报》刊登的广告，实现"一个多月里完成了相当于前八个月的产值"的故事。文章里提到的当时很多企业面临困难的痛点、运用广告手段后振奋人心的效果具有很强的鼓动作用。

经过《人民日报》在 1979 年广告恢复之初的一系列报道，人们对广告有了更深入、客观的了解，这对产品生产者和商品消费者来说发挥了巨大效果。

第二节　政策认可

在大胆的媒体广告试水、一定时间的实践经验积累以及媒体对广告的客观报道后，广告的合法性由实践向政策层面落实。报刊社、广播电视台可以从事以广告为代表的经营活动，在政策的支持下发展得越发迅猛，监管政策的出台也使行业秩序得到进一步规整。

一　媒体的经营行为得到认可

首先在体制机制方面，报刊、广播、电视等媒体陆续获得了从事广告经营活动的权利。

相对较早发布的是报刊媒体的政策。1978 年，财政部批准《人民日报》等首都几家报纸实行企业化管理的报告，其后形成"事业单位、企业化管理"的传媒体制，构成了当代中国大众传媒体制演变的基调。[1]

1979 年 4 月，财政部制定《关于报社试行企业基金的实施办法》，再次明确报社是党的宣传事业单位，在财务管理上实行企业管理的方法。同年 5 月 14 日，中共中央宣传部明确肯定了报刊恢复广告的做法，并做了具体规定。1983 年，财政部对《经济日报》等中央大报实行利改税改革，税后利润全部由报社支配。

对其他媒体广告经营许可的政策也随之发布。1979 年 11 月，中共中央宣传部发出《关于报刊、广播、电视台刊登和播放外国商品广告的通知》，提出"广告宣传要着重介绍'四化'建设中可借鉴参考的生产资料，消费品除烟酒外，也可以刊登"，并要求"调动各方面的积极因素，更好

---

① 屠忠俊：《报业经营管理》，新华出版社，1992 年。

地开展外商广告业务"。这表明于 1953 年终止的广播广告，在 26 年后的改革开放中悄然重开业务。

从此，广告收入成为电台资金的另一来源。电台自身的创收给广播的发展注入了新的活力。此后，我国媒介的广告经营，迅速在全国范围内燎原起来。

除此之外，专门针对电视台广告的相关规定也同步出台。1979 年中央电视台改全额预算为差额补助，开始播放广告，接受赞助；上海电视台拟定《广告业务实行办法》和《国内外广告收费标准》。

1984 年，财政部《关于新华社实行经费包干办法的复函》正式批文，同意新华社从 1985 年起实行经费大包干办法。

自此，被中断十多年的媒体经营活动在政策的出台支持下开始逐渐复苏，广告从此开始名正言顺地得到恢复发展。

二 针对广告的行业管理得以明确

随着广告业务的迅速增长，也必然产生许多问题，因此，在广告经营活动体量的增长与出现问题的冲突下，国家开始把广告正式作为一个行业来进行管理，广告作为一个独立行业的地位得到认可。

除了对报刊电视等媒体进行政策上的敲定外，20 世纪 80 年代以来，针对广告公司、企业广告投放这些层面的管理政策也随之出台。对行业其他主体的监管有助于我国广告业的健康发展，使媒体进一步理顺广告经营上下游合作关系。

2006 年《中国广告》杂志中，鲍鲳在《中国广告管理大事记》一文中对此有较为详细的梳理，分别从机构设置、企业、广告公司、媒体、制度法规等角度对监管政策进行阐述。

机构设置方面。1980 年 9 月 15 日，姚依林副总理做了"同意国务院财贸小组关于广告工作由工商局统一管理意见"的批示；1981 年，国家工商总局正式设立广告管理机构——广告管理处；1982 年 7 月 28 日，工商行政管理总局改为国家工商行政管理局（简称国家工商局），下设广告司①。

---

① 鲍鲳：《中国广告管理大事记》，《中国广告》2006 年第 12 期，第 122～125 页。

企业方面，1983年10月29日，财政部、国家工商局联合发布《关于企业广告费用开支问题的若干规定》。规定"企业所需的广告费用要编制年度预算，列入当年财务收支计划"，"所发生的广告费用，可列入企业销售费用中开支"。针对广告公司，1982年国家工商局下发通知，对广告业进行整顿，并在此基础上，普查全国广告经营单位。

同年，国务院颁布实施中华人民共和国首部广告管理法规《广告管理暂行条例》，5月1日正式实施。这是中华人民共和国成立以来的第一个全国性的广告管理法规，也标志着国家对包括媒体广告在内的广告经营活动开始了规范化的行政管理。

媒体方面，1980年全国第二次广告管理工作会议召开。会议制定的若干政策刺激了广告业的发展，规定了媒体和广告公司的业务范围，报纸广告不得超过1/8版面，电视广告每晚不得超过10分钟。

这一阶段的一系列规整为逐渐恢复的中国广告行业提供了强大的政策支持和保障，为未来广告经营活动步入正轨的良好发展打下了坚实基础。

第三章　媒体功能恢复

伴随着改革开放的进程，在事业单位、企业化管理的机制激励下，媒体自身也迎来了发展机遇。一方面，媒体机构的数量逐渐增加；另一方面，媒体的内容体量和丰富程度也有了较为明显的提升。这也为下一阶段广告经营的快速发展打下了必要的基础。

第一节　报刊社纷纷复刊、创刊

报纸引领媒体行业发展，掀起复刊、创刊潮。随着改革开放的逐步展开，不少在"文革"期间停刊的报纸逐渐开始复刊。其中最有代表性的莫过于《羊城晚报》的复刊。

一　《羊城晚报》众望所归的复刊

作为中国第一张社会主义大型晚报，《羊城晚报》在 1966 年 12 月 13 日因为被诬为"造谣放毒的旧报纸"而被迫停刊了。可是，它的"根"仍在群众心中，曾任晚报副总编辑的秦牧提到，一次在街上看到行人用一张旧的《羊城晚报》包着刚买的东西，另一个行人立即跑到报摊，买了一份当天的日报递过去，要求换过那张晚报看。《羊城晚报》在群众心中的地位由此可见一斑。

一张深受民众喜爱的报纸，在"文革"结束之后的复刊是必然的。1978 年 12 月，广东省委决定恢复出版《羊城晚报》，12 月 16 日，时任中共中央副主席叶剑英为《羊城晚报》题写报名。1980 年 2 月 15 日，《羊城晚报》终于浴火重生。广州街头不仅又有了"晚报、晚报、羊城晚报"的卖报声，羊城晚报人也焕发了那份执笔为民的激情。从决定复刊，到推出改革开放后的第一份《羊城晚报》，足足走过了两年多的岁月，这足以证明复刊的困难重重。

最重要的是人员与观念问题。当时，经过省委领导考虑，认为吴有恒出任《羊城晚报》总编辑最合适。当时吴有恒已在恢复了的作协广东分会任副主席，他正负责带领于逢、易巩和贺朗编辑《广东中、短篇小说选》、《广东散文选》（共四卷），由广东人民出版社出版，他以出版小说的理由三次拒绝了时任省委宣传部部长陈越平的邀请。原来他的头上还戴着一顶"广州市地方主义集团头子（一个人的集团）"的帽子，他被免去广州市委书记处书记，行政降三级，从八级降到十一级，下放在广州造纸厂做车间副主任，同工人一起劳动。省委知道这一情况后，就和广州市委商量研究。1980年4月，广州市委宣布撤销了1958年对吴有恒的错误处分。于是，吴有恒20多年的地方主义冤案才得到彻底的平反改正。

冤案平反之后，吴有恒毅然接受了省委的任命，担负《羊城晚报》复刊的重任。吴有恒认为党的十一届三中全会提出改革开放，将我国经济搞上去，作为舆论工具的报纸更要率先改革开放。报纸，尤其是晚报，既要有政治性、思想性，也要有知识性、趣味性，要把这几个方面结合起来。在后来的实践之中，吴有恒也坚决地把这些理念执行在《羊城晚报》的运营中。

解决了人员与经营理念的问题，迎接着《羊城晚报》复刊班子一行28人的，还有硬件问题。当时《羊城晚报》复刊，完全是白手兴家。过去《羊城晚报》的记者、编辑等工作人员，在报社被封后，大都散处四方，报社也没有留下厂房和办公的地方。没有复刊资金，便向省委借了10万元做开办费；并通过各方面的关系，将流散各处的20多位原来晚报的同志找了回来。没有办公的地方，就向南方日报社借了一栋两层的危房办公；没有印刷设备，报纸全由《南方日报》代印。当时编辑部、校对室、排版字车间等，全是临建平房，晚报的同志都管它叫"窝棚"。

人员与硬件问题都阻碍不了《羊城晚报》班子发展的决心。吴有恒主持复刊《羊城晚报》取得了重大成绩。《羊城晚报》刚复刊的1980年，平均日发行量已达57万多份，超过老晚报历史最高水平。之后再迅速攀升，1982年突破百万大关。复刊五周年时，发行量达160多万份，成为全国最受欢迎的晚报之一，远销美、加等国。

二 报刊媒体迎来复刊潮

报刊的复刊潮，让中国报业市场迎来了迅速的发展。1981 年 7 月 3 日，《北京青年报》复刊。1982 年 1 月 1 日，《新民晚报》复刊。随着经济的发展与报业规模的壮大，可供大众消费的报纸已经不能完全满足需求。而《南方周末》正是在这个时候应运而生的。

腾讯视频出品的《大师》节目有一期题为《左方：南方周末是怎样炼成的》，讲述的就是《南方周末》复刊的始末。

在节目中，左方这样说道："1983 年 10 月，时任《南方日报》副总编辑刘陶来我家，通知我报社要办一张星期六周刊，成立一个筹备小组，由我当组长，其他两个人是陈兆川和陈秋舫。他说由于考虑周刊初开办在稿件上和人力上都会有些困难，所以暂时依托在文艺部，由文艺部主任关振东兼任主编，你任文艺部副主任，实际工作是负责主持这张新周刊的编务工作。"

"我说我要见丁希凌，跟他谈话之后才决定接不接受这个任命。第二天丁希凌就接待我，我就问他，你为什么要办一张独立刊号单独发行的周报。他说，以前我们对外面世界完全不清楚，改革开放了，我有机会出了三四次国，我才知道国外的报纸是一大叠的，只有中国的报纸只有一张。他说，这个不是个好东西，这是我们文化和经济落后的表现。他还说人家外国人读报都是有选择地去读。我们中国人读报是从第一版头条的第一句话读到第四版最后一句话，这不是好的读报习惯，报纸应该有更多的内容让读者去选择。所以今后报纸增张是必然趋势，现在还没有广告市场，解决不了增张的成本问题。《南方日报》作为省内机关报，对宣传党的政策、进行批评报道、宣传先进典型都有丰富的经验，报纸增张主要是增加专栏专刊，而我们最缺乏的是办专栏专刊的经验和人才，所以我要办这个周刊，是为《南方日报》未来的增张探索经验和准备人才的。"

从上述访谈中不难看出当时《南方日报》内部对于发展经营的突破需求。在改革开放这个特殊的时间节点，左方为《南方周末》定下了两个观念：第一是恢复五四运动时提倡的科学和民主的启蒙，把它作为周刊的灵魂，用以提高人民的素质；第二是拥护改革开放，全力为改革开放摇旗呐喊，使国家富强。定下两个观念之后，左方与丁希凌把即将诞生的周刊定位为知识分子跟民众的桥梁，即其内容必然是雅俗共赏，与《南方日报》的党报性质有明确区分。当时正值黄每时任南方日报社副社长，反对精神污染。可以说提出以受众为导向的内容办报，是摸着石头过河，有一定风险的。

定下了办报观念与定位，经过两次的试刊之后，1984 年 2 月，《南方周末》第一期便开始发行。发行的首期，《南方周末》的内容便充分体现了其办报理念——头条内容是王宗英到蛇口下海当总经理，二条内容才是邓小平视察珠海爬罗姑山。其后，为了迎合当时音乐茶座、影视歌星的热潮，《南方周末》很长一段时间都采用影视歌星作为头条内容。之后的周刊甚至还有专门针对中小学生的"每周一歌"、针对中老年人的"父母心"、针对赶时髦年轻人的"每周一发型"等内容。有了这些有针对性的内容，《南方周末》创刊一年，发行量就达到了 12 万份。

除了《羊城晚报》与《南方周末》，许多在中国报业史上留名的报纸，也是当时复刊或创办的。1979 年 2 月 15 日，《北京晚报》复刊。1981 年 7 月 3 日，《北京青年报》复刊。1982 年 1 月 1 日，《新民晚报》复刊。1982 年 5 月 24 日，《深圳特区报》创刊。1983 年 1 月 1 日，《经济日报》创刊……

这个阶段，我国出现了以数量增加为显著特点的办报热潮。报纸由 1978 年的 186 家增加到 1986 年的 1574 家，多家报纸发行量超过两百万份。

第二节 广播电视台"四级办"起步

经过一段时间的探索，到了 20 世纪 80 年代中期，媒体广告业务逐渐走向正轨，此时在人、财、物各个方面都有了较大提升的广电媒体开始探讨整个广电系统的发展体制问题，"四级办"应运而生。

一 "四级办"制度初立

1983 年 3 月 31 日至 4 月 10 日，新成立的广播电视部召开了第十一次全国广播电视工作会议，吴冷西部长在题为《立志改革发挥优势，努力开创广播电视新局面》的报告中指出，两级办电视的政策已不再适应形势需要，今后凡是具备条件的省辖市、县也可以针对当地需要和可能开办广播台和电视台，除了转播中央和省的电视节目外，可以播出自办节目，覆盖该市、县。这就是所谓的"四级办台"政策，即"四级办广播，四级办电视，四级混合覆盖"。这一政策是中国地方广播电视获得发展许可权的纲领性文件，也奠定了此后中国广播电视系统独特的格局架构（见表1-3-1；表1-3-2）。

表1-3-1　电视台发展和社会拥有量增长情况

年份	电视台（家）	社会拥有电视机台数（万台）
1978	32	304
1980	38	902
1985	202	6965
1986	292	9214

资料来源：《1990中国统计年鉴》。

表1-3-2　1984～1989年全国电视节目播出套数与每周播出时长

年份	1984	1985	1986	1987	1988	1989
套数	104	219	325	405	465	512
周播时长	3877	7699	12525	16294	18622	20239

资料来源：《中国广播电视年鉴》1986～1990年各卷。

广播电视台在"'四级办'广播电视，四级混合覆盖"政策的指导下，覆盖率也迅速增长，节目内容不断丰富。

二　"四级办"推动地方广电发展的代表：南京电视台

在"四级办"政策的促进下，江苏地区的广播电视产业发展得较为迅速，在全国属于前列。

在"四级办台"政策颁布之前，大部分地方电视台承担的主要是转播任务。改革开放之后，各地开始兴建电视台。江苏地区首个地级电视台——南京电视台于1980年1月17日成立。1979年以前，作为江苏省省会的南京，一直没有自己的电视台，当时的省电视台以所在城市为名，称南京电视台。1979年2月19日，南京市向省革委会申请建立南京电视台。同年6月30日，省电视台改名为江苏电视台，原名转让给正在筹建的南京电视台。经江苏省广播事业局和安徽省广播事业局协商并报中央广播事业局批准，同意南京电视台使用 12 频道。1980 年 6 月 19 目，中共南京市委办公会议讨论南京电视台的建设问题，同意将中山东路 28 号 5 楼原未名书场和 6 楼平台拨作电视台临时台址，市里还拨了 100 万元建台经费、15 万元开办费和 2 万美元的购置配套设备费。①

南京电视台建立初期，主要负责播出教育节目，平均每周播出 20 小时。先后播过"中学数学教材教法研究讲座""电视大学课程""电视中学课程""机械制图讲座""高中文化讲座""经济理论基础""工业经济管理概论""社会经济统计学——统计学原理讲座""微机原理及其应用与 BASIC 语言讲座""电大 85 级文科电视辅导课""党课（坚持四项基本原则、反对资产阶级自由化）"等 16 门课程。随着电视事业的发展和人民群众文化需求的提高，南京电视台节目逐步转为以面向广大观众的新闻性、综合性节目为主，电视教育节目逐步减少。直到 1987 年，南京电视台每周播出自办综合节目 28 小时，一些有影响的栏目如《南京新闻》《在我们中间》《石城风采》《工作之余》《法制园地》等。

除南京电视台之外，全省各地、市的电视转播台相继发展成电视台，节目内容也从单纯的转播发展成以自办新闻性、综合性节目为主，电视教育和转播为辅的新格局。到 1987 年，江苏省 11 个省辖市都在"四级办台"政策颁布之后建立了自己的电视台，分别是无锡电视台、苏州电视台、常州电视台、徐州电视台、扬州电视台、盐城电视台、南通电视台、连云港电视台、镇江电视台和淮阴电视台等。

第三节　户外广告的兴起

户外广告牌快速增多，数量、种类都在不断增加，除了相对传统的广告牌之外，也出现了一些技术创新的户外媒体，如电子广告牌等，户外媒体逐渐丰富起来，为后期的产品体系化、规模化发展打下了基础。

从 1982 年开始，北京户外广告兴起。北京搭建了 300 多块户外广告

---

① 江苏省地方志编纂委员会：《江苏省志·广播电视志》，江苏古籍出版社，2000 年。

牌，面积 6000 平方米左右，参观者达到 42.5 万人次，由北京广告艺术公司独家承办。其中，不得不提及的是当年开始出现的北京地铁广告。开辟地铁广告的是北京广告公司，当年备受争议的松下橱窗广告，正是该公司运作的。该公司发现，当时北京地铁通道还是一片空白，没有任何装饰，于是把拟在北京地铁内开辟橱窗广告的创意呈报有关部门，但得到的答复是："地铁是首都的橱窗……无论现在或是将来，地铁都不能搞广告。"

就在这种情况下，北京广告公司没有畏难，而是积极上书国务院有关部门。谷牧、万里、王任重、姚依林、姬鹏飞五位副总理极为重视，国务院随即对北京市广告宣传做出批示："北京可以在有利于促进经济发展、有利于扩大国际交流、有利于美化市容的前提下，有领导有控制地开展广告工作，包括当地设置一些外商广告（如路牌、橱窗、地铁广告、灯箱等）。"国务院的批示里面提及的"地铁广告"无疑是个重大的利好消息，也为地铁广告的投放扫清了观念的障碍。

地铁广告最开始的时候为单一的灯箱广告形式，灯箱广告的造价高，对产品的观赏性也有较高的要求，因此灯箱广告基本上是外商企业投放，如日本的日立、佳能、爱普生、索尼等企业。

户外广告牌逐渐向市场普及，民众对于广告的观念也逐渐开放。户外广告业得到了大规模的发展。1984 年春节期间，广州火车站广场树立海鸥表巨型霓虹灯广告，总长 60 米，高 6.2 米，三个汉字每个字为 24 平方米，是当时国内最大的霓虹灯广告。同年国庆期间，我国第一块电子广告牌出现。我国第一个大型微机控制翻转广告显示系统在南京鼓楼启用，该系统显示面积 16 平方米，能存储 90 多幅图像，这是我国第一块电子广告牌。户外广告从规模与技术形式上，在 20 世纪 80 年代中期开始走向蓬勃发展的阶段。

第二篇

市场经营初探（1985～1991）

度过了近十年的恢复期，到 20 世纪 80 年代中后期，我国媒体发展规模扩大，内容更加丰富。面对事业财政经费有限、不足以支撑正在扩大中的媒体内容生产和日常运营的问题，媒体开始积极探索更多的经营模式。在政策的许可范围内，对管理方式、运行模式、媒体形态等方面都进行了大胆改革，事业体制开始松动。这一时期，广告被看作弥补媒体经费不足问题的有力手段，媒体广告经营初步形成一定规模。

第一章　体制松动，媒体探索多种经营

这一时期，改革开放的大潮逐渐影响到了媒体领域。国家政策的明确认可，成为媒体经营的有力支持。1987 年，国家将"新闻事业"和"广电事业"纳入"中国信息商品化产业"序列，标志着国家对新闻传播产业属性的认可。1988 年，《关于报社、期刊社、出版社开展有偿服务和经营活动的暂行办法》出台，媒体开始了"一业为主，多种经营"的历程。在其激励下，媒体的经营体制发生变化，多种经营、经费包干、承包经营等方式都在媒体经营中普遍开展起来，事业体制开始出现松动，媒体经营范围进一步扩大，自主经营逐渐活跃起来。

第一节　报社：探索市场化改革的先锋

在这一阶段，报纸仍然是影响力最大的媒体。报社在经营改革探索方面进行了积极的尝试，报纸开始走向大众，平民化需求带动报纸内容与形式的不断创新，自办发行、扩版、厚报、周末版等开创性的举措集中在这一时期出现。

一　报纸经营企业化，多种经济责任制

一直以来，我国报社经营主要依靠财政拨款，报社基本上不承担经济责任，也没有多少经济收益。对于有利润的报社，国家实行"统收统支"；对有亏损的报社，国家予以补贴。

1978 年，《人民日报》与首都其他几家新闻单位联合向财政部递交申请，希望试行"事业单位、企业化管理"；随后，财政部批转《人民日报》等要求试行企业化经营的报告。同年 12 月，国家出版局正式宣布了报纸

"企业化经营"的决定。这个决定意义深远，它为报社一系列的改革创新做了铺垫，不仅解决了报社的经济困扰，减轻了国家、地方财政负担，更重要的是为后续中国传媒体制进步定下了基调。

1980 年以后，国家开始对报社"断奶"。财政部门根据各个报社的不同情况，开始推行"利润分成"、"税后留利"、"亏损定额补贴减亏归报社"、"报社自负盈亏"和"以收抵支"等新的财务管理机制。报社经营逐渐与财政脱钩，许多报社经营勉强维持，经费问题接踵而至。

为了履行经济责任，扩大经营收入，报社在内部管理上逐步从"行政型""事业型"变为"企业型"，并推行了不同的经济责任制，以提高经济效益。1985 年的《新闻战线》刊载了《当前报社经济责任制的类型》一文①，详细描述了当时报社存在的经济责任制，具体包括计件经济责任制、定额超产经济责任制、承包经济责任制、分值奖金制等。

以山西《雁北日报》为例。该报 1970 年复刊，1985 年开始进行报社经营管理体制改革。中间的这 15 年中，据不完全统计，仅业务经费这一项，就消耗地方财政补贴 220 多万元。② 1984 年，《雁北日报》经历改版，发行量增大，财政补贴消耗再次增长。虽然当地十分重视报纸工作并给予支持，但补贴金额毕竟有限。自身缺乏经济实力导致很多问题接连发生，例如，因害怕亏损而不敢更加扩大发行量、印刷设备陈旧无法更新、职工住房紧缺无钱解决、办公设备无钱购置、岗位责任制的奖金无法兑现等。

1985 年年初，雁北日报社开始筹办"雁北日报图片社"，1986 年正式开业，并获得当地财政局正式文件批准，《雁北日报》开始施行"自收自支、差额补助、结余留用、超支不补、逐年减补，二年内达到经费自给"的财务管理体制，报社将编辑部、印刷厂、图片社划分为三个核算单位，后两者对报社实行经济承包责任制，签订《经济承包责任合同书》，收支分成。③ 此外，《雁北日报》还进一步扩大广告业务，与同省、河北、内蒙古的多家报社开展广告合作，互相承揽广告。

---

① 《当前报社经济责任制的类型》，《新闻战线》1985 年第 5 期。

② 安大钧：《尝到了甜头——报社经营管理体制改革初试》，《中国记者》1988 年第 9 期，第 47～48 页。

③ 安大钧：《尝到了甜头——报社经营管理体制改革初试》，《中国记者》1988 年第 9 期，第 47～48 页。

雁北日报社一系列的改革措施带来了明显的效果和收益。图片社与印刷厂年收益共达 70 万元以上，广告收入更是实现数倍增长，报社还因此建立起"事业发展基金"。另外，财政补贴减少，减轻了地方部门的财政压力，报社上缴税费也相应增多，给国家做出了贡献。

报社自主经营探索，一方面解决了当时地方的财政负担，同时许多报社达到了扭亏为盈、经费自给，甚至大有结余的局面。报社的自我积累，为自我发展创造了更多可能，促进了整个新闻行业的发展。

此后，媒体为了增加经营收入进行多方面的尝试。从发行体制到媒体扩容，从简单的广告投放到初步的广告经营之探索，都表现出这一时期报社市场经营的主动性。

表 2 – 1 – 1　当前报社经济责任制的类型①

类型	概况
计件经济责任制	凡是劳动能考核到个人的生产、工作岗位，原则上都可以实行计件经济责任制。劳动报酬直接和劳动的数量、质量挂钩。如排字工、铸字工、装订工、校对人员、汽车司机等，都可以创造条件，逐步实行计件经济责任制。当时，各报社较普遍地对排字"架工"实行计件责任制，均取得了可喜的效果。计件经济责任制的基本做法是：经过测算，确定计件单位和报酬数额，分档次计发报酬。
定额超产经济责任制	凡是可以制定定额的生产、工作岗位，都可以实行定额超产经济责任制。如轮印、平印、制版等都适用此种办法。有的报社，对编辑、记者以见报篇数或字数为定额单位，超额计奖或计发稿费，也取得了较好的效果。定额超产经济责任制的具体做法是：确定基本的生产、工作定额，奖罚办法。定额以内不计奖或少计奖，超定额部分，分档次计奖。
承包经济责任制	承包经济责任制，使用比较灵活、广泛。可以长期承包，也可以短期和临时性承包，可以整体承包，也可以单项承包。目前，各报社使用比较多的是，对印刷厂承包利润、对广告承包广告收入、对发行承包发行的增长串或平均期发份数、对食堂承包营业额等。有的还对无收入的部门承包费用开支，节约分成。承包经济责任制的具体做法是：确定承包的数额、承包的范围和奖罚规定；完不成承包额扣奖，超过承包额分成，为鼓励多超额，还可以设档分成，确定承包数额，承包范围和超额分成比例是承包经济责任制的关键问题。关于承包额的确定，各报社目前还没有科学的方法，一般以上年已达到的数额为基数，考虑下一年度主客观因素的变化，略增或略减。

① 《当前报社经济责任制的类型》，《新闻战线》1985 年第 5 期，第 23 页。

类型	概况
分值奖金制	报社对部门按岗位责任制的完成情况，核发奖金。基本完成的发给人头平均奖；完成好的，或某项突出的给予适当嘉奖；完成不好的，或某项有差错事故的，扣发一定比例的奖金，直至全免。部门对个人，也按岗位责任制的要求，并将每项岗位工作打成分数，完成好的加分，完成差的减分。一月终了，部门每人的分数累计，除以部门的奖金总数，得分数值，以分数值乘每人的分数，就是一个人在某月应得的奖金额，并按月张榜公布，以利相互促进。这就是被大家称为"百分奖"或"凭分计奖"的方法。这个方法，虽然较为烦琐，但执行得好，坚持下去，会有很好的效果。

二 自办发行的开端

自办发行是 20 世纪 80 年代中期报社改变经营方式的一个重要探索。1985 年，《洛阳日报》打破我国报刊"邮发合一"制度，首开自办发行之先河。

早在 50 年代，我国就确立了"邮发合一"制度，由邮局负责报纸的发行，解决了报纸的发行问题。但其弊端也逐渐暴露出来，邮电部门垄断经营，效率低下，费用高，发行费用一般都在 25% 以上，有的甚至高达 45%，而且还会收取其他各种费用，给报社造成了很大的负担，严重影响到了报社的发展。

《洛阳日报》的前身是《新洛阳报》，创刊于 1948 年。作为市委机关报，因种种历史原因，这份报纸曾三度停刊，直至 1981 年 1 月 1 日，《洛阳日报》再度复刊。1983 年，《洛阳日报》发行量达到 6 万份的新高，却亏损 24 万，发行费占比 15.4%，发行问题重重，投递和收订不到位，投递速度慢，发行费用高，达到 30%。

在与邮电局多次沟通无果的情况下，《洛阳日报》从 1984 年起筹备自办发行，得到省委宣传部和市委领导的赞同，委托给一家机关所属的劳动服务公司组建发行网，设立《洛阳日报》发行站，下辖三个发行所和十个固定零售点。同时，报社又在城区另建了六个固定销售点，并在临近的乡镇，发展了一批农民发行员，由他们直接到报社来取报；外省订户则是两天邮寄一次，从而形成了一个多渠道的发行网。灵活方便的发行方式很快获得了读者的认可，自 1985 年 1 月起正式自办发行以来，当年年底发行量就达到了 8 万份，发行费节省 14 万元，发行站还获得了 18 万元收入。次年，鉴于劳动服务公司在服务质量方面存在的缺陷，报社组建了自己的发行队伍，继续改进报纸内容和发行服务，最高发行量超过 10 万份。[①]

《洛阳日报》自办发行的成功，得到行业普遍认可，很多地方的报社派人过来考察和学习发行工作，并进行实践。当时位列全国报纸前三名的《广州日报》，自办发行还推出"早茶战略"，提出"每天和太阳一起升起"，保证报纸在上午 7 点之前送到读者手中，这是"邮发合一"模式下不可能实现的。

随着报刊种类的增加，发行量每年由几百万份发展到几十亿份，仅靠邮局来完成更加困难，为此，邮电部发文，呼吁多渠道发行，希望有条件的报刊社自办发行。到 1990 年，城市报纸自办发行体制基本确立。据不完全统计，截至 2009 年 1 月，全国近 2000 种报纸中有 700 多家实行了自办发行。[②]

三 扩版，开启厚报时代序幕

此时，报纸的经营创收落脚点仍是定位在广告经营上，广告的多少直接影响报社收益。而在 1987 年以前，我国报纸多是 4 版，广告版面十分有限。如果想要增加广告收入、增加广告刊载，就必须扩大报纸版面。

1987 年 1 月 1 日，《广州日报》率先扩为对开 8 版，打破了报纸长期以来只有 4 个版的局面。这是我国报纸发展历史上的一大创举，在当时引起了报业轰动，拉开了日后的厚报时代的序幕。

改革开放后逐步发展起来的市场经济，使人们的物质消费需求开始提升。精神文化产品消费的提升，同时也带来了广告信息的激增。机关报纸用于广告的版面十分有限。《广州日报》亟须扩充版面，打破信息需求与版面局限的矛盾。

另外，当时我国报纸的"企业化经营"改革，几乎等同于广告经营。深处改革前沿阵地广东的《广州日报》，更是拥有广阔的广告市场。政策

---

① 《洛阳日报》编辑部：《我们尝到了自办发行的甜头》，《新闻学会通讯》1986 年第 9～10 期合刊。

② 冯百祥：《深化报业经营管理改革的探讨》，《新闻战线》1988 年 3 月刊。

的鼓励外加环境的优势，都促使它在报业市场化改革中有所作为。

随着版面扩增，邮局要求更多的发行费用。1990 年，《广州日报》也及时跟进报纸的自办发行，获得了报纸版面的控制权，可以随时根据读者和广告客户的要求增减版面。自 1987 年开始，它先后经历多轮扩版，从 8 版扩充到 12 版、16 版、20 版、40 版、48 版到日均 60 大版；还借鉴国际通行的做法，在国内率先推出多叠报纸，多次推出 100 版、100 版特刊。① 从此《广州日报》一跃成为中国报纸前三名，不仅促进了报纸发行量的增加，日均发行量达 185 万份，仅次于《人民日报》和《参考消息》，而且广告收入猛增，取得了"广告收入连续 16 年全国第一"的傲人成绩。② 有人评价说，在《广州日报》上，几乎所有市民百姓都能找到自己喜爱的版面。

相较于党报，都市小报的政策管理环境更为宽松。扩版随后在都市类报纸中兴起，甚至来势更猛。1994 年，《精品购物指南》创刊的第二年，因其 96 版的夸张规模，甚至受到业界对其"非报非刊"的质疑。

而许多党报因受到增加版面数量的限制，也开始发展"子报"，缓解母报的经营压力。《广州日报》的扩版改革，同时带动了许多大报副刊、城市都市报等的进一步扩版发展。日后，以晚报、都市类报纸为主力掀起"扩版潮"，报纸越来越厚，20 世纪 90 年代末一度多达几百版。报纸进入厚报时代。

四 "周末版"兴起，报纸平民化革命

对于我国报业而言，20 世纪 80 年代初期还是党报、机关报一统天下的时代。可以想象，当时的几大主流报纸无论从内容还是风格来说，都是单一而模式化的，满目政策性和指导性的报纸内容，已经无法满足思想观念日益开放的民众对传媒内容的需求。

1981 年，《中国青年报》创办的《星期刊》率先问世，成为国内第一家周末版报纸。1984 年，《南方日报》创办《南方周末》，并在日后成为具有全国性影响的大报。它们都希望以这种"周末版"的形式，逐渐改变报纸内容。

---

① 林如鹏、朱文丰：《广东报业的厚报时代》，《新闻知识》2004 年第 6 期，第 22～24 页。
② 黄宁平：《广州日报 1987 年扩版对中国报业的影响》，《青年记者》2011 年第 26 期，第 80～81 页。

当时国内的周末报纸主要分为两类。一类是大多数依存在母报上的周末报，逢星期六或星期天取代母报全部或部分版面刊出，人们通常称之为"周末版"。另一类则是以《南方周末》《楚天周末》等少数几家为代表的拥有期刊号独立发行的周末报。①

它们都由若干个富有特色的专版、专栏组成，具有较强的可读性和娱乐性；主题更加贴近读者，贴近生活，在写作上常采用文艺手法，文字和版式面貌新颖活泼，追求美感和艺术感，更受读者喜爱。对于周末报、周末版的繁荣，出现了"周末文化现象"的说法，也有人说，中国报业开始了一场从形式到内容的全新的革命。

到20世纪80年代末"扩版潮"的掀起，更是直接引起了报社对报纸内容的重新思考，报业开始更多尝试题材丰富、风格多样的"软"性内容。90年代初，报刊界兴起了报纸"周末版"之风，《人民日报》《解放日报》《经济日报》等一批全国性大报、2/3的省市委机关报和1/3的中央部委机关报都办有各种形式的周末版或星期刊。② 周末报成为报纸内容平民化的试验田。

报纸周末版无须担负母报宣传等主体任务，它作为党报、机关报的补充或延伸，填补了报纸内容多样性的空白，十分受到行业的重视。业界甚至为其举办专门的研讨会，创建研究会。比如1988年1月，全国24家周末报在武汉举行了首次业务研讨会；1992年11月，在陕西西安，由陕西的《星期天》报联合《中国青年报·星期刊》《南方周末》《北京青年报·青年周末》和南京《周末》等几家报纸再次共同发起全国报纸周末版星期刊研讨会，并决定成立周末版星期刊研究会。这些研讨会探讨了改革开放以来报纸周末版、星期刊蓬勃兴起的必然性及其积极的社会宣传作用，交流了各自的办报经验以及取得的成绩，比如有些单独发行的周末报销量超过了相应日报、晚报的发行量至少一倍以上。③

1992年后，周末版开始遭遇"系列周刊"、晚报、文艺副刊等的竞争，风光有所减弱。但它在我国报纸发展历程中的重要性不可否认。周末版的

---

① 左方：《周末报的性质及走向》，《新闻战线》1994年第7期，第14~15页。
② 方汉奇：《中国新闻事业通史（第三卷）》，中国人民大学出版社，1999年，第520页。
③ 李启：《全国首次报刊周刊业务研讨会在武汉举行》，《中国记者》1988年第3期，第64页。

出现，最具有标志性意义的深刻内涵在于，我国报纸一改往日在传播内容上强调"我想让你知道什么"和"你应该知道什么"的传播者本位的做法，转而关注读者的喜好和需求，从政策性、指导性等内容主导的报纸转为更加贴近民众生活的报纸，从"传播者本位"对传播内容进行"把关"向着"受众本位"的方向转移。这一变化被一些传播学者称为我国传播业的第一次"平民化革命"。

第二节 电视台改革初体验

除了报社这一当时最有影响力的媒体之外，电视台也开始通过改革，走上逐渐发展壮大之路。1985年，《国家统计局关于第三产业的统计报告》第一次将广播电视列为第三产业进行统计，开始产业经营的内容主要是广告经营、节目经营、外景地经营、有线电视经营等。1986年，电视人口覆盖率达到71.4%，首次超过广播覆盖率，电视台的发展速度加快。在国家经济环境和产业政策的影响下，电视台也进行了许多内部的管理革新，在经营手段上纷纷"广开财源"，开始向市场化过渡。

一 预算包干改革

广电行业正式开始实施预算包干改革正是从这一阶段开始的，随着政府政策的出台和行业会议的相继展开，再加上波谲云诡的市场环境，媒体的经营自主权逐渐开放起来。

1984年，国务院批准了中央电视台财务预算包干改革，实现"经费包干，三年不变"，从1984年到1986年，三年经费包干5500万元，三年不变，多了不交，少了不补。为了实施这个方案，中央电视台对下属32个部处建立岗位责任制，与奖金挂钩，每个部处都由台财务部门建立费用明细账，进行核算。全台还实行层层承包。事业费大包干之后，电视开始加速发展。改革的结果使央视收入由1980年的243万元上升至1986年的1288万元。

1987～1990年，财政部没有对中央电视台实行预算包干管理，恢复了全额拨款体制，中央电视台的收入明显受到影响。在1987年4000万元的节目费用中，国家拨款仅有 1300 万元，广告收入达到 2700 万元。1990 年年底，中央电视台又向广电部、财政部提出"预算包干"的方案，并得以落实。①

1988 年 5 月 19 日，邓小平在接见外宾时提出了物价改革，还说"物价改革非搞不可，要迎着风险，迎着困难上"。但当时进行物价改革的时机不对，因为在通货膨胀的压力之下，很多商品已经供不应求。坚持放开物价管制的结果是，人民币贬值，抢购风潮席卷全国，群众的恐慌情绪爆发。从柴米油盐到冰箱彩电，凡是能保值的，人们都抢购，直到抢购黄金首饰，把抢购风推到了最高潮。商店小院外，前来抢购的人们争先恐后攀上铁栅栏。② 那一年，为治理通货膨胀，国家 GDP 增长率由 1988 年的 11.3% 下降到了 1989 年的 4.1%。

在这种情况下，作为第三产业的一个重要组成部分，媒体也必然会受到经济环境的影响。1988 年 10 月，第十一次全国广播电视工作会议出台《关于广播电视工作的汇报提纲》（中央〔1983〕37 号文件），明确提出广电部门要"开展多种经营，广开财源"，"各级广播电视机构（下设）的服务公司或服务部，要实行事业单位企业化管理"，但该文件仅限于服务公司实行企业化管理，还没有应用到整个电视台。③

广播电影电视部就此事向中央汇报时指出："实践证明，电视台完全依靠国家拨款很难满足事业发展的需要……因此我们同意对电视台实行事业单位内部按企业管理办法管理的体制，通过这种体制，鼓励电视台开拓多种渠道，自筹一部分资金，补国家拨款的不足。"④

1988 年 10 月上旬召开的"全国广播电视厅局长会议"提出，由于国家开始实行治理整顿的经济政策，未来几年财政拨款不可能大幅度增加，因此各级广播电视部门要进一步开源节流，通过各种渠道和方式增加自筹资金。建议将一些广播电视节目投放市场以回收制作成本；与音像出版单位合作，扩大销售、出租录音录像制品；与社会各界合办节目，实行有偿服务；与国外机构合拍或协拍电视节目以增加外汇收入。⑤

---

① 魏金成：《改革与创新：制度创新论视野下的央视新闻改革》，复旦大学，2005 年。
② 搜狐网：《邓小平价格闯关与 1988 年的大通胀》，http://business.sohu.com/20140822/n403668468.shtml，2014 年 8 月 22 日，最后访问时间 2019 年 1 月。
③ 张莉：《1978～2011：中国广电传媒改革路径研究》，武汉大学，2012 年。
④ 张莉：《1978～2011：中国广电传媒改革路径研究》，武汉大学，2012 年。
⑤ 李春：《当代中国传媒史 1978～2010》，漓江出版社，2014 年第 1 版，第 202 页。

从 1991 年开始，经由财政部和广电部批准，《预算包干管理办法》出台，几十年来统收统支、完全依靠国家拨款的管理体制正式宣告终结，这极大地调动了媒体的积极性。各大电视台积极响应政策号召，开启了多元化经营。

二 经营手段革新

由于国家的差额补助，电视台自负盈亏，纷纷开始"广开财源"、多元化发展，并渐渐开始扩大市场化经营。这一时期，具有企业性质的子公司或合资公司成立，经营模式开始从广告经营向节目经营等方向延伸，中外电视节目开始了公开交易。

1984 年 12 月，中国电视国际服务公司成立，这是中央电视台下属的具有独立法人资格的经营性机构，后改名为中国国际电视总公司，成为中央电视台第二大经济支柱。从 1989 年开始，中央电视台逐步建成江苏无锡太湖影视城、河北涿州影视城、山东威海影视城、广东南海影视城。1990 年，央视与日本广播协会合资建成梅地亚电视中心有限公司，这是一家集饭店和卫星电视传送业务为一体的大型综合性企业，开业以来取得了良好的经济收益。[1]

时任副总理田纪云在 1986 年考察北京彩电中心工程时提出可以开办经济频道，播些广告来补充经费不足的部分；还可以和企业合作，让企业投资电视台办节目，或者只出钱让电视台代作，或者自己制作再由电视台审查后播出，电视台也可以向这些办节目的单位出租机房或设备。[2]

随着产业经营模式开始从广告经营向节目经营等方向延伸，电视媒体的资金渠道还在不断拓宽。

1988 年，第二届上海电视节增办了国际电视节目交易会，第一次把电视节目作为商品进行交易。国内外电视台及国内电视台之间都可以自由交易，电视节目成交量达 1000 多小时，成交额约 100 万美元。不过，国内电视台普遍缺乏国际市场意识，拿出来的故事片，不少难以成交。主要问题是政治色彩和宣传气氛过浓，缺乏情节；节奏慢，缺乏商业价值。1991 年

---

① 张莉：《1978～2011：中国广电传媒改革路径研究》，武汉大学，2012 年。
② 李春：《当代中国传媒史 1978～2010》，漓江出版社，2014 年第 1 版，第 146 页。

9月，在第一届"中国四川国际电视节"上，我国向国外出售电视片213部，成交额达40余万美元；引进海外影视剧29部620集。① 电视剧交易初显成效，商业化的交易市场逐渐发展成为电视剧市场的主要交易方式，媒体的经营领域也得以拓展。

三　内部管理改革

伴随着经营手段的改革，媒体内部的管理革新也接踵而至。员工激励手段的调整、地方电视台的改革，以及制片人制度的引入都体现着电视媒体在管理策略上的变化。

1986年，取得盈利的传媒机构由于拥有更大的经济自主权，在工资制度调整中可以根据自身情况，将经营的利润用于扩大机构规模，提高员工的工资、奖金和其他待遇。②

随后，地方电视台都开始追随改革开放的脚步。1987年，上海广播电视局提出"只有发展产业，才能建设事业"的口号；1988年，广东省广播电视厅提出"让广东电视台实行企业化管理，让它自我积累、自我壮大"。③ 1989年2月，中共广东省委正式批准广东省广播电视厅实行"事业单位、企业化管理"的运行体制。

山东电视台于1988年在文艺部试点节目生产差额预算管理的办法，把筹集社会赞助、多办节目、节省开支与个人利益直接挂钩，次年在全台推广。从此，办节目的经费得到了很好的控制，解决了大手大脚乱花钱的问题。

北京电视艺术中心从1988年开始压缩电视剧的产量，次年又改变用生产电影的方式来生产电视剧的传统，发展室内剧，走工厂化生产道路。其中心主任李牧说，"过去我们是四肢着地，手脚不分，行进艰难，周而复始地循环生产，使得中心陷入困境，耗资逐年升级，压得我们实在喘不过气来，生产室内剧是改变目前这一现状的可行办法"。

此外，制片人制度的引入也为广电行业制播分离政策的实施提供了土壤。20世纪80年代中期，中国电视剧制作中心在《红楼梦》、《西游记》、

① 张莉：《1978～2011：中国广电传媒改革路径研究》，武汉大学，2012年。
② 魏金成：《改革与创新：制度创新论视野下的央视新闻改革》，复旦大学，2005年。
③ 张莉：《1978～2011：中国广电传媒改革路径研究》，武汉大学，2012年。

《末代皇帝》和《中国姑娘》四部电视连续剧的摄制过程中引入了"电视制片人"管理机制，这是我国电视界首次引入"电视制片人"制度。1985年，广电部门任命首批电视剧制片人。1991年，北京成立了制片委员会。

制片人是电视节目（栏目）的经营管理者，对电视节目（栏目）的统筹、策划、制作与播出以及市场营销承担责任和风险，节目的制播与市场营销遵循优胜劣汰的市场竞争法则。实行"电视制片人"制度有利于增强电视节目（栏目）制作人的责任意识，提升制作水平，规范整个电视节目市场。但值得注意的是，在我国早期实行的电视制片人制本质上是一种体制内的承包制，制片人由电视台内部员工担任，其制作的节目不管优秀与否，只要没有原则问题，电视台都会"照单全播"。这种带有明显行政管理色彩的制片人制与国际上通行的电视制片人制有着本质的区别。

经过种种经营管理上的改革努力，到20世纪80年代末，162家省辖市电视台的广告收入略超出政府拨款。1987年，全国广电系统预算外收入达4.2亿元，相当于财政拨款的31.2%；广东省的预算外收入达4000多万元，相当于财政拨款的65.5%；上海市预算外收入是财政拨款的1.5倍；除西藏外，各省市都有预算外收入。①

第三节 广播：开创新模式

80年代末期至90年代初期，广播一度处于发展的低谷。一方面是电视的飞跃发展和极大普及使广播面临激烈的竞争；另一方面是随着国家经济环境和社会文化环境的治理整顿，广播不得不在社会效益和经济效益的夹缝中寻求生存，难以求得更大的发展。

因此，广播在这一阶段开始了重要的改革，其中广东人民广播电台所开创的珠江模式可谓典范。1986年，珠江经济台成立，同时遍及大江南北的"广播热"开始升温。中央人民广播电台和具备一定实力的省（直辖市）及市一级广播电台先后推出以振兴广播为目标并各具特色的广播改革思路。

---

① 李春：《当代中国传媒史1978～2010》，漓江出版社，2014年，第205页。

一　珠江模式，开创广播新时代

"声贯南粤，波及近邻。经济信息，务求灵敏。坚持开放，勇于创新。八方赞颂，异口同音。"——老省委书记任仲夷为珠江经济台的创办题词。

20 世纪 80 年代初期，随着对外开放，毗邻香港的广东广播承受着巨大的压力。第一，香港广播长驱直入，夺走了广东电台七成左右的听众；第二，电视的迅速发展和普及让广播进入"低潮期"；第三，迅猛发展的商品经济对广播提出了为经济建设服务的更高要求，不改革就要被淘汰。这种"不改革就活不下去"的现实逼出了广东广播人的历史使命感和改革精神。①

1979 年之后，在中央对港澳工作方针指导下，内地增强了与港澳广播电视的交流与合作。广东电台开始改革。在 1985 年 2 月 25 日的台长办公室会议上，陈克台长拍板决定成立以余统浩为首的筹备小组，以用广州话播出的省二台为对象，进行总体改革的可行性论证和策划，并从台里的各个部门挑选了 7 位同志参加筹备工作，他们是沈云光、陈扬、罗海岳、黄宪辉、陈连峰、周郁、李一萍。

1985 年 3 月中旬，广东省委宣传部新闻出版处处长黎秀洪和科长潘辉明共同研究完成了《关于筹办珠江经济广播电台的请示报告》，并得到了时任省委书记林若、省长梁灵光和国家广电部的批示通过。9 月，省广播电视厅成立了以厅长蔡辉为首的珠江经济台筹备领导小组，下设筹备办公室和建设、设备、宣传、人事四组，动员厅台力量，在蔡厅长和新、老台长周无忌、陈克同志的领导下，争分夺秒地推进筹办工作。当时，时任广东电台主管珠江经济台和新闻中心副台长余统浩是筹备办公室主任。从 1985 年 2 月 25 日启动筹备工作到 1986 年 12 月 15 日开播，珠江经济电台的筹办工作历时 22 个月。

当时要改革是特别需要钱的，余统浩带领一组人奔赴粤西湛江，在当地干部开会时强行演讲，中心思想只有一个，就是他们要办珠江经济台。因为是预算外的，需要企业的赞助，他们也不会白用企业的钱，按广告预

---

① 覃继红、刘浩三、吕晓红：《珠江经济台开播始末》，《中国广播》2012 年第 4 期。

付款的方式来筹款。他们最后筹到了 400 万元，花了 50 万元在四层楼上面盖了一层新型结构的加层，那儿就成了珠江经济台的办公室。

为了确保办出听众爱听的节目，电台筹备组广泛收集意见，制作了一个个模拟节目，到工厂、街道、农村找群众试听、点评，最后征求意见：如果我们办出这样的节目，你们是听我的，还是听外台的？一年下来，得到了肯定的回答。

1986 年 12 月 15 日凌晨 5 点钟，坐落在人民北路 686 号五层的广东电台直播间，主持人周郁和黄晞伴着"珠江，珠江，珠江通四海，经济第一台！"的音乐和呼号，开始了播音。

珠江经济广播电台的成立，开创了广播的新模式。珠江经济台的改革，既有以新闻信息节目为骨架、"大板块"节目为主要内容、主持人直播和听众参与为特征的节目改革，又有搞活人事、分配等内部运行和管理机制的改革。开播之后，收听率迅速上升，香港台收听率下降。收听率增长的同时，广告投放量也大幅增加，开播一年带动整个省台广告营业额翻了一番，被誉为"珠江模式"。

它的全面改革在全国广播界树起了一面改革的旗帜，推动了全国广播电视系统的改革浪潮，也带动了经济台开播的热潮。各地广播电台和电视台的改革和发展，都不同程度地参考和借鉴了珠江经济台的改革经验，受到了"珠江模式"的影响。

在珠江台之前，广播多是播音员念报纸的形式，而珠江台是我国第一个完全按照听觉规律办广播的，摆脱了广播念报纸的模式，在中国广播发展史上具有里程碑意义。"珠江模式"的成功，在于它符合办广播的客观规律，释放了广播节目的特性（主持人、直播、板块、互动），"匹配"了 20 世纪 80 年代后期受众的需求——热线、互动，革新了 30 多年的节目结构，符合在我国的国情下办广播的基本要求，因而受到听众的喜爱。

珠江经济台这一"事业单位企业化经营"的运行模式，解决了在政府减少或取消财政支持的情况下，电台自我生存的可持续运行的财源问题。① 不过，珠江台的改革大体还是在广播业务范围内，至于管理体制、收入分配等制度改革都还没有触及。继珠江经济台之后产生的"经济台现象"，

---

① 邓炘炘：《没带地图的旅行——感思中国广播改革 30 年》，《中国广播》2008 年第 12 期。

既是社会经济生活的必然要求，也是广播宣传为党和政府的中心工作任务服务和为社会经济生活服务这一目的的必然反映。

珠江经济台的成功，是改革开放后内地电台与境外电台在广播竞争中胜出的第一个案例，获得各级政府和广大群众的一致好评。1988 年 8 月 25 日，广东省人民政府授予珠江经济台"模范集体"的光荣称号，并给予创办珠江台的代表性人物余统浩和周郁晋升工资一级的奖励。在全省开展的由 146 个单位参加评选的"广东改革开放十年 10 件大事"中，珠江经济台脱颖而出，被评为十件大事之一。在中国广播电视史上，"珠江模式"则作为中国广播电视改革的第一个阶段被载入史册。①

二　直播模式得到认可，节目播出量增加

与市场经济发展相伴相生的是对信息需求的增长，直播为信息传播开辟了一条更快捷、更广泛的通道。受珠江模式等影响，广播台普遍增加了直播。1987 年，上海推出了经济台，在每天 18 个小时的直播中，向听众提供八百多条信息，受到广大听众的欢迎。两年后，天津、长江、楚天、郑州、重庆、沈阳等经济台相继开播，主持人直播形式在更大范围内得到运用。各种各样的广播谈话类节目出现，节目播出量大大增加。

而直播节目也为引入听众反馈提供了最便捷的途径，封闭型的播音室变成了开放型的直播室，加上几通热线电话，为听众提供了更多的参与机会。

对于这种直播形式，当时就有人提出了"出了问题怎么办"等指责。实践是检验真理的唯一标准，珠江经济台开播第一年，仅听众来信就收到一百万封，收听率翻番。②

事实上，国外广播界很多一直是直播和录播共同使用的，我国人民广播电台在战争年代也基本上采取直播这种播出形式。但中华人民共和国成立以后，由于受各种因素的影响，在相当长的一个时期，广播的政治色彩浓厚，只求四平八稳，于是录播就成为一条严肃的广播纪律和制度。因

---

① 覃继红、刘浩三、吕晓红：《珠江经济台开播始末》，《中国广播》2012 年第 4 期，第 69～73 页。

② 徐晖：《历史性的大跨越——广播直播初探》，《新闻采编》1994 年第 2 期，第 31～34 页。

此，在珠江模式的影响下，广播经历了一个历史的轮回，直播这种形式又重新回到人们的视线中。

关于直播安全问题，时任《星期天早晨》节目监制何乃谦曾经做出过创新性举措。珠江经济台开始时没有外线电话，没有总机，只有分机，于是拿了两个分机作为热线电话。热线怎么接进直播室等技术问题都经过了试验。后来领导问何乃谦："小何，如果听众打进来的电话有问题，你怎么办？"这确实是一个棘手的问题。想了很久，他突然想到一个办法，就是用两台开盘机，一台录音，另一台放音，之间距离拉开4公分，这4公分播出放音的速度大概就是三秒钟。如果距离拉开更大一些，就可以达到7秒钟的延时。为此去找技术部咨询，技术部有人说："何乃谦，你异想天开，全世界都没有这回事，不可能！"后来何乃谦又悄悄找到杨志茂，两个人在一个下午偷偷地试验，居然成功了。过了两个多月延时器买来了，两人研究出的这个临时"延时"装置就搁置了，使用上了真正的延时器。

直播这种播出形式不仅仅是广播界的改革，也是新闻界的改革。以前从来没有人敢把受众的声音加入新闻的播报中，这可以说是这一时期广播媒介的特色。在各种节目类型中，对当前社会上的热点、难点、焦点问题或令人关注的新闻事件、新闻人物进行讨论成了新闻谈话类节目的任务。新闻谈话类节目的运行方式各不相同，有两位主持人通过对话方式对某一个新闻话题交流意见的；有通过电话连线嘉宾就某一个社会问题发表看法的；有众多听众围绕某个问题通过热线参与发表意见的；有邀请嘉宾到直播室与主持人交流，并通过热线电话与场外听众互动对话的。广东电台的《今日热线》和上海电台的《市民与社会》在广播界影响较大。[①] 1988年，中央人民广播电台节目改革方案出台，新闻节目数增加；实现正点新闻；部分新闻节目实行直播；调频立体声节目增加到每天18小时。

此外，广播优势借助直播这一形式得到了更有效的发挥。广播最大的优势就是其时效性，而直播省去了录制过程，在动态的行进中运作，有时还可以与事物的发展变化同步播出。直播使广播的快捷性发挥得最充分，直播给新闻竞争带来了明显的优势。如1991年的夏天，太湖流域遭受百年

---

① 申启武：《改革开放30年广播新闻节目形态的演变与发展》，《现代传播（中国传媒大学学报）》2008年第2期，第76～79页。

不遇的特大洪涝灾害。无锡台和湖州台为了及时反映太湖南北两岸人民同遭太湖灾、同治太湖水的壮观场面，进行了一次两地远距离联合直播活动。两台的节目主持人各自坐在本台直播室里，通过空中电波对话，向太湖流域的听众介绍了无锡、湖州人民在治理太湖战斗中的英勇事迹。[①]

从此以后，直播在广播中的地位和作用逐渐上升和扩大，时至今日仍然是广播中非常重要的节目内容和形式。

三　系列广播新时代

在"改革开放""解放思想"的思想指导下，中国特色广播大胆创新，不断改版，可谓波澜壮阔，渗透到了每一个台、每一个节目、每一档栏目，历史上少有。中国特色广播节目改版在全国形成影响力并发挥引领作用的有系列台改版、专业台改版、类型化改版以及正在进行中的传统广播数字化。在这个过程中，广播越来越垂直细分化、类型化。

1949 年以来，国内广播在地名后统称人民广播电台，一套节目设有新闻、教育、文艺等栏目。这种节目样式符合当时中国的国情。改革开放后，随着经济社会的稳步发展，人民群众的精神文化生活需求逐渐增多，一套节目包打天下的做法已经不适应时代的发展，因此各地的专业台应运而生，其中，广东、上海、天津等地的电台率先开展了频率专业化实践。

"创办系列台"的改革思路首次出现在 1985 年 3 月由广东台领导撰写的《关于筹办珠江经济广播电台的请示报告》中。1986 年 12 月，随着广东珠江经济台的开播，系列台改版正式拉开序幕。1986～1992 年近五年时间，参照珠江经济台的广播模式，创办经济台的热潮在全国各地升温，出现经济台兴盛时期。如 1990 年，北京电台建立了其第一个专业广播频率——北京经济广播。

上海广播频率专业化改革起步较早，上海东方电台于 1987 年对内部进行了改革，组建了三个编辑室，对外呼号分别为新闻教育台、文艺台、经济台。这时他们把几个呼号不同的频率设置了多个各自专业的节目，比如新闻教育台以新闻专题节目为主，文艺台以音乐、戏曲、文学节目为主，

---

① 徐晖：《历史性的大跨越——广播直播初探》，《新闻采编》1994 年第 2 期，第 31～34 页。

经济台以传递经济信息为主。而1991年，随着当时国务院宣布开发、开放上海浦东的重大决策，上海被推向中国改革的经济建设前沿，随之而起的上海台也开始了新一轮的改革。1991年9月30日，上海电台交通台开播，这在国内大城市中尚属首创。从这一时期开始，直到1999年前后，是交通台集中涌现的时期。

1987年3月，天津人民广播电台将五个频率改为系列台。

而作为国家级媒体的中央人民广播电台，虽然改革受限较多，没能及时跟上时代的步伐来进行频道专业化改版，但它也在此时以开发频率资源、优化节目质量作为改革的战略目标，进一步优化了黄金时段的节目设置。1987年1月1日，在中午黄金时段推出新闻杂志型板块节目《午间半小时》，晚上黄金时段推出文艺类综合板块节目《今晚八点半》。继"珠江模式"首创的"板块节目"这一形式成功之后，各地广播电台大都开办了这类融新闻、知识、服务和娱乐于一体的综合性节目，并多成为当地最受欢迎的名牌节目。1988年7月，中央人民广播电台再次对节目进行整体改革和调整。前后两次调整都以丰富内容、提高节目质量为重点，以求最大限度地适应听众的要求。此后，许多地方台也按照中央台的路子，结合本地实际对节目布局进行调整和改革。

第四节　杂志：繁荣迸发，走向成熟

政策支持与经济环境、文化环境的放宽，使20世纪80年代初成为思想大解放时期。期刊事业迎来了新的高潮，迅速膨胀，数量呈指数增长。《半月谈》《读者》《知音》等杂志相继创刊，飞速发展，其影响甚至延续到今天。到80年代末，针对期刊蓬勃背后的乱象，国家政策展开了一系列约束整顿，期刊增长速度开始放缓，发展却日臻成熟。

数据显示，1978年我国有期刊930种。到1993年，我国期刊已发展到7092种。其中社会科学类期刊3435种。自然科学技术类期刊3657种，年总印数为20多亿册。截至1993年，期发行量超过100万册的期刊有21家。同时，有3000多家期刊发行到全世界150多个国家和地区。中国期刊已经走向世界。①

改革开放后的十几年，我国期刊事业发展显著，各种日后影响深远的名刊、大刊，集中在这一时期相继创刊。这些新刊风格多样，内容轻松大胆，涉及各类贴近人们生活的主题，对我国期刊发展来说，此时可谓一个思想大解放的时期。如甘肃人民出版社的《读者文摘》（1981，1993 年更名为《读者》）、新华通讯社的《半月谈》（1980）、广东省妇女联合会主办的《家庭》（1982）、中国青年出版社的《青年文摘》（1981）以及武汉的《知音》（1985）、吉林的《演讲与口才》（1982）、公安法制文学期刊《啄木鸟》（1980）、介绍海外及港澳台地区风土人情的《海外文摘》（1984）、时尚类杂志《世界时装之苑》（1988）等，这一批面貌一新的刊物，大多创造过惊人的销售成绩，并在后来的几十年内影响了数代人。

这一时期期刊之所以繁荣迸发，一方面是由于国家政策给予支持，如1980 年 12 月，国家出版局发布《建议有计划有步骤地发展集体所有制和个体所有制的书店、书亭、书摊和书贩》的通知，打破此前期刊发行只能走邮局单一渠道的局面，增强了期刊社的发行主动性，涌现了一批日后以发行为主要收入模式的优秀刊物。另一方面，经济发展促进了文化事业的发展。以海南为例，1988 年它成为我国最大的经济特区，到 1993 年，海南省期刊由原来的 4 种发展到 33 种。

自此，我国的期刊开始适应不同消费层次读者的文化需求，编辑出版各种适销对路的期刊，在市场经济环境下采取了正确的应变之道。

我国期刊经历了迅速膨胀、指数增长的阶段，无可避免地产生参差不齐、鱼龙混杂的情况。到 80 年代末，期刊管理工作同时发展起来。1987年、1989 年先后两次进行了以反对资产阶级自由化，反对宣扬淫秽、色情及格调低下等内容为中心的期刊压缩、整顿工作，对期刊的发展起了端正方向、整顿队伍、防微杜渐的作用，促使期刊沿着正确的方向健康、有序、均衡地发展。1988 年我国制定了《期刊管理暂行规定》，1991 年又制定了《科技期刊管理办法》。同时，对期刊的社会效果进行事后检查的审读制度也逐步建立，1988 年做出审读工作的要求与规定，1990 年召开了第

---

① 张泽青：《十五年来中国期刊事业的展示——1978～1993 年中国报刊业发展成就博览会侧记》，《中国出版》1993 年第 12 期，第 34～36 页。

一次审读工作研讨会。期刊出版作为一项社会事业，开始在法制的轨道上运行，依法管理期刊的局面已开始出现，这是中国期刊出版事业迈向成熟的很重要的一步。①

20世纪80年代到90年代，中国的期刊事业正处于强大的时代激流之中，挺立潮头的这些大刊、名刊，为中国的期刊队伍领航，全速迈向市场经济的大潮。政策制约、整顿，对整个期刊市场的良好秩序进行了保障。这些刊物的繁荣，不仅起到了推动期刊产品向商品转化的有力作用，同时，正是这些五彩缤纷、贴近读者的内容，为普通民众的精神文化生活开辟了一片新的天地。

---

① 张伯海：《冲破现状 力臻成熟——中国期刊事业的发展前景》，《中国出版》1992年第6期，第36～39页。

第二章 媒体广告经营创新

第一节 媒体广告经营平稳增长

伴随着媒体改革的进程，媒体对自我创收的需求也越发明显，广告逐渐成为重要的收入来源。在各种媒体上出现了一系列新的广告形态和经营方式，广告一改过去简陋模样，变得精彩起来。

1979 年以后，广告行业发展已初具规模。从数据来看，1983～1992年，中国四大媒体广告收入呈现持续增长的态势。这一时期的商业广告是具有"魔弹效应"的，此时可以说是一个无往不利的广告时代，各种案例都在证明着一则广告能救活一个企业。① 这一时期广告所产生的巨大影响力显然是广告制作方和媒介方始料未及的。电视广告、报刊广告、广播广告等时时都在创造着销售神话，统计数据显示，在经济下行背景下，依旧保持甚至提高广告投入的企业，在两到三年后销售额提高了82%，而那些节省广告投入的企业，销售额提高幅度只有45%。德芙巧克力于1989年进入中国市场，其非常注重针对中国消费者的广告宣传，长期占据中国巧克力市场的领导地位。②

具体到各个媒体，有如下特点。

（1）四大媒体广告收入持续增长，从零收入增长到10亿元以上。国家 GDP 虽在 1989～1990 年处于洼地，但也没有影响广告经营额平稳上升

---

① 刘岩，中国网络电视台：《黄升民：信息扶贫广告模式是首创》，http://sannong.cntv.cn/program/xiangcundashijie/20100702/103600.shtml，2010 年 7 月 2 日，最后访问时间 2019 年 1 月。

② 孟令光：《中国广告企业发展进程研究 1978～2016》，华东师范大学，2017 年。

的趋势。因为当时国家为了消除经济过热、遏制通货膨胀，采取了一系列措施，希望能增加有效供给，调节供需平衡。而广告作为刺激需求、促进消费的重要手段，为 GDP 的增长贡献了自己的力量，所以，即使工业生产的速度在下降，媒体和企业对广告的热情也没有减少。另外，在广告经济由空白点起步时，由于起点低，其增长速度远远大于国民经济的增长速度，其发展更多来自自身的刚性成长，在这个补足发展阶段，广告经营额的增长与国民经济的增长相关程度不高。[①]

（2）报纸是这一阶段最大的广告媒体。1985 年，全国报纸广告经营额占全国广告经营总额的 48.0%，位列第一；1988 年，报纸广告经营额突破 5 亿元，比前一年增长 41.1%；至 1991 年，全国已有 1400 余家报纸经营广告业务，广告从业人员 2 万余人，广告经营额为 9.62 亿元，占全国广告经营总额的四分之一以上。[②]

（3）1986 年，电视人口覆盖率首次超过广播，此后电视广告收入加速增长。全国电视广告收入突破亿元大关，达到 1.15 亿元。[③] 1987 年，中央电视台电视事业费中的商业收入与政府拨款比为 2∶1，绝大部分的商业收入来源于广告。

（4）1991 年，电视广告收入 10.01 亿元，占中国广告经营总额的 35.5%，超过报纸成为第一大广告媒体。[④] 电视广告在这一阶段拥有强大的影响力，贴片、冠名、名人代言、体育赞助等各种广告形式纷纷登场。

（5）期刊和广播广告稳步发展。1989 年，随着"四级办"政策的推出，广播电台数量大大增加，广播的市场规模逐渐扩大。广播广告的经营初步崭露头角，各大电台的广告部主任都在跃跃欲试，想要大干一番（见图 2 - 2 - 1）。

---

① 葛岩、李新立：《1998 到 2001 年究竟发生了什么？——媒体集团化对于广告产业影响的宏观研究》，《新闻大学》2007 年第 1 期，第 91～97 页。
② 许正林、马蕊：《再读广告史（二）中国报刊广告 30 年》，《中国广告》2011 年第 1 期，第 77～83 页。
③ 张盼霞：《1978～2008 年我国电视传媒经营管理演变》，华中科技大学，2008 年。
④ 陈培爱：《改革开放 30 年我国电视商业广告回顾》，《中国广播电视学刊》2009 年第 1 期，第 53～54 页。

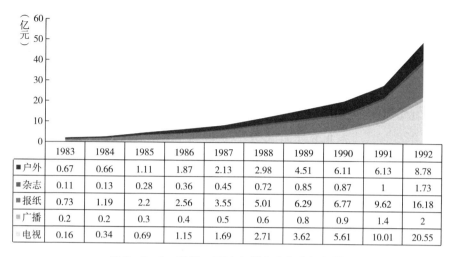

（亿元）	1983	1984	1985	1986	1987	1988	1989	1990	1991	1992
■户外	0.67	0.66	1.11	1.87	2.13	2.98	4.51	6.11	6.13	8.78
■杂志	0.11	0.13	0.28	0.36	0.45	0.72	0.85	0.87	1	1.73
■报纸	0.73	1.19	2.2	2.56	3.55	5.01	6.29	6.77	9.62	16.18
■广播	0.2	0.2	0.3	0.4	0.5	0.6	0.8	0.9	1.4	2
电视	0.16	0.34	0.69	1.15	1.69	2.71	3.62	5.61	10.01	20.55

图 2 - 2 - 1　1983 ~ 1992 年媒体广告市场规模

资料来源：中国广告 40 年项目组根据公开资料整理制图。

第二节　报纸广告拓展

这一时期，报社对广告收入的主动探索，初步表现在报纸形式的创新上，比如大面积出现的分类广告、占据头版整个版面的创新广告形式。而杂志在这一时期，广告经营还极少，行业纷纷呼吁重视期刊广告的价值。

20 世纪 80 年代中早期，工商广告和各类小广告是混排的。但是，限于版面，大的广告总是把小广告挤掉。到 80 年代中后期，中小企业的广告需求高涨，报纸版面太少，广告主排队等刊期。为了满足中小企业广告客户的需要，也为了拓展新的市场，报社就把小广告集中起来，每周定期刊出。1985 年 3 月 3 日，"分类广告"出现在《羊城晚报》上。《羊城晚报》把一个个通栏广告拆成若干块，专门针对中小企业进行推广，为改革开放后报纸广告经营提供了新的策略。

远观海外，分类广告很早就受到重视。在美国，它是报业广告收入的有力支柱，也是报业的经济支柱之一。20 世纪 30 年代初，美国 95 个主要城市的 365 家报馆就曾做过一个联合统计，结果表明，分类广告的篇幅约占报上广告总篇幅的 1/6，而收入已达 7500 万美元，约占广告总收入的 20%，这初步显示了它的作用。进入七八十年代，美国公众对分类广告更加垂爱，分类广告的篇幅也占到了广告总篇幅的 1/4 左右，收入也相应有惊人增长，于是有人将黑灰色挤成一片的分类广告称为"灰色的金子"。①

其实在国内，很早就有学者或业内人士呼吁重视分类广告的作用，1923 年前后，《申报》上就出现了分类广告，开国内之先河。然而直到《羊城晚报》后，随着报社经营意识的增强，"分类广告"作为一个栏目才逐步被各大报纸采用，并日益开发，一些大型日报如《广州日报》等都开辟大面积的分类广告专栏或专版。沿海经济发达地区，分类广告发展较快。1997 年 2 月《福建日报》隆重推出分类广告时，提出了"人人登得起，人人有得看"的口号，并且刊费低廉，"每行 14 个字收费 20 元"，时间登得长还可以享受优惠。②

分类广告的类别五花八门，涉及声明、招聘、求职、转让、招商、招租、招失、房产、中介、换房、机电、家电、电子、办公设备、建材、装饰、旧货天地、书讯、维修、服装、电脑、医药、美容、旅游、饮食、娱乐、庆典、贺喜等，涵盖民众生活的方方面面，且因其价格便宜，许多报社以直接在报纸上刊登"招商启事"来吸引普通读者发布广告，因此，一份报纸分类广告的多寡也在一定程度上反映了该报读者基础是否厚实。

这之后，为了达到轰动效应，报纸媒体不断创新广告手段。1993 年 1 月 25 日，《文汇报》第一次在头版上发布了占据整个版面的"西泠电器"广告。这一创举引起了海内外新闻媒介的兴趣，当天东方电视台"东视新闻"连续 3 次播出了《文汇报》头版刊出整版广告的新闻，日本的《朝日新闻》《读卖新闻》和香港《大公报》等纷纷就此事做了报道。③ 很快，头版整幅广告开始在国内被其他报纸效仿。

那时，国内空调业刚刚兴起不久，竞争十分激烈。西泠电器在国内知名度不高，他们引进外国技术和机件，开发了分体挂壁式空调，其负责人希望在上海发布一条具有轰动效应的广告。于是，他们请奥美广告公司做

---

① 隋玉洁、宋健吾：《"灰色的金子"——谈谈美国报纸的分类广告》，《国际新闻界》1987 年第 1 期，第 30～32 页。

② 林升栋：《中国报纸分类广告探微》，《广告大观》1998 年第 10 期，第 33～34 页。

③ 《文汇报"一·二五"头版整版广告引起轰动》，《新闻通讯》1993 年第 3 期，第 58 页。

创意，与《文汇报》共同商议，最终决定在整版刊登一条广告。

由于当时国内报界还没有在头版做整版广告的先例，于是刊登前项目组颇费了些心思。首先《文汇报》的广告负责人向上级领导提出申请，恰好当时上海筹办东亚运动会，报社领导阅后当即在申请书上手写"我意应将广告收入全部捐赠东亚运动会"，之后又向市委领导请示，最终方案获得通过。又由于元旦期间重大新闻较多，广告要给新闻让位，最终确定了刊登时间为 1 月 25 日。

第三节　电视广告经营创新

电视台开始探索多种多样的广告形态，电视广告发展速度加快。从内部经营来看，电视台广告部逐渐步入正轨，发挥着重要的作用。

一　电视广告的经营管理改革

伴随着媒体改革的进程，媒体对自我创收的需求也越发明显，电视台在广告经营管理手段上开始创新。广告逐渐成为重要的收入来源。

1987 年，中央电视台电视事业费中的商业收入与政府拨款比为 2∶1，绝大部分的商业收入来源于广告。这一年，中央电视台首次召开广告客户会议，并决定以后每年定期召开。这时的广告客户会议与现在我们所说的推介会不同，在当时完全是买方市场，广告主们看中的就是中央电视台节目极高的收视率以及电视广告强大的传播力和销售转化效果。

1987 年 7 月，中央电视台把广告科扩大为广告部，从中国电视国际公司中分离出来，变成了中央电视台的一部分。从此，广告部的运作逐渐步入正轨，广告部的作用也逐渐显现出来。

二　多样的电视广告形式

到了 20 世纪 80 年代中期，电视广告形式不断创新，出现了多种形态的电视广告，如贴片广告、冠名广告、名人代言广告、体育赞助广告、插播广告、公益广告等。广告形态的丰富，也意味着电视广告经营正在逐渐走向成熟，经营规模也随之不断扩大。

20世纪80年代中后期，贴片广告和插片广告陆续登上中国的电视屏幕。1981年，国产电视剧《卖大饼的姑娘》初次尝试贴片广告；1986年，中央电视台在国产电视剧《蛙女》中首次播出贴片广告。

渐渐地，电视节目在进行中外交易的过程中，以节目带广告成为一种不再陌生的经营手段，各式各样的贴片广告、冠名广告频繁出现。

1986年，北京电视台与原联邦德国菲伯嘉苏伯爵电视广告有限公司签订广告合作协议。协议规定，中方在3年内每天播出德方15分钟广告片、25分钟电视教育片；德方在两年内分期向中方提供电视设备购置费和现金。同年，日本向阳社向中央电视台提供了带广告的可供播出三年的美国动画片《米老鼠和唐老鸭》。

1987年"第三世界广告大会"召开期间，美国洛里玛公司与中国的电视台合作，向中国介绍优秀的外国电视节目，最后北京、上海、广东、福建四个地方的电视台与美方签订了一个共同购买的协定，以每小时3500～4000美元的价格成交。这样，这四个地区的观众看到了《神探亨特》《鹰冠庄园》《探长德里克》等一大批优秀剧目，它们的播映既为观众提供了娱乐和艺术享受，也刺激了中国电视剧的发展。1987年北京电视台专门播出这些外购电视剧的"海外影视"栏目的购买费用，相当于8分钟广告的收入，通过广告收入来加以补偿。由于节目的收视率高，广告客户都争相占据"海外影视"的宝贵空间。海外电视剧就这样以贴片广告的形式登陆中国。

1987年，泰国正大集团以节目带广告的形式与国内电视台合作，《正大剧场》《正大综艺》等著名栏目由此诞生。泰国正大集团与北京电视台等电视台合作创办"正大纵横"栏目，每周为北京、上海、广东、福建四台提供一个半小时节目，并给每台各支付3500美元，交换条件是节目中有3～5分钟"正大"的广告。后来，正大集团又与中央电视台签订合同：半小时的综艺节目由中央电视台制作，正大集团负责制作和译制"正大剧场"，该节目广告收入双方均分，这就促成了后来具有全国影响的《正大综艺》节目的诞生。

《正大综艺》节目的广告语为"爱是正大无私的奉献"。自1990年开播以来广受中国观众的喜爱，据调查，很大一部分原因是这档节目传播了世界各国的美丽风景和乡土人情，让观众在电视机前可以领略异国风光并获得知识。然而这一环节的成本投入是相当高的，每一期的外景拍摄和制作都需要大量的人力和物力。但由于当时正大集团刚刚到中国投资，因此在传播上的高投入是必须的。[①] 这一节目以其丰富、精彩的内容和令人耳目一新的形式，在观众中产生了良好反响，正大集团也获得了很大好处，不仅从此变得家喻户晓，而且也获得了一大笔广告收入。正是签约双方的密切合作，求大同、存小异，始终以节目质量为本，才使这段"姻缘"闪耀着钻石光芒。《正大综艺》也是商业运作的成功范例，每年为台内创造数千万元的广告收入，每投入一个单位的成本，最低的回报是它的5倍。[②]

1986年，贵州省贵阳电视台播出《请君注意节约用水》的公益广告，这是改革开放后制作的第一条电视公益广告。1987年10月26日，中央电视台在第一套节目中播出了第一条公益广告，内容是反映交通安全的《高高兴兴上班，平平安安回家》篇。这之后开办了专门播放公益广告的栏目"广而告之"，它每天一次或两次，每次一分钟或三十秒。这是中国广告史上第一个电视公益广告栏目。"广而告之"以"提醒、规劝、批评"六字方针为宗旨，采用人们喜闻乐见的形式，在第一套节目的黄金时段，定期播出公益广告，使观众在娱乐中得到启迪，在潜移默化中受到教育。在央视"广而告之"的影响和推动下，地方省、市电视台随后也开辟了公益广告栏目以制作、播放公益广告。

1988年，中央电视台与北京国安广告公司联合开设第一个电视广告专栏——《榜上有名》，继而又开办了《名不虚传》专栏，以"重信誉，创优质服务"的原则，为经济建设、市场贸易及消费者提供服务。

80年代中期，一些外商广告就已经逐步将名人广告策略引入中国大陆，但当时主要是一些欧美或港台地区的明星，所以那时候的大陆人民还只是以一种旁观者的心态来看待这一问题。1988年电影演员潘虹为霞飞化妆品做的电视广告，让霞飞产品名噪一时。还有吴海燕向人们评说当时最新潮的家具、林芳兵穿着"春风"荡秋千……[③]

---

① 王丽珠（SIRISUPA SARIBUT）：《正大集团品牌战略研究》，扬州大学，2010年。

② 何文新、秦明新：《你是灯塔——写于〈正大综艺〉开播10周年》，《中国广播电视学刊》2000年第5期，第35页。

③ 三川：《影视明星介入了广告》，《电影评介》1991年第8期，第13页。

1989 年，电影明星李默然为"三九胃泰"做广告，开我国当代名人代言广告之先河。在当年三九胃泰的广告中，画面是一片深色的背景，身着西装的李默然一脸正气地端坐于高台之上，目光犀利，此时画外音响起了李默然正气十足的浑厚男音："干我们这一行的，生活没有规律，常患胃病……三九胃泰是治胃病的良药。制造假胃药品，是不道德的行为，应该受到社会的谴责！"广告不足 30 秒，在今天看起来，似乎更像一则公益广告。① 据说这最后一句广告词还是李默然本人亲自加的。但这无疑让普通中国民众无法接受，反对的声音几乎炸开了锅。事隔多年后，李默然仍把这次广告经历视为平生一大悔事。

事实上，那时中国戏剧家协会要举办中国第二届戏剧节，因没有资金，有关负责同志便找到担任中国戏剧家协会副主席的李默然，当时，他也没办法。后来，老家在东北的南方制药厂厂长找李默然拍广告。事后，该厂给了李默然 20 万元，他一分钱没留，全部捐献给了戏剧节。他只是将这个厂赠送给他的价值几十元的小收音机留下来，用于外出演出时听新闻。后来有人听说李默然拍广告挣了大钱找他交税，弄得李默然哭笑不得。他告诉对方说："企业给的 20 万元，我都捐献了，只落了这么一个价值几十元的小收音机，要不你们就拿走吧！"②

与李默然备受质疑不同的是，这则广告把三九胃泰的形象全面树立起来了，起到了意想不到的效果。1990 年 12 月在杭州举办的全国医药订货会上，南方制药厂生产的"三九胃泰"冲剂成交额超过 7000 万元，开创了该厂参加历次全国性订货会的最高纪录。这次合作让三九胃泰与李默然都尝到了第一个吃螃蟹的滋味。③

进入 20 世纪 90 年代，名人广告铺天盖地般席卷中国，而早期的质疑声浪也逐渐平歇，人们更加务实而理性，都愿意以平常心视之。1989 年，健力宝邀请明星李宁担任其品牌代言人。这之后陆续出现了香港明星汪明荃代言的广东容声冰箱、相声演员马季先生代言的"张弓酒"、影视演员王姬拍摄的孔府家酒"回家篇"广告、相声演员李嘉存出演的"蓝天六必治"牙膏广告以及"双汇火腿肠·葛优冯巩篇"广告、广东 TCL 公司利用

---

① 任文鹤：《第一个吃螃蟹的三九胃泰广告》，《市场观察》2008 年第 12 期，第 32 页。
② 陈奇：《访李默然》，《公关世界》1995 年第 8 期，第 27~28 页。
③ 任文鹤：《第一个吃螃蟹的三九胃泰广告》，《市场观察》2008 年第 12 期，第 32 页。

正在拍摄古装片《武则天》的"争议人物"刘晓庆拍摄的电视广告、成龙和李连杰等功夫明星代言的小霸王学习机、爱多 VCD"好功夫"广告等，都收到了令人瞩目的效果。

1990 年 10 月，中国首次承办大型国际综合性运动会——第十一届北京亚运会。在这届运动会上，首次尝试在体育活动中引入非官方资金以解决举办费用问题，也是在这一届亚运会，健力宝等赞助商的企业形象出现在了电视广告上。

1991 年 11 月，亚都加湿器在加湿器产品的销售旺季，在热播的电视剧《渴望》中插播广告，利用电视剧的轰动效应，在成千上万的观众中提高了自己的知名度。

经过这一阶段的发展，电视广告形态越来越多样，广告经营规模也不断扩大，电视广告的价值得到广泛认可，地位、作用不断提升，到下一阶段，电视广告就将超越报纸成为媒体广告经营中的王者。

第四节 户外：新技术、新渠道

经历了 1979 年之后的恢复期，到 1987 年《广告管理条例》颁布施行，户外广告作为报刊、广播、电视之外的又一大广告媒介被列入其中。与 1982 年《广告管理暂行条例》中对于户外广告的描述——"在公共场所设置、张贴广告"相比，1987 年《广告管理条例》中，明确提到了"电影、路牌、橱窗、印刷品、霓虹灯等媒介或者形式"，并明确规定，"户外广告的设置、张贴，由当地人民政府组织工商行政管理、城建、环保、公安等有关部门制订规划，工商行政管理机关负责监督实施。在政府机关和文物保护单位周围的建筑控制地带以及当地人民政府禁止设置、张贴广告的区域，不得设置、张贴广告"。

20 世纪 80 年代中期，户外广告开始在技术上尝试创新和突破，并逐步开始拓展新的投放渠道。

1986 年 3 月，南京市美术广告公司，在国内首次运用微型计算机储存图像、信号，自动控制的大型磁翻转广告显示牌。同年 12 月，陕西省西安市成功试制光纤装潢广告灯箱。新技术为灯箱广告带来了发展空间。

1988 年，国内第一家自动三面翻广告牌出现。三面翻广告牌由很多三棱柱拼接而成，随着转动可以在三幅广告画面间切换，具有故事性和连贯性，至今还在户外广告牌中被使用。

另外，还有全自动电子智能广告机、投影电视广告橱窗、LED 彩色电视大屏幕广告等，都是当时广告业在户外领域技术上的探索尝试，它们遍及全国各大城市，包括江苏、上海、广东、南京、深圳等。

这一时期，不仅在技术上有所突破，户外广告的投放渠道同样受到重视，不断被拓展，除了繁荣起来的霓虹、灯箱广告，车身广告开始恢复，并成为户外广告的主要形式，广告公司因此收入猛增外，一些不常见的渠道也开始被户外广告触及。

以上海为例。1987 年，上海开放夜市，在南京路规划开辟霓虹灯一条街，经过 3 年建设，完成了外滩至成都路段霓虹灯工程。全长 2500 多米的街面上荟萃霓虹灯广告 118 幅、霓虹大招牌 96 幅、灯箱广告 87 只、大型电子显示屏 2 幅。至 1995 年，在不过 2 公里长的南京东路上，各种霓虹灯广告增加至 200 幅。

上海的大型霓虹灯广告，主要由专业公司设置和经营，小型的则由工商企业按需要自行设置。① 在斑斓缤纷的霓虹灯的装点下，上海成为名副其实的"不夜城"，足以见得这座城市对户外广告的重视。

仍以上海为例。中华人民共和国成立后，公交车辆广告逐渐被淘汰。直至 1984 年，上海美术设计公司才首先在电车一场的 20 路等公交车上制作少量广告。1988 年 8 月，以公共交通车辆和设施为媒体的上海市公交广告公司成立。该公司成立之初，承接上海圆珠笔厂、上海华生电器厂等企业的广告。1991 年，上海公交广告公司营业额由 1990 年的 80 万元跃为 236 万元。1992～1995 年，媒体种类由原来的车身两侧发展到车头、车尾、车窗粘贴，车种由原来的路线车发展到中巴双层车，并按客户要求，承接车辆全色（标志色）广告，包括了全市 8000 多辆公交车。广告客户由初期的十几家发展到数百家。百事可乐、可口可乐、日立、柯达、松下、杉杉、三枪等国内外著名企业和著名品牌成了公交车辆广告的主要客户。上

---

① 上海市地方志办公室：《上海日用工业品商业志》，第十二篇。http：//www.shtong.gov.cn/node2/node2245/node66046/node66062/node66243/node66247/userobject1ai61844.html，上海市地方志办公室，2003 年 11 月 5 日，最后访问时间 2015 年 5 月。

海市公交广告公司营业额，1993 年为 1350 万元，1994 年为 2200 万元；1995 年达到 4068 万元，为 1990 年营业额的 50 倍。

此外，在南京出现了列车电子广告显示屏；1986 年，武汉首次出现空中飞艇广告。同样是在武汉，1992 年，龟山电视塔上出现"KENT"及"555"洋烟广告。90 年代初，长江大桥也开始有广告出现。

可以说，户外广告在这一时期，虽然处在逐步恢复的阶段，但在这基础上，无论是技术的研发，还是渠道的扩宽，都可以看到广告业在户外领域表现出的积极性，也可以看到当时人们所预见的户外广告媒介的潜力。

第五节 广告经营管理制度探索

20 世纪 80 年代，广告行业仍然处于一个混沌时期，对广告的管理制度还处在探索之中。虽然媒体允许做广告了，但媒体广告收入到底是什么性质？个人能不能拿提成？与此同时，媒体内广告部门的运作刚刚开始步入正轨，什么才是更科学有效的经营方式？来自西方发达国家的广告代理制开始进入人们的视野，要不要实施代理制成为讨论的焦点话题。以媒体广告收入属性界定和代理制确立为代表，这些问题都成为这一特定历史阶段所面临的重要问题，媒体的广告经营管理制度在探索中不断前行。

一 媒体广告收入的性质界定

关于媒体广告收入的性质界定，影响非常深远。在这一阶段，虽然媒体承办广告这种行为有了"名分"，但关于广告收入的性质迟迟没有得到正视，一些在现在看来再正常不过的经营手段被判定为违法，许多广告经营者因此而遭殃，数年后又获得平反。

1988 年 3 月，中国相关行政法规中明确了媒介可以根据有关规定和自身条件，发挥其联系面广和信息、人才、技术、知识、设备器材等方面的优势，开展国家政策允许的、与本身业务有关的有偿服务和经营活动。[①]多种经营、经费包干等政策刺激了媒体单位的创收热情，逐渐开放的政治

① 张盼霞：《1978～2008 年我国电视传媒经营管理演变》，华中科技大学，2008 年。

经济环境也给了媒体广告经营更大的空间和更多的机会。经过几年的努力，到80年代末90年代初，媒体收入中来自财政预算的占比大大降低。

伴随着媒体广告收入数额的增长，广告收入的性质也成为焦点话题。广电部、财政部在1991年12月下发《广播电视广告收入管理暂行规定》，其中明确规定："广告收入必须纳入主管部门和单位的预算，由财务部门统筹安排，统一核算"；"纳入预算内管理的广告收入，视同财政拨款"；"任何个人均不得从广告收入中获取提成或回扣，违者视同贪污论处。"

这种财务管理制度对于大部分收入来自市场化经营的媒体来说，无疑降低了广告部门的积极性，精准的预算制度与收支两条线的管理制度给媒体增加了管理上的难度。一是预算精准问题，二是收支两条线管理问题。经营的不确定性加之预算内管理的刚性，将会增加收入不稳定或市场化运营的事业单位管理的难度。[①]

而对广告费回扣的评价，则是广告业争论已久的题目。回扣作为一种经营手段，对于我国社会主义商品经济的发展究竟起什么作用？归纳起来有两种截然不同的观点：一种观点认为，回扣是资本主义社会企业之间的一种竞争手段，对我国社会主义企业来说是一种腐蚀剂，应坚决制止；另一种观点认为，回扣是社会主义商品经济发展的必然产物，是经济活动的润滑剂，应加以肯定。[②]

根据该规定，中央电视台采取了一些调整措施：取消广告部法人资格和独立核算单位，将其收支纳入台计财处统一管理；广告业务归广告部统一管理，其他任何部门不准办广告业务，并对广告部实行经济倾斜政策；对其他广告性质的收入和其他业务收入，实行与奖金挂钩的办法，按收入额多少给予创收部门一定的奖励。这些办法和措施极大地调动了广告部门和其他部门工作人员的积极性，包干期内各项收入大幅度增加。

---

① 梁悦：《财政预算内管理对差额拨款事业单位的影响》，《辽宁经济》2013年第10期，第40～41页。

② 肖华、禹风：《广告业的现状与对策——关于广告法制建设的对话》，《法学》1989年第9期，第32～34页。

二　广告代理制艰难确立

在中国，广告代理制最初随着 20 世纪 80 年代初西方现代广告理论的引入而被提及，但到了 80 年代中期才引起广告业界的注意，当时北京广告公司和广东省广告公司开始尝试实行广告代理制。① 但让人意想不到的是，这一制度实行的最大阻碍竟然来自媒体。

广告代理制的推行有其条件和背景。

首先，改革开放之后，可口可乐、爱立信、诺基亚等外资品牌在看到中国作为新兴消费品市场的潜力时，更倾向于与带有国际背景的并能提供更专业、全面的服务的广告公司合作，并以国际惯例处理媒介业务，这深刻地影响了国内市场。

其次，由于中国广告业发展起步晚，法制不健全，企业参差不齐，各级管理政出多门，各行其是。1980 年《广告管理暂行条例》的颁布，推动了广告业的规范化发展，中国广告开始逐渐对外进行交流与合作。为了更好地促进广告行业的发展，最为可行的方式就是借鉴西方现有的经验来指导，而广告代理制作为西方广告界多年来通行的市场交易准则即是如此。

最后，1987 年，党的十三大召开，确定了全面改革的决策，机构改革逐步深入，政企分家成为当时重点之一。国家工商管理局直属的 70 余家广告企业的联合体——中国广告联合总公司脱钩事宜开始提上议事日程。国家对私营个体广告经营的限制开始解禁，个体经营、外商投资的广告公司大量增加，市场竞争的加剧让专业广告公司以更专业、全面的服务吸引广告客户，其营业额占全国广告营业额的比重开始超过传统的报纸广告和电视广告。这一现象极大地鼓舞了广告公司，同时它们也试图在市场中谋求更多的利益空间，市场主导权开始向专业广告公司倾斜。②

1982 年 2 月 6 日《广告管理条例》的颁布，标志着我国广告管理开始进入规范化行政管理轨道。1987 年 10 月 26 日，国务院颁布我国第一部正式的广告行政管理法规——《广告管理条例》（1987 年 12 月 1 日起施行），开始允许个体工商户经营广告业务。关于成立广告公司的注册资金，国家

---

① 郑丹：《我国广告代理制发展的历程审视》，《太原大学学报》2013 年第 53 期。
② 郑丹：《我国广告代理制发展的历程审视》，《太原大学学报》2013 年第 53 期。

工商行政管理局于 1988 年发布了《企业法人登记管理条例施行细则》，规定广告设计和制作企业注册资本不低于 10 万元，个体工商户注册资本不低于 3 万元。1988 年 1 月，国家工商局制定《广告管理条例实施细则》，规定承办国内广告业务的代理费是 10%，承办外商来华广告的代理费是 15%。

但是，这种政策遭到了报业的联合反对，它们觉得可以自己直接承接广告，广告公司抽取费用是拿了自己的钱。当时的报业对市场的反应是矛盾的，它们既想从正在兴起的市场中获得收益，又害怕市场对自身利益产生威胁。反对广告代理制就是报业排斥市场的一个鲜明例子。1987 年，中国广告协会学术委员会在湖北沙市开会，在谈及广告代理制的问题时，来自报业的十多个代表公然中途离会。这些人回到北京后，以报委会的名义发表了一个声明，说代理制不符合我国国情，损害了报业的利益。

过了一段时间，国家工商局和计划委联合发文，才算是确立了代理费的概念。①

这个阶段，对广播电视媒体违规广告活动的查处，主要由工商行政管理机关办理，广电行政部门还是配角。广播电影电视部、国家工商行政管理局于 1988 年 1 月 20 日联合发布《关于进一步加强电视广告宣传管理的通知》，对于中断节目播映广告、叠加字幕广告、新闻形式的广告、违法经营广告和招揽广告、转播中间插播本台广告等违规广告活动进行了规范，通知规定："由各级广播电视厅、局向同级工商行政管理机关提出处理建议，由工商行政管理机关按照广告管理法规的规定予以查处。"工商行政管理机关主要负责广告企业的审批登记、发放营业执照和广告经营许可证，以及对违法广告的行政处罚。

另外，《广告管理条例》第十一条明确规定，标明质量标准、标明获奖、标明优质产品称号、标明专利权、实施生产许可证的商品广告以及文化、教育、卫生广告，需要提交政府有关部门或者其授权单位的证明。第十二条规定："广告经营者承办或者代理广告业务，应当查验证明，审查广告内容。"可见，在这一时期，对相关证明文件和广告内容的审查主要是由广告经营者、广告发布者来执行的。②

① 李春：《当代中国传媒史 1978～2010》，漓江出版社，2014 年，第 226 页。
② 廖秉宜：《中国广告审查制度的历史变迁、问题及优化路径》，《国际新闻界》2013 年第 7 期。

1990年，国家工商行政管理局发布《关于在温州试行广告代理制的通知》，指出凡温州市企事业单位、私营企业、个体工商户在国内通过报纸、杂志、广播、电视、路牌等媒介发布广告，必须委托经温州市工商行政管理局核准的有"承揽"或"代理"广告业务经营范围的广告经营单位发布或代理。这一通知的出台标志着中国开始孕育广告代理制。① 但这只是温州模式，广告代理制在全国范围内依然举步维艰。

其实，媒体对广告代理制的抵触完全是因为没有深入了解广告代理制的本质，它们只看到了广告公司从中获益、获得主导权的表面现象。事实上，广告代理制的施行也为媒体进行下一阶段的广告规模化、专业化运作提供了孕育条件。同时，收取代理费而把广告制作外包给广告公司的经营方式，也比自营广告节约了更多的人力、财力。广告代理制实则是一个三方共赢的制度，是经过发达国家检验的判断一国广告业发达程度的最佳标准。

此时，我们离完善的广告代理制还有一段距离要走，不过好在，广告行业专业化、规范化发展已经开始起步。

第六节　媒体广告的野蛮生长及整顿

报业的复兴、广播电视的蓬勃发展，成为广告业高速成长的沃土。新闻媒介、街道楼宇每时每刻都在传播广告，将衣食住行等各类商品信息传播给11亿国民。到20世纪80年代末90年代初，广告业复兴十年，媒体广告经营增长的背后，开始出现一些问题，主要表现为虚假广告、有偿新闻泛滥，收取"回扣"等。针对这些新问题，相关监管工作随即展开，进一步规范媒体广告经营。

一　广告业发展的多种症结

20世纪80年代末，伴随媒体复兴而野蛮生长的广告，不可避免地产生了一些问题，如虚假广告屡禁不绝、新闻广告变形出笼、广告回扣争论

---

① 廖秉宜：《中国广告审查制度的历史变迁、问题及优化路径》，《国际新闻界》2013年第7期。

不休等。这些问题是在广告业方兴未艾，广告法制还不够成熟的时代背景下产生的，人们对其中一些问题的态度也常常是矛盾而非否定的。它们一方面成为消费者、广告主和管理者的困扰，影响广告业的健康发展；另一方面又可以看作当时解决媒体经营问题的某种途径，这些时代的产物，构成当时广告业发展的症结。

虚假广告最容易损害消费者利益，扰乱市场秩序，造成不良后果。例如，1987年某报刊登河北某电子仪器厂生产的"电子人体增高器"，声称该增高器经临床试验，身体平均可增高3～7公分。然而有购买者反映使用后被"增高器"严重烫伤。据查，所谓的"电子人体增高器"根本没有生产许可证。而这类"电子人体增高器""近视理疗器""外语记忆器"等虚假广告，不少报刊都曾刊登过。①

这一时期，消费者对于虚假广告的辨别意识还未跟进，依法维权的意识也相对薄弱，因此很容易遭受财产损失和健康危害。同时，虽然有法律对广告侵权问题做出了规定，但相配套的保护消费者利益的法律法规太少，过于简单，也使有些消费者状告无门。对于广告经营媒体而言，有些单位在金钱收益面前，松懈了审查工作，或者与消费者一样缺少辨别能力。当时，不少虚假广告都有"国优""省优""部优"称号或"金奖""银奖"证书，广告经营单位因弄不清证书的真实性和权威性而上当受骗。这就与我国当时评比商品等级制度混乱和评选舞弊有关。② 这些都是虚假广告猖獗的原因。不过，也有许多媒体意识到了这类问题，刊登消息，辨别抨击。1987年，《中国记者》杂志发表了中国新闻界十大新闻，其中就有一则对"《中国广告报》西北记者站以新闻报道作交易，向企业索取经费"的恶劣事件的报道。

后来，"新闻广告"又有了类似如今"植入广告"的变形。比如在报刊头版或封面刊登大幅企业厂长或经理的照片，或刊登企业厂长或经理的文章以换得广告费。值得注意的是，有些广告主也深受其害。1987年，《中国人才报》欺骗北京郊区两个县的几家乡镇企业，让企业出钱办专版，却将

---

① 肖华、禹风：《广告业的现状与对策——关于广告法制建设的对话》，《法学》1989年第9期，第32～34页。

② 肖华、禹风：《广告业的现状与对策——关于广告法制建设的对话》，《法学》1989年第9期，第32～34页。

一天的报纸印了两种，把刊载专版的仅印了小部分送给广告主。温州《致富信息报》也采用类似的伎俩，把一天的报纸印成三种，欺骗广告主。①

不惜"出卖"新闻刊登广告的背后，是媒体行业在广告市场中的竞争。我国对媒体单位实行承包经营、自负盈亏后，缺少广告客户的新闻单位陷入经营困境，依靠这种方式能够争取更多广告资源。此外，"植入"有时难以界定，上级监管部门也难以干预，"新闻广告"因此更有机可乘。

另外，收取"回扣"也是这一时期的常见现象。但此时业界对广告费回扣问题持两种矛盾的态度。一方面，回扣是社会主义商品经济发展的必然产物，一定程度上提高了工作积极性，促进了经济活动的进行；另一方面，恶性竞争、扰乱市场秩序的行为，应该坚决制止。当时回扣常以劳务费、稿酬等形式发放，实际上，各项费用界定明确、为介绍广告提供应得的劳务费等措施，是可以在一定程度上规避回扣问题的。由于没有明确的法律法规，有些省、市工商管理部门在执法中自定回扣上限标准，也造成执法随意和处罚不一的现象。②

其实，中国广告发展的这十年乱象，还有记者乱拉广告，闹出如"服装杂志记者去机电公司拉发动机广告"的笑话，报刊发行量数据造假，欺瞒广告主，广告载量过多（有些报纸广告内容达 40% 以上），等等。许多问题是时代造成的，是产业发展中无法避免的。但一些弊病甚至延续至今，以古鉴今，这些都值得当下媒体人反思。

二　法律规范广告经营

广告业探索性恢复发展的这一时期，我国广告相关的法律法规，也处于逐步完善、逐步成长的时期。常常是在发生了某一事件之后，相应法规文件才出台以对类似情况进行约束，因此，广告法律法规在当时是有些滞后的。这一时期，我国广告管理主要是通过《广告管理条例》、工商行政管理部门下发的系列规定以及一些地方性规定实施的。

1982 年，国务院颁发了《广告管理暂行条例》，1987 年又正式颁布了《广告管理条例》，紧接着国家工商行政管理局颁发了《广告管理条例施行

---

① 张未名：《中国报刊广告向何处去？》，《中国记者》1988 年第 3 期，第 41 页。
② 肖华、禹风：《广告业的现状与对策——关于广告法制建设的对话》，《法学》1989 年第 9 期，第 32 ~ 34 页。

细则》。《广告管理条例》规范了广告的经营秩序，成为当时广告经营的主要法律依据。

这一时期，是我国广告法律法规逐步探索、完善、健全的时期。对于广告行业出现的各类问题，管理部门有针对性地颁发了《关于报纸、书刊、电台、电视台经营刊播广告有关问题的通知》《关于文化、教育、卫生、社会广告管理的通知》《关于加强对各种奖券广告管理的通知》《关于对赞助广告加强管理的几项规定》《关于烟酒广告和代理国内广告业务收取手续费问题的通知》《关于重申禁止刊播有奖销售广告的通知》等十余种规范性文件。

1987年，卫生部、国家工商行政管理局、广播电影电视部与新闻出版署联合发布的《关于进一步加强药品广告宣传管理的通知》以及《药品广告管理办法》等有关规定，对药品广告宣传的管理进行了整顿及要求。

1988年，广播电影电视部、国家工商行政管理局联合发出《关于进一步加强电视广告宣传管理的通知》，要求不得中断节目和以新闻报道形式播放广告。

1993年实行的《中华人民共和国反不正当竞争法》和国务院发出的《关于禁止印制、发售、购买和使用各种代币购物券的通知》中，都对有奖销售、购物券等进行了明确规定，对这类广告中存在的欺诈行为起到了遏制作用。

地方上也有规定性文件发布，为国家广告法制体系的健全献力。例如，对于商品广告标价问题，江苏省工商行政管理局于1987年颁布了《关于广告宣传中商品标价的暂行规定》，规定凡是报纸、书刊、广播、电视、路牌、橱窗、灯箱及商场（店）门前立牌等刊播商品广告时，均须标明商品售价。

总的来说，在《中华人民共和国广告法》推行之前，我国的相关法律法规，从广告经营者到广告内容，从药品到烟酒等专门产品，都有所覆盖且处于不断完善中。对于侵权案件，也有《中华人民共和国商标法》《中华人民共和国民法》《中华人民共和国刑法》等做补充。虽然法律体系不够健全、诉讼条件不够成熟等，对当时来说都是不能否认的问题，但它们仍旧发挥重要约束作用，并在广告法的完善过程中扮演重要角色。1994年10月，《中华人民共和国广告法》由中华人民共和国第八届全国人民代表大会常务委员会第十次会议通过，并于1995年2月1日起施行。自此，我国媒体广告行业也进入更加有序、健康的发展轨道。

第三篇

产业化浪潮（1992～2000）

1992 年，市场经济得到确认，国家经济逐渐走强，企业对于广告的需求也在逐渐增加。与此同时，媒体自身在经营上的探索也更加深入，到了 90 年代中后期，我国的媒体产业迎来了产业化浪潮。在这个发展阶段，大众媒体的广告经营得到了较为快速的发展，在经营形式和经营能力方面都初具规模。

　　1992 年 6 月 16 日，中共中央国务院出台了《关于加快发展第三产业的决定》。这份文件明确了媒体产业的三产属性，并且指出"现有的大部分福利型、公益型和事业型第三产业单位要逐步向经营型转变，实行企业化管理"，这也是指导我国媒介产业化的重要政策依据之一。在这个阶段，受到各种利好因素的推动和影响，我国媒体产业整体经营发展的势头较为良好，各媒体广告收入快速增长。例如，1997 年，电视过百亿元，广播过 10 亿元；1998 年，报纸过百亿元；2000 年，户外广告达到 70 亿元，期刊广告突破 10 亿元，达到 11 亿元，报纸达到 146 亿元，广播突破 15 亿元，电视广告则达到了 169 亿元。

第一章　媒体市场化探索深入

在政府的政策方向明确之后，我国媒体更快地开始了市场化的探索。市场化除了意味着媒介的经营属性得到更进一步的确认，还意味着媒体作为文化消费市场的产品得到了进一步精细化运营的空间。技术进步、内容数量和质量的提升，让这个阶段的媒体影响到了更多人，从而提升了自身的商业价值。

第一节　电视产业的逐步成熟

经历了 20 世纪 80 年代的快速恢复发展之后，电视产业在 20 世纪 90 年代迎来了改革开放之后的发展巅峰。作为重要的大众媒体，电视产业的主体——电视台承载着内容制作与内容传输的重要功能。随着产业市场化深入，市场对于内容制作质量与内容信号传输范围、传输质量都有了更高的要求。在国家政策指导以及市场化的两方面作用下，电视台的部分职能被拆分。电视产业迎来了脱胎换骨般的发展期。

一　电视上星的热潮

20 世纪 80 年代中后期，为解决部分边远地区由于地形复杂、电视节目信号覆盖不到的困难，国家有关部门允许部分省级台的节目通过卫星进行传送。1994 年之前的上星频道包括：中央电视台 1 套、2 套、4 套，贵州电视台卫星节目，云南电视台卫星节目，新疆电视台卫星节目和西藏电视台卫星节目。其中，云南、贵州、西藏和新疆主要是由于地理条件特殊，微波方式无法有效覆盖和传输，必须使用卫星信号进行传输，其卫星租赁费用也是由国家财政承担。其他省级电视台对当地全省电视信号的覆盖大多都是通过地面微波接力传送的方式来实现的。可见，早期的"上星"是带有特殊传播任务的一批电视频道，旨在完成电视媒体的覆盖任务，并不是为了其经营能力的提升和市场的拓展。

到了1994年，我国的电视媒体才正式迎来了第一批上星热潮，也成了今天我们所看到的卫视阵营的雏形。其中，浙江电视台和山东电视台成了当时电视台上星最早的两个机构。

（一）浙江电视台上星

浙江广电是当时第一个"吃螃蟹"的机构。

在今天看来理所应当的"上星"，对于第一批尝试的机构而言并不容易。原浙江省广播电视厅厅长方文在2009年曾经通过《率先上星、率先发展——为纪念浙江卫视上星十五周年而作》一文，对浙江广电的上星始末进行过描述。

在这段回忆中，方文表示，在浙江广电的前进过程中，当时存在制约发展的两个突出问题：一是浙江省广播电视厅当时尽管已建成四条微波干线、许多高山骨干转播台，但仍有30%左右的地方收不到浙江电视台的信号，许多即使能收到浙江电视台信号的地方，其屏幕也常常出现重影、雪花点、人物抖动，以及黑屏和彩条，人们称它为"一年四季雪花飘，男女老少都发抖"，收视效果很不理想；二是节目虽然年年改，年年有进步，但由于没有新的强有力的激励因素，节目总是未能有大的突破、大的飞跃，不能满足广大人民群众的需求。广播电视工作千头万绪，归结起来就是两件大事，一是节目，二是覆盖。节目与覆盖的好与差，直接决定着广告创收的好与差。而"上星"就成了当时破题的关键。

方文在文章中写道："这一年年中，我厅分管技术的沈景良副厅长、微波总站应昌伟站长向我提出了浙江电视台节目上星覆盖的建议，他俩的建议同我当时朦胧的想法产生了碰撞。不久，在夏季全国厅局长会议期间，我同国家广电部分管技术的徐崇华副部长进行了一次长谈，探讨了地方电视台节目上星覆盖的利弊得失与可能性。此后，我们整整用了一年时间跑国家广电部、邮电部（后改信息产业部）、中国卫星公司，争取上星的通行证。大量的具体工作都是由沈景良副厅长和应昌伟站长去落实的。"

1993年6月1日14点30分，浙江广播电视厅与中国卫星公司代表在浙江电视台举行了租用中星五号卫星转发器的签字仪式，省人大常委会副主任李德葆出席。当晚浙江人民广播电台、浙江电视台和第二天的《浙江日报》发布了这一消息，浙江电视台节目上星的问题总算尘埃落定了。1994年元旦，浙江电视台卫星频道正式上星传输。当晚8点整，浙江广电中心800平方米演播厅内直播了浙江元旦暨上星文艺晚会。

上星三年以后，浙江广电又建成了浙江光缆传输主干网，真正实现了"天上一颗星，地上一张网"的奋斗目标，从根本上解决了广播电视节目的覆盖问题，不但彻底改变了"一年四季雪花飘，男女老少都发抖"的屏幕形象，更获得了收视质量，实现了质的飞跃，也给浙江卫视的广告经营带来了翻天覆地的变化：浙江电视台上星的第三年，其广告收入已经从1993年的4000万元上升到了2个亿，使浙江省广播电视经济创收从全国的排名第七、第八位一举跃升到了第三位。

（二）山东电视台上星

与浙江电视台相似，山东电视台也是第一批上星的卫视之一。山东是一个人口大省，也是一个经济大省。随着山东对外开放的不断发展，经济实力和人民生活水平都有了很大提高，这对电视节目的质量及节目覆盖提出了更高的要求。当时，山东电视台节目采用微波、调频传输手段，在全省的覆盖率为85.1%，也就是说，山东省尚有近1/6的人看不到或看不好省电视台的节目。

据当时的山东电视台技术人员高彤鼎回忆："当时的电视信号是从济南向外逐站差转的，当信号被传送到胶东半岛的时候，质量已经很差了，有时连同步也保证不了。记得那时有一封人民来信，是胶东驻军的一名军官写的，他说他刚买了一台14英寸的彩电，但接电视信号时，就同黑白电视机一样，根本出不来彩色。这位恼怒的军人在信中质问我们：'你们搞电视的人是干什么吃的？'这封信措辞之尖刻使我至今难忘。"[1] 这也代表了当时不少省级卫视的情况，上星是顺应社会经济发展与人民增长的文化需求的必然结果。

从1996年开始，全国各省（自治区、直辖市）电视台节目纷纷上星

---

[1] 《山东电视台50年》编写组：《山东电视台50年》，山东人民出版社，2010年，第32页。

传输，随着上星地方卫视频道的增多，国内电视市场日渐繁荣，各地有线网对地方卫视频道的收转，使地方卫视频道的覆盖及经营范围从本地市场扩展到了全国性市场。在各个卫视频道走出本省、逐渐壮大的同时，地方电视频道整体也逐渐形成了一支国内电视市场中的劲旅。

二　从有线电视台到有线网

1983 年，国家广电部门为了解决我国 10 亿人看电视的需求与难题，根据我国国情，创造性地提出了"四级办广播，四级办电视"的政策，使中国的广播电视事业发生了翻天覆地的变化。但到了 20 世纪 90 年代中后期，随着网络建设、网络技术升级改造进程的加快，旧的"四级办广播电视"政策形成的广电系统"条块分割"的管理和运营体制特征及弊端日益显露。这种小张网络分块管理的状况极不适应确保安全传输的要求，也明显不适应广电事业和科技水平发展的新要求，更与我国即将加入 WTO 而带来的竞争与挑战不相适应。[①]

1999 年，为了整治这一乱象，国务院下发《国务院办公厅关于加强广播电视传输网络建设管理的通知》（国办函〔1998〕33 号），指导广电事业的改革工作，其中最重要的指导思想，就是"台网分离"——将原来的有线电视台分离为有线网与电视台，同时有线、无线两个电视台合并。这一举措源于国务院文件中"抓紧落实广播电视传输网络的建设和管理实行政企分开，成立企业化的广播电视传输公司"、"推进地（市）、省级无线电视台和有线电视台的合并"的要求。

此文件的出台有着复杂的背景，原因之一就是当年广电网与电信网开始竞争，甚至在某些地方出现了流血事件，因此规定"坚决制止重复建设"、"电信部门不得从事广播电视业务，广播电视部门不得从事通信业务，对此必须坚决贯彻执行。对各类网络资源的综合利用，暂只在上海试点"。

台网分离政策推出之后，对于广电网络的传输经营工作质量与传统电视台的生产制作能力都有显著的提升作用，对于我国广电产业整个格局的专业化与实力提升也起到了很大作用。自此，广电网络成为自负盈亏的经

---

① 王克曼、冯令沂：《中国广电体制改革：南方模式》，广东人民出版社，2008 年，第 36 页。

营性网络传输公司，转企改制之后为了谋求出路，有了对于数字化转型的不少尝试。

北京市的歌华有线电视网络股份有限公司正是在这一背景下诞生的。1992 年，北京有线电视台网络业务部成立；1996 年 2 月，有线广播电视网络业务与北京有线电视台分离，正式成立了北京有线广播电视网络中心，成为一个自收自支的事业单位；1997 年 12 月，北京有线的网络部分、网络广告制作经营部分的资产被一并划转至北京广告艺术集团，同时将北京广告艺术集团更名为北京歌华文化发展集团。随着上述三大业务的资产及业务划转，北京有线变成了歌华集团旗下的全资子公司，更名为歌华有线。2001 年，歌华有线募集 12.05 亿元资金，在上海证券交易所上市。2002 年，歌华有线成功收购 10 个区县的有线电视网络，顺利完成北京市有线电视网络的整合，在全国率先完成统一建设、管理和运营的"一市一网"。

除了歌华有线之外，上海的东方有线集团、浙江华数数字电视集团，也是在"台网分离"的背景下表现比较突出的改制单位。

三　民营制作公司出现

早在 20 世纪 80 年代中期至 90 年代初期，国内一些地区便已经出现了一批以拍摄电视剧为主业的影视制作公司。这些公司堪称我国民营电视制作公司的先行者。这一时期，中国正处于由计划经济向市场经济过渡的探索时期，无论从理论上还是从现实操作的角度来讲，市场经济的宏观环境都未健全和成熟，因此，在这样的社会大环境之中，民营电视公司不得不"摸着石头过河"，其结果便可想而知。如 1985 年，陕西第一家民营影视公司——华山影视公司在渭南市成立，但由于缺乏明确的目标和定位，更无市场操作经验，所以很快就倒闭了。直到 90 年代中期，随着电视节目制作和广告经营的适度放开，一些电视人离开电视台来创办广告公司或制作公司，专业的节目和电视剧市场开始形成。

1998 年，王长田离开北京电视台，于当年的 10 月 5 日创办了光线传媒的前身——"北京光线电视策划研究中心"，这是当时中国第一家专业电视策划与制作机构。1999 年，《中国娱乐报道》开始在电视上播出。同期还有《新闻调查》制片人夏骏和央视著名电视人王坚平离开央视，创办

"银汉传播"。但在这一时期，整个电视产业的话语权仍然是由电视台所主导的，内容播出的渠道也只有电视台一个，所以民营制作公司生存困难。然而，以光线传媒为代表的民营制作公司在这个阶段仍然做出了非常有益的探索与尝试。

1999 年 3 月 1 日，光线传媒的第一档娱乐节目《中国娱乐报道》启动；5 月 18 日，该节目样片在梅地亚中心首次与新闻界见面；7 月 1 日，《中国娱乐报道》正式在湖南台生活频道等 20 多家电视台播放，一周三期；8 月，《中国娱乐报道》开播台达到 50 家；9 月 1 日，第一个广告客户美生肥克以独家赞助的形式出现在了节目当中。到了 2000 年 1 月 1 日，这档节目已经实现了每日播出，光线除了 20 分钟的《中国娱乐报道》之外，还打造了 10 分钟的《世界娱乐报道》，被当时的业界誉为"娱乐界的《新闻联播》"。2000 年 2 月 21 日，王长田申请注册了光线电视商标；3 月 30 日，《中国娱乐报道》荣获由《人民日报》等多家新闻机构联合评选出的"99 跨世纪经典策划个案"称号，并作为唯一的文化类产品在十大经典策划中排名第二，成为非常具有时代代表性的民营节目制作公司的代表性内容。

除了光线传媒之外，在当时表现比较突出的民营制作公司还有与光线传媒、派格太合、唐龙三家被合称为"国内制作公司界民营四公子"的欢乐传媒。欢乐传媒制作的《欢乐总动员》曾是国内播放率最高、影响力最大的电视综艺节目，并作为国内最早的一批综艺节目备受观众欢迎。1998 年 10 月，欢乐传媒正式成立，并于 1999 年 1 月推出《欢乐总动员》节目。1998 年综艺节目在国内刚刚起步，该节目可谓一炮而红，观众反映非常好。欢乐传媒非常重视对观众、市场的研究，会购买当时 AC 尼尔森的收视数据来研究分钟收视曲线，并做出相应的调整。

从 1999 年开始，《欢乐总动员》换了大量单元，以保证求新、求变，永远给观众新的东西。鼎盛时期该节目曾在全国 100 多家电视台播出。同一时间，欢乐传媒旗下的另外两个节目《才富大考场》（和上海东方台合作），在东方台周播 5 天，在全国 70 多家电视台每周播一期；《每日文化播报》（和北京电视台合作）每天半个小时。这三个精品节目成为当时中国综艺节目的典范，欢乐传媒也一时风头无两。而这一切，都源于 90 年代末电视台"制播分离"体制的实行，这批民营制作公司因满足了电视台对于节目的大量需求而快速发展。

第二节　报刊的变化：晚报、都市报、行业报兴起

与电视媒体出现上星潮几乎同时发生的，是报业内的变革。1992～1993 年，机关报开设周末版和改扩版，形成了一波内容扩充热潮。1994 年以后这股潮流有所减弱，紧随其后的是实用性专刊的兴起。关注民生的晚报、都市报和行业报都在这一阶段迅速发展，成为当时报刊中颇具活力的新生力量。例如，20 世纪 80 年代问世的《扬子晚报》和 1995 年诞生的《华西都市报》等报纸，综合开发媒介的新闻舆论、社会教化、生活服务、消遣娱乐功能，并完全依靠市场生存，标志着报纸"教科书"身份的隐退和作为消费品时代的到来。这个时期，一些机关刊物也调整定位，淡化或放弃了"指导"的身份，加入市场化潮流。

一　晚报"四小龙"的出现

晚报一直是改革开放之后发展得最快的报刊种类之一，以其关注市民生活的内容定位深得群众的认同。以《扬子晚报》《钱江晚报》《深圳晚报》《武汉晚报》为代表的"四小龙"，领潮流之先，富有生气与活力，使晚报的风格为之大变，社会影响日趋广泛。这个时期的晚报发展最大的成果是破除了原来"晚报是日报的补充""晚报只是茶余饭后的消遣读物"等观念，既保持了晚报原有的消遣娱乐优势，又能实现机关报、党报的部分宣传功能。在进行重新定位、内容创新之后，晚报在当时成了最受欢迎的报种，并且获得了相应的经营成果。

其中，《扬子晚报》是当时全国晚报经营成果比较突出的代表。比起上一代晚报，《扬子晚报》更重视新闻，不断扩充国内新闻、国际新闻等新闻版，压缩专版和没有特色的副刊，基本上形成了综合性报纸的格局，当时的内容团队善于在有限的版面空间中，容纳尽可能多的信息。[1] 100 多版的《扬子晚报》既有不少生活服务类信息，也有重大新闻内容，并将

---

① 刘富、张末民：《晚报新闻学（修订版）》，中国广播电视出版社，2004 年，第 8 页。

更多的精力投放到南京以外地区的发行。自 1986 年创刊以来，《扬子晚报》的发行量就一路攀升，到 1995 年，其日发行量已突破 100 万份，同年上半年广告收入达 6200 多万元，成为长江三角洲区域有重要影响的晚报，并进入上海与《新民晚报》争夺市场。由于江、浙两省快速发展的经济和较为发达的市民文化，地市级晚报的繁荣发展有了天然的土壤。1993 年元旦，《金陵时报》（1994 年元旦更名为《金陵晚报》）的创刊，标志着江苏省地市级晚报创办的高潮到来。在其后不到两年的时间内，《盐城晚报》《江南晚报》《淮海晚报》《姑苏晚报》《常州晚报》《彭城晚报》等，如雨后春笋般先后创刊。到 2002 年，江苏省所有的地级市都拥有了自己的晚报。在全国范围内，这个报种同样表现亮眼：1990 年全国有 46 家晚报，1992 年为 58 家，1994 年为 128 家，而到了 1997 年则已达 144 家。[①] 体现所在区域的文化与特色成为当时各地晚报的重要内容定位。

除了江浙地区的晚报风潮之外，地处西南的《成都晚报》也是经营成绩优秀的晚报，虽然影响远不及《扬子晚报》，但从 1992 年开始，作为成都市委机关报的《成都晚报》由四开小报改成对开八版，不久又扩展到十六版，内容和风格都在向普通市民的喜好靠近。1993 年，《成都晚报》的广告收入超过了《四川日报》，达到了 6000 万元，在当时引起了很大的反响。而这也成了后来《华西都市报》办刊的直接原因之一。

二 《华西都市报》的创刊

1994 年春，四川日报派副总编辑席文举带队去全国考察，了解并学习各地报纸的经验。他们特别感兴趣的是《扬子晚报》，认为它是新生代晚报的代表，与传统晚报明显不同：从以指导性为主转变为以实用性为主，突出与市民日常生活有关的内容，满足市民对政治、经济、文化、社会等各方面信息的需要。该报总编辑周正荣对他们说，传统晚报是日报的补充，日报登了它就不登。其实，机关报所登的国家大事，老百姓都关心，新型城市报纸就把它们拿过来，这叫嫁接机关报的优势。席文举受此启发，提出"按读者的需求办报"、"嫁接各类畅销报纸优势"，办一张信息

---

① 秦绍德、沈国麟：《改革开放以来各地区新闻事业发展的轨迹（1978～2000）》，《新闻大学》2017 年第 1 期，第 1～19，47，145 页。

量大、实用性强、可读性强的报纸。①

　　借鉴《扬子晚报》的经验，四川日报社于 1995 年 1 月 1 日正式创办《华西都市报》，这也是中国第一份都市报，主打口号是"社会新闻打天下，经济文化坐天下"。一开始，其风格几乎是多家成功报纸的大杂烩：《扬子晚报》的大信息量以及文摘、《钱江晚报》的服务型报道、《今晚报》的文化新闻、《成都晚报》的体育报道、《北京青年报》的社会新闻和热点报道、《南方周末》的法制报道等。② 但是，很快它就另辟蹊径，形成了自身的鲜明特色。其中最具独特性的做法，莫过于针对社会新闻领域，专门开设了一个叫作"新闻追踪"的栏目，抓住市民感兴趣的社会新闻事件，步步跟进，如同连载小说一样吸引读者。

　　因全面系统地创立了报纸市场化的运作理念和全新的竞争策略，这份报纸开启了中国报业的"都市报时代"：《华西都市报》的成功，意味着中国报纸大众化进入了一个新阶段。随后几年间，"都市报热潮"兴起，都市报成为中国报业的主流力量。这一时期创办的《燕赵都市报》《楚天都市报》《海峡都市报》，甚至一些没有带"都市"二字的报纸，如《大河报》《南国早报》《华商报》等，也都是《华西都市报》的模仿者和追随者。都市报的兴起与机关报的边缘化、弱势化，在于"都市报提供了一种传统机关报长期以来漠视和缺少的价值功能——环境守望，保障人民群众的知情权"③。

　　在创办后的短短几年间，《华西都市报》改变了成都以及四川报业市场的原有格局，构架了都市报在报业市场举足轻重的地位。到 1995 年年底，发行量达 10 多万份，1996 年达 26 万多份，1997 年达 40 多万份，1998 年达 50 多万份；从收入来看，1995 年当年就盈利 60 余万元，1996 年广告收入达 3000 万元，1997 年达 9000 万元，1998 年达 1.3 亿元；从版面来看，创刊时是 4 开 8 版，1996 年扩为 4 开 16 版，1997 年扩为对开 12 版，1998 年扩为对开 16 版（有时为 20 版）。无论是发行量、收入还是版

① 肖云、蓝轲：《开创报业产业新时代——席文举创立〈华西都市报〉的实践解析》，《新闻出版报》2000 年 8 月 21 日第 1 版。

② 孙燕君：《报业中国》，中国三峡出版社，2002 年，第 118 页。

③ 喻国明：《当前传媒业发展的主潮对我们提出了什么要求——关于电视产业竞争的价值思考》，《南方电视学刊》，2005 年，第 1 页。

面，都节节上升，一年一个新台阶，取得了"超常规发展"。

原新闻出版总署副署长、中国报业协会副会长李东东于 2009 年在《60 年，中国报业与新中国一起成长》一文中说道："《华西都市报》的一举成功，引来模仿者无数，都市报旋即风靡全国，形成了蔚为壮观的'都市报现象'。都市报的横空出世、异军突起，创造了一个又一个报业奇迹，也加快了中国报业市场化、产业化的发展进程。可以说，都市报的兴起与繁荣是新中国报业 60 年发展史册上尤为辉煌的一章。"

三　行业报迅速发展

除了晚报与从晚报脱胎而来的都市报之外，20 世纪 90 年代发展较快的报纸还有行业报。现代意义的中国的行业报历史并不长，最早出现于中华人民共和国成立之初，多由国务院部委机关主管主办，如《人民铁道》《冶金报》《人民邮电报》等，只有十几家，是典型的机关报。

改革开放之后，各个行业百废待兴，迅速发展的各行业需要专门的信息渠道，各种行业内的报纸随即应运而生，并逐渐形成了一个规模庞大的报纸群体。如生产型行业的《中国煤炭报》《中国包装报》《中国纺织报》；管理型行业有《中国工商报》《中国税务报》《中国质量报》等。到了 1985 年，全国已有各类专业性报纸 1600 多家，占当时全国报纸总数的 70%以上。[①] 因此，在报界也有用"一体两翼"的说法来形容当时的报纸组成——以党报、机关报为体，以都市报、晚报等综合型报纸和行业报为两翼。这足以证明当时行业报在市场中的重要性。

尽管行业报在当时已经成为中国报业的重要"一翼"，但无论是发行量、经营收入还是从业人数，其规模都无法与当时的党报和大众类报纸相提并论。从经营收入看，一份行业报全年营业收入多在几千万元左右，虽然也有经营收入过亿元的案例，但与当时其他报种相比，实力差距较为明显。除了行业报本身定位专业、目标受众人群较少之外，缺乏市场化经营模式是更重要的原因。作为为数不多的经营成果卓著的行业报，《计算机世界》以营业额超过 3 亿元的成绩傲居全国前十名。其成功的重要原因就在于正确的经营理念指导。

---

① 堵俊海：《中国行业报发展对策研究》，天津大学，2014 年。

　　《计算机世界》是由原电子部第一情报研究所与美国国际数据集团公司（IDG）成立的一家合资公司——中国计算机世界出版服务公司主办的，该合资公司成立于 1980 年。因为有外资注入，所以从创刊初期，《计算机世界》没有申请公费办报，而是按照企业方式运营，强化了市场观念。经营上的独立性也给了《计算机世界》在内容运营上的优势。《计算机世界》完全摒弃了一般机关报的套话、长文与说教，以提供实用信息为原则经营；还善于根据市场变化不断调整报刊内容。创刊初期，《计算机世界》只有 18 版，至 2000 年已经扩充至 208 版。① 而且因为与 IDG 合资办报，《计算机世界》可以报道国内外计算机产业、技术、市场方面的信息，是当时国内最权威、最快的信息产业行业报。

　　除了内容上的优势，《计算机世界》的广告经营业务也是其发展壮大的重要原因。1995 年平均每期 200 版，每期平均印刷、发行成本就达 8 元，但每期售价仅为 1 元。1999 年平均每期 265 版，每期平均印刷、发行成本就达 10 元，但每期售价仅为 1.5 元。平均每个读者全年贴补 400 多元，仅此一项，全年就要贴补 4000 万～5000 万元。② 补贴显然来源于广告经营的收入。因为其专业性受到 IT 界的一致认可，所以不少行业内的企业将其视为重要的信息交流平台，甚至将其作为与用户沟通的渠道。显然，对于《计算机世界》而言，广告主资源并不难找。《计算机世界》之所以能够开行业报先河，其先进的媒介经营理念功不可没。

　　20 世纪 90 年代是媒体产品逐步走向市场化的年代，对于发展最早、最成熟的报纸而言，市场化浪潮的冲击更是明显。综合看来，无论是党报、晚报、都市报还是行业报，在保持媒体宣传功能的同时，必须要有面向受众的意识。报纸的本质是一种媒介产品，过度注重其宣传职能，不能及时将其从体制产物的定位调整为面向市场的媒体产品的报刊，必然被市场淘汰。

第三节　市场化的互联网机构入场

　　20 世纪 90 年代初，一场以信息技术为中心的技术革命在全球展开，

---

① 《〈计算机世界〉的自我总结》，《中国企业家》2001 年第 2 期，第 25～26 页。
② 《〈计算机世界〉的自我总结》，《中国企业家》2001 年第 2 期，第 25～26 页。

美国政府事先公布国家信息基础结构计划（俗称"信息高速公路计划"），宣称要在 2000 年之前建成全国范围的信息高速公路。中国政府在 1993 年正式启动信息化进程。1994 年 4 月，"中关村地区教育与科研示范网络"通过美国 Sprint 公司连入互联网的 64K 国际专线开通，实现了与互联网的全功能连接，从此，中国被国际上正式承认为真正拥有全功能互联网的国家。① 1995 年 1 月，邮电部电信总局分别在北京、上海接入美国的 64K 专线，并且通过电话网、DDN 专线以及 X.25 网等方式开始向社会提供互联网接入服务。接通互联网服务就像埋下一颗种子，当时谁也没想到，这颗小小的种子，在中国大地上居然会长成一片茂密的森林。

一 互联网先锋——瀛海威的巅峰与溃败

中国互联网的开局，居然是由一场全国瞩目的溃败开始的。瀛海威公司的创始人张树新女士 1995 年去邮电部申请网络信息服务的时候，许多人都不知其为何物，非常有气魄的张树新在北京中关村零公里处竖起了一个巨大的街头广告牌，上书"中国人离信息高速公路有多远？向前一千五百米""这个广告牌向北一千五百米之所在，正是我常常光顾的瀛海威科技馆"②。这个时候，北京电报局仅仅拥有 1000 个左右的互联网用户，而个人用户只有 300 个。

除了互联网知识的科普之外，瀛海威早期更重要的业务是提供 ISP（Internet Server Provider，互联网服务提供商）服务——"瀛海威时空"，这对于其网络接入业务有很大的帮助。随着瀛海威接入用户数量的迅速增长，"瀛海威时空"盛极一时，曾经在中国互联网络信息中心（CNNIC）"中国最受欢迎的网站"排行榜位列第三位。瀛海威的经营顶峰随着中国兴发集团的投资而到来。1996 年 10 月，中国兴发集团正式参股瀛海威，使瀛海威的注册资本增加到 8000 万元。拿到投资之后的瀛海威，计划于 1996 年年底在全国建起 8 个节点，让 8 个城市的用户可以自由漫游。在瀛海威的计

---

① 李春：《当代中国传媒史》，漓江出版社，2014 年，第 521 页。
② 胡泳：《生活周刊如何掀起数字化狂潮》，载《三联生活周刊》编辑部编《〈三联生活周刊〉十年：一本杂志和他倡导的生活》，生活·读书·新知三联书店，2005 年，第 154 页。

划中，1997 年要建起 20 个节点，1998 年要达到 40 个。[①] 1997 年 1 月，瀛海威与当时风头鼎盛的微软公司结成战略合作关系，一时风光无限。

但好景不长，1997 年 6 月，国家邮电部门投资启动 169 全国多媒体通信网，全国入网价格大调整。同年 9 月，瀛海威月收入下跌到 30 余万元，其全国站点的网民加起来不足 6 万人，瀛海威受到明显的冲击。而随后相继崛起的网易、四通利方（新浪的前身）、Chinabyte 和搜狐都对"瀛海威时空"形成了挑战。终于，在持续亏损的压力之下，1998 年张树新在毫无征兆的情况下突然辞职，瀛海威也自此一蹶不振，成为中国互联网产业第一批夭折的企业之一。

瀛海威的溃败，从其诞生之初就已经注定。尽管互联网在当时并不是主流的通信工具和媒体工具，但从国家引入互联网伊始，就把互联网提到战略地位，在 20 世纪 90 年代，作为民企的瀛海威显然不太可能承载作为全国互联网服务提供者的功能。

二　从 ISP 到 ICP——互联网步入正轨

瀛海威从发展到溃败只有短短几年时间，但这并没有阻挡中国互联网行业的萌芽、发展。互联网基础设施的建成为互联网行业发展奠定了基础。在 20 世纪 90 年代后半期，我国互联网正式开始大规模起航。20 年后呼风唤雨的互联网巨头，大多都是在 90 年代后期建立的。在当时，最先建立起大规模个人用户服务的互联网公司，莫过于张朝阳创办的搜狐。

搜狐公司是中国第一家以风险投资模式创办的互联网企业。1996 年 8 月，32 岁的张朝阳在麻省理工学院大学尼葛洛庞帝教授（《数字化生存》一书作者）以及美国风险投资的支持下，创办了搜狐爱特信公司。1998 年，爱特信公司在成功引进英特尔和 IDG 等几家国际公司的 220 万美元投资之后，推出了国内最早的中文搜索引擎网站——搜狐（sohoo. com），并于 1999 年将 SOHOO 改为 SOHU（http：//www. sohu. com）。在网站推出改版之后，搜狐一跃发展成为中国访问人次最高、知名度最大的中文站点之一。国内著名杂志《新周刊》甚至将搜狐网站的成功评为 1998 年的年度奇迹。著名的《时代周刊》也因此将搜狐网站的创始人、总裁张朝阳评选

---

① 吴萍：《瀛海威：Internet 先烈》，《计算机世界》2004 年 7 月 12 日第 A73 页。

为 1998 年度影响世界 IT 发展的 50 人之一。创下多个纪录的搜狐公司显然是中国互联网萌芽期最为耀眼的明星。而这一切都得益于张朝阳对于互联网的先进理念——ICP（Internet Content Provider，互联网内容提供商）经营。

20 世纪 90 年代末期，以瀛海威为代表的 ISP 陷入了激烈的竞争格局。但张朝阳认为，ISP 的经营困境，意味着 ICP 的机会才刚刚开始。1997 年，爱特信公司开始提供互联网内容服务，起初名为"ITC 指南针"，直到 1998 年 2 月才更名为搜狐。张朝阳曾在采访中表示，ICP 有两个特征，分别是"内容为王"与"内容免费"，即依靠广告营利。① 换言之，在大部分人把互联网仍然当作技术产品运营的时候，张朝阳已经意识到互联网将会成为下一个影响力巨大的媒体产品。搜狐推出仅两个月，日活跃用户就已经达到了 1.2 万，累计浏览量超过 80 万。当时，个人上网业务尚未普及，全国网民总量仅仅超过 100 万。1998 年，搜狐成为当时国内优秀的内容服务提供商，也兑现了张朝阳的豪言壮语——"我们意在使搜狐成为中文世界进入互联网的一个必经之路"。张朝阳口中的必经之路，正是 PC 互联网时代"门户网站"的雏形。

门户网站的模式也成了中国互联网早期的重要业务模式，后来呼风唤雨的三大门户网站都于 1997 年和 1998 年诞生。网易成立于 1997 年，并于 1998 年 1 月开通了国内首家免费电子邮件服务，并且推出免费域名系统；同年 12 月，王志东创办的四通在线完成了与美国华渊资讯的合并并推出了新浪网。羽翼未丰的腾讯、阿里巴巴与百度也分别于 1998 年、1999 年与 2000 年成立。这些后来者与张树新有着相同的激情、理想，也有比张树新所处时代更成熟的互联网环境与市场环境。市场化的互联网机构，是后来互联网行业腾飞的重要推动力量。

第四节 户外媒体开拓新资源

进入 20 世纪 90 年代中后期，我国的户外媒体资源得到了进一步拓展，

---

① 张朝阳：《广告是纲，内容为王——访爱特信互联网技术公司总裁张朝阳博士》，《电脑采购周刊》1997 年第 42 期，第 32 页。

也诞生了一些至今仍然存在影响的户外广告公司，北京通成广告和白马广告是这个阶段户外媒体中比较典型的代表：前者成立于 1997 年，成为当时北京地区交通媒体行业的佼佼者；后者则是在 1998 年形成了自身重要的广告资源网络。

一 北京通成广告的地铁媒体资源开发

1993 年，北京市民忽然在大街上见到了一种车身上喷绘着花花绿绿广告的双层巴士——特 2 路。在此之前，人们大多只在香港电影里见过这样的公共汽车。双层巴士这种新型媒介载体在国内的推出始于北京通成广告（以下简称"通成"）。不久，新开通的地铁西单站由于刊挂了漂亮的灯箱广告，又着实引发一阵轰动，原来这也是通成的杰作。当时，通成广告公司仍然远在香港，但其创办人金伟程的商业布局已经延伸到了内地的交通媒体。

事情从 1992 年说起，当年，在金伟程四处打听进入户外媒体行业机会的过程中，一次非常偶然的聊天经历让他找到了和地铁媒体管理部门合作的机会。几轮谈判下来，双方达成了北京地铁西单站地铁媒体的经营合作。拿着香港地铁广告的价格标杆做了一下测算，金伟程觉得这件事能做，而且能赚钱。通成在户外媒体的起步就这样开始了。但开始合作之后，通成才发现困难重重：首先，西单地铁是中转站，单向人流使媒体失去了很多有效受众接触；其次，香港的价格标杆并不适合当年的北京，他这才发现初期的经营成本十分高，赢利空间非常有限。

但是，通成认为地铁媒体是一个有长远发展潜力的媒体，必须继续坚持。为了扭转运营困难的局面，通成必须开发短期能够盈利的项目。地铁媒体经营上的经验，使通成看到了交通媒体的潜力。通成又将目光放到公交媒体上面。当时，北京公交亟须提高运营质量，引进一批双层巴士。但是，资金上的短缺让计划实施起来捉襟见肘。通成拿出一笔资金帮助公交解决资金困难，取得双层巴士媒体的经营权。当时，北京公交媒体的经营还是走一条粗放型的路线，单层车每年每车的广告报价是 4000 元人民币。所以，当通成双层车每车每年 16 万元的广告报价一出台，就掀起了一片哗然。[①] 但通成对于公交媒体广告有着独特的理念：双层巴士既是流动的媒

---

① Siga·杨：《通成的优势策略》，《中国新时代》2002 年第 14 期，第 80~83 页。

体路牌，也是当时社会的稀缺广告资源，应该体现它的价值。另外，户外媒体广告的价值所在，不只是媒体本身，更应该是一种服务，只有把附加服务的价值强调出来，才能更好地推动广告服务本身。从新角度看自己的经营对象，更好地创造、维护社会的稀缺资源，把服务提升到更重要、更专业的水平，坚持住这三点，通成的经营非常顺利。半年之内，所有的双层巴士广告销售一空。通过双层巴士的广告资源开发，通成在北京顺利开展业务，并在全国10个城市购置了1500部双层大巴、单层空调车，得以更顺利地进入地铁媒体市场。

1994年，通成的投入终于取得了回报。北京地铁媒体管理部门决定与通成公司扩大合作范围，将复兴门站也承包给通成公司做广告开发。1997年，地铁广告公司与通成公司合作创建北京地下铁道通成广告有限公司。公司利用强势媒体及得天独厚的广告环境，开发了北京地铁车站月台灯箱广告和车厢A、B位广告以及车站通道看板等两万余块高品质广告媒体，构建了网络化销售和高素质专业营销队伍，确立了一站式整合营销服务体系，吸引了众多广告客户，取得了丰硕的经济效益和社会效益。直到2001年，通成在全国拥有超过25000部公交车，5条地铁线路，超过70个地铁站的媒体资源，全国媒体销售额超过5亿人民币。

而从2001年起，通成集团下属的成科科技发展有限公司在国内成立，它将对中国23个城市、11种户外媒体，按24种行业和200多个子行业进行月度监控。通成希望借此向广大客户提供信息导向的户外广告服务，这也是通成正在努力完善的一种新的业务模式。可以说，从交通媒体资源开发，到专业的媒体信息服务，通成一直走在时代前列。

二 白马户外的候车亭媒体网络

除了通成之外，还有另外一家深耕交通媒体广告的公司，那就是白马集团旗下的白马户外。1986年，韩子定和5名大学美术系毕业生创立了白马广告公司，20世纪90年代初，白马广告公司成为当时国内最大的民营广告公司之一。韩子定是创意人出身，全国第一条以电影胶片拍摄的广告出自他手，90年代脍炙人口的太阳神广告正是他的作品之一。由于广告创意是人才密集型的业务，对于高素质的创意人才要求很高，因此想要快速扩大公司规模并不容易。据财经杂志《竞争力》于2002年对韩子定的采访，从 1986 年到 1992 年，白马广告公司现金流较为紧张，能够用于投资的资金仅有 1000 万元。[①] 为了扩张业务，从 1995 年起，白马广告公司把资源更多投入户外广告领域。韩子定也自此将自身定位从"创意人"转向经营媒体的"生意人"。

韩子定对于自己与白马广告的转型曾经有过一段有趣的描述。在 1995 年接受被称为"华文广告四大教父"之一的林俊明采访时，韩子定将自己的职业生涯比喻为海战。"海战中有两样东西最威猛，一是历来均是海上霸王的航空母舰，二是未来霸主核潜艇。其中一为肉眼可见，另一却难以察看的。就如我们做广告一样，以前专心搞创作，屡获创意奖项，当然威风八面，好比航空母舰。现在我的注意力已由创作转移至其他方面，像我目下的新计划是投资超过一亿元，搞好珠江三角洲的公共汽车站及其广告灯箱。"[②] 韩子定认为，20 世纪 80 年代初期，影视广告对于国内民生影响力较大，以前将精力投入影视广告，既是市场趋势，也是个人兴趣所在。进入 90 年代之后，国内影视广告制作水准普遍得到了提高，反而是街头的户外平面广告遇冷。但在当时的广州，每天公共交通承载超过 450 万人，这正是重新开发利用户外公交广告的良机。正因如此，韩子定才坚定地带领白马走上候车亭广告媒体资源的开发之路。

从 1996 年开始到 2001 年年底上市，韩子定在 29 个省市建成 4800 个候车亭的 1.2 万个广告牌位，5 年间总投资近 5 亿元。他倾尽在广告业拼搏 15 年的积蓄，依然捉襟见肘。银行借贷、朋友拆借、客户垫资，韩子定使出浑身解数才渡过一次次财务险情。

即便如此，如果没有 1998 年与美国卡利亚传播集团的合作，引入 3000 万美元的发展资金，韩子定组建候车亭媒体网络的计划必然破产。为了引入外资支援，韩子定出让了白马广告 50% 的股权。2001 年白马户外媒体拆分上市时，白马在上市公司中持股仅为 20%，可见其中经营的艰辛。[③]

韩子定的筚路蓝缕，让他带领白马成功建立了覆盖全国的候车亭网

---

① 方向明：《中国广告业：世界群众大食堂——全球链低端：老大不大》，《竞争力》2002 年第 4 期，第 18~22 页。

② 《龙吟榜》杂志社主编《榜上客：全球廿八位顶级华文创意人谈广告》，中国物价出版社，2001 年 10 月。

③ 方向明：《中国广告业：世界群众大食堂——全球链低端：老大不大》，《竞争力》2002 年第 4 期，第 18~22 页。

络。"风神榜候车亭网络"遍布国内 29 个重点城市的 4800 多个公共汽车候车亭，拥有 12000 个公共汽车候车亭广告灯箱，号称当时中国最大的候车亭广告网络。这张网络是一种 24 小时清晰可见，而且不会被转台、被关闭的"大众化"媒体，能够让投放品牌以较低的成本最大限度地在中心地段发布广告信息，白马一时间成为户外媒体中的佼佼者。

白马也挟网络以自持，借以稳占 5% 左右的户外广告份额。白马在快速发展的 1998 年一举收购了北京最大的候车亭广告公司之一——亮京，首尝网络扩张胜果。2001 年，为了应对异军突起的 TOM. com 对广州、北京、成都等城市网络候车亭的资源收购，白马以 30 倍的市盈率和 8 倍的超额认购率在香港上市，募集资金 8.65 亿元。白马广告是中国户外广告网络化、集团化经营的代表公司，也开启了中国本土广告公司资本运作媒体的模式。①

---

① 陈标杰：《户外媒体，上市争雄》，《数字财富》2002 年第 C1 期。

第二章 广告成为媒体经营支柱，竞争加强

20世纪90年代，电视、报纸、杂志等媒体发展迅速，互联网也开始萌芽，广告作为媒体重要的营收方式发挥越来越重要的作用。这一时期，随着政府对市场经济的进一步认可和开放，媒介经营开始向产业化、集团化方向发展。

卫视上星使央视与卫视开始形成竞争关系；晚报、都市报的出现从侧面反映出读者需求的变化以及纸媒经营方式的创新；互联网广告的出现又为整个广告市场注入了新鲜血液。市场变革之际，媒介经营模式的转型迫在眉睫。

第一节 广告开始成为电视节目的重要支撑

20世纪90年代初期，电视台的广告经营模式大多采用广告部门根据节目预算分配相应经费的模式，但随着电视台节目的发展，分拨的经费已经不能满足某些节目的预算要求。因此，一种新的节目经营模式产生了，以节目为单位承接广告的形式最早起源于中央电视台的《东方时空》，它是第一档真正靠广告支撑的、面向市场的电视节目，这也是内部承包制的开端。

一 《东方时空》开中国电视改革先河

关于《东方时空》节目的这一段历史，在李春主编的《当代中国传媒史》一书中有相对详尽的描述。当时的大背景是中央电视台1993年年初提出了奋斗目标："立足全国，面向世界，把中央电视台建设成为同中国大国地位相称的具有世界先进水平的电视台。"针对这一目标，首要的

是加快节目改革，做好党的宣传工作，因此也对当时的新闻节目提出了更高的要求。

1993年，央视希望开辟早间节目板块，经过反复商讨，抽调孙玉胜、梁晓涛、童宁、王坚平、时间、孙克文、张海潮七人，研发创建《东方时空》。这七个人是《东方时空》最早的灵魂人物，后来大家称他们为"七君子"。1993年5月1日，央视的新节目《东方时空》在早晨亮相。《东方之子》《金曲榜》《生活空间》《焦点时刻》四个风格不同的节目让观众眼前一亮。1993年12月1日，在《东方时空》栏目基础上，新闻评论部成立。

这个45分钟的杂志型新闻节目播出伊始就产生了广泛影响，改变了中国大陆观众早间不看电视的习惯，也改变了中央电视台的内部运作，被誉为"开中国电视改革的先河"。《东方时空》的创办不仅结束了中央电视台早晨7点到8点无新闻节目的历史，还在栏目的运作上进行了大胆的尝试，实行制片人负责制、第二用工制等新的管理模式。

但这看似轻松成功的背后是《东方时空》节目制作人的曲折尝试，当时节目主要面临人员不足的问题，这背后的根源是经费不足。当时电视台只能腾出7个人来做该档节目，要想增加人员，就得增加人事编制名额，在事业体制的限制下，台领导决定面向社会招聘，但这又面临工资、房子、职称等一系列问题。如此一来，台领导只能去想有什么变通的办法，在发动下属讨论之后，决定采用新的用工制度，同时主要靠节目广告来获取资金来源。

二 《东方时空》探索新的广告经营模式

在资金不足、旧有模式无法解决当时多方面实际问题的情况下，当时的台长杨伟光表示，要用新节目试验一种新的体制。他这样对筹备组负责人孙玉胜说："给你两项政策，一是经费包干，二是节目你把关，要变'新华体'为'中新体'。"1993年1月，孙玉胜写了一份关于新栏目的申请承包报告，这份报告陈述了两点理由：一是传统的事业单位财务制度妨碍节目制作；二是新栏目需要投入大量的人力、物力和财力，需要从事业经费以外获得报酬。

新方法的试行之路并不是一帆风顺的。事实上，《东方时空》于1993

年 5 月 1 日开播时，广告还不到 3 分钟。但好在节目吸引人，一个星期后，广告开始迅速增加，一个月内 5 分钟的目标就填满了。靠着广告收入，栏目组当即归还了从台里借支的 20 万元启动经费。随着栏目人气的聚集，广告越来越多。开播一年，广告价格由每 30 秒 2500 元增加到接近 3 万元。

这一改革举动在整个电视行业引起了震动，被称为"东方时空模式"。在《东方时空》能够完成节目自给需求的基础上，甚至开始反哺台里。随后，台领导又向其他栏目提出，只要节目办得好，能赢得广告，就把 3% 的广告费留给部门使用，相关部门都很积极，一年下来，仅是标版广告一项就增加一亿多元收入。这种奖励极大地刺激了工作人员的劳动积极性，之后台里又把留成提高到 5%。

除了广告收入提成这样的变通做法，央视对一般栏目实行承包制，给制片人较大自主权。比如《综艺大观》，1994 年做一期给 6 万元，1995 年提高到 8 万元，具体如何开支，由制片人负责，有剩余可以自行支配，超过了就不给，只能由制片人在各期拨款中自行调节。

从央视的节目承包制度改革中我们可以看到，市场化改制已经逐渐渗透到新闻传播生产流程中。承包制度是提高体制内工作人员积极性的必要前提，是激发生产优质节目的必然要求，是实现电视台广告经营模式转型的必然结果。中央电视台对《东方时空》新闻评论节目的这一年试验是某种机缘，更是一种历史的必然。在《东方时空》的成功试验的经验指引下，全国其他卫视的节目也开始学习借鉴。

湖南卫视是继央视之后首个对节目广告位进行售卖的电视台。1997 年，湖南卫视推出嘉宾访谈类游戏节目《快乐大本营》，1998 年又推出了我国最早的电视婚恋节目《玫瑰之约》。"这两档节目凭借其独树一帜的形式、丰富多彩的内容、高雅清新的品味和快乐无比的魅力"[1]，一经播出就收到非常不错的市场反响，颇具影响力。因此，在 1999 年 1 月，《玫瑰之约》和《快乐大本营》当年的广告插播权在长沙被竞卖。竞卖省级电视台栏目广告时段，在全国地方电视台中首开先河。来自湖南本省、北京、福建、香港、广东、浙江、安徽、贵州、江西、吉林、湖北等地的 100 多家广告客户云集长沙参加了竞标。

---

[1]　易昌良：《湖南：电视台竞卖广告时段》，《广告大观》1999 年第 3 期，第 47 页。

这种模式的运用激发了各级电视台办好节目的积极性，不仅解决了电视台的实际收益问题，也通过优质的节目内容丰富了人民群众的业余生活，这为中国电视节目的繁荣注入了活力。

第二节 招标出现，央视、卫视的矛盾加剧

随着电视台广告业务的逐渐成熟，1986 年我国电视广告营业额猛增 30 多倍，全国电视广告总收入突破亿万大关。广告客户的不断增加带来的供需极度不平衡促使央视开始探索新的广告模式。

一 央视广告招标模式的出现

1993 年，中央电视台的广告费开始提价，黄金时段每 15 秒达 1.9 万元，进而引起中国媒体产业中广告费的连锁反应——普遍大提价，广告资源稀缺带来的供不应求局面可见一斑。1994 年，中央电视台的广告价格平均提高了 25%，同时取消了外商独资企业广告加价的规定。到了 1994 年 8 月、9 月，预定 1995 年黄金段位广告的企业越来越多，甚至引发了诸多负面问题。

时任中央电视台广告部主任谭希松对当时央视广告经营的工作有过这样的回忆："那时的央视广告部的工作是一个烫手的山芋，虽然还没有'黄金时段'的说法，但是已经因为某些时段广告资源的稀缺而形成供不应求的局面，于是就出现了'递条子'和'打电话'等走后门现象。"为了解决黄金段位广告供不应求的问题，同时也是为了避免出现各种不正当竞争的现象，谭希松开始主导筹划黄金时段广告招标会，最后确定运用招投标的方式配置广告黄金时段的稀缺资源，解决供需矛盾。后来一度被称为中国经济晴雨表的央视招标，就此诞生。

广告招标这一媒体广告售卖形式不仅使央视广告飞跃性发展，确立了其在中国广告媒体界的巨无霸地位，开创了电视媒体广告经营的全新时代，更造就了中国数个企业命运的跌宕起伏，引发无数话题。在市场经济起步不久，没有得到充分发展时，这种平地一声雷的造神式举措，刺激了无数企业趋之若鹜。

当年的孔府宴酒借助央视"标王"效应一飞冲天，几乎一夜之间进入千家万户，让这个名不见经传的白酒品牌家喻户晓。1994 年，孔府宴酒的营业额为 1.7 亿元，夺得标王后，次年孔府宴酒实现销售收入 9.18 亿元，创利 3.8 亿元，主要经济指标跨入全国白酒行业三甲，成为国内知名白酒品牌。

广告策划人李光斗在接受媒体采访时，对于央视广告招标这一广告资源售卖形式是这样评价的："所谓招标是一种销售方式，是对稀缺资源的竞买。正因为是稀缺资源，人们的注意力有限，因此广告投放的成本会越来越高。事实上，竞买的模式能让央视的利益最大化。"

在 1994～1998 年的这 5 届央视招标中，招标额从最初的 5.6 亿元提升到 20 多亿元，央视的影响力也日益提升，央视广告招标逐渐被称为"中国经济的晴雨表"。在央视的招标中，诞生了无数明星企业，有些昙花一现，也有一些直到今天仍然活跃。

表 3 - 2 - 1　1995～2003 年中央电视台广告招标额

年份	1995	1996	1997	1998	1999	2000	2001	2002	2003
广告招标额（亿）	3.6	10.6	23	28	26.8	19.2	21.6	26.5	33.1
较上年增长率（%）		194.44	116.98	21.74	- 4.29	- 28.36	12.50	22.69	24.91

资料来源：《现代广告》2004 年第 4 期《2003 年中国广告业统计数据分析》，载赵曙光《媒介经济学案例分析》（华夏出版社，2004 年，第 59 页）。

二　卫视紧随其后，但尚难与央视形成竞争

20 世纪 90 年代有线电视台与卫星电视频道的出现，为电视广告经营提供了更好的条件。1990 年 4 月 18 日，全国第一家省级有线电视台——湖南有线广播电视台开始试播，有线台的成立，打破了无线电视一统天下的局面。据当时主管机构国家广播电影电视总局的统计，截至 1999 年，全国省、市、地级有线电视台已经超过 3000 个。

自 1986 年国务院批准新疆维吾尔自治区的电视节目通过卫星向全自治区传送起，1996 年、1997 年、1998 年短短三年时间，25 家省级电视台完成上星播出，1999 年仅剩的两家省级电视台——天津电视台和海南电视台推出卫视频道，从而为省台上星画上圆满句号。至 1999 年年底，全国 31 个省级电视台全部上星，电视人口超过 10 亿，其中有线电视用户也占

8000 万户，没有上卫星的省级电视台只剩下一两家。

一个全新的、数目庞大的卫星电视群横空出世，带来了中国电视格局的大变革。由此，"央视为主，一家独大"格局被打破，省级电视台从此得以走向全国。原来一个省台的广告收入严重依赖本省经济发展水平的现象，由于省级卫视上星而出现转机，只要能制作出外地电视观众喜欢的节目，区域性的省级台也可以从全国的广告市场获得厚利。① 省级卫视也以此为契机，进入迅速发展的初期阶段。

由此，全国范围内形成了央视—省级卫视—省级地面频道—城市台的从中央到地方的四级全国性卫星电视网络，招标也开始成为卫视不断扩大广告经营的重要模式。

但在 20 世纪 90 年代，上星卫视由于处于起步发展阶段，广告规模和收益都很难与央视抗衡，区域性优势更强的地面频道及城市电视台则抢占着地方客户资源。由于经营和竞争意识的加强，尤其是"黄金时段招标会""地区推广会"等营销策略的普遍奏效，中央电视台广告提升的势头有增无减，企业在全国范围进行市场营销时首先考虑和选择的是中央电视台，只有在投放区域广告市场才选择省级卫视。与此同时，各个城市台准确的市场定位和灵活的市场应对策略，使省级卫视处于上有中央电视台"打压"，下有城市台"紧逼"的生存环境之中。因此，这一时期央视在全国的广告份额始终处于领先地位。

表 3 - 2 - 2 　CCTV 1990～2002 年广告收入及占全国电视广告收入比重

单位：百万元，%

年度	CCTV 收入	全国电视广告收入	比例
1990	108	561	19
1991	270	1001	27
1992	560	2055	27
1993	760	2944	26
1994	1000	4476	22
1995	2000	6498	31
1996	3500	9097	38

① 袁方：《央视经验与站在十字路口的中国电视媒体》，《广告导报》2003 年 1 月。

续表

年度	CCTV 收入	全国电视广告收入	比例
1997	4500	11410	39
1998	4800	13563	35
1999	5000	15610	32
2000	5000	16891	30
2001	6500	17937	36
2002	7000	——	——

资料来源：转引自吴克宇《电视媒介经济学》，华夏出版社，2003 年，第 177 页。

由于起步时间晚，又受到地方台争夺广告资源的压力，卫视广告在 20 世纪 90 年代末期的广告总额与央视相比有较大的差距，但凭借着差异化发展战略，依旧保持着一定的增长速度。

2001 年 6 月的《广告人》杂志中有一篇名为《2000 年省级卫星台广告收入增长迅猛》的文章，提供了当时部分卫视的广告营收数据。根据央视调查咨询中心（Central Viewer Survey & Consulting Center）对全国 25 家省级卫星台的广告监测统计数据，2000 年省级卫星台的广告收入达 118 亿元，比 1999 年的 71 亿元增长了 66.2%。调查数据显示，浙江卫视稳坐头位，广告收入达 12.34 亿元，比其 1999 年的 6.74 亿元增长 83.1%，远远高于市场的平均升幅（见表 3-2-3）。从增长速度看，湖南卫视、湖北卫视、贵州卫视及山西卫视显示出良好的增长势头，比 1999 年都有翻倍的增长。

表 3-2-3　2000 年卫视广告收入前五

排名	一	二	三	四	五
名　称	浙江卫视	山东卫视	江苏卫视	广东卫视	四川卫视
广告收入（亿元）	12.34	10.46	8.18	7.98	7.29

备注：广告费用的统计根据电视台的公开价格计算，不考虑折扣与竞投。

三　部分省级卫视采取差异化发展策略

部分先进的省级卫视面对竞争压力，采取了各自的品牌发展战略，以谋求生存和发展。其中，有走上特色化综合频道之路的湖南卫视、采取大剧策略的安徽卫视、致力公益的湖北卫视、走上专业频道之路的海南卫视、走上区域化发展之路的放眼西部的贵州卫视和扎根于长江三角洲的上海东方卫视。

1997年，湖南卫视上星，"快乐之风"迅速刮遍全国各地，"玫瑰花开"香飘万里。从那时起，全国的电视观众开始记住了"啦啦歌"，记住了"邀快乐做伴，赴玫瑰之约"，记住了李湘。《快乐大本营》《真情对对碰》《有话好说》《娱乐无极限》等一批具有代表性的电视节目在全国都有很广泛的影响。湖南的娱乐节目使国人耳目一新，开大陆电视娱乐的先河，同时培养出一批自己的明星。也正因如此，湖南卫视这个电视品牌从各大卫视中脱颖而出，提前一步迈入由栏目带动频道的战略步骤，湖南电视台迅速被广大观众所熟悉与喜爱，一时间被誉为"湖南电视现象"。

优质栏目不仅使湖南卫视的品牌迅速打开全国市场，而且随之而来的广告费也节节攀升，为自身的运营提供了扎实的物质保障。2000年12月18日，湖南电视媒体拿出7个精品栏目举行广告拍卖，拍出了5000万元的总成交额。其中《快乐大本营》首条特别广告段位底价5万元/15秒/次，由广州丹芭碧化妆品公司以9万元投中，这是省级媒体首次赶超了中央电视台同时段广告价格。同时，湖南卫视《晚间新闻》插播广告代理权被追高到1888万元，创下新闻插播广告的纪录。[①]

在特色频道与专业频道的发展策略支持与实践过程中，省级卫视在市场收视和广告收入上逐渐寻找到自身的发展之道，2000年后省级卫视的联盟则进一步与央视形成挑战。

第三节　都市报成为报业市场的广告主体

20世纪90年代，报纸行业出现了除党报之外的种类，如晚报、都市报，并以迅猛的发展势头和良好的广告效益结束了党报在广告上的主导地位。1993年，报纸出现了8个亿元广告大户，基本上都是晚报。1997年，全国有晚报124家，日发行量2100万份。

---

① 陈立：《省级卫视品牌发展战略思考》，华中师范大学，2004年。

　　复旦大学的周胜林教授于 1998 年在《新闻大学》杂志中发表的《论都市报及其发展趋向》① 一文，对都市报一类的报纸出现之背景做了这样的解读："党的十四大确立了社会主义市场经济体制，我国各地经济迅速发展，都市活力猛增，地区之间的界限突破了，人们之间的联系更频繁更密切了，各种信息的需求更为迫切，需要有更多更好的桥梁和纽带，需要有相应的传播媒体。适应这种社会需要，于是出现了各种名目的都市报。有的叫都市报，有的叫省级晚报，有的叫早报，有的叫文化报，有的叫生活报，有的叫服务报等。为了方便，可统称为都市报。"

　　在新闻事业相对发达的地区，都市报逐渐走进大众视野。其中，《羊城晚报》坚定地走晚报的路子，由于其历史文化传统特色的影响较大，《羊城晚报》牢固占据着晚报市场。《广州日报》则是新军突起，在竞争中形成自己的优势，《广州日报》走的是"党报 + 都市报"的路子，在广州的发行量第一，还拓展到珠三角。20 世纪 80 年代以来，成都的报业市场不断繁荣，并且辐射到整个西南地区。特别是进入 90 年代后，晚报、都市报竞争越来越激烈，主导了整个四川的报业市场，《华西都市报》崛起，《成都晚报》也进入黄金时代，1993 年《成都晚报》的广告收入达 6000 多万元。武汉作为华中地区的中心城市，拥有超过 800 万的人口，这为武汉新闻事业的生存发展提供了必要的市场环境。《楚天都市报》《武汉晚报》《武汉晨报》等都市报的影响力也辐射到了华中地区。其中，1996 年元旦创刊的《楚天都市报》经过两年多时间，发行量就突破了 70 万份，1998 年广告收入达 4800 万元，盈利 1600 万元。

　　为了进一步扩大影响，1996 年，16 家省级晚报广告网开始协作运营。② 该协作网成员单位包括《扬子晚报》（江苏）、《钱江晚报》（浙江）、《三湘都市报》（湖南）、《燕赵都市报》（河北）、《南国早报》（广西）等16 家省级晚报，均为所在省（自治区）的省委（区常委）机关报主办，社址均设于省会城市及繁荣大都市。全国 16 家省级晚报广告联网，共同承诺对广告客户提供版面优先、价格普惠、保证刊出和刊后的服务质量。国内外广告客户和广告代理公司只要和这 16 家省级晚报中的任何一家取得联

---

① 周胜林：《论都市报及其发展趋向》，《新闻大学》1998 年第 2 期，第 49~51 页。

② 《全国 16 家省级晚报广告协作网开始运营》，《广告人》1997 年第 1 期，第 15 页。

系，就能称心如意地把广告做到全国，尤其能便利一些大客户在全国范围内、在统一时间和版位上展开具有轰动效应的广告宣传。

1997年，我国报业广告收入达96.8亿元，比上一年增长25%。全国已有30余家报社年广告收入过亿元，有10家以上报纸广告收入突破了2亿元。[①] 1998年，我国报纸广告营业额达到104.4亿元，较上年增长7.8%。报纸广告占全国广告总营业额的19.4%。全国报纸广告经营额超过亿元的报社已达35家，比上一年增加了5家，其中过2亿元的报社达到12家，超过3亿元的报社为6家，超过7亿元的有2家。[②]

都市报凭借其内容上的优势，与以往文章风格严谨的党报形成竞争关系，甚至在一定程度上影响了党报的发展。究其本质，都市报的兴起和繁荣与当时的中国市场经济体制有很大关系，经济水平的提高使大众对娱乐生活提出更高要求，思想与精神的解放则为都市报奠定了受众基础。当然，都市报和晚报的出现并不是对已有报业市场的冲击，而是引入了一种新的报纸类型，这将激发传统党报的改革热情，共同推动报业市场的发展。同时，在逐渐壮大的过程中，都市报也应以引导舆论为己任，与党报一起创造健康积极的社会舆论环境。

第四节　期刊进入广告时代

20世纪90年代，作为四大传统媒体之一的期刊媒体，其广告经营额相较于电视、广播、报纸，发展相对滞后，以至于许多人误认为在期刊上做广告的回报率不如其他三者。根据钟天明1996年在《编辑学刊》12月刊发表的文章，当时至少有60%的期刊尚未开展广告业务，并普遍反映出畏难、怕上的思想。

但时尚类、新闻类等白领杂志的出现打破了这种经营僵局。在本书的第二篇中已经提到，自20世纪80年代中期起，期刊社开始意识到广告的价值。1988年，我国第一本综合类时尚刊物《世界时装之苑》创刊，以广

---

① 《中国报业广告97年收入达96.8亿元》，《广告大观》1998年第7期，第4页。
② 邢岩：《我国报纸广告收入持续增长》，《新闻大学》1999年第3期，第19页。

告为主要经营方式的杂志逐渐发展起来。

一　时尚类杂志成杂志广告先锋

20 世纪 90 年代，时尚类杂志得到快速发展。1993 年 8 月，刘江创办了《时尚》杂志，并将其逐渐发展为时尚传媒集团，旗下主办《时尚》《时尚先生》《时尚家居》《时尚旅游》《时尚健康·女士》《时尚健康·男士》等一系列杂志。广告收入长期位列中国杂志广告经营榜首，时尚杂志在我国期刊媒体的发展中是一类非常典型的案例。

1995 年，《瑞丽》杂志创刊。1997 年，在美国国际数据集团公司（IDG）全球常务副总裁兼亚洲区总裁熊晓鸽的帮助下，刘江开始加快国际版权合作的步伐。1998 年，《时尚》与美国赫斯特公司旗下女性杂志《COSMOPOLITAN》签订了版权合作协议，从此揭开了时尚系列刊物国际版权合作的序幕。2000 年，刘江开创性地引入出版人制的管理模式，取代当时国内普遍的"社长负责制"或"总编辑负责制"，把杂志社、广告公司、发行公司、制版公司、印刷厂的资源进行有效整合，授予每本杂志的出版人全面负责权，更好地整合人才、资金和渠道资源，更清晰地把握品牌定位。

二　时尚类杂志招揽广告的独特优势

时尚类杂志作为期刊中的特殊存在，从一开始就与广告商关联极为紧密，其主要收入也都来自广告经营。时尚类杂志拥有十分明确的目标受众群，如《世界时装之苑》《时尚》《上海服饰》等，此类杂志的读者群主要为年轻人，尤其是女性，是消费群体中消费量比较大、购买欲望最为冲动、最易受广告影响的一部分，因而这类杂志备受广告主的青睐。广告商家在选择杂志，杂志同样也在选择商家，在数量上是喧宾夺主之势的广告，其质量在很大程度上决定着杂志的视觉艺术性和欣赏品位，国际知名品牌的广告在某种程度上标示着杂志的档次。

正如 2002 年 2 月《编辑之友》中的《时尚类杂志的特征及走向》[①] 一

---

① 崔建聪、谢明：《时尚类杂志的特征及走向》，《编辑之友》2002 年第 2 期，第 16 ~ 19 页。

文中写道：时尚就是时尚。和其他媒体中时时令人皱眉的广告不同，时尚杂志中刊登的广告对于读者，更多的时候体现为一种阅读的愉悦，一种视觉的欣赏。

除了出现时装杂志这一特殊细分领域的杂志类型来带动广告收入外，大众性期刊也开始通过时装类广告焕发生机。1996年下半年以来，上海的麦考林国际邮购有限公司在全国60多家大众性期刊上同时打出Euro Moda牌时装的邮购广告。麦考林公司的陈小姐接受采访时谈道，他们看中了期刊彩页印刷精美、保存性强等特点，并抢先一步在国内一批畅销期刊上同时推出时装广告，开展邮购服务。较之于其他传媒，在期刊上做广告投入较少、收效好。

期刊广告虽然从收入来看远不及同时期的电视及报纸，但在时装杂志的开创与带动下也得到迅速发展。期刊相较于电视与报纸有着固定的读者群，具有广告针对性强、阅读率高、高保存价值、时效长、印刷质量高等特点。这些特点正是期刊广告的独特优势，也必然会吸引有相应需求的广告客户。

第五节 互联网广告试水

1998年5月联合国新闻委员会年会指出，互联网已成为继报刊、广播、电视之后的第四媒体。作为媒体的第四只眼睛，互联网经济的发展规律与其他媒体存在许多相似之处，但互联网本身独有的特点也必将对其经济的发展起到重要的作用。

20世纪90年代末期，中国接入互联网之后迎来了一个小的发展高潮，基本上较为主流的互联网机构都在那个时候创立了。与之相对应的是迅猛增长的互联网广告费用。1997年由IBM、英特尔联合出资投放于ChinaByte推广AS400的广告，价值3000美元，宣告了中国互联网广告的开始。

一 中国互联网广告的萌芽

随着互联网的发展，中国的互联网广告应运而生，但一开始的发展并非一帆风顺，甚至在合法性方面受到质疑。2007年中国互联网大会上搜狐的掌门人张朝阳回忆说，[①] 1998 年搜狐实现了 60 万美元的广告收入，但立刻受到了质疑，说这个收入因为没有广告的协议，所以是非法的。作为一个外商投资企业的搜狐，是没有广告发布权的。后来他们把国家外经贸委的领导请到搜狐做了一个研讨会，探讨互联网的广告为什么一定要在互联网公司本身。他们当时向国家外经贸委的官员解释，网络广告有太多的技术，需要在不同的页面跳出来一个广告。当时的广告公司还没有那种能力，如果不给搜狐这种权益，中国的互联网广告是发展不起来的。最后国家外经贸委决定发展一些试点，然后，互联网广告模式开始发展起来。

根据 WiseCast 的数据，1998 年中国互联网广告支出达到 0.3 亿元人民币，而在 1999 年则达到 0.9 亿元人民币，增幅达到 200%；2000 年更是达到了 3.5 亿元人民币，增幅为 289%。

二 好耶成为中国第一家互联网广告代理公司

随着互联网广告模式的发展和技术的开发，逐渐出现了一些独立于互联网的代理公司。

一个重要的代表性事件是 1998 年 10 月上海好耶计算机有限公司成立，这是中国第一个收费运营的网络广告联盟。1999 年 10 月，AdForward 广告管理系统面市。从这个角度来看，好耶的成立和发展其实是中国互联网广告和数字技术结合的一个典型产物。从经营发展的情况来看，当时好耶连续几年在网络广告市场中排名第一，盈利以每年 120% 的速度增长。2000年初获得国际著名风险投资商 IDGVC 的投资，在之后的五年里，好耶保持了每年超过 50% 的高速增长。

除了好耶这家专门服务互联网广告的代理公司外，同时期国内也出现了其他的广告公司开始提供互联网广告服务。1997 年，国内首家专业发布、制作互联网广告的北京视角广告艺术有限公司在北京成立。[②] 该公司主要发布媒体为覆盖全球的"中国通"环球信息网，栏目包括：工商信息、旅游、地产、中国投资、中国外贸等。同年 6 月，四达广告艺术公司（www. starinfo. com. cn）买断讯业金网北京营运公司讯合科技公司所有 IT

---

① 《张朝阳：十年回顾，中国互联网盘旋上升成为主流》，http://it. sohu. com/20070925/n252343467. shtml，搜狐 IT，2007 年 9 月 25 日，最后访问时间 2019 年 3 月。

② 《北京国内首家主营上网广告公司成立》，《广告大观》1997 年第 4 期，第 4 页。

类广告。1999 年 4 月 16 日，奥美国际集团和智威汤逊中乔广告有限公司在中国联合推出互动媒体咨询（mdigital）。2000 年 4 月 14 日，精信广告公司宣布在京正式推出 BEYOND（www. gobeyond. com）互动广告服务。

20 世纪末，互联网广告在互联网的普及下受到关注，出现了一些专门代理互联网广告的公司或相关业务部门，开始从业务层面探索互联网广告的运作机制。世纪之交，互联网作为一种新的媒介形态正式进入大众视野。

第三章　媒体经营迎来产业化浪潮

1997 年，黄升民教授在其出版的《媒介经营与产业化研究》[①] 中提出媒介产业化的概念，指出这是开放市场经济后媒体发展的必经之路："中华人民共和国成立以后的大约 40 年里，很少提新闻媒介的商业性一面。党的十四大提出建立社会主义市场经济目标的前后几年中，各行各业都在讲'市场经济'，最终也使新闻界和新闻学术界更大胆地讨论新闻媒介可以不可以具有商业性。"

原国家新闻出版署副署长梁衡在《关于报刊市场运作的七个问题》一文中明确提出：全面地说，报刊应该有四个方面的属性，即政治属性、文化属性、信息属性及商品属性。既然报刊具有商品性，那么生产新闻商品的新闻媒介具有商品性，就是顺理成章的事。

媒介产业化的概念虽然在当时只处于萌芽阶段，公开的言论也比较少，但市场发展的必然趋势推动着一些广电机构走上媒介产业化甚至集团化经营的道路。其中比较典型的有湖南卫视的改革、上海文广集团的成立以及以湖南电广传媒为代表的传媒集团尝试触摸资本市场，更深入地探索媒介产业化、集团化、资本化道路。

第一节　媒体多元产业经营

20 世纪 90 年代末，省级卫视面对上级央视及下级地方电视台的双重压力，为谋求自身发展，开始寻求多元经营的发展道路。其中比较典型的是湖南卫视在 20 世纪 90 年代末、21 世纪初开始布局的多元产业开发道

---

① 黄升民、丁俊杰：《媒介经营与产业化研究》，北京广播学院出版社，1997 年。

路，湖南卫视除了在节目和人员管理模式上积极创新外，在资本方面也尝试多元投资，并初显成效。

一 魏文彬的困境求生

20世纪90年代初期，魏文彬由湖南台台长升任湖南广播电视厅厅长，意识到当时广电厅很穷，奖金都发不出。于是，以魏文彬为中心的领导班子开始筹划改革，开启广电产业化大动作，通过资本运营建立一个庞大的产业园区，有世界之窗、海底世界、广电中心三大项目。根据符建湘和李瑛于2003年在《新闻集团如何走产业之路——湖南广电集团发展的启示》① 一文中的梳理，湖南广电进入资本市场、着力发展多元化产业始于1998年。

经中国证监会批准，公司于1998年12月23日发行5000万股社会公众股，筹集资金4.59亿元。1999年3月25日在深交所挂牌上市，标志着湖南广电产业率先进入我国资本市场，至2000年11月增发5300万新股，这一阶段从资本市场累计筹资20亿元，被投资者公认为"中国传媒第一股"，入局资本市场为湖南广电的多元产业布局提供了基础。

二 湖南广电布局多元产业的成效与经验

自1993年以来，湖南广电集团在长沙东北角征地2000亩，先后建成湖南广播电视大厦、长沙世界之窗、长沙海底世界、湖南国际影视会展中心，构成了湖南新世纪文化城。从2000年开始，电广传媒参与投资了《广告人》《母语》等一系列纸媒体。2002年9月，湖南广播影视集团投资7亿元建成了湖南国际会展中心，这是一座集现代建筑艺术和多功能服务设施于一体的大型会展场馆。

2002年，集团与湖南大学签订联合办学协议，共同创办湖南大学影视与艺术学院。这一次次的投资，标志着过去几年时间里，电广传媒已从媒体广告的单一主业，一路扩张到旅游、地产、投资咨询、影视、会展、有线网络、网络媒体、期刊、电视节目、调查业、教育等领域。

---

① 符建湘、李瑛：《新闻集团如何走产业之路——湖南广电集团发展的启示》，《当代传播》2003年第5期，第46～47，50～51页。

电广传媒所做的努力包括：上市运作筹措发展所需的部分资本；以上市公司的身份突破一些限制，拓宽湖南广电的产业发展；培育积极的经营与管理意识，运用现代公司制度的经营与管理运作程序；等等。湖南广电集团的多元化经营是由其旗下的湖南电广传媒公司运作的。

在当时电视台需要解决生存和竞争压力的处境下，多元产业化经营似乎是一条不错的出路，虽然从账面数据我们也可以看到起初发展的不易，但从历史视角来看，电视台的多元化产业经营实现持续稳健收益是需要注意许多问题的。

国信证券的一份报告列举了电广传媒投资后的具体情况。长沙世界之窗，公司投资 4900 万元，亏损 327 万元；湖南国际影视会展中心，投资 12240 万元，年报未披露亏损金额，只含糊其词说"短期效益不明显"；长沙宽带和株洲宽带，投资 11329 万元，收益为零；上海锡泉投资，原想在二级市场上有所收获，投资 13160 万元，收益仅 7.9 万元；深圳标准调查公司，投资 2880 万元，亏损 167 万元；北京远景东方影视传播公司，原想以"财富中国"作为拳头产品，投资 8000 万元，亏损 1250 万元。

不管最初发展成效如何，湖南广电的多元产业化道路可以说为陷入困境的全国省级电视台甚至央视指明了一条突破道路。2000 年以后，浙江电视台、江苏电视台及其他电视台也开始尝试产业多元化经营，电视台的多元产业经营开始进入正轨。

第二节　媒体集团化起步

广电机构的集团化趋势，要从改革开放之初设定的"事业单位、企业化管理"开始。由于传媒业整体上呈现供不应求的经济态势，又缺乏必要的竞争，"事业单位、企业化管理"从改革开放开始到 1990 年前后，一直都能平稳运行。这种符合当时媒体市场生产力的经营模式取得了比较大的成绩，电视产业得到了空前的发展。

一　无锡广电——电视产业集团化运营排头兵

1998 年前后是中国社会发展的一个分水岭。社会阶层的逐步分化与短缺经济时代的结束也意味着大众化产品时代的结束，市场营销方式也由大规模市场营销模式演变为当前的目标市场营销模式。[1] 这一社会结构与市场需求的变化反映到传媒行业，就是传媒业面对的市场开始分化，从大众化的市场覆盖转向细分市场覆盖，频道专业化水平开始逐步提高。这也导致了传媒产业逐渐由卖方市场转向买方市场，受众的选择变多了，媒体原有的垄断地位让步于市场竞争。在此背景下，许多媒体不得不在经营模式和内容产品上都进行转型升级以应对市场挑战。其中，广播电视事业单位进行集团化改革便是显著的趋势。

1999 年 6 月 9 日，无锡市广电集团在全国率先成立。广电集团成立后，实行"集团化管理，专业化分工"，对原来的机构建制进行调整、重组，成立了八大中心。一是广播中心，负责制作 4 个广播系列台专业频率的节目；二是电视新闻中心，统一负责摄制无线和有线电视频道的新闻；三是电视社教中心，负责摄制无线、有线 6 个频道社教专题节目；四是电视文体中心，负责摄制无线、有线 6 个频道的文艺及体育节目；五是节目编排中心，负责无线、有线电视 6 个频道节目的编排和购买、交流节目的播出安排；六是技术中心，负责广播电视技术设施设备的更新、管理、维护、使用，保证节目的优质制作和负责广电节目的传输发射，确保安全优质播出；七是广播电视报编辑出版中心，负责广播电视宣传和广播电视节目编辑出版工作；八是财务中心，负责局（集团）的财务统一管理。[2]

八大中心之电视节目生产和播出机构的设立，打破了原来台与台之间的界限。这是对电视媒体传统管理体制和运行机制突破性的改革，解决了广电系统重复建设、资源浪费等问题。各宣传中心集中精力办节目，节目质量有了明显的提高。栏目设置更趋合理，各频道也形成了自己的特点。[3]

除了内容生产的改革之外，在公司经营机制上，无锡广电也有比较大的变动。无锡广电集团建立了八大公司，分别是广电广告公司、广电网络公司、广电工程公司、广电发展公司、广电设备公司、广电物业管理公司、广电影视剧制作公司以及广电技术开发公司。八大公司的建立，丰富

---

① 菲利普·科特勒：《市场营销导论》，俞利军译，华夏出版社，2003 年，第 171 页。
② 虞国胜：《关于组建广电集团的探索》，《江南论坛》1999 年第 7 期，第 39～40 页。
③ 秦岱亚：《专业化、品牌化和社会化——对广电集团成立后电视节目生产和播出改革的思考》，《新闻通讯》1999 年第 11 期，第 28～29，33 页。

了无锡广电集团的经营内容，形成了以广告收入为主，同时开展多种产业经营的结构。

无锡广电集团的成立，为后来者树立了以电视台为中心的广电集团化运营示范，在当时属于开创性的举动。无锡广电集团成立之后，2000年1月，国家广播电影电视总局发布《关于广播电影电视集团化发展试行工作的原则意见》。该文件指出，集团化是广播电视业的必须选择，"面对西方思想文化渗透和扩张的强劲势头，以及国内媒体间日益加剧的融合，我国影视业规模小、活力差、实力弱、体制不顺、又松又散等问题日益显露。这种状况，已难以应对当前'内挤外压'的形势，严重制约了事业的发展，影响了党的宣传阵地的稳固和发展，影响了宣传效果和舆论引导作用的最佳发挥。对此，我们一定要有清醒的认识，要有危机感、紧迫感。必须要积极主动地深化改革，加快体制创新步伐，走集团化的发展道路，尽快形成若干有较强实力的广播影视多媒体集团"。同年7月，国家广播电影电视总局在甘肃省召开了全国广电厅局长会议。在会上，国家广播电影电视总局以行业管理者的身份正式申明了对广播电视集团化的基本态度和取向要求：广播、电视、电影三位一体，无线、有线、教育三台合并，省级、地级、县级三级贯通。在政策的支持下，更多地方媒体开始了集团化运营尝试。2000年年底，湖南广播影视集团成立；2001年年初，北京广播电视集团、上海文化广播影视集团成立。此后，从地方到中央，陆续有20多家广电集团挂牌成立。

二　开报业多元化经营先河——广州日报集团成立

相比于广电集团化，报业集团化的趋势来得更早一些。原因是报刊运营门槛更低，在改革开放之后的报业热潮中，涌现了一大批新的报刊。但并不是所有报刊都能实现良好的经营。按照市场化的运作体系，办不下去的报纸应该破产、吊销，但由于20世纪90年代初市场制度尚未健全，社会保障制度不能保障原有的经营不善的报业人员的利益。1993年，《济南日报》率先兼并《市场导报》，随后三年内，全国有9家报社兼并了12家报刊。[1] 这是报业集团化经营的雏形，由于其正面的社会经济影响，也受到了

---

[1]　刘友芝：《现代传媒通论》，武汉大学出版社，2006年，第82页。

一定的好评。

报业集团化运营的另外一个动因是报社的盲目投资。在广东省报界，"发展副业，保证主业"的口号颇为流行。南方日报社在三四年内，大量向报业外毫不相干的产业投资，如制药公司、瓷片厂、食品厂等。这些企业把资金耗光，还留下了大量债务纠纷，报社为此亏损一亿四千多万元。[1]这也反映了中国报业进入市场化时代后，在经济建设的热潮中容易迷失的情况。在此背景下，不少报社策划成立报业集团，采取集约化管理。这种情况引起了国家新闻出版署的注意，该署认为组建报业集团需要一定规范，经过调查研究，于1994年5月发出《关于书报刊音像出版单位成立集团问题的通知》，规定：目前组建集团只做少量试点，不能一哄而起；不能组织股份制出版机构；不吸收与新闻出版无关的企业、商业参加。此通知给不少有组建集团想法的报社敲响了一记警钟。通知发出之后，新闻出版署又要求许多自行宣布为集团的报社取消"报业集团"的称呼。[2]

在上述通知发布之后，为了听取报界想法，1994年6月国家新闻出版署召开了"全国首次报业集团问题调研会"。此次会议确定党报为组建集团的主体，并且拟定了组团的五项基本条件。当时符合条件的报社至少有20家，但为了稳妥启动集团化进程，主管部门经过调研之后选取了《广州日报》作为试点。当时，其广告收入和总收入属于全国报业最高，但综合影响力又远小于中央级和省级的报纸。于是1996年5月，"广州日报报业集团"正式挂牌成立。集团成立之后，先后兼并了《广州商报》《现代画报》等报纸。在兼并之后，集团改组了小报的编辑部，并且建立了全新的管理制度。让当时不少小报重获新生，发行量和收入都增加了。

集团成立之后，一是从报业事业型向产业型经营方式转变，不靠财政补贴和政策优惠，而是通过市场配置实现自我发展；二是由优惠型发展机制向优势型发展机制转变，政府优惠政策可以帮助报业集团迅速实现自我积累，但不能以此为依赖，而应立足于自身优势来参与市场竞争。广州日报报业集团在历年国内报业广告收入排名中处于领先地位。

---

① 李春：《当代中国传媒史》，漓江出版社，2014年，第562页。
② 陆小华：《整合传媒》，中信出版社，2002年，第112页。

1998 年 3 月，新闻出版署公布《新闻出版业 2000 年及 2010 年发展规划》。这个规划提出，2000 年前，新闻出版业经过阶段性转移和治理工作，要基本解决散滥问题；要扶植有影响的党报实施兼并、重组，建立以党报为龙头的报业集团，到 2000 年，报业集团要扩大到 5～10 家；到 2010 年，报业集团要有较大的发展，经营规模上亿元的报社要达到总数的 10%。在政策的支撑和先行者的示范作用之下，1998 年，国内报业集团陆续成立。1998 年，文汇新民联合报业集团、羊城晚报报业集团、南方日报报业集团、光明日报报业集团和经济日报报业集团相继成立。1999 年 11 月 1 日，深圳特区报业集团经新闻出版署批准后正式挂牌成立。至 2004 年，全国共有 40 家报业集团。

资料链接：

《新闻出版业 2000 年及 2010 年发展规划》组建报业集团的五项基本条件

1. 传媒实力，除一张有影响的主报外，至少应有四个子报子刊；

2. 经济实力，根据不同地区经济发展的差异，沿海地区报社年税利在五千万元以上，中西部地区报社年税利在三千万元以上；

3. 人才实力，报社现职采编人员，具有高级新闻职称者须占百分之二十以上，经营管理和各类技术人员，具有各类专业中级职称以上者，须占百分之十五以上；

4. 技术实力，拥有独立的印刷厂，拥有现代化的照排、胶印设备，具备彩色胶印能力，除保证本报社所属报刊正常印刷装订外，能承接一定数量的代印业务，每日总印刷能力在对开二百万份以上；

5. 发行实力，主报和子报子刊发行总量在六十万份以上，或在本地区每 150 人以下拥有一份报纸，有畅通的发行渠道，有逐步建立自办发行网的可能。

第三节　尝试触摸资本市场

在我国，传播与文化领域单位在很长一段时间里实行的是"事业单位，企业化管理"，直到 2001 年新版《上市公司行业分类指引》出台，才将传播与文化作为一个产业正式列入上市公司行业分类。这标志着我国传媒业终于作为一个独立的产业获得了通过资本市场融资的资格。[①] 另外，2001~2002 年，国家广播电影电视总局与国家新闻出版总署也多次发布了关于鼓励融资以及跨地区、跨媒体经营的政策，为传媒企业的发展壮大提供了支持。

一 广播电视集团的资本化运作

2001 年 12 月，国家广播电影电视总局发布了《关于广播影视集团融资的实施细则（试行）》，对广播影视集团、播出机构、电视剧制作机构、广播电视新闻网站、广播影视报刊、广播电视传输网络公司和电影集团等融资行为做出明确规定。要点有：广播影视集团可以采取在新闻出版广播影视系统内融资、银行信贷、买方信贷、融资租赁、企业债券及股份等形式募集资金，但必须确保国有资本的主体地位，严禁以持股方式将国有资产低价出售或无偿分配给个人；广播电台、电视台及频道、频率等新闻媒体由国家主办经营，不得吸收境外资本和私人资本，但可以吸收新闻出版部门、广播影视和其他单位的资金进行节目制作、项目合作等；电视剧制作机构，在集团控股的前提下可以吸收国有资本、非国有资本组建股份制的制作公司，也可以吸纳境外资金和技术，开展影视剧拍摄、影视剧制作基地建设等项目的合作；电影集团、电影厂、影院等可以吸收境外资金合作拍摄影视片；在中方控制经营权的前提下，允许引进外资改造电影基础设施和技术设备，允许以中外合资、合作方式改建电影院；不允许组建中外合资的电影制作公司。此外，该文件对广播电视新闻网站、广播影视报刊、广播电视传输网络公司等主体的融资行为也做出了规定。总的来说，我国广播电视台禁止私营和外资经营的本质没有改变，但在保持以国有资本为主体的基础上，允许各种资本进入电视剧和电影制作机构。

但早在政策颁布之前，由于现实运营的需要，来自传媒业以外的资金早就进入传媒业。上海东方明珠股份有限公司是我国广电系统内第一家实现上市融资的公司。上海市广电局全额投资的上海广电发展实业公司和上海电视台、上海人民广播电台、每周广播电视报四家公司，一共发行股票

---

① 谢耘耕：《传媒资本运营》，复旦大学出版社，2006 年，第 67 页。

4.1 亿股，其中 3.7 亿股为发起人股，向社会募集新股 4000 万股。[①] 东方明珠的社会公众股票数量不但很少，而且发行采用了认购证的制度，凡需认购东方明珠公司股票的社会投资者必须持有"1992 年上海股票认购证"，发行承销机构按"认购证"数量及可中签数的比例，根据"认购证"号码公证抽签，中签后按有关规定办理认购手续，公司内部职工实行优先认购的办法。[②] 不仅如此，东方明珠在上市之初，其支柱产业不是传媒业，而是以旅游业和房地产业为核心。上市以来，旅游业的收入长期占到公司总收入的一半以上，每年为公司提供着稳定的收入来源。因此，1999 年上市的"电广传媒"反而被认为是"中国传媒第一股"。

电广传媒的前身是 1994 年成立的湖南广播电视发展中心，这是湖南省广电厅下属的以影视节目制作、广告发行代理、网络传输服务为主的大型企业。电广传媒于 1999 年由湖南广播电视发展中心、湖南星光实业发展公司、湖南金帆经济发展公司、湖南金环进出口公司和湖南金海林建设装饰有限公司组建成立。湖南广播电视发展中心将其全部净资产、总值人民币 13716.29 万元投入股份公司，并按 72.9% 的比例折为 1 亿股国有法人股，由湖南广播电视发展中心持有。由于电广传媒旗下的广告公司代理了湖南电视台的卫视频道等七个频道的广告经营权，是第一家将广播电视的核心业务——广告经营业务置入的上市公司，因此才有了"中国传媒第一股"的说法。

二 报业的资本运作——博瑞传播的曲线上市

上海东方明珠与湖南电广，都是依托媒体创立发展的，而且其传媒主业明确，规模比较大。与广电集团的直接上市不同，报业的第一股——博瑞传播的上市路线显得有些曲折。博瑞传播的主营媒体产品是《成都商报》。成都商报社成立于 1994 年，经过两年发展，成都商报社有了较多资本积累，发展势头旺盛，资本增值成为下一步目标。1997 年，与四川电器共同出资成立博瑞投资有限公司，包括广告、发行在内的经营活动全权委托给博瑞，报社本身不再从事任何经营活动，仅是一个内容生产者。博瑞

---

① 严三九：《中国传媒资本运营研究》，上海文化出版社，2007 年，第 34 页。
② 易凯：《东方明珠，全面转向传媒业》，《有线电视技术》2002 年第 15 期，第 22 页。

公司的性质是民营企业，与报社没有隶属关系，关键的联系是报社总编辑身兼公司总经理。1999 年 7 月底，上市公司四川电器的国家股股东——成都市国有资产管理局将其持有的 3000 万余国家股转让 2000 万股给成都博瑞投资有限责任公司，成都博瑞成为公司第一大股东，其股权性质为法人股。①

　　这个消息由证券媒体披露后，全国报界为之震动，大家普遍认为这等于成都商报间接上市，改变了以往报业多种经营的投资形式，在报界闻所未闻。这也标志着当时高速发展的传媒行业对于资本的需求，报社经营与内容生产工作的分离也使报社在内容生产与商业运营上都更加专业化。自此之后，赛迪传媒、北青传媒、华闻传媒等报业集团纷纷上市，寻找更广阔的资本来源以支撑更大规模的运营。

---

① 李春：《当代中国传媒史》，漓江出版社，2014 年，第 624 页。

第四篇

巅峰与转型（2001～2008）

从千禧年之后到 2008 年，我国传媒产业进入新阶段。从传媒产业发展与媒介经营的角度而言，这个发展阶段最典型的特征大致可以用"巅峰"与"转型"来概括——以电视和报纸媒体为代表的传统媒体在这个阶段走上了经营发展的巅峰，报纸更是走过拐点开始下降；互联网媒体在媒体市场上崭露头角，即将改变整个传媒产业的发展方向，2008 年中国互联网用户规模首次超越美国，成为全球第一，此后互联网将逐渐成为最重要的媒体。

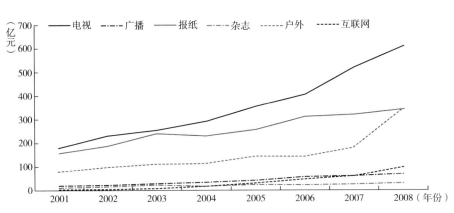

2001～2008 年中国各类媒体广告经营收入曲线

资料来源：中国广告 40 年项目组根据公开资料整理。

第一章 传统媒体走向繁荣

经过改革开放二十余年的发展，新千年之后，我国经济发展水平继续稳步提升。在大环境向好的背景之下，经过 20 世纪 90 年代集团化、产业化的尝试之后，新千年的媒体产业化发展加快。另外，我国加入世界贸易组织之后，进一步刺激了媒体经营主体提高经营水平。在政策和市场的双重推动之下，媒体经营单位产业化水平不断提高，传统媒体在 21 世纪第一个十年走向繁荣，无论内容生产、广告经营还是多元化产业经营，都走向了改革开放以来的最高水平。

第一节 更加专业化的内容生产

媒体的内容生产专业化，最早体现为电视领域的民营节目制作公司出现。电视领域的制播分离，催生了光线传媒、海润、欢乐传媒等民营影视公司，也促成了电视领域内容的专业化趋势。随着内容生产水平的逐步提高，电视台与广播频道专业化的频道经营开始走向大规模发展，节目种类、节目时长都有显著增长；而民生新闻、方言新闻的出现与蓬勃发展，则标志着媒体节目内容越来越强调个性化与差异化。

一 电视专业频道经营探索

事实上，专业电视频道从 20 世纪 80 年代就开始出现。1986 年，中国教育频道开播，频道播放内容以中小学教育内容为主。到 1995 年，中央电视台一共有五套频道，最为特殊的是第五套体育频道，是当时中国专业化水平最高的电视频道。20 世纪 90 年代，随着信号传播技术换代升级，我国电视频道数量大幅增加，造成观众分流。1999 年，全国所有省级电视台已经全部上星。同年，福建电视台新闻频道开播，这也是我国第一个专业新闻频道，正式拉开了我国的专业化电视频道趋势的序幕。

（一）省级卫视的专业化初尝试——旅游卫视

旅游卫视的前身是于1999年上星为省级卫视频道的海南卫视。当时各省市卫视都在着力寻找差异化途径，而在全国35个省级卫视频道中，海南卫视是一个实力较弱且缺乏特色的省级卫视频道。经国家广播电影电视总局批准，2002年1月28日，海南卫视正式转型并更名为旅游卫视，成为我国首个以旅游为主题的省级卫视频道。同时，海南卫视也由一个综合频道渐渐转变成为专业化频道。旅游卫视开播不到一个月，在北京对落地的40多家卫星频道的调查中，旅游卫视的收视率位居第四，当时就已完成全年三分之一的广告任务，提前实现预定目标，在电视界引起轩然大波。[①]

作为国家广播电影电视总局批准的中国境内唯一一个以旅游休闲为主要内容的专业化卫星电视频道，旅游卫视以专业的旅游资讯内容、得天独厚的资源优势，形成了独具特色的频道风格和品牌特色。随后，它与其他频道开展差异化竞争，逐渐成长为我国独具特色、最具影响力的频道之一。其特色除了内容之外，还在于独特的经营方式。在旅游卫视成立之前，海南广播电视台和北京的两家民营公司共同组建了海南旅游卫视传播有限责任公司（以下简称海南卫视传播），其中，海南广播电视台占股42.2%，两家北京公司分别占股27.8%和30%。海南卫视传播获得旅游卫视所有电视节目内容和广告的经营权，因此，在旅游卫视开播之前，就已经确定了广告经营和主要节目制作均放在北京的策略。在当时，这也是比较先进的一种做法。

不过，在专业化频道经营的初期，旅游卫视的广告收入并没有取得立竿见影的增长。2003年，旅游卫视的20个栏目中有19个栏目的制作和广告经营被分租出去，但许多广告时段面临着即使打折出售也无人问津的情况。[②] 在经营遇到挫折之下，2004年年初，大型国企中国保利集团公司以资本的形式加入旅游卫视，并持有49%的股权，海南广播电视总台持有

---

① 陆思琪：《频道专业化视角下旅游卫视发展研究》，新疆大学，2014年。

② 杨宁：《身未动 心已远 旅游卫视，焕然一新再启航》，《大市场·广告导报》2004年第8期。

51%股权，双方成立"海南海视旅游卫视传媒有限责任公司"，开始以公司化的模式运作旅游卫视。

它们不仅在节目形式上对旅游卫视进行了全新改版，在广告经营管理上也进行了探索和尝试。自2004年7月5日起，原有频道90%的栏目被新栏目替换掉。同时，频道标识也焕然一新。改版后，旅游卫视新节目定位为"旅游资讯立台，时尚娱乐并重"，强调以资讯为主，时尚、娱乐并重的频道特色，全天24小时播出，直播资讯节目总量达3小时，引进和自制的旅游时尚节目日首播总量为6小时；并提出"大旅游"的概念，吃住行游购娱，涉及旅游的方方面面，又不拘泥于旅游之内。

改版之后，旅游卫视有83%时段的收视率有所提升，周末有75%的节目有所提升，上午、中午、下午和晚间时段的收视率，尤其是平时的傍晚时分、周末的中午时段的收视率甚至超过了晚间黄金时段。在改版一个月的时间内，频道的收视份额提升了40%，在所有省级卫视的频道中由原来的第28位提升到第24位。① 收视率的提高极大地促进了旅游卫视的广告收入。旅游卫视改版之后，广告售卖模式从售卖栏目资源变为着眼全频道的跨栏目整合资源销售。产品可以根据频道不同时段不同节目的所有广告空间的不同组合构成，让广告客户得到最大的回报。节目与广告之间、栏目与栏目之间都强调统一性，避免了同一频道内的栏目之间因为争广告、争收视率带来的内讧。2004年改版后，旅游卫视广告收入就达到7000万元，远超2003年全年4000万元的广告收入。②

内容的专业化生产的确有效提高了旅游卫视的收视率与广告收入。但是，旅游卫视当时对频道专业化的经营尝试仅仅停留在内容生产层面，没有进一步踏入旅游产业链中，很好地利用频道所在地海南省的地缘优势，进行属地的旅游资源产业开发，频道经营者仅仅将旅游卫视当作"媒体"经营，忽视了产业化开发的可能性。

（二）中央电视台经济频道改版尝试

2003年，作为国家级媒体，中央电视台也开始进行大刀阔斧的专业化

---

① Xindi Gong（巩昕顿）：《论旅游卫视的专业化经营》，暨南大学，2007年。
② 张玉洪：《旅游卫视的频道策略与广告营销》，《中国广播影视 下半月》2004年第9期。

频道改革。7月1日，中央电视台新闻频道开播；10月20日，中央电视台二套更改呼号为"经济频道"，从准综合频道向专业化经济频道转型；12月28日，中央少儿频道开播。其中，经济频道的转型尤为特殊。在改版之前，此频道的定位并不十分明确，当时其呼号为"经济·生活·服务频道"。这个频道定位始于2000年7月，频道定位是让经济节目更具权威性，使服务节目更有实用性。节目内容比较宽泛，既有如《经济半小时》《经济信息联播》《中国财经报道》《中国证券》这样的纯财经节目，也有如《夕阳红》这样的纯生活服务节目。可以看出，改版之前的经济频道定位宽泛，频道形象比较模糊。

在更改定位之后，频道呼号调整为"经济频道"。调整之后，生活服务类的节目大幅度减少，"经济"的定位更明确。但定位为"经济频道"并没有过度收窄其频道定位。区别于许多媒体内容上"经济"和"财经"的概念混淆，将经济节目、经济内容专栏做成财经专栏，央视经济频道以"大经济观"作为整个频道布局的核心理念，将频道定位于"大众、综合、实用"。改版后保留并仍然以《经济信息联播》、《经济半小时》和《中国市场信息》三档重头新闻资讯栏目为主打，增加了一些更专业化的栏目，保证并满足观众对新闻的需要。比如《中国证券》《经济与法》《前沿》等，是定位于专业领域的节目。改版之后的节目兼顾了大众化需求与专业内容，受到观众的欢迎。2003年改版后，经济频道整体平均收视率从过去的0.14提升到0.16，所占市场份额从过去的1.22上升到1.4。[①]

在经济频道进行改版之后，当时的频道节目总监梁晓涛曾再三强调，频道呼号的改变，并不意味着频道定位的窄化，新版推出的CCTV-2并不是完全专业化的财经频道，而是以经济资讯为核心内容，具有专业特色的服务频道。此举也获得了市场的认可。2003年之后，地方省、市各级电视台也纷纷改综合频道为专业频道，以求在电视市场竞争中分得一杯羹。上海、湖南、广东、北京等多地的电视台纷纷进行频道调整，推出"专业频道"。

但是，由于大量电视台同质化地推出专业频道，而该时期专业人才相对不足，因而导致了许多专业频道节目短缺。在自身造血能力不足的情况

---

① 李红艳、付希娟：《央视经济频道改版得失谈》，《电视研究》2004年第10期。

下，电视台纷纷靠引进外来节目补充播放时间。而电视剧则成了填充节目时间的"万金油"。因此，一时间蔚然成风的专业化频道改造也受到了质疑。

二 广播频率专业化

与电视频道专业化同时进行的，还有广播的频率专业化。2003年1月8日至10日，全国广播影视工作会议召开。会上指出国家广播电影电视总局将2003年定为"广播发展年"，并要加快广播频率专业化、节目对象化的步伐。省级以上电台要按照频率专业化的要求，推出具有特色的专业频率品牌，同时每个频率都要打造出两个以上叫得响的特色节目品牌，力争广播收听率有一个较大提高。[①]

2003年12月，国家广播电影电视总局出台了《关于促进广播影视业发展的意见》，明确提出把文化单位分为公益性文化事业和经营性文化产业，具备企业化运作条件的频道频率，可"探索进行频道频率的企业化经营"。频道频率的企业化经营也促进了广告资源的整合。国家广播电影电视总局提出了加快频率专业化和节目对象化的指导要求。

在此之后，全国省级、计划单列城市和省会城市先后创办了大量专业频率，广播逐渐从"大众化"走向"窄众化""分众化"，频率专业化体制下的经营主体部门应运而生。频率专业化体制标志着广播广告经营开始面向市场，初步具备营销特征。

频道专业化的改革，从国家级别的广播电台开始。从2002年起，中央人民广播电台进行了以"频率专业化、管理频率化"为核心的全面改革。央广首先启动的，是第二、三、四、七套节目的频率专业化改革工作。2004年1月1日，中央人民广播电台第一套节目"中国之声"正式播出。因为这是央广第一套改革的频率节目，不仅对于央广内部其他节目的改革方式产生影响，更是对全国各级广播电台的专业化改革具有重要的指导意义。因此，"中国之声"在设立之初，定位是新闻综合频率，在以新闻功能为主的前提之下，适当兼顾文艺、娱乐等综合内容，具有较大的受众覆盖面。

---

① 胡正荣等：《广播的创新与发展》，北京广播学院出版社，2004年。

在顺利完成第一套节目的改革之后，中央人民广播电台也陆续对其他七套节目进行了改革。第一套节目定位为新闻综合频率，呼号为"中国之声"；第二套节目定位为财经专业频率，呼号为"经济之声"；第三套节目为流行音乐频率，呼号为"音乐之声"；第四套节目为城市生活频率，呼号为"都市之声"；第五套节目是以新闻为主的对台湾广播频率，呼号为"中华之声"；第六套节目是以方言、文艺为主的对台广播频率，呼号为"神州之声"；第七套节目定位为面向港澳及珠江三角洲地区的区域性广播频率，呼号为"华夏之声"；第八套节目为民族语言广播频率，呼号为"民族之声"。

在大规模的频率专业化改革背景之下，央广还积极利用市场手段加强对市场的开拓，不断提升各个频率的广告收入水平。改革初期，央广首先对第二、三、四、七、九套节目实行广告总代理，对第一套节目"中国之声"实行了自主经营的广告经营模式。改革之前，2000年年底，第二、三、四、七套节目毛收入总额只有1000万余元，但到了2005年已经收获了超过一亿元的广告收入。2006年以后的5年时间里，这几套节目的广告创收增幅始终保持在20%以上。广告收入的提高，是建立在收听率之上的。频率专业化改革之后，许多节目都受到了市场肯定，尤其是新增的经济之声、音乐之声、文艺之声和都市之声。当年"经济之声"经过几年的经营，在北京的广播市场份额上已经攀升到了第七位。

第一套节目"中国之声"的广告经营在2006年首次实现纯收入过亿。2006年，央广确定了由台属广告公司代理频率广告对外经营，再由台属公司对外进行二级代理的运作方式，进一步强化了节目体系与广告经营的分离。频率专业化的改革让中央人民广播电台在内容和商业经营上都取得了长足的进步，也为地方广播电台的频率专业化改革做了很好的示范。

三 平民化和娱乐化：民生新闻、方言新闻的出现

媒体内容的专业化发展趋势，也体现在媒体内容对于受众的接近性上。早在20世纪90年代，中国报业就有都市报这种极具市民属性的媒体兴起。但受经济发展水平以及电视信号传输技术的影响，在20世纪的中国，电视媒体尚未成为服务于大众生活的市民媒体。90年代末的上星热潮和电视传输信号技术的发展，以及经济的飞跃，在供给端和需求端都为电

视产业提供了更广阔的发展空间。民生新闻与方言新闻正是在此背景下发展起来的。

2002 年 1 月 1 日，江苏广播电视总台城市频道《南京零距离》开播，被认为是民生新闻的开端。栏目新闻以"贴近实际、贴近生活、贴近群众"的"三贴近"精神为指导，开全国电视民生新闻之先河。一改传统新闻节目主持人正襟危坐读新闻的方式，《南京零距离》从开播首日就改变了观众对于新闻的认识。"播可以差些，普通话也可以不那么字正腔圆，但必须能说，并且能说得精彩。"①《南京零距离》的主持人孟非正是因为具备了这样的素质，所以被节目选中。节目本身也正如栏目负责人所期望的那样，不说教不严肃，反而以普通市民的视角播报民生新闻。作为主持人的孟非，其实充当的更多是市民代言人的角色。孟非曾在 2002 年于《视听界》上发表的一篇文章《角度与深度》中表示："我从未敢想过要以一种专家、学者的形象出现在人们面前，因为我既无这样的外表也无这样的学识。是是是，我们也没有寻找到这样一位无所不通的学者型主持人，我毫不怀疑我的领导们完全可以组织起这样一个为我撰稿的'智囊团'，但我怀疑的是：这个'智囊团'一旦运转起来，把我弄得学术渊博、无所不通起来，我在观众面前的形象也就因此变得可疑了起来。"② 可见，对于《南京零距离》而言，亲民、为市民发声才是节目组的初衷。

《南京零距离》以市民立场作为节目定位，迅速吸引了观众，开播之后收视率一路上升。收视率是广告收入的保证，《南京零距离》在当时也成了江苏电视台城市频道最重要的广告收入节目来源。《南京零距离》于 2005 年投入经费 1200 万元，广告收入却达到 1.038 亿元。③ 民生新闻的吃香也引起了其他电视台的争相模仿。安徽电视台的《第一时间》，湖南经视的《都市一时间》，吉林电视台《守望都市》的改版以及海南电视台《直播海南》的筹办，纷纷反映了当时国内电视台对于民生新闻的追捧。由于播报民生新闻的电视台多为地方电视台，无论在地缘上还是内容上，都有天然的亲近性，因此民生新闻在各地受到市场的认可。民生新闻的发源地南京甚至出现了省台与市台之间、频道与频道之间混战的

①　景志刚：《我们改变了什么——〈南京零距离〉及其民生新闻》，《视听界》2004 年 1 月。
②　孟非：《角度与深度》，《视听界》2002 年第 3 期。
③　邵敏：《论电视民生新闻的区域个性化特征》，东北师范大学，2007 年。

状况。

除了民生新闻之外，另外一个受到市场认可的新型新闻形式，便是方言新闻。2004 年元旦，杭州西湖明珠频道推出了方言新闻节目《阿六头说新闻》，该节目一出现就引起市民观众的强烈反响，其收视率远高于杭州电视节目收视市场上的其他新闻节目。2004 年，《阿六头说新闻》的广告收入额就超过了 1000 万元，该节目也成了浙江电视含金量最高的新闻节目。在《阿六头说新闻》的示范作用之下，全国城市电视台也纷纷推出了自己的方言新闻类节目。仅在长三角地区，就有不少模仿者。南京电视台《听我韶韶》、无锡台《阿福聊斋》、南通电视台《总而言之》、绍兴台《师爷说新闻》、苏州台《天天山海经》《苏阿姨谈家常》、扬州电视台《今日生活》都是此类方言新闻节目。[①]

实际上，方言新闻与民生新闻所关注的内容并没有太大区别。可以把方言新闻看作电视台对民生新闻形式的探索创新，进一步提高民生新闻节目的价值，在内容上与形式上都做到本土化。从媒介经营的角度来看，这是城市电视台面对中央电视台以及省级电视台，在生存空间挤压下的自我求变创新，巧妙地开发了本土化的内容领域；同时也是媒体内容更具受众意识、从大众化走向分众化的表现。民生新闻、方言新闻对于内容与形式的探索创新，也标志着媒体内容产业逐渐专业化。

第二节　集团化、产业化发展基础之上的多元产业经营

随着我国媒体产业的发展壮大，媒体产业的市场化程度加深，媒体业务的发展也上升到另外一个台阶。2001 年，中央宣传部、国家广播电影电视总局、新闻出版总署发布《关于深化新闻出版广播影视业改革的若干意见的通知》，在《通知》里明确提出了加快媒介集团化改革、组建多媒体大型新闻集团的目标，并对传媒业与外资合作、跨媒体发展、融资问题等问题做了具体的回应。政策上的承认和确定，让不少媒介经营机构可以大

---

① 张昊：《方言新闻：城市电视台拓宽生存空间新招》，《新闻三昧》2006 年第 C1 期。

胆地进行经营改革，它们纷纷开始组建大型媒体集团以及开展新业务。众多媒体机构中，又以广电行业和报业的多元化经营实践最为突出。

一 广电媒体产业化、集团化探索——湖南广电与上海文广的多元经营

在我国广电行业中，产业化模式的两个代表是上海文广和湖南广电。前者在 20 世纪 90 年代已经完成了三次体制机制的改革，并在 2000 年确立了"上海文广"的大致模型；后者在 1995 年开始改革，并在 1999 年完成了电广传媒的上市，2000 年 12 月成立湖南广电集团。在此之后，这两家代表我国省级广电机构最强力量的媒体集团也一直走在产业化的前沿，将技术、资本和政策的力量悉数运用到极致。虽然过程中也难免遇到挫折、障碍，但它们仍然是产业化发展的先锋。

（一）湖南广电：广告收入为主，多元化经营为辅

规模化和集团化伴随着体制机制改革和调整的深化共同发展。在这个发展阶段中，大型媒体集团陆续出现。在这个阶段出现的大型媒体集团中，湖南广电集团与上海文广集团为其中的佼佼者。

湖南广电集团成立于 2000 年 12 月，在集团化之前，还完成了旗下部分资产的上市工作，1999 年电广传媒成功上市，这也是中国资本市场上第一支真正意义上的传媒股。此后，电广传媒也成为湖南广电进行产业化多元经营的重要抓手。电广传媒依托上市之后的资金优势，大力开发传媒产业之外的副业，实现多元化经营。仅仅在 1999 年，电广传媒分别投资 4900 万元和 1.2 亿元，合资兴建了湖南省最大的文化旅游项目和影视拍摄外景基地——"长沙世界之窗"，以及用于举办各种大型文化艺术交流活动、大型会议、商业展览及休闲旅游的五星级花园酒店——"湖南国际影视会展中心"。2000 年 1 月，电广传媒投资 1000 万元买断"中国金鹰电视艺术节"永久性承办权；10 月，首届中国金鹰艺术节在长沙成功举办，给电广传媒带来了逾 3000 万元的直接收益。[①]

---

① 马蕴：《从欢呼到怀疑——湖南电广传媒多元化扩张个案的辩证思考》，《新闻知识》2005 年第 8 期。

　　尝到了多元化经营甜头的湖南广电，继续在扩充产业版图的路上前进。尽管湖南广电集团的多元化产业布局遍布旅游、地产、投资咨询、影视、会展、有线网络、网络媒体、期刊、电视节目、调查业、教育等领域，但在21世纪第一个十年中，只有广告业、旅游业、网络传输、影视节目制作四个板块才是电广传媒最主要的收入来源。在四个板块中又以广告业为重中之重——2001~2008年，广告业收入占据公司收入的比例几乎没有低于70%。而这一切都得益于电广传媒广告分公司独家代理和统一经营湖南电视台卫星频道、湖南经济电视台、湖南有线广播电视台、湖南文体频道、湖南有线影视频道和湖南广播电视报等七大媒体的广告业务，其市场份额占湖南省总额的60%以上。广告业之外，网络传输业务也逐渐成长为电广传媒较为重要的业务板块。2008年，网络传输业务收入已经超过总收入的13%，而其他两项次要业务（旅游业、影视节目制作）只有1%左右的收入占比。与此同时，伴随着湖南广电在内容上的发力，其发展路径更为集中在生产优质内容、提升广告经营这一核心价值上，多元化战略更为集中。

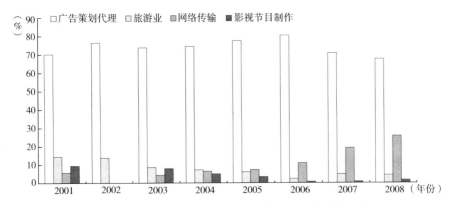

图4-1-1　2001~2008年电广传媒主要业务收入占比

数据来源：电广传媒公司历年年报。

（二）上海文广：多元化经营成果显著

　　如果说湖南广电集团是我国广电集团中多元化经营尝试的先锋，那么同时期成立的上海文广集团，则可以称作我国媒体集团中多元化经营尝试的集大成者。

上海文广集团是上海广播电影电视和文化事业改革发展的结果。其最早发源于上海电台和电视台开播后建立的上海广电事业。2001年，根据国家和上海市委实行的"管办分离"的改革部署，上海文化广播影视集团（Shanghai Media & Entertainment Group，简称SMEG）从上海文化广播影视管理局中分离出来，具体经营管理上海的广播电视媒体、电影制片厂的电影电视剧生产销售以及院线、文艺表演团体和剧场、演出公司，还有上海市男女足球、篮球、排球等体育俱乐部等内容实体。而其中的上海文广新闻传媒集团则由上海人民广播电台、东方广播电台、上海电视台、东方电视台、上海有线电视台等整合而成，是一家集广播、电视、报刊、网络等于一体的多媒体集团。因此，文广集团从创立之始，就是一个多元化经营的大型集团。集团将所属企事业单位归并成九个子集团和子公司，其中包括上海文广新闻传媒集团（Shanghai Media Group，简称SMG）、上海电影（集团）公司、上海东方明珠（集团）股份有限公司、上海文广演艺中心、上海文广科技发展有限公司、上海文广实业有限公司等。在集团的众多业务之中，媒体内容产业依然是最为重要的业务，但依托媒体内容产业的优势衍生的产业链也成了文广集团的重要业务组成部分。多元化经营中，以媒体品牌的打造、节目版权产业的开发以及电视购物的尝试为最突出的经营成果。

1. 代表性的媒体品牌开发：第一财经

媒体品牌的成功开发，离不开资源的有效整合。2002年，SMG整合了旗下3家电视台中的体育资源，成立了体育频道。2003年，SMG继续推动一系列的资源整合：第一财经通过广播和电视联动，整合出一个新品牌，并沿着"第一财经"的品牌不断拓展产业链；随后，SMG旗下影视剧方面的创作、购买、编排、审核、制作投资等资源结合在一起，成立影视剧中心；2004年，以少儿频道为抓手，集团将旗下与少儿相关的演艺、出版、培训等资源以电视为龙头整合在一起。通过资源的整合利用，SMG打造了多个独具特色的媒体品牌，而最为突出的，莫过于"东方卫视"和"第一财经"。2003年10月，原上海卫视经过改版，以"东方卫视"的全新形象亮相。新生的东方卫视另辟蹊径，将频道总体定位为"中国都市旗帜、国际传媒标准、社会制作窗口、全国城市平台"，内容定位为"新闻见长、影视支撑、娱乐补充、体育特色"，"依托长三角，打造跨区域强势媒体"。开播仅一年多，东方卫视很快在全国确立了自己的独特地位。

尽管东方卫视更名之后取得了不错的成绩，但相比而言，SMG另外一个媒体品牌——"第一财经"的做法更具开创性。"第一财经"原本只是上海电视台财经频道的一个栏目名称，主要是对当天的热点财经事件进行盘点分析。由于栏目名称具有明显的特色，在构建全国性的财经专业媒体品牌时，"第一财经"就成了品牌名称的首选。但是，中国所有的广播电视传媒都必须含有地名和地方台号。2003年7月1日，国家广播电影电视总局正式批复同意文广集团启用"第一财经"（不含有地名和台名）作为广播电视财经媒体的呼号和标识。去除掉原本的上海地名以及电视台财经频道的名称之后，"第一财经"得以跨越地域与单一媒体类型的限制，有利于此后的专业化发展。

在原东方广播电台财经频率和上海电视台的财经频道深厚的专业积淀基础之上，"第一财经"有了很好的发展土壤。在这个高起点之上，"第一财经"大胆开辟了跨媒体经营的道路。"第一财经"首先整合了广播和电视两大媒体资源，并对资源的深度开发利用进行了尝试。如"第一财经"从CNBC亚太引进的电视节目和电视节目素材，被改编成广播版播出；部分财经资讯类节目实行广播电视联合播出等。这些节目在尝试之后得到了市场的认可，明显降低了节目的生产成本。在跨媒体节目经营取得一定成果之后，"第一财经"着力构建第一财经媒体群，包括第一财经日报、第一财经杂志、第一财经网站、第一财经通讯社、第一财经出版社。"第一财经日报"更是进行了跨地域经营的尝试，与国内两大报业集团——广州日报报业集团、北京青年报社联合办报。周一到周五在北京、上海、广州三地同时出版，覆盖了中国经济最发达的三个城市以及周边的经济区域。除了外部联动之外，"第一财经日报"与第一财经频道、频率之间也会形成互动，包括品牌互动和内容共享、广告资源分享、人力资源上的共享等。有了内部、外部的联动合作，在资源合理整合之后，"第一财经"品牌形成了集传统广电媒体、报业媒体以及网站等新媒体多种形式于一体的综合个体，成了国内屈指可数的财经资讯媒体平台。

2. 节目版权经营产业：五岸传播

除了精品媒体品牌的打造之外，文广集团也致力于节目版权的经营。尽管制播分离的趋势在90年代末已经初现端倪，但当时的中国电视产业的主流仍然是播放平台自制节目。电视台投入资金制作电视节目，本台播出之后获得受众的关注，从而进行广告资源售卖，形成以广告为核心的单一变现模式，投入节目生产的巨额成本没有得到最大化利用。为了扭转这一状况，2004 年，SMEG 及所属的 SMG 投资设立五岸传播有限公司（WINGS MEDIA），专门从事节目发行、节目代理和节目合作业务。上海文广每年20000 小时的自制原创广播电视节目全权委托五岸传播对外销售。

在五岸传播成立短短一年之内，公司就实现了盈利。重要的原因在于五岸传播建立了一套完整的节目销售网络。从各省省会台到重点城市台，再到地市台的完整销售网络，让 SMG 出产的电视节目得以面向全国市场，扩大了节目的盈利空间。针对国外市场的节目销售，五岸还与全球主要的电视节目销售平台——美国 NAPIE 和法国 MIPTV 签署了战略合作协议，将节目销售网络向海外延伸。为了能够更好地进行节目资源销售，节目的品牌打造与发行变得尤为重要。比如，SMG 的《家庭演播室》节目，在发行时面向全球华语市场，一档在地面频道播出的节目，却成功发行到凤凰卫视欧美台、香港 TVB8、MTV 中文台、阳光卫视和国内其他多家电视台。

3. 广告和有线网之外的第三条路：东方 CJ 家庭购物

在核心的传媒产业之外，SMG 进一步对经营业务的产业链进行更大范围的布局。家庭购物便是 SMG 在主动进行产业链延伸的时候打造出的一张亮眼名片。

2003 年 8 月，上海文广新闻传媒集团与韩国 CJ 家庭购物株式会社在上海签订合资合同，双方共同投资 1.6 亿元人民币成立上海东方希杰商务有限公司，进军家庭购物行业。2004 年 4 月 1 日，"东方 CJ 家庭购物"在上海东方电视台戏剧频道正式开播。东方 CJ 家庭购物电视节目由上海文广新闻传媒集团制作播出。东方 CJ 公司负责家庭购物物流、配送和售后服务。与传统的电视购物所不同的是，东方 CJ 强调的是"家庭"这一概念。上海东方希杰商务有限公司总经理金兴守于 2008 年在接受采访的时候说道：电视购物只是家庭购物的一种分支形式，应该再加上网上购物、直邮册购物、广播购物等形式之后才能统称为家庭购物。也正是因为强调家庭这一概念，所以东方 CJ 家庭购物在产品挑选、表现形式、物流配送、售后服务等环节上都有了更多的要求和更高的标准，这是与国内很多电视购物拉开距离的第一个台阶。① 除了服务水平比一般的电视购物更高之外，东

---

① 刘珊：《典范力量：上海东方 CJ 的成功之路》，《广告大观：媒介版》2008 年第 12 期。

方 CJ 家庭购物的节目内容，更倾向于客观准确地传递信息，而非传统电视购物用广告的形式向观众介绍产品信息。由于服务和内容都维持了高水平，2008 年，东方 CJ 购物已经达到了年营业额 20 亿元的规模，覆盖了上海超过 200 万的消费者。在当时，家庭购物甚至被视为继广告和有线网之外的广电系统的第三大支柱产业。

着力于媒体品牌打造与节目版权经营，上海文广新闻传媒集团这一以媒体内容产业为核心的综合集团的竞争力得到了显著提高，主要表现在经营收入上。2001 年集团成立之初，广告收入为 18.5 亿元；到 2005 年，广告收入上升到 31.16 亿元；整体营收从 2001 年的 19.8 亿元上升到 2005 年的 37.5 亿元，广告收入在集团总收入中的占比下降到 80%，在广告收入显著提高的情况下，占总收入的比例反而下降，说明了集团多元化经营成果明显。

二 报业集团的多元化产业经营

除了广电产业中的经营实体开始了多元化之外，传媒产业中的重要组成者——报业经营实体也有多元化经营的实践。由于报业基础比较好，加上其相对于广电产业而言经营成本更低，因此，在改革开放之后，报业蓬勃发展。快速发展的报业经营主体在市场化的条件下，开始了多元产业经营的尝试。

（一）报业集团改制为产业化奠基

事实上，早在 20 世纪 80 年代，各大报业经营主体已经有过多元经营的尝试。在改革开放的浪潮之下，不少报社通过增办报刊、投身实体产业等方式增加报社的利润。但由于处在市场经济试水的早期，报社缺乏实体产业经营的经验与人才，跑马圈地式的尝试并没有取得很好的效果。如南方日报在短短四年内大量投资与报业毫不相关的产业，因管理上的混乱，投资近 5000 万元建设的制药公司经营不善，并且由于签约上不明了，投资 4000 万元的两家水泥厂早早停产；孝感日报社于 1985 年开始多种经营活动，十年中开办了 10 余个公司，经营项目涉及石油、房地产、装饰装潢等，但这些经营项目多以失败告终。据中国人民舆论研究所喻国明研究，我国当时媒介的多种经营有 95% 是以失败告终的。

多元化经营需要专业化的管理理念，而这一切离不开对报业经营主体的体制机制改革。1996 年开始的报业集团化经营，正是报业多元化经营的基础。1996 年 1 月，经中宣部同意，国家新闻出版署批准，广州日报报业集团正式挂牌，中国报业集团化由此拉开序幕。两年后，羊城晚报报业集团、南方日报报业集团、光明日报报业集团和文汇新民联合报业集团相继成立。1999~2002 年，我国报业集团化呈高峰发展，河南日报报业集团、沈阳日报报业集团、大众日报报业集团、解放日报报业集团、重庆日报报业集团、成都日报报业集团等共计 32 家报业集团在短短 4 年内组建，平均一年就有 8 家报业集团成立，速度可谓惊人。众多报业经营主体开始集团化经营，以公司这种市场组织存在于市场上。2002 年，我国报业集团营业总额为 212.37 亿元；广告营业总额为 133.07 亿元，占报业广告总额的 70.6%。报刊平均期发总量为 4998 万份，子报总期发量为 3173 万份。[①] 报业集团的组建潮流也带来了报业集团公司的多元化经营趋势。各大报业集团成立的子公司向新业务领域拓展，涉及房产、物业、商业、制造、贸易、教育、旅游、会展等众多领域。报业集团的公司化运营，通过资产重组、资本运营等手段，为公司多元化经营打下了坚实的基础，并且形成了规模化的经济效应。

（二）报业多元化产业经营实践模式

报业集团的多元经营，一般有三种公认的模式。第一种是纵向的多元化经营，围绕报业业务经营流程的环节做专业化的布局；第二种是横向多元化经营，围绕报业的文化传媒属性进行延伸拓展；第三种是非相关产业的多元化经营，更多地从资本和财务上对报业集团的公司和业务进行布局。

1. 纵向的多元化经营

报业业务经营流程一般可以拆分为几个环节：内容生产、报刊印刷、报刊发行、广告销售等。内容生产由报业集团中的采编团队完成，与其他几个经营环节逐步分离。经营独立之后，印刷、发行、销售等专业化与协作水平不断提高。有报业集团成立了广告、发行、网络、印刷、影视制作

---

① 唐绪军：《从统计数据看报业集团现状》，《新闻知识》2004 年第 11 期。

等专业化子公司，经营各自的专项业务或专项资产，提升集团整体竞争力。围绕单一环节做专业化的产业，便是纵向多元化经营。

比如在印刷环节，在报社时代，很多报社的印刷厂仅仅是报社的一个部门，被动等待任务，也不参与市场竞争，职工的生产积极性不高，专业化水平也有限。在报业集团化运作的背景下，不少报业集团增刊、报纸扩版，提高了对印刷工作的要求。各印刷厂改变了原有的附属地位，经过企业改制，成为报业集团旗下的印刷业务中心，拥有独立的法人地位，由集团统一管理调配。如广州日报报业集团旗下就有广州市报刊发行公司、广州市彩色印务有限公司、广州市新闻纸张供应公司、广州日报连锁店有限公司等实体公司。印刷行业的经营可直接为集团内部使用，缩减了出版发行所需的经费，提高了工作效率，可更好地为集团报刊服务。除此之外，独立运营的印刷公司还可以在满足集团内部印刷需求之外，承接市场业务，获取更多利润。新华日报报业集团也兴建了自己的印务基地，2003 年全年利润达到 4000 多万元。①

除了印刷环节，在报业发行的环节中，不少报业集团也有所布局。安徽日报报业集团于 2003 年投资 7000 万元，在全省城乡建设统一管理、连锁经营的"微风报刊亭"，一期工程计划在 17 个市建设 3000 个报亭，二期工程扩展到各县及重要集镇。新华日报报业集团收编 58 家发行站，成立"九九递送公司"；黑龙江日报报业集团于 2003 年建成发行和物流网络；浙江日报报业集团物业公司对外输出技术服务、物业管理等业务，于 2003 年超额近 60 万元，完成扭亏任务。

2. 横向的多元化经营

所谓的横向多元化，指的是围绕文化传媒产业本身进行的多元化拓展。报业本身是高度重视内容的文化产业，在文化领域拓展、延伸，相关的知识和经验更丰富，相关的产业经营所需要的战略资产也更齐备，所以很多报业集团都是朝着文化产业领域推进多元化经营。如上海文新集团在文化产业上就颇具成果。文新集团成立了以文化产业研发、文化项目拓展为职能的文化发展部，并联合社会力量，组建文化公司，确立了"网络完

---

① 肖云：《中国报业多元化经营的特点、问题和趋势》，《西南民族大学学报》（人文社会科学版）2004 年第 7 期。

备、终端开发、演艺互动、齐头并进"的经营格局，目标是成为最大的票务代理商、文化经纪运营商和内容供应商。文新集团发展出了东方演艺有限公司、东方票务有限公司、上海城市舞蹈有限公司，形成了制作、演艺、票务的产业链。①除此之外，苏州日报报业集团也是向文化产业进军的范例。苏州日报报业集团从 2009 年就将经营战略的重点放在了文化产业上，投入 5 亿元重点打造三个文化产业项目：印刷数字化产业园、城市岸望文化创意设计广场、创意人才大厦。湖北日报报业集团等多家报业集团开始建立文化产业园平台等。在文化产业领域，投资资金较少、运作周期短、可操作性强以及信息资源可以为主业服务，都是报业集团热衷投资的原因。

3. 非相关产业的多元化经营

非相关行业的多元化经营，是指报业集团投资其他产业，比如房地产、酒店、教育培训、旅游业等。②在 21 世纪第一个十年，报业集团比较热衷的非相关产业多元化经营，往往集中在房地产行业。如隶属于深圳报业集团的全资子公司——深圳报业房地产经纪顾问有限公司依托深圳报业集团雄厚的资金支持，以投资型咨询策划为发展前提，并利用自身媒体资源的优势，在楼盘前期定位、广告策划、媒介购买等方面为客户提供全方位的咨询服务。当时的社长就表示，成立房地产经纪公司能够充分整合集团拥有的信息资源优势、社会公共资源优势、客户资源优势，培育报业集团新的经济增长点。③浙报集团于 2005 年 8 月与绿城房地产集团有限公司签订合作协议，双方共同投资成立浙江报业绿城投资有限公司，作为投资参与房地产开发项目的专业合作平台，共同投资、开发、建设房地产项目，并共享收益。④广州日报报业集团下属的大洋网地产公司，投资建设了五星商务酒店、文化广场等。房地产行业投资金额大，资金回收周期较长，但同时也有较高的利润，而且 21 世纪第一个十年正是中国房地产行业快速腾飞的十年，投资回报率较高，这也是吸引众多报业集团投资的原

---

① 高春景：《报业经济多元化是报业经济发展的必然》，《湖北社会科学》2007 年第 7 期。

② 宋建武：《中国报业年鉴》，中华工商联合出版社，2009 年。

③ 刘双：《深圳商报》，《深圳报业集团进军房地产市场·深圳商报》2007 年 1 月 22 日。

④ 童杰、章东轶：《多元化 报业不得不为的选择 以浙报集团为例看多元化发展的利弊》，《传媒》2007 年第 8 期。

因。浙报集团在房地产行业的投资就尝到了不少甜头，从 2004 年起连续三年，多元化产业经济效益超过集团利润总额的 30%，其中房地产行业的投资作用显著。

报业集团的多元化经营，既是报业市场化发展的必然结果，也有广告收入下滑的原因。有了此前积累的多样化经营经验作为借鉴，21 世纪之后的报业集团多元化经营大多取得了不错的成绩，其主要的意义在于减轻了广告收入减少对于主业的影响。

第三节　跨区域与跨媒体经营

由于历史遗留问题，我国媒体经营长期以来实行"条块结合，以块为主，分级管理"的模式。所谓条块，"条"是纵向管理，即中央、省、市、县的电视机构归对应的广播电视主管部门管理，强调的是"归口管理"；"块"是横向管理，指的是省级以及省级以下各级政府对同级所属广播电视机构实行直接领导，强调的是横向的"属地管理"。这种模式在实践中形成了严重的条块分割和地方保护，制约了媒体产业进一步的产业化发展。2001 年，国家广播电影电视总局颁布《关于广播影视集团实行多媒体兼营和跨地区经营的实施细则》，从五个方面对媒体跨区域发展给予支持：1. 允许多种媒体兼营；2. 允许跨地区经营；3. 允许跨行业经营；4. 开辟安全有效的融资渠道；5. 建立符合市场体系、规范的运行体制。在政策的支持与鼓励下，不少媒体单位跨越了地理区域的限制以及媒体形式的限制，开始尝试跨区域和跨媒体的经营。

一　广电集团跨区域媒体经营

在得到政策许可之后，广电行业与报业都有积极的跨区域媒体经营的尝试。相比于报业而言，广电产业的产值更大，地区之间的发展水平差异也更明显，因此，在广电集团进行跨区域媒体经营的实践中，也衍生出了几种不同的合作方式。

广电行业中，主要有三种不同类型的跨区域经营实践方式。

（一）跨区域合作广告经营

第一种是以合作经营广告为重心的跨区域经营，其中以贵州电视台与甘肃广电总台之间的合作为代表。贵州电视台与甘肃广电总台于 2007 年签署战略合作发展协议，拉开了省级媒体跨区域合作的大幕。合作协议签署后，贵州台和甘肃台合资组建的智诚同辉文化传播有限公司在兰州挂牌成立。这家由贵州台控股 51% 的企业主要负责甘肃台两个频道（甘肃卫视频道和甘肃文化影视频道）新闻以外的内容及经营，包括广告经营、电视剧购买和推广工作。贵州台与甘肃台市场相似，客户互通，这是双方合作的基点。两者合作之后，2009 年甘肃广电总台广告经营额相比 2007 年实现翻番，广告客户范围也得到扩大。不过，双方的合作仅局限于具有可经营性的广告与节目，在至关重要的内容创新和品牌打造上未能有所突破，两者节目影响力不足的问题并未得到根本的解决。因此，两者合作经过三年尝试之后最终也没有坚持继续进行。

与之类似的，还有一些地方城市电视台自发组建的城市台联盟。与相对处于强势地位的省级卫视相比，城市台在广电行业中一直处于比较被动的地位。央视、省级卫视拥有雄厚的资金实力，能够大手笔购买影视剧资源，城市台往往因为资金吃紧望而却步。2005 年，据全国城市电视台广告协会的资料统计，全国 300 多个城市台年广告收入超过 3000 万元的只有 35 个，多数的广告规模仅维持在 1000 多万元。2007 年，国家广播电影电视总局资料显示，地市级广播电视台广告收入为 146.56 亿元，电视台广告规模依旧保持低位。① 在国内大多数城市台艰难经营的情况下，城市电视台联盟应运而生。2008 年 11 月 1 日，115 家电视媒体在福建漳州举行"中国城市电视台发展论坛"并达成共识，各台应当加强交流，增进合作，实现共赢，建议主管部门及社会各界给予更多支持，以使其在探索体制改革、产业运营、网络传输、节目生产、两岸电视交流合作等方面有更大的发展空间。这是当时全国最大的城市电视台集合会议，也显示了面对市场化大潮时城市电视台改革创新的决心。

进入 21 世纪之后，不少城市电视台就以多种联盟方式尝试合作。2005

---

① 熊忠辉：《联盟台与股份制公司：城市台合作的下一站》，《视听界》2010 年第 3 期。

年，江苏省内 13 家城市电视台共同出资成立江苏城市联合电视传媒有限公司，主要购买影视剧在联盟实体内各台之间播出。同年 6 月，这 13 家城市台共同组建"江苏电视广告联盟"。两周后，江苏、浙江两省 24 个地级以上城市电视台联合成立"江浙城市电视台经营协作组织"。尽管这些联盟组织一度缓解了不少城市电视台的燃眉之急，但因为不少电视台都只有短期目标而没有长期规划，电视台之间的合作诉求也不尽相同，因此没能持续进行。而且，缺乏一个强有力的体系组织，较少用资本纽带的方式进行合作，仅仅在节目联合购买、广告共同投放上合作，缺乏深度的合作体系也让城市台很难紧密地团结在一起。

（二）跨区域合办频道

第二种是以合作办频道的方式进行跨区域经营。这种合作实践方式以湖南卫视与青海电视台、上海文广集团与宁夏电视台之间的合作为代表。

湖南广电作为省级卫视中的排头兵，在频道运营、节目开发、技术创新等方面有着国内其他卫视无可比拟的优势。其频道综合影响力早就已经超越湖南省单一地域，覆盖全国。得益于此，湖南广电在广告收入与媒体经营上一直是国内的领先玩家。青海地处我国西北内陆，青海电视台的媒体经营与内容生产在国内均处于较低水平。2010 年 3 月 27 日，湖南广播电视台与青海电视台在北京签订协议，双方共同出资联合运营青海卫视项目。青海电视台与湖南广播电视台共同组建合资公司——绿创意文化传播有限公司，作为双方合作的平台，湖南广播电视台承担青海卫视的所有运营资金。合资公司中，青海电视台占 51% 股份，湖南广播电视台占 49% 股份，湖南广播电视台全面负责合资公司的运营。在内容的制作上，双方共同建立编审委员会（隶属于青海台），对青海卫视的播出节目进行审核。节目合作采用制播分离的模式，除重点的新闻、专题和青海较大型活动的宣传报道以及湖南卫视提供的节目外，青海卫视播出的全部内容由合资公司提供。青海卫视团队在长沙完成节目的制作、终审（人员由青海电视台派驻长沙）和播出，通过三路光缆将信号传送至青海西宁延时一分钟播出，并最终实现上星。①

---

① 黄文：《跨区域合作：希望与挑战同在》，《新闻战线》2010 年第 8 期。

此外，湖南卫视不少著名主持人也参与了青海卫视节目的制作。《快乐大本营》的主持人杜海涛和吴昕就在青海卫视的"花儿朵朵"中担任过主持。

除了内容合作之外，湖南卫视与青海卫视的战略合作，还有让青海卫视重新树立品牌定位。通过融合青海独特的少数民族文化以及高原文化，青海卫视定位于"绿色中国"，在节目调性上强调年轻化特色，并且更加注重对环保题材、绿色题材的挖掘，形成了独树一帜的品牌定位。改版后重新开播的青海卫视，呼号就改为了"大美青海、绿色中国"这一具有显著差异性的标语。

内容与品牌运作最显著的成功体现在频道经营收入上。2010 年，仅仅在双方合作生产的选秀节目《花儿朵朵》上，青海卫视就有超过 1 亿元的广告收入，而在 2009 年，青海卫视全年收入不足 1 亿元。[①] 由此可见双方跨区域合作经营的显著成果。

除了湖南卫视与青海卫视的合作经营之外，同样地处西北地区的宁夏卫视也在同一时期与上海文广集团第一财经频道展开了深度的战略合作。早在 2002 年，上海文广集团就希望通过"借壳上星"的方式在宁夏卫视实现跨地域发展的目标，但由于当时政策限制较为严格，最终未能实现合作。双方于 2010 年签订的合作项目，涉及了宁夏卫视的节目制作、广告代理权等方面。在双方权利划分上，宁夏台保留宁夏卫视的所有权、节目的终审权、播出权以及管理权，还有本地新闻类节目、公益类节目的制作与播出权。第一财经频道则享有其他电视节目的制作权以及广告经营权。双方在节目合作上由共同成立的编审委员会统一指导，在保持宁夏卫视原来的新闻定位上，加强了财经节目的制作播放，以打造财经特色频道。第一财经全权代理宁夏卫视的广告经营权，第一年需要向宁夏电视台支付 1.2 亿元代理费用，并且逐年递增 11%。

这种"东西合作"的模式其实是在国家广播电影电视总局首肯下进行的。在合作项目开展初期，也的确展现出不错的势头，但无论是湖南卫视与青海卫视的合作，还是第一财经与宁夏卫视的合作，都在 2013 年悄然画上了句号。第一财经与宁夏卫视的合作并不理想，在曲线上星之后业绩不

---

① 黄文：《跨区域合作：希望与挑战同在》，《新闻战线》2010 年第 8 期。

升反降，一度陷入经营危机——连续多年不能达到预期的盈利指标，2013年更是出现亏损，直接导致合作终止。第一财经接管宁夏卫视的经营权之后，不仅面临每年上涨的广告代理费用，还要承担宁夏卫视在全国落地布局的费用。成本不断上涨，广告收入却没有赶上成本的上涨，宁夏卫视改版开播之后的两个月更是从合作前一年同期的0.18%下降到0.12%。弱势频道宁夏电视台与青海电视台在合作之后，将经营风险转嫁给强势的湖南电视台与第一财经，在旱涝保收的情况下，自然就失去了进一步改革创新的动力，甚至错失更大的机会。弱势频道在将节目制作权与广告代理权大部分交出的情况下出现制播分离的局面，也有"频道租赁"之嫌。此外，也有学者指出，强弱合作还导致了弱势方地域特色消失，弱势电视台没有建立起长效运作的人才培养机制。种种问题暴露之下的强弱合作自然不能长久。

二 报业集团跨区域媒体经营

广电行业之外，报业集团也有跨区域经营的尝试。早在20世纪90年代中后期，《华西都市报》总编辑席文举就提出了报纸发展的"区域组合城市"战略，并将成都、重庆两大中心城市及其周边城市，特别是成都的周边城市作为《华西都市报》的报业发行市场。除此之外，广州三大报业集团也纷纷立足本地，向邻近区域渗透，发行"地方版"报纸。珠三角地区，仅在东莞一地，《羊城晚报》《广州日报》以及南方日报集团旗下，共有6家报纸创办"东莞版"。而最早创办地方版的《南方都市报》，已经在广州以外的7个珠三角城市办起了地方版。但是，这只是基于报业集团原属地的扩张发展，真正的跨区域大规模经营，还得从2003年开始。

2003年11月11日，由光明日报报业集团和南方日报报业集团共同主办的《新京报》正式在北京面市。这是国内第一家经新闻出版总署批准的跨地区合作创办的报纸，也是中国首家股份制结构的时政报纸。《新京报》的前身是《光明日报》的子报——《生活时报》，但内部运营人员与资金来源，主要来源于《南方都市报》。《新京报》出版之后，定价为每份1元，日均88版，是北京市场上单价最高和版面最多的报纸。合作双方都是国内强势的党报集团，光明日报集团有得天独厚的政治优势和地缘优势，南方日报社则有着雄厚的资金实力和优秀人才，《新京报》"一出生就风华正茂"（《新京报》首任总编程益中语）。

《新京报》的成立，被视为国内报业在跨区域经营方面取得实质性进展的标志性事件，也拉开了我国报业集团跨区域经营的帷幕。2004年一年，新闻出版总署就批准了安徽日报报业集团和法制日报社联合主办的《世界报》，上海文广新闻传媒集团、广州日报报业集团、北京青年报社联合推出的中国第一份全国性的综合财经日报——《第一财经日报》和北京日报报业集团、北京青年报社、上海文广新闻传媒集团联手创办的《竞报》。

尽管异地报业集团跨区域经营在合作初期顺风顺水，但在2005年，南方报业集团和光明报业集团因为《新京报》合作事宜，出现了严重的内部人事纠纷，南方报业集团也就此停止了对《新京报》的注资。2005年，国家新闻出版总署下令停止异地办报，从政策层面阻断了这种跨地域报业集团合作办报的可能性。

第四节　积极对接资本市场

由于媒体市场化程度加深以及政府对于媒体机构的拨款逐年减少，为了增加收入，不少媒体机构除了进行多元化产业经营尝试以及跨区域经营实践之外，还积极对接资本市场。与发达国家的媒体产业相比，我国有着特殊的国情，媒体资本运营存在诸多难点。我国媒体具有"事业单位，企业化管理"的双重属性，因此，政策对于媒体资本运营一直有着严格的管控和限制。这一现状直到2003年才有所改善。2003年12月31日，国务院颁发《文化体制改革试点中支持文化产业发展的规定》和《文化体制改革试点中经营性文化事业单位转制为企业的规定》两个重要文件，文件指出："党报、党刊、电台、电视台等重要新闻传媒经营部分剥离转制为企业，在确保国家绝对控股的前提下，允许吸收社会资本；国有发行集团、转制为企业的科技类报刊和出版单位，在原国有投资主体控股的前提下，允许吸收国内其他社会资本投资；广播电视传输网络公司在广电系统国有资本控股的前提下，经批准可吸收国有资本和民营资本。鼓励、支持、引导社会资本以股份制、民营等形式，兴办影视制作、放映、演艺、娱乐、发行、会展、中介服务等文化企业，并享受同国有文化企业同等待遇。"在政策放宽的前提下，不少媒体经营主体开始触碰资本市场，为自身发展扩大资本来源。

一 媒体机构上市潮

媒体机构的上市潮流，从 20 世纪末开始。最开始接触资本市场的，是传统媒体的经营主体。它们的传媒主业明确，规模比较大，业绩在业内处于领先地位，拓展能力强。以湖南电广传媒、上海东方明珠、北京歌华有线以及广东粤传媒等为代表。

（一）有线网络运营商上市代表——歌华有线

北京歌华有线是第一批上市的传媒公司中唯一一家不涉及媒体内容制作，而是以大规模有线网络传输为主要业务的企业。歌华有线前身是北京有线电视网络中心，脱胎于北京有线广播电视台技术部。北京有线广播电视台于 1992 年成立，与北京电视台是相互独立的法人单位，归属于北京市广播电视局管理。1996 年，经北京市编委批准，北京有线广播电视网络中心成立，直属北京市广电局。至此，北京有线电视网络运营部分与北京有线广播电视台正式分家，实现台网分离。北京有线电视网独立运营之后，一直希望上市融资，但由于国家法规对于上市公司存续期与盈利期的要求，有线网络要通过寻找合规的公司进行依托。歌华文化发展集团就成了其依托对象。2001 年 1 月 4 日，北京歌华有线电视网络股份有限公司以 5.50 元的价格在上海证券交易所上网发行 8000 万股 A 股，数日后上市。上市之后，歌华有线筹集了接近 12 亿元人民币资金。在资金筹集完备之后，歌华有线于 2001～2002 年，投资巨额收购了北京市 10 个远郊区县的有线网络资产，实现了全市一张网，上下贯通，使歌华的有线网络覆盖了北京全市，为下一步统一开展各类服务，特别是开展有线电视增值服务打下了基础。

除了得到充沛的资金以支持业务扩张之外，上市融资对于歌华有线的企业改制也有相当重要的意义。从北京有线广播电视台独立拆分的有线网络公司，在独立初期还带有浓重的行政气息，而上市对于公司在财务管理、信息披露、制度流程改革等方面有更高的要求，这迫使公司能够迅速转型。另外，歌华有线的成功上市，也推动了我国有线电视网络的发展。

对有线网络进行双向改造，网上业务扩张、增值业务的开发均需要大笔资金投入，而且资金回收周期较长。但是，有线网络一旦铺设成功，后期维护投入成本较小，改造之后又能为用户提供许多增值服务，投资回报比较高。这种一次性高投入并且有长期稳定回报的预期，使包括歌华有线在内的有线网络运营商的概念股票受到了资本市场的欢迎。歌华有线上市初期在股票市场上的良好表现和稳定预期，极大地鼓舞了我国有线网络运营商对接资本市场的信心。

（二）借壳上市和自主上市报业集团：赛迪传媒和粤传媒

比起广电行业，报业对于资本市场的觊觎更是由来已久。《成都商报》早在 1997 年就与四川电器共同出资成立博瑞投资有限公司，并且通过博瑞投资公司实现借壳上市。此举在当时震惊报界，上市融资让《成都商报》改变了多种经营的投资方式。不少报业机构也希望能够实现上市融资。

2001 年，赛迪传媒借壳 ST 港澳进行上市融资。信息产业部计算机与微电子发展研究中心（简称 CCID）以所拥有的《中国计算机报》51% 股权，与 ST 港澳进行资产置换，确定了以 IT 传媒为新的主业方向。2001 年 3 月 9 日，ST 港澳更改为"赛迪传媒"（全称为"北京赛迪传媒投资股份有限公司"）。上市之后，获得丰沛资金运作的赛迪传媒继续扩张的步伐，2004 年赛迪传媒收购了中电报公司的 30% 的股权，从而间接拥有了在纸质传媒市场有较大影响力的《中国电子报》、《中国电脑教育报》、《通信产业报》、《软件世界》及《中国计算机用户》。这三报两刊在 IT 界享有极高的声誉，其广告收入均名列前茅。而公司的第一大股东 CCID 是信息产业部直属国家科研单位，是政府 IT 产业的研究、决策、信息服务中心。2005 年 2 月 28 日，赛迪传媒发布消息称收购赛迪网公司 12% 的股权，使公司向 IT 传媒产业集团的发展目标又迈出了坚实的一步。除了赛迪传媒、瑞博传播之外，华闻传媒、新华传媒相继在 2006 年与 2007 年实现借壳上市，华闻传媒借壳燃气股份，新华传媒借壳华联超市。借壳上市成为我国报业集团上市首选，这是因为与审批环节烦琐、周期长的 IPO 上市相比，借壳上市手续简单，周期更短，借壳之后通过增发新股的形式便可实现融资。

比起借壳上市的主流报业集团，报业集团要实现 IPO 上市相对而言比较漫长。自 1996 年广州日报报业集团挂牌成立之后，集团经营成果蒸蒸日上。2000年，广州日报报业集团就开始积极进行资本运作。2000年11月，广州日报报业集团子公司——广州大洋实业通过资产置换，取得了清远建北（粤传媒前身）的36.79%股权，集团成为其实际控制人。清远建北成立于1992年12月，原来主要经营建材、机电、化工等。在大洋实业将其印刷业务、大洋连锁95%的股权等资产注入清远建北实现资产置换之后，广州日报报业集团成为其实际控制人。清远建北的主营业务变为广告代理、印刷、报刊零售等。这次资产置换，为广州日报报业集团上市奠定了基础，有了一个良好的资产运作平台。

在2005年前后，《北京青年报》、深圳报业集团及广州日报报业集团，被国家列为报业股份制上市的试点企业，有关部门根据三大报业集团的实际运作状况，发布了一些相关政策法规。"中国报业第一股""《北京青年报》旗下的北青传媒于2005年12月在香港联交所挂牌上市，成为内地第一家获批在海外首发上市的媒体。但当时的报业老大——《广州日报》一拖再拖，一方面是由于媒体的特殊性和国家对于三板转主板的规定没有出台，另一方面是因为2002~2004年广州日报管理层发生了史无前例的震荡。2002年，原广州市委常委、市委宣传部部长、广州日报社社长黎元江因严重经济问题被"双规"。与此同时被捕的还有总编辑、九阳传媒的董事长何向芹。由于黎元江在《广州日报》有无人能及的影响力，他力推的上市计划一度停滞。直到2004年，黎、何两人分别因受贿罪被判处有期徒刑12年和4年之后，上市之路才又重新开启。

2006年是广州日报报业集团挂牌成立的第十个年头，当年集团广告收入超过18亿元，也连续十年排名中国报纸广告收入第一位。但是，广州日报报业集团收入的70%多仍来自"一报独大"的《广州日报》。至2006年，广州日报报业集团尚有9家子报、子刊亏损。2002~2006年，广州日报社累计为旗下子报、子刊投入2.7亿元。所以，对子报、子刊的经营管理的改革迫在眉睫，必须选择一个很好的机制来改变这种局面。上市是一个必然的途径，以解决所面临的困难。2006年8月，粤传媒董事会通过决议，决定公司采用IPO上市。历经重重困难，2007年11月16日，粤传媒在深圳证券交易所上市。广州日报报业集团是首家从代办股份转让系统（俗称"三板"）成功转主板的公司，也是首家获中宣部和国家新闻出版总署批准并在境内主板上市的公司，是A股中首只通过IPO上市的报业股。粤传媒在深交所的上市激起了报业新的上市热情。解放日报报业集团将其主要的经营资产注入了新华传媒，四川新华发行集团和四川日报报业集团则参股了新华文轩。湖北日报传媒集团也在2007年展开上市规划，并与国药科技公司控股股东——武汉新一代科技有限公司就公司重组事项达成合作意向。

二 媒体机构兼并潮

并购重组集团化、跨媒体经营，与上市融资一样，都是传媒产业发展到一定程度的自然结果，是产业化的必然趋势。从世界范围内看，早在20世纪70年代，许多发达国家的媒体产业就出现了整合、兼并、集团化运作的趋势。20世纪90年代之后，国际传媒集团屡有大手笔的并购动作，如维亚康姆收购派拉蒙，迪士尼买下大都会美国广播公司等。许多传媒集团通过并购重组的方式实现规模扩张，进入新的业务领域，分摊经营成本，分散经营风险。我国媒体产业在经过长时间的计划经济体制发展后，尽管改革开放后取得了不少突破与成绩，但产业化水平依然比较低。在中国加入WTO之后，我国媒体面临全球化的竞争与风险，通过兼并重组，做大做强媒体产业，也提上了议事日程。

传媒行业实施并购的方式主要有两种：横向并购和纵向并购。横向并购一般是同一市场领域竞争对手间的合并。其结果是同一领域两家以上传媒企业间通过并购，彼此间消除了竞争，扩大了市场份额，提高了市场占有率，从而增强了兼并企业的垄断实力或形成了规模效应。纵向并购是优势企业将与本企业市场紧密相关的前后顺序生产、营销过程的企业收购过来，以形成纵向生产一体化。

1. 横向兼并

深圳报业集团的成立，就是典型的横向强强联合的案例。2002年9月30日，深圳特区报业集团和深圳商报社合并组建的深圳报业集团正式成立。组建集团之后，深圳报业集团旗下9报4刊，即《深圳特区报》、《深圳商报》、《深圳晚报》、《晶报》、《深圳法制报》、《深圳都市报》、《深圳青少年报》、《深圳英文日报》和《香港商报》；刊物有旅游杂志《旅游天下》、生活类周刊《深圳周刊》、时事类月刊《焦点》、汽车行业的刊物《汽车导报》。其中，《深圳特区报》与《深圳商报》原本都属于党报，两者定位功能有所重合。报业集团成立之后，调整了这两大报的功能。对《深圳商报》进行重新定位，性质依旧是党报，但内容特色定位为以经济报道为主的大型综合性日报，而目标读者定位在白领或中等收入阶层。强调其综合性，突出经济性，增强权威性。而《深圳特区报》则宣传经济特区试验场的新观念、新经验，是展示深圳时代风貌的窗口。通过良好的定位设计，深圳报业集团旗下的9报4刊没有出现定位重复、内容雷同的情况，完整地覆盖了大部分受众层面。良好的强强联合，让深圳报业集团的子报和子刊仅在集团成立第一年，收入就普遍上升20%。①

2. 纵向兼并

除了横向兼并之外，纵向并购在传媒产业中也相当常见。纵向兼并通常出现在需要发展新业务的企业集团上，Tom.com就是个典型的例子。2000年2月，Tom.com互联网事业集团在香港股票市场上市，自此拉开了疯狂的兼并、收购和扩张的序幕。仅仅在上市的第一年，Tom.com就实施了达17项之多的收购，耗资2.82亿美元。其中，对于户外广告媒体资源的收购，是其中一个重要的部分。2001年，Tom.com更名为TOM集团，并开始在昆明、成都等城市，通过收购、兼并整合一些具有实力的户外广告公司，正式成立TOM户外传媒集团。2001～2004年，经过3年的兼并经营，TOM户外传媒集团旗下有12个子公司，在30个城市拥有约23万平方米的户外媒体，在100个城市拥有户外媒体网络。TOM集团之所以迅速扩张收购，是因为当时中国户外广告市场规模小，资源分散不集中，行业秩序混乱，专业化水平低，有很大的发展空间。据统计，2001年，白马、媒体伯乐、媒体世纪和TOM集团四个在户外广告媒体上领先的公司，占据市场总份额不到20%。要为客户提供专业化的服务，就要有大量的跨地域广告媒体资源整合的专业化服务，因此，大规模收购是TOM集团发展壮大的必由之路。区别于白马的候车亭媒体和媒体世纪、媒体伯乐的地铁及公交车身媒体，TOM集团以单立柱和城市射灯看板为并购的方向，从收购中国西部最大的户外广告公司——昆明风驰开始，西南国际广告、郑州天明等当地最大的户外广告公司都很快被纳入旗下，同时在北京、上海、广州建立了唐码户外广告公司。TOM户外传媒集团总

---

① 邹武元：《深圳报业集团的成功探索》，《当代传播》2004年第6期，第6～7页。

部从北京搬到上海。TOM 集团的收购行为在行业内引起了竞争对手的注意，白马也加快了收购拓展的进程，在已有候车亭网络的基础上新增加3000 个广告牌位；媒体伯乐全线提升中国内地市场的占有率；媒体世纪购买流动广播展示器，以维护及巩固地铁和巴士广告的市场领导地位。这一轮的兼并收购潮，明显提高了国内户外广告资源的集中程度以及行业的专业水平。事实证明，户外广告媒体在资本助力以及合理的收购兼并之下，专业化水平大大提高，我国户外广告市场也一改"小、散、乱、差"的面貌。

第二章　拐点到来，数字化转型势在必行

面对传统媒体的受众流失现象，报刊、广电、户外媒体在不断尝试着新的思维，试图打破既有的盈利体系和商业模式。随着制度和政策的逐渐放宽，一场数字化转型正在上演，新的媒介形式和内容服务层出不穷。

第一节　技术驱动之下的广播电视数字化

频道专业化、经营多元化甚至资本的运作都只是在原来业务模式基础上的一种战略式升级。进入 21 世纪，创新科技和互联网的发展让传媒产业面临着巨大的挑战，如何抢占媒介市场、留住用户是传统媒体在转型过程中不断探索的问题。就在这个发展的重要节点，有线网络运营商第一次作为广电内容的运营者登上了历史舞台，突破固有的经营模式，推动广电行业开始了全面数字化之路。

在广电媒体的数字化过程中，有线数字电视、地面数字电视、卫星数字电视都进入了全新的阶段。这些全新的数字媒体的发展，共同推动了广电新媒体的升级。

一　数字电视业务全面启动

在席卷全球的数字化浪潮中，被称作继黑白电视和彩色电视之后的第三代电视——数字电视（Digital Television，简称 DTV），成为 21 世纪国民经济新的增长点。所谓数字电视，就是在数字电子技术基础上发展而来，其基本技术特征是以高度压缩信息量和离散的方式快速处理音像信息。数字电视的发展具有划时代的意义。

（一）有线数字电视发展初具规模

在这个阶段的各类广电新媒体中，有线数字电视起步相对较早。无论是国家政策的相继出台，还是区域试点的不断推进，有线网络运营商们在数字电视领域的实践都在如火如荼地进行着。多种多样的增值业务拓宽了电视原有的运营模式，同时也延伸了这一产业的边界。

1. 有线数字电视起步，多种服务业务的开展

国家计委将高清晰度数字电视系统（HDTV）的开发及产业化项目列入国家"十五"高技术产业的 12 项重点项目中，并于 2000 年 10 月正式批准在北京、上海、深圳 3 个城市进行数字电视研发及产业化试点。很快，来自北、上、广的发展计划组织就制订出了具体的产业化实验方案，并经国家计委批准，在 2001 年全面展开了试点工作。[①] 因此，2001 年也成了我国数字电视的试验年。这一年，中央电视台通过有线电视网向 12 个省用数字电视转播九运会，大约 5000 名观众采用数字电视或机顶盒收看了电视。[②]

经过多年筹备，在技术服务商的推动下，苏州有线电视网络公司（以下简称"苏州有线"）终于在 2001 年 4 月正式开始商业运营，推出"付费频道"的概念，也推出了机顶盒销售的市场模式。它是国内第一个投入市场运营的数字有线电视运营商，引起了社会的极大关注，搅动了数字电视市场。首先，上层的重视是市场运营成功的关键。苏州有线专门成立了有线数字电视推广部，专项负责机顶盒的市场营销、广告策划、市场调查和用户服务工作，在系统搭建、网络维护、用户投诉管理、收费管理等方面建立了一整套完善的管理制度。其次，用户基础是盈利的根本。自 2001 年 4 月 28 日苏州有线电视正式开始进入用户推广阶段以来，一年的时间让苏州有线拥有近 1 万户用户，有线数字电视的概念在苏州已经深入人心。[③]

另外，作为第一家由国家广播电影电视总局批准并且获得运营执照的

① 杨晓宏：《我国数字电视的发展现状与展望》，《中国有线电视》2002 年第 14 期，第 10 ~ 12 页。
② 杨璇：《我国数字电视的发展研究》，华中科技大学，2005 年。
③ 崔兆鸿：《从苏州模式谈有线数字电视的发展》，《有线电视技术》2002 年第 21 期，第 6 ~ 9，73 页。

电视台，河北电视台 VOD（Video On De - mand，即视频点播）点播频道也在 2001 年 8 月正式开始运营。随后，各省级和直辖市广电都开始积极参与数字电视的运营，数字电视产业逐渐步入正轨。①

2001 年 12 月 31 日，上海文广旗下专门从事数字电视、视频点播以及互动电视业务的上海文广互动电视有限公司（SiTV）成立。在今后很长的一段时间里，它都扮演着上海文广新媒体业务发展的龙头角色，直到百视通的出现。

2002 年，国家计委发布公告，决定 2002 年继续组织实施数字电视研究开发及产业化专项工作，重点放在数字电视终端产品和关键器件开发及产业化项目、数字电视信道传输设备开发及产业化项目、数字电视应用支撑系统产业化项目。

2. 有线数字电视整体转换获得实质性突破

有线数字电视的推进没有想象中那般容易，当用户数量到达了瓶颈时，机顶盒销售一度受阻。时任国家广播电影电视总局科技司司长王效杰在 2004 年的北京国际电视周上表示："通过卖机顶盒的方式推广数字电视，确实是非常难。"可见，原来那种自下而上的推进进展缓慢，技术升级艰难。

为了解决这种问题，国家广播电影电视总局于 2003 年发布了一连串的文件，实施战略布局，包括《广播影视科技"十五"计划和 2010 年远景规划》、《我国有线电视向数字化过渡时间表》和《我国开始启动有线电视从模拟向数字整体转换》。其中不仅明确提出了有线数字电视发展的"三步走"战略，还重点提出了"整体转换"战略。文件中说："实现整体转换的重要途径是大力推广普及数字机顶盒。数字机顶盒是数字化的基础，是产业化的关键，是信息化的前提。"

这一概念一经提出，全国整体转换工作便陆续开展起来，有线数字电视也因此进入了实质性运营阶段。其中，以青岛、佛山、杭州三座城市的数字电视发展历史最具代表性，被分别誉为"青岛模式""佛山经验""杭州革命"。

青岛于 2003 年开始由当地有线网络公司向用户免费提供机顶盒，同时

---

① 张盼霞：《1978～2008 年我国电视传媒经营管理演变》，华中科技大学，2008 年。

提供较多附加服务，并提高收费，以消化机顶盒成本。其后，佛山、杭州等地陆续开始采取这种措施。

杭州市的数字电视整体转换工作以全国第一家真正实现节目内容双向点播、提出建设城域家庭信息平台的盈利模式等为显著特点，被当时的业界称为"杭州革命"，而"杭州革命"的主要运营机构就是今天的华数传媒。

2003 年，杭州数字电视有限公司成立。2004 年，华数推出了互动式数字电视，该电视成为当时第一批发展交互业务的数字电视，华数也是最具代表性的一家企业，一度被誉为"杭州模式"。2005 年，华数集团旗下华夏视联控股有限公司成立，为全国各地广电运营商提供整合互动内容资源和技术解决方案。华夏视联的成立，是华数由网络运营产业实现向数字化内容应用产业发展的战略拓展。华数推出的点播、回看、互动功能以及家庭银行、游戏、财经、家庭图书馆、卡拉 ok 等丰富的增值业务，为华数带来了新的利益增长点，也真正实现了用户由单向观看电视到双向交互使用电视的身份转变。

基于互动电视业务和内容的发展基础，2006 年，华数启动了基于数字电视的广告业务，思美传媒等成为其代理公司，与其建立战略合作关系。这也是全国最早一批启动数字电视广告运营的有线网络运营商之一。

在众多增值业务中，付费频道的开展不仅为有线网络运营商提供了更多内容资源，也成了电视台着力开辟的盈利渠道。当时形成了中数传媒、鼎视传媒、上海文广、华诚公司四家公司竞争的格局，然而大多数企业一直处于烧钱阶段，与广告收入相比，付费频道的收入微薄。

无论成果如何，有线电视数字化势不可挡，并且已经初具规模。从 2006 年年末到 2007 年年初，数字电视的整体转换在全国 41 个试点省市铺开，除了青岛、大连、深圳、杭州、南京等已经完成或大规模完成整体转换的城市外，中西部城市遵义、南阳、贵州、广西开始崛起。[①] 至 2008 年年底，我国有线数字电视用户数达到 4527.86 万户。

---

① 张盼霞：《1978～2008 年我国电视传媒经营管理演变》，华中科技大学，2008 年。

（二）从有线到无线，数字广电大力推进

数字电视按信号传输方式可以分为有线传输数字电视（有线数字电视）、地面无线传输数字电视（地面数字电视）、卫星传输数字电视（卫星数字电视）三类。在有线数字电视发展的同时，地面无线电波也开始了转型的进程。

1. 地面数字电视的发展

地面数字电视有两种接收方式：固定接收和移动接收。而这一阶段，大规模的数字化转型是从移动接收方式开始的。

移动接收方式通常被称作"移动电视"。车载移动电视的出现最早可以追溯到 2002 年，自上海东方明珠移动电视启动运营以来，以广告经营为盈利模式的车载移动电视在全国遍地开花，各地广电机构纷纷开展车载移动电视业务，并且出现了全国性的以车载移动电视为平台的系统外运营公司，如巴士在线、世通华纳、华视传媒等。2005 年 1 月 1 日，湖南长沙开通移动数字电视，接着，北京、江西、兰州、青岛、河南、重庆等地纷纷开通移动数字电视或签署开通协议。

另一方面，标准问题也得以解决。名为"数字电视地面多媒体广播（DTMB）"的传输标准终于在 2006 年 8 月正式对外公布，这是我国数字电视领域里唯一的强制性的标准，于当年 8 月 1 日开始执行。[①] 国标的出台为地面数字电视的推进扫除了最大障碍，标志着我国的地面数字电视进入全新的发展阶段。

2008 年奥运会前夕，地面数字电视的发展开始全面推进。

2. 大屏到小屏，CMMB 起步

广电的移动业务也开始从大屏端延伸到小屏端，2004 年，广电行业开始推动移动多媒体广播 CMMB（China Mobile Multimedia Broadcasting，中国移动多媒体广播）的发展。

2006 年 10 月 24 日，国家广播电影电视总局正式发布中国移动多媒体广播行业标准，这一举动更是加快了 CMMB 的发展步伐。

---

① 杨知行：《中国地面数字电视传输标准及其移动、便携接收应用》，《世界电子元器件》2007 年第 7 期，第 27～28、30 页。

自 2007 年 8 月以来，CMMB 陆续在北京、青岛、沈阳、上海、秦皇岛、天津 6 个奥运城市和深圳、广州共 8 个城市设立发射站，开展地面网络覆盖工作。截止到 2008 年年中，手机电视已在全国 37 个城市实现覆盖。①

在 CMMB 规划的业务体系中，包括基本视频服务和付费增值业务。基本视频服务在当时可以收看二十多套电视频道，用户只须支付较少费用；多媒体业务则包括紧急广播、电子节目指南，以及政务、新闻、天气、股市行情、交通路况、电子商务等信息服务，可进行个性化定制。在移动手机的逐渐普及下，手机电视业务为广电系统增加了新的盈利点。

然而，由于后来的技术发展和种种因素对 CMMB 的冲击，最后这种移动接收形式的发展以失败告终。

（三）卫星技术推动数字电视新形式

直播卫星的发射让数字电视的形态再一次得到革新。2004 年，我国第一代全新广播电视卫星直播系统开始构建，主要用于解决我国偏远地区电视接收问题。我国首颗卫星"鑫诺 2 号"研制顺利，并于 2005 年 5 月发射，这是我国第一颗具有抗干扰能力的直播卫星。② 但由于定点过程中出现技术故障，该卫星无法提供通信广播传输服务。

2007 年 12 月 25 日，中国直播卫星有限公司完成重组，正式挂牌成立，标志着中国卫星通信广播电视运营的"国家队"开始面向公众提供服务。此举可以看作中国直播卫星电视市场开始启动的一个信号。③

2008 年，直播卫星广播电视正式投入使用。6 月 9 日晚 8 时 15 分，中国在西昌卫星发射中心用"长征三号乙"运载火箭成功将"中星九号"广播电视直播卫星送入太空。本次广播电视直播卫星的成功发射，奠定了中国直播卫星业务市场启动的基础。

总之，数字电视的发展就这样从台内数字化到有线、无线、卫星、新

---

① 黄升民、周艳、王薇：《发展·冲突·创新（上）——解析中国广电数字新媒体的发展演变》，《现代传播（中国传媒大学学报）》2008 年第 5 期，第 1~6 页。
② 童颖：《中国数字电视的多元化经营模式研究》，上海交通大学，2007 年。
③ 黄升民、周艳、王薇：《发展·冲突·创新（上）——解析中国广电数字新媒体的发展演变》，《现代传播（中国传媒大学学报）》2008 年第 5 期，第 1~6 页。

媒体，多媒体、多层次全面展开。数字电视的服务对象开始从家庭扩大到家庭和个人，接收方式也从固定变为固定和移动并存。内容服务的边界在扩大，人们的媒介使用习惯从单向观看电视发展为与电视产生了交互式互动。

在 2008 年出台的《国务院办公厅转发发展改革委等部门关于鼓励数字电视产业发展若干政策的通知》（1 号文）中，进一步确定了数字电视快速发展的目标，提出新的"三步走"战略。此文件的出台为数字电视产业的发展再添一把旺火，使整个产业迈上了新的台阶。

二 广电媒体网络版上线

中国互联网发展研究中心 2005 年 7 月发布的《中国互联网发展状况统计报告》显示，中国网民已超过 1 亿人。读报时间的降低和上网时间的延长，使新一代基于互联网技术和应用的网络视频成为焦点。

与因没有新闻采访权而内容匮乏、只能通过购买电视台节目版权来维持经营的民营网络电视公司相比，传统广电企业无疑拥有深厚的根基和专业的人才设备基础。从这一点来看，广电企业具有融入互联网行业的更高资质，发展空间极大，因此，广电媒体积极地向互联网靠拢。

（一） 广电媒体纷纷推出网络版

2002 年 11 月，上海文广集团的东方宽频传播有限公司获得国家广播电影电视总局颁发的"信息网络传播视听节目许可证"，成为国内广电行业首家拥有专营网上视听业务的商业网站的公司。① 2003 年 9 月，东方宽频网正式开播。2004 年，中央电视台推出"央视国际"，湖南广电推出金鹰网。

对于传统广电来说，在全新的媒体环境中，塑造一个鲜明的、区别于以往的品牌形象是十分重要的。2006 年年初，中央电视台推出了一个新的战略思想，"要像打造电视品牌那样打造网络品牌"，从而使央视国际网站呈现强劲的增长势头。"台网联动"成为中央电视台的一个重要理念，不

---

① 李春：《当代中国传媒史（1978～2010）》，漓江出版社，2014 年，第 861 页。

仅是电视节目与网络节目的联动，而且是电视广告与网络广告的联动。①
2006 年的德国世界杯，台网联动转播，球迷们共同见证了互联网的影响力
已经超越报纸，成为继电视之后的第二渠道的变化，互联网地位显著上
升，而报纸、广播这两类传统媒介则呈下降状态。

台网的资源共享使广电媒体的转型之路变得比其他媒介容易许多。
2007 年，央视国际已实现央视 1、4、9、新闻频道等 12 套节目的网上同步
电视直播，还提供央视重点栏目的网上电视点播。每年央视国际与央视在
重大事件、大型活动、各类晚会、电视大赛、体育赛事等方面的直播互动
达二百多场次。央视在购买世界杯、奥运会等重大活动的节目版权的同
时，也为央视国际购买网络使用版权。②

当时，除了电脑，移动端也是广电媒体在尝试拓展的终端。广电媒体
还会和电信运营商展开合作。2005 年年初，中国移动和上海文广新闻传媒
集团签署协定，共同推出"手机电视"流媒体业务。基于移动梦网平台合
作推出的"梦视界"业务频道，用户可以通过在线收看和下载两种方式，
在手机上直接收看 SMG 旗下东方龙移动信息公司集成的电视节目。双方还
根据手机电视业务特点和受众特性联合推出"手机短剧"，内容包括只在
手机上播放的手机短剧以及电视播出和手机播出深度结合的系列手机情景
剧。中国联通与央视新闻频道等 12 个电视频道也联手推出了"视讯新干
线"手机电视服务。手机逐渐被人们称为"第五媒体"，广电开始将自己
的内容向越来越多的媒体形式延伸。

（二）关于网络媒体盈利模式的探索

无论是 PC 端，还是移动端，网络媒体要实现盈利，就必须实现收入
的多样化。为此，广电媒体尝试了多种盈利方式的结合，包括用户付费、
网络广告、网络游戏、增值业务等。如央视国际最初采取包月收费模式，
但在国内大部分网络电视用户还只愿意接受免费服务、对收费模式接受度
低的情况下，央视国际后来不得不取消这种收费模式。

① 汪文斌：《台网联动，搭建整合传播新平台》，《大市场·广告导报》2006 年第 10 期，第
32 页。
② 门继光：《电视与网络如何互动共赢——从 CCTV. COM 与 CCTV 的台网联动说起》，《中
国电视》2007 年第 11 期，第 38～41 页。

网络广告是最有潜力的项目。央视国际也通过第十五届多哈亚运会首次实现了在所有视频点播和直播节目中插播网络视频广告的尝试。另外，增值服务也是网络电视的一个利润增长点，包括视频聊天、电视会议、远程教育、视频邮箱等。

手机电视的盈利模式与之类似，比如东方龙和中国移动的"梦视界"采取的是 20（WAP 包月）＋10（信息费）模式，向用户提供包括 6 套直播电视和 8 个栏目的电视节目 VOD 点播服务，涉及新闻、财经、体育、时尚、音乐、滑稽等门类。

2008 年，全国上线运营的广播电视网站有 349 家，其中，电视台网站151 家，广播电台网站 111 家，广播电视混合网 87 家。数据显示，国家级和省级广电媒体无一例外地建立了自己的网站，并且初具规模，这显示出专业权威媒体对互联网这一新生事物的敏感和重视。央视网、中国广播网和国际在线等网络融合媒体已经声名远播，网站排名节节攀升，国际影响力在不断扩大。广电媒体接受时代的召唤，其运营思维、媒介矩阵、商业模式正在悄无声息地发生着改变。

三 新型媒体的出现——IPTV

交互式网络电视（Internet Protocol Television，简称 IPTV 或 IP 电视），利用包括有线和无线在内的宽带网络，通过网际协议向装有机顶盒的电视机、计算机、手机等终端提供个性化、交互性及其他增值服务，具有视频点播、传统电视及时移电视（用户可以自己任意选择电视节目的开始播放时间，并可以对电视播放进行随意的暂停、倒退和快进）三个主要功能。此外，用户还可以通过 IPTV 系统浏览网页、发送电子邮件、举行视频会议、玩互动游戏等。[①] IPTV 的出现为传媒业和电信业的融合提供了技术条件，同时也激发了二者之间激烈的竞争，推动了广电媒体经营战略的进一步调整。

（一）IPTV 摸索起步

2004 年，业界对 IPTV 开始小规模试验，国内有了第一批 IPTV 用户。但囿于"82 号令"，以电信为主要运作主体的 IPTV 推进得非常不顺利。

---

① 李春：《当代中国传媒史（1978～2010）》，漓江出版社，2014 年，第 861 页。

2004 年 10 月起施行的《互联网等信息网络传播视听节目管理办法》（39 号令），明确规定从事 IPTV 业务的主体必须取得由国家广播电影电视总局核发的"信息网络传播视听节目许可证"。在发放牌照的第一年内，只有上海文广新闻传媒集团获得了牌照。截至 2006 年年底，国家广播电影电视总局共向四家广电机构批准、发放了 IPTV 的全国性运营牌照，分别是上海文广集团（2005 年 3 月，以 BesTV 百视通作为运营 IPTV 业务呼号）、中央电视台（2006 年 4 月，央视网络传播中心、央视国际网络有限公司于同月挂牌）、南方广播影视传媒集团（2006 年 6 月）和中国国际广播电台（2006 年 10 月）。电信运营商无一获得牌照，只能选择与广电合作。

在随后的几年，IPTV 一直处于摸索的阶段，河南、杭州、哈尔滨、江苏和上海等地的 IPTV 运营模式先后亮相。[1] 2006 年年中，国家广播电影电视总局又批准了 10 个允许 IPTV 落地的城市，属于中国网通主要经营区域的为沈阳、大连、盘锦、黑河和牡丹江，属于中国电信主要经营区域的为台州、福州、厦门、西安和汉中。[2]

随着 IPTV 运营牌照的下发以及各界对 IPTV 发展前景的看好，牌照商、地方广电开始涉足 IPTV 业务。它们从自身条件出发，与电信运营商等合作构建了形式各异的运营模式，如由地方广电作为绝对主导的"杭州模式"，由牌照商主控的"哈尔滨模式"，由电信与牌照商共同合作的"上海模式"，由电信主动寻求其他中央媒体合作以规避地方广电行业规制的"江苏模式"，由地方广电独立运营的"蓟县模式"以及由牌照商、地方广电和电信联合运营的"云南模式"。

2006 年年底，中国 IPTV 用户规模大约为 50 万户，其中哈尔滨约为 10 万户，上海为 6 万户左右，河南网通为 10 万户左右，杭州 IPTV 为 15 万户左右。IPTV 的发展初具规模。

（二）内容引进与增值业务

人们对于内容丰富性的要求越来越高，只有优质内容才能吸引用户，

---

[1] 黄河、王芳菲:《论中国大陆三网融合发展的主导力量——结合 IPTV 的发展历程加以考察》,《国际新闻界》2012 年第 4 期, 第 70~75 页。

[2] 陈秋霞、汪卫国、秦军:《中国 IPTV 的发展现状与前景分析》,《现代电信科技》2007 年第 8 期, 第 6~9, 27 页。

增强自身竞争力。IPTV 秉持着"内容为王"的思路，不断扩充它的资源库，这就包括引进一些国外的优质内容。2007 年 2 月 23 日，美国好莱坞六大电影巨头——索尼影业、福克斯、迪斯尼、华纳、派拉蒙、环球电影公司，均与上海文广旗下从事 IPTV 业务的百视通公司达成合作，以"出售版权+分成"的方式，为文广的 IPTV 提供影片。美国院线将会放映一个月前后的最新影片，以达到扩大在华市场的目的。①

在业务上，当时国内成熟的 IPTV 业务主要包括直播、点播和视频。另外，江苏电信的"网络视讯"平台和广东电信的"我的 e 家"也是 IPTV 业务里发展得成熟的模式。其中"网络视讯"系统已经初步具备了视频监控、会议电视直播、卡拉 OK、互动游戏等多种业务能力；"我的 e 家"系统用户更是足不出户就可预订机票、酒店、鲜花、礼品等。IPTV 运营商还积极开展多种增值业务模式以增加新的利益点，如电视购物、在线支付等。

（三）与电信行业展开保卫战

IPTV 体现着电信网和广电网的融合，它通过跨行业的资源互通，为人们提供更多便捷服务。而电信业和广电业之间的斗争也通过 IPTV 业务爆发了。

2005 年，中国电信在全国二十多个城市进行 IPTV 试验网建设，对国家广播电影电视总局极力推广的数字电视产生了强烈冲击。正当电信运营商们积极布局 IPTV 业务时，为了坚守广电业务，广电部门迅速做出了反应。2004 年发布的"39 号令"不仅对牌照提出了严格要求，更对电信企业进行了管控，要求电信企业只能开展以计算机为终端的 IPTV 业务，而不能介入机顶盒与电视机相结合的业务。

2005 年年底至 2006 年年初，上海文广因为越过了地方广电部门，直接与中国电信总部和中国网通签订合作协议而收到了福建泉州市、浙江省广电部门的禁止通告。2007 年，地方广电上书国家广播电影电视总局，要求限制地方电信运营商发展 IPTV 业务；此后几年，浙江、北京、吉林、湖北、广东、陕西等各地的广电部门相继叫停管辖地域内的 IPTV 业务。

2007 年 12 月 29 日，《互联网视听节目服务管理规定》（56 号令）发

---

① 黄金良：《中国广播电视产业 2007 年大事记（上）》，《声屏世界》2008 年第 1 期，第 49~51 页。

布，确立了广电对互联网视听节目的管理主控权。

虽然 IPTV 业务在此前有了一定的发展，但由于受到来自广电主管部门的严格管控，加上广电方和电信方旷日持久的争斗，IPTV 产业在融资、市场开拓和用户规模等层面都长期存在瓶颈。

第二节 寒冬来临下的被迫转型——报刊媒体数字化

在互联网面前，与广电媒体相比，报刊行业面临的挑战似乎更为巨大。伴随着数字技术而兴起的各种新媒介的快速发展，带给报纸这一传统媒体行业极大的冲击，报业面临着前所未有的生存困境。亟待改变的报刊媒介不得不向数字化转型，为今天的报刊发展打下基础，并逐渐摆脱经营方面对于广告的高度依赖，开始合纵连横，拥抱互联网。

一 报刊数字化的初级形态——从报纸电子版到报纸网站

刚刚进入 2000 年的时候，报刊还处于向数字化转型的前期。从形态来看，报纸先后出现了电子版和新闻网站两种形态；而从内容上看，早期的报纸电子版只是在互联网上的简单复制，没有结合互联网的传播特征和用户的阅读习惯，影响力较小。生存压力之下，报纸进一步与网络深度结合，纷纷创办新闻网站，以互联网思维建设网站，这才渐渐具备了和当时的商业网站竞争的实力。

（一）中国报刊的两次上网浪潮，从报纸电子版到报纸网站

早在 1995 年，《神州学人》杂志和《中国贸易报》就开始向互联网转移阵地。随后，中国报刊媒体就此开始了它们的第一次上网浪潮，此时的主要形式还是传统报刊的电子版。1997 年 1 月 1 日，《人民日报》网络版推出，作为中共中央机关报，《人民日报》走在了国家级媒体的前面。[①]

1999～2001 年，第二次上网浪潮开始，传统媒体开始考虑摘掉网络版的帽子，以大型综合网站为今后的发展定位。于是，一批冠以"xx网"

---

① 马涛：《中国报业数字化 30 年》，中国传媒大学出版社，2014 年，第 45 页。

"xx在线"的媒体网站应运而生。如《中国计算机报》网站改名为"赛迪网"，文汇新民联合报业集团改为"申网"，《深圳商报》改为"深圳新闻网"。国家级媒体也积极地适应互联网语境，比如《人民日报》网络版改称"人民网"，新华社网络版改称"新华网"。

从运营来看，报刊电子版首先是以独立域名出现的，内容逐渐从纸质版的简单复制发展到增加多样性、即时性的报纸网站。比如人民网确立了综合定位以后，日更新量超过1500条，建立了五种语言版本，还开设了BBS论坛——"强国论坛"，让用户对国际、国内重大事件享有表达权。

随着报业集团化发展，多家报纸也开始联合组建信息平台，打造区域性新闻网站，比如2000年最先组建开通的北京千龙新闻网和东方网以及随后组建开通的各省重点新闻网站。由于网民的信息需求的增加，报纸网站也只有不断做出改进，才能在寒冬中谋得一席生存之地。

报纸内容的电子化呈现，会因新媒体技术的发展而不断迭代，如报刊PDF版本的出现。湖南省青苹果数据中心是国内首家将PDF格式运用到报纸电子出版中的专业电子出版物制作中心。2003年3月，青岛日报报业集团报道称，该集团成功推出与纸质报刊原汁原味、阅读更加方便的PDF版报纸。与过去相比，该技术的最大特点是"所见即所得"，读者不需要下载、安装阅读软件，就可以看到与报纸版式、新闻、广告完全一致的电子版，可以任意选择浏览文章、图片、广告信息，打印文章和放大字号等。此后，《人民日报》网络版率先在网上推出PDF电子版，大大推进了国内各大报刊网上出版的进程。[①] PDF格式的电子报方便政府机关、企事业单位将之作为内部数字报纸资料进行公文传阅，文件量较小，阅读起来比较方便。

（二）报纸网站的两种经营模式

从经营方面来看，当时的报纸网站主要有两种运作模式。一种是仍归母体管理，是母体的一个部门（或直属单位），业务相对独立。传统媒体独家创办的新闻网站如人民网、新华网、南方网就属于此类。二是独立于母体之外，与母体没有管辖和被管辖的关系。多家传统媒体联合创办的新

---

① 沙曼：《我国报媒数字化发展研究》，河南大学，2008年。

闻网站如千龙新闻网、东方网等就属于此类。

前一种运作模式的新闻网站脱胎于传统媒体，也是事业单位，在观念、管理、人才选拔、人员素质、用人机制、分配办法上都沿用事业单位那一套办法，机制不灵活，缺乏网络专业人才。而互联网又是资金密集型和技术密集型产业，对资金与高端技术的依赖性极高，所以，新闻网站要想发展，关键还是要建立一种市场化的运作机制。

当时有些新闻网站在这方面已经跨出了实质性的一步，如《中国青年报》办的中青在线，就成立了中青在线网络信息技术有限公司。该网站在机制上有法人资格，资金通过融资来解决，而内容方面则由《中国青年报》负责新闻频道的采编、制作、发布，其他频道由中青在线网络公司负责，它的二期平台也建成了具有商务特性的营销平台。采用这样一种机制，不少新闻网站的内部问题、用人问题、分配问题等就迎刃而解了。但是，在传统媒体体制改革没有重大突破之前，依托于母体的新闻网站很难完全商业化。人民网当年的负责人官建文指出，我国的新闻网站拥有很特殊的身份，既是事业单位，有强烈的社会责任感，要坚持正确的舆论导向；又要追求经济效益，面临激烈的市场竞争，有一种与生俱来的企业特质。"双栖"（事业单位与企业单位）、"双高"（高资金投入、高技术含量）是中国新闻网站的特性。它的双重身份和双重职能决定企图完全市场化运作是不可能的，它必须为自己所担负的责任负责，不能把目标定位在与商业网站同等的位置上。

后一种模式的新闻网站以"千龙网"和"东方网"为代表。2000 年，北京市 9 家传统媒体、上海市 10 余家传统媒体出资、出人，分别创办了"千龙新闻网"和"东方网"。这两家网站按照现代企业的方式组建而成，进行市场化运作。比如东方网的建设，从一开始就是由多元化的投资机构组建而成的，公司按照股份有限公司的原则建立完善的法人治理结构，网站总投资 6 亿元，其中东方明珠持股 30%，为企业第一大股东。

此后，一些传统媒体合办的网站、依托传统媒体又独立于传统媒体的网站，大都由当地宣传部门牵头，按照自愿原则，由各新闻单位共同出资并向社会融资来组建股份制网络公司。在运营机制上，网站采用市场化运作、企业化管理，优化配置新闻资源、人力资源和资本资源。这种灵活的体制和运营机制使传统媒体在新的时代焕发出蓬勃的生机。

但是，总的来说，此时的报纸网站还没有找到成熟的盈利模式，其收入来源主要是内容销售、无线增值和网络广告。短信等无线增值业务是新闻网站的主要收入来源，而广告经营由于网络广告市场的不稳定以及报纸网站的不太受重视，还没有发展到足以支撑网站经营的程度。况且，中国网络媒体的格局已逐渐形成，传统媒体新办的网站很难有突破。另外，网络传播技术的发展日新月异，新办网站如果不能迅速做大，就完全可能成为传统媒体的沉重包袱，① 报刊媒体的数字化转型可以说举步维艰。

二　数字化手段升级，积极拥抱新媒体

2005 年是 20 年来中国报业发展史上极不平常，也是极其特殊的一年——报业的整体发行量与广告收入双双下跌。清华大学新闻与传播学院教授刘建明在 2006 年 4 月发表的《报纸消亡与媒介市场激变》一文中预测说："报纸衰败引起的媒体变局将在 3～5 年内遭遇风暴，一切媒体都会在报纸消亡中重新洗牌。报纸的相互兼并和大量倒闭将于 2015 年前后在我国出现，这是报界的动荡时期，致使 2020 年前后全部中等以下城市仅有一家报纸。再经过 10～15 年时间，全国报纸进入消亡期，除少数深度报道的报纸，所有依存市场的报纸都会不见踪迹。"②

其实，对于报业媒体来说，全球遇冷的势头已经出现：2006 年 12 月 29 日，世界上最古老的报纸——创办于 1645 年的《瑞典国内邮报》正式停刊，这家有着 361 年历史的报纸最后发行量只有 5000 份左右。在新的媒体结构中，报纸的生存空间进一步受到挤压，变革更为迫切。国家层面开始出台相关政策，大力推进传统媒体数字化进程。数字化手段也开始升级，出现了各种各样的内容形式。

（一）政策指导，"数字报业"战略的提出

"数字报业"这一概念是 2005 年 8 月国家新闻出版总署报刊司在第二届中国报业竞争力年会上首次提出的。③ 这是在报业寒冬环境下的一种被动改变。2006 年 8 月，《全国报业"十一五"发展纲要》明确提出了"数

---

① 马涛：《中国报业数字化 30 年》，中国传媒大学出版社，2014 年，第 70 页。
② 李利坚：《报业发展的数字化趋势研究》，暨南大学，2007 年。
③ 陈胜华：《数字报业当前亟待突破的五大问题》，《传媒》2009 年第 9 期。

字报业实验室计划"，有 21 家单位作为首批成员开始实验室计划。该计划的宗旨是大力发展数字报业，利用各种数字内容显示终端和传播技术，发展网络报、手机报等多种数字网络出版形式，促进传统媒体和新媒体互惠互利、融合发展，形成以传统纸介质报纸为基础，数字化、网络化内容产品和信息增值服务产品齐头并进的内容产品发展格局。[①]

数字报业实验室计划和其他实践使数字报业战略得到了实施，在长期的沟通、交流和共同探索、合作中，主管部门、报业以及关联行业就数字报业的发展战略达成了一些基本共识。在 2006 年 8 月的第三届中国报业竞争力年会上，首批加入中国数字报业实验室计划的报业集团和主要报社以及关联产业的领先企业，联合发表了《关于共同推进数字报业的宣言》。

种种举措都标志着传统报业数字化转型已经从业界、学界的探讨上升为报业管理部门的指导性政策，并成为我国报业进一步发展的战略方向。

（二）积极转型，报纸网站开始精耕细作

为增强竞争力，适应互联网时代用户的媒介阅读习惯，报刊网站又纷纷改版。如人民网于 2003 年 6 月进行了一次自建立以来最大规模的改版，突出新闻网站特性，加大重大新闻分量，进一步彰显个性，对已形成较高知名度的《人民时评》《人民视点》《人民观察》《强国论坛》等栏目，在主页用图文标明，希望在继承传统风格的基础上，较好地解决此前存在的信息孤立、内容分割、存储功能弱等问题。中国社会科学院社会发展研究中心发布的《中国 12 城市互联网使用状况及影响调查报告》和《中国 5 小城市互联网使用状况及影响调查报告》显示，网民最信任的是传统媒体办的网站，而传统媒体网站中，人民网最受欢迎。

网站的定位开始从模糊变得更加明确，报业的网络意识逐渐增强。在同质化现象严重的互联网环境下，网站只有寻求差异化定位，提供细分化内容，才能拥有立足之地。

一些省级纸媒开始建设以本地化新闻为特色的网站，如 2006 年上海解放日报报业集团旗下的《新闻晨报》《新闻晚报》推出了嗨嗨网（www.highai.com），本着"最嗨的上海生活门户"的定位，着力打造

---

① 马涛：《中国报业数字化 30 年》，中国传媒大学出版社，2014 年。

专业的上海互动城市生活服务圈。

还有一些报纸积极探索各种特色服务，如房产信息、交友服务、网络团购等。2005年，深圳报业集团旗下的《深圳特区报》和深圳新闻网共同合作，推出以"视频传播、报网互动"为特色的第一置业网。该网站开辟了众多信息量超大的专栏，囊括了房地产网站的各种信息类别，服务性很强。

2006年，杭州日报报业集团的《都市快报》推出消费型网站"都快社区"（后改名为19楼）。它以快报19楼论坛五年积聚的注册用户和流量为基础，增强了各种基于Web2.0理念设计的全新功能，力求打造本地区功能最强、用户最活跃、商业价值最高的网络虚拟社区。

（三）报网互动，形成合力

在报业的数字化转型战略中，不同主体间的合作与融合是很重要的一部分工作。部分新闻网站从内部开始整合，如安徽的中安网划归到安徽日报报业集团；湖南红网的总资产整体移交给省出版集团和潇湘晨报社，由省出版集团主管、潇湘晨报社主办；广西桂龙网与广西日报报业集团主办的新桂网合二为一。

作为完全不同的两种传播介质，报业自身的纸质版和网站可以做到很好的互补互动，如《河南日报》和河南报业网、《江西日报》与大江网、《杭州日报》与杭州网等。纸质版以深度报道、阅读持久见长，而网站版以直观快捷、时效性强、覆盖面广为优势，二者的联动可以充分扩大新闻的覆盖面和影响力，形成合力。

除了与集团自办的网站进行报网联动之外，报业与外部网站和电信运营商也展开了联合。比如2005年8月18日，中国电信和南方报业传媒集团签订合作协议，南方报业集团开传统媒体之先河，收购了1996年12月上线的全国最早一批，也是深圳第一家商业门户网站——深圳热线，由《南方都市报》派出骨干团队对其进行全新改版与运营，并改名为"奥一网"。"奥一网"集合了电信运营商和传统媒体的资源优势，开发了多元化的、具有Web2.0特征的互联网产品。2006年4月出现的重庆大渝网则是《重庆商报》和腾讯网共同创立的，充分结合了商业网站和传统媒体的特色，确立了"以技术资源为先导，本地化经营为方向"的报网互动新思路。据称，不到一年，大渝网的广告收入就达到了近

500 万元。①

（四）拥抱新媒体技术，不同显示终端的涌现

从电子版报纸的建设开始，报业转型的核心思路就是基于各种技术手段，对报纸版面进行新媒体端的还原。不同的产品形态涌现，当时主要分为四种形式，分别为 HTML 网页式、版式格式（PDF 与 CEB）、在线多媒体式与离线多媒体式。

报纸对数字化媒介形态的探索，从 2006 年开始在国内报业媒体中受到重视，并在全国范围内普及开来。

移动数字报纸是基于电子阅读器浏览的数字报纸，可以方便用户将互联网上的数字报纸下载到阅读器中，便于离线阅读。解放日报报业集团很早就开始了对移动阅读器介质的研究，并于 2006 年 4 月 25 日率先在 iRex 电子纸上展现和发布了第一份电子报纸。随后，《宁波日报》和《烟台日报》相继推出的宁波 BO 播报，成为国内首份便携式原创多媒体数字报纸产品。比起报纸网络版，新型无纸终端设备的优势在于发挥了报纸原有的便携性特点，但又比手机报纸拥有更好的视觉和阅读感受，只是价格比较昂贵，始终没有找到可行的盈利模式。

手机报的出现是移动终端报纸媒体内容的又一次延伸，是伴随着手机设备的勃兴、媒介技术的进步诞生的一种全新的阅读形式。2004 年，《中国妇女报》开通了第一家全国性手机报，2005 年浙江日报报业集团开通第一份省级手机报，其他报业不断跟进，手机报的数量空前增长，在 2005 ~ 2007 年达到了创办高峰。手机报的商业模式基本是：报业集团和各移动通信运营商合作，报业集团提供信息内容，移动通信运营商提供终端用户运营平台，订户缴纳的信息使用费由二者分成，网络流量费由通信运营商自己收取，移动通信运营商占据主导地位。受形式和效果所限，广告这一商业模式在手机报上极为少见。

2006 年，除了手机、网络这些被广泛运用的新媒体外，还有少量报业利用电视技术与卫星技术，将报纸内容以跨媒体的方式呈现，出现了诸如

---

① 朱春阳：《报网互动在中国：技术、效率与制度的关联分析》，《南方传媒研究》2007 年第 7 期。

电视读报专栏、卫星报纸等产品形态。

在向数字化媒介形式积极靠拢的过程中，一些媒体在数字报纸的建设中选择保留了纸质版的原汁原味，并利用技术实现了生产流程的系统化。如浙江日报报业集团与北大方正经过三年合作开发，在 2006 年成功推出数字报刊与跨媒体出版系统，实现了传统报纸、数字报纸、光盘出版及全文数据库产品的一体化生产和多元化出版，使《浙江日报》在签样付印的同时就能自动生成数字报纸。

（五）全媒体布局

2005 年，媒介融合进入国内传媒业的视野之后，"全媒体"在报业技术应用层面作为一种新的应用方案被提出。2006 年，北大方正电子有限公司从技术提供商的角度率先为报业面对新媒体挑战支招，提出了实现报业全媒体技术布局与数字报业的战略规划。此后，该公司相继推出"全媒体报业技术规划""数字报纸的解决方案""全媒体资源库解决方案"。这是国内较早的基于报业技术变革而提出的全媒体理念，可以说全媒体在技术层面萌芽于全业态、全渠道通信技术的突破性构想，然后由技术供应商和应用软件开发商将其运用于传媒业改革上。这种"一次生产，多渠道发布"的全媒体业务理念经技术供应商引入后，正好契合了报业对高层次规模化生产与范围经济生产方式的追求，突破了原先单一传媒形态与业务模式的局限，随即获得报业的积极呼应。

2007 年，国家新闻出版总署启动了全媒体数字采编发布系统工程建设，确定了南方报业传媒集团、中国安全生产报、烟台日报传媒集团等组织进行数字复合出版的研发和试点。按照这一部署，10 月 29 日，烟台日报传媒集团成立"1029 项目组"，启动"全媒体数字采编发布系统"的研发，通过优化原有的产品生产流程，推动集团从报纸生产商向内容供应商转型。2008 年 3 月，该集团组建全媒体新闻中心，下属各媒体发稿取消"日报记者""晚报记者"等称谓，一律称为"YMG"（YMG 为烟台日报传媒集团的英文缩写）记者。YMG 记者不再局限于向哪家媒体供稿，而是由集团统一调配。YMG 记者的稿件也向多个全媒体终端发布，架构上初步形成了包括纸质报、手机报、多媒体数字报、电子纸移动报、户外视屏等比较完备的全媒体产品矩阵。

继烟台日报传媒集团之后，全国很多报业集团也开发了这种全媒体复合出版平台，如解放日报报业集团、浙江日报报业集团、宁波日报报业集团、北京日报报业集团、南方日报传媒集团等。

在全媒体布局的时候，不少报纸媒体也向平面或文字以外的领域开拓业务，比如视频报道。2008 年 6 月，国家广播电影电视总局网站公布了视频牌照名单，新华社以及 22 家报社、3 家杂志社获得了 27 张"牌照"，其中包括各地报纸和报业集团。这意味着报社的网站获得了从事视频服务的资质。在政府政策的支持下，各大报业集团逐步从网络、手机报向多媒体、电子商务的方向推进，形成了多头并举的数字化发展格局。

从"数字报业"到"全媒体"，报业对数字化转型的理解越来越深刻，实践行动也越来越积极。报业的全媒体变革是中国报业技术变革史上最为重大的一次转型，报业想要摆脱传统媒体的单一模式，整合新媒体技术元素并进行全流程的结构重组。这种对于身份的清晰认知体现出中国报业在数字技术变革影响下对于未来发展模式的一种集体共识，尽管这时的全媒体实践由于各种因素而未能实现明显的突破。

第三节 户外新媒体——数字户外力量崛起

随着人们生活空间的扩展和生活方式的不断发展，以及数字技术、网络技术在户外媒体应用上新的尝试，户外广告开始以更丰富的媒体形式，应用在电梯、地铁、公交、机场、商店等的户外场景中。

2003 年，立足于户外领域的分众传媒成立。它的火速发展，带动了细分场景的户外媒体公司纷纷加紧抢夺市场，注入大量资本，同时也推动了数字化在户外媒体的进一步发展。灯箱、海报、LCD、LED 等各种媒体形式，成为户外新媒体的组成部分。

一 户外场景的跑马圈地

总体来说，这一时期我国户外新媒体的发展，经历了由分众传媒等机构纷纷成立所带动的户外场景的跑马圈地阶段，到之后大量、多元的资本引入，形成了激烈竞争的局面。

2003 年 5 月，分众传媒成立。"注意力经济"迅速被世人所关注。分众传媒以占据渠道为主，公司创立之后的两年多时间里，一路攻城略地，把楼宇电视撒在了全国 40 多座城市里，建立了一个全新广告载体。对于分众来说，楼宇电梯广告的目标受众在每天至少 4 次等候电梯的短暂时间中，形成强制性广告收视，成本却只有传统电视广告的 1/10。① 资料显示，2003 年，分众集团营收为 3400 万元，到 2008 年，这个数字猛跳至 40 亿元。② 拥有巨大市场份额的分众自此成为楼宇电视的代名词。

此后，分众不断加快推进并购的步伐。2006 年，分众传媒收购聚众传媒、框架传媒，在楼宇视频领域进一步巩固领导地位，市场份额约达到 98%，并且并购了央视三维，进军影院映前广告市场，巩固它提出的"中国最大生活圈媒体"的概念。根据该理念，分众开始向更多细分场景发力，2006 年 3 月，分众传媒 7 条产品线亮相，覆盖场景除了楼宇外，还包括机场、巴士、酒店、商区、医院等。

户外新媒体的"圈地运动"在这一时期展开。圈地铁、圈电梯、圈公交、圈医院……各家媒体提高资源、渠道扩张的速度，打造竞争壁垒。

专注航空媒体的运营商航美传媒于 2005 年 8 月成立，同年 12 月，其覆盖 16 家主要机场、6 家航空公司航线的航空媒体网络初步形成，到 2008 年，航美传媒数字媒体网已覆盖全国 53 家机场、12 家航空公司航线。主营候车亭广告的白马户外，2001 年 12 月在香港成功上市，这成为其发展史上的里程碑。2004 年，它出资 1.47 亿元收购北京地区 3000 个候车亭广告灯箱位，收购后当地市场占有率由 36% 增至 86%。③ 是时白马户外广告在国内城市的市场占有率达 80%，沿海城市的市场占有率则达 90%。2003 年，厦门世通华纳文化传媒有限公司成立，开始寻求与国内重点城市的公交运营商合作，构建公交移动电视网络，并在 2004~2006 年火速蔓延到各大城市，2007 年，世通华纳移动电视全国广告联播网覆盖全国 30 余个城市。此外还有 2003 年成立的上海香榭丽广告有限公司，它在 2006 年进入

---

① 张晓亮：《分众传媒：中国"蜘蛛侠"》，《销售与市场》2006 年第 8 期，第 58~64 页。
② 雪球今日话题，《数据说话，分众传媒怎么样?》，http://www.myzaker.com/article/594084a31bc8e0cf0c00004f/. ZAKER，2017 年 6 月 14 日，最后访问时间 2019 年 1 月。
③ 小智：《白马会将大众户外媒体进行到底?》，《中国广告》2007 年第 4 期，第 167~168 页。

LED 大屏市场，同年获得上海第一屏——人民广场兰生大厦 LED 的广告经营权，到 2010 年，它与同一时期成立的郁金香传媒、凤凰都市传媒共同占据了 90% 以上的 LED 大屏媒体市场……

户外媒体的火爆随即引起风险投资加紧涌入。到了 2007 年，户外媒体行业的投资案例达到 26 起，涉及投资金额达 3.74 亿美元。户外新媒体成为新的投资宝地，市场竞争也变得激烈，在一些企业力争上市的同时，大量企业不得不面对市场挑战而放弃 IPO 计划。[①]

相应地，许多企业也开始将广告投放的目光锁定到户外新媒体，其成本低，接触率高，相比传统户外广告而言，获得用户注意力的能力更强，覆盖各种生活场景也使影响可以随时随地发生，于是，户外新媒体成为商家宣传品牌形象的一大主要途径。

二 数字化走向户外

中国数字户外媒体广告发展进入黄金时期。城市规模的扩张和现代化进程的加快，以及媒体领域新技术的应用，刺激了户外新媒体的成长。几年"诸侯割据"的竞争态势，更是伴随了数字技术在户外领域的运用，同时加速了传统户外媒体被更加新型的媒体形态所取代。

分众传媒作为典型，将数字技术引入了户外领域，典型表现是各种电子屏出现在户外媒体之中。据说，分众传媒创始人江南春，在一次偶然的逛街中，对上海徐家汇某商场门口的张贴广告产生了兴趣。为什么不把这些广告变活？于是，一个创业计划就此诞生。之后分众传媒在上海 100 栋顶级商务楼里安装了 400 多台液晶电视，形成一张日覆盖百万人次的联播网，新媒体的效应立竿见影。[②] 后来，分众传媒的产品线逐渐覆盖了商业楼宇视频媒体、卖场终端视频媒体、公寓电梯媒体、户外大型 LED 彩屏媒体、电影院线广告媒体等诸多场景的新媒体端口。

中国商业楼宇液晶电视广告联播网，把电视形式的广告用高品质的液晶电视带到商业写字楼，依托电视机制造与播放技术的革新，比如采用无线同步追踪技术，实现所有液晶电视之间同步运行。分众还开发了

---

① 孙玉双、张佳满：《论户外新媒体的现状及发展趋势》，《现代视听》2010 年第 4 期，第 78~80 页。

② 张晓亮：《分众传媒：中国"蜘蛛侠"》，《销售与市场》2006 年第 8 期，第 58~64 页。

基于地理位置服务（LBS）的互动广告，使 LED 屏与手机用户实现互动。

比起楼宇电视屏，公交移动电视更具有电视属性，它主要以数字电视地面传输技术为支撑，以移动数字电视信号为主，液晶屏作为接收终端，被安装在公交汽车、地铁、出租车等载体上。

另外，这一时期政府加大了对城市户外传统广告牌的政策管控，为具有良好替代效果的 LED 大屏媒体创造了机会。作为当时国内最大的户外巨型 LED 媒体网络开发商和运营商，郁金香传媒将 LED 大屏幕建在经济最发达的城市 CBD 核心商圈或地标建筑上，创新形式还有楼宇全墙体 LED 屏广告和如上海徐家汇美罗城的球形 LED 大屏。当时其 LED 网络总面积近万平方米。通过 LED 大屏与手机的互动，变强制观看为受众主动参与，媒体价值提升。而随着技术创新，LED 表现形式也逐步增多，耗能更小，成本更低。①

渐渐地，传统的路牌、灯箱、单立柱、霓虹灯等表现形式单一的户外媒体开始被户外新媒体所取代，户外视频、户外 LED 占据了大量的市场份额。2007 年，中国 LED 显示屏全行业的销售额约为 80 亿元。公交移动电视 2007 年较 2006 年增长超过 200%，户外 LED 的增速也达到 148%。② 同时，户外新媒体在地域分布上也开始下沉，二、三级城市的公交车移动电视、电梯电视等新媒体形式都在这一时期逐渐涌现出来。

根据易观数据 2008 年和 2009 年发布的相关数据，到 2008 年第一季度，数字户外媒体广告市场终端数量为 46.28 万块，2009 年增长至 53.11 万块，已经初具规模。

这些户外新媒体无处不在，无论场景、网络、效果、技术，还是消费者的细分化和盈利方式，都远超传统户外媒体。户外广告不再是简单的惊鸿一瞥，而是受众注意力长时间的留驻。中国户外媒体的数字化发展，与规模化、网络化运营相结合，与互联网、手机、数字广播电视等平台相融合，带动更多产业的变革、转型和融合。就这样，凭借自身实力，它在日渐复杂的媒体环境中成为企业广告投放的新宠，也为整个媒体广告市场注入了新的力量。

---

① 方照辉：《中国数字户外媒体广告策略研究》，湖南大学，2012 年。
② 孔义国：《户外新媒体发展的三个趋势》，《中国广告》2008 年第 6 期，第 167～168 页。

第三章　互联网来了，媒体融合初体验

21世纪对人们生活最大的改变就是互联网的普及，在世纪初，人人都想要一台台式电脑，网吧成为最时髦的消费场所。报刊广电的转型是时代的必然，并且传统媒体和商业网站之间的关系开始变得微妙。互联网的发展在2001～2008年的八年间经历了一次巨大的变革，从那时起，互联网不再是它最初的形态，网民的使用习惯开始变得丰富起来。

第一节　互联网站稳脚跟

一方面，报纸、电视的优势在下降；另一方面，网络受众群体不断扩大，互联网已经成为继报纸、杂志、广播、电视之后的第五大媒介载体。网络技术的集成性，实现了"数据，文字，声音及各种图像在单一的、数字化环境中的一体化"传播，网络内容的表现形式和手段更加多样化。新闻最讲求时效性，而互联网的即时性、非线性特征能够令网络新闻跨越时间和空间的界限以得到广泛的传播，因此，新闻事业在互联网上得到了长足的发展。2000年的一场互联网寒冬，给互联网巨头们上了重要一课。2004年，互联网发生了巨大的变革，从Web1.0迈入了Web2.0，[①] 以门户网站为主的时代宣告结束，中国网民开始迎来了各种各样的网络媒体应用。

一　中国网络媒体集群的形成与新闻的作用

对中国网络媒体来说，新闻就是生命线。中国的新闻网站主要分为两大类：一类是传统媒体创办的网站，另一类是没有传统媒体背景的商业网站。

---

① 彭兰：《中国网络媒体的变革轨迹》，《新闻学论集（第21辑）——纪念改革开放30周年特辑》，中国人民大学新闻与社会发展研究中心，2008年，第15页。

在政府的引导与支持下，一大批新闻网站建立起来，形成了从中央媒体到地方媒体，从综合媒体到专业媒体，从报刊媒体到广电媒体的多种类、多层级、多区域、多行业的中国网络媒体集群。

传统媒体的网络化可以说是在互联网浪潮来临之际的一种适应性转型。在传统媒体的效力日渐式微的时候，面对巨大的生存压力，只有积极向新的媒体形式转型才能尽可能减缓受众的流失。

而互联网企业由于已经积累了互联网的基因，开展新闻业务相对传统媒体成功的概率更大。对于各类商业网站的发展，政府也采取了积极、开放的政策。2000 年 12 月 27 日，新浪、搜狐等网站获得了国务院新闻办公室批准的登载新闻业务的资格，中国政府第一次将新闻刊登业务授权给民营的商业网站，这充分体现了政府在网络媒体管理方面的政策的逐渐放开。政策的开放与灵活不仅促进了中国网络媒体的繁荣，也推动了一大批商业网站如雨后春笋般出现。以"新浪、搜狐、网易"为代表的商业门户网站发布的网络新闻打破了由官方网站一统天下的局面。

不同于传统媒体开辟新闻网站的主要目的是立足于社会效益，商业网站的一切都围绕着经济利益展开。商业网站的新闻频道就是赚得点击率，从而带来广告收益的一块跳板。

在商业网站中，用户对网络新闻的渴求是巨大的，新闻频道的点击量在商业网站中令其他频道难以望其项背。一位记者在采访时任新浪网执行副总裁陈彤时了解到，人们最强烈的印象就是新浪的新闻，很多网民来新浪就是为了看新闻，看完新闻，也就没有更多的时间去注意其他的内容了。很多人认为这会影响到新浪其他产品的开发和推广。但陈彤认为，这不是矛盾，而是一个相互提升的关系。正是因为新浪网有良好的新闻服务，才提升了新浪网的其他服务，其他服务才能得到广泛的承认与认可。

陈彤的回答基本上代表了商业网站在整体经营运作中对新闻频道的定位。建立强势的新闻频道是为了吸引用户，让他们知道商业网站其他更多的经营性产品，商业网站的收益首先是建立在眼球经济基础之上的，聚集眼球资源是新闻频道设置的一个很重要的目的。[1]

---

[1] 高亚茹：《我国新闻网站与商业网站新闻频道现状比较》，《采·写·编》2004 年第 2 期，第 59～60 页。

虽然商业网站在时事新闻领域没有采访权，但通过整合多家媒体的新闻、在非时事新闻领域进行原创报道以及评论等方式，商业网站依然可以凭借时效性优势在新闻市场中占据一定的市场份额，并利用其在新闻传播领域的影响力来强化自己的整体实力。当积累了足够的流量时，未来的商业化开发就顺理成章了。在免费经济时代，传统媒体和商业网站之间的竞争无疑是一场流量之争。

二　网民基数空前增长，互联网作为新兴媒体形式被认可

2003 年 3 月 20 日，伊拉克战争打响，面对自中国互联网诞生以来最重大的事件，中国网络媒体充分发挥了网络的优势，以快速报道、及时更新、实时互动的特点展示了自己的力量。伊拉克战争使中国的网络媒体形成了强大的聚合力量，在吸引广大网民的同时，也吸引越来越多的企业关注互联网。随后，当人们还沉浸在谈论伊拉克战争时，一场突如其来的严重流行疾病——"非典型肺炎"（简称"非典"，国际通称"SARS"）给人们的生活造成了极大影响。众多企事业单位放假，人们只好待在家中，不敢轻易出门。结果，传统的平面广告以及户外广告的效果大打折扣，一部分在家中无事的人们通过上网获取新闻信息、与朋友联系。据统计，那一年中国网络广告市场达到了 10.8 亿元人民币，比 2002 年的 4.9 亿元翻了一番还要多。[①] 人们从互联网上获取信息、进行社交的习惯逐渐形成，这直接影响着互联网企业的发展。

根据 CNNIC 于 2008 年 1 月发布的第 21 次中国互联网络发展状况统计报告，截至 2007 年 12 月，中国网站数量已达 150 万。中国网民数已达到 2.1 亿人，仅 2007 年一年就增加了 7300 万。网络新闻的受众群体已有 1.5 亿。新闻网站吸引了大量网民，有 1/5 的网民上网的第一落脚点即看新闻。[②] 有了庞大的受众群体，网络媒体就有了持续经营的动力和可能。

从数据中还可以看到，2007 年中国网民的年龄结构表现出极强的年轻

---

① 赵曙光、段景涛：《盘点中国互联网广告的十年历程》，《传媒观察》2008 年第 3 期，第 9 ~ 10 页。

② 彭兰：《网络媒体发展的中国特色》，载中共北京市委宣传部、北京市社会科学界联合会、北京市哲学社会科学规划办公室编《改革开放与理论创新——第二届北京中青年社科理论人才"百人工程"学者论坛文集》，中共北京市委宣传部、北京市社会科学界联合会、北京市哲学社会科学规划办公室，2008 年，第 8 页。

化特征，25 岁以下网民比例已经超出半数（51.2%），30 岁及以下的网民比例达到 70.6%，年轻有消费能力的群体占据半席。与报刊和电视媒体相比，互联网的优势尽显。

2006 年，"中国新闻奖"中首次增设网络新闻的有关奖项，这些都标志着互联网媒体地位逐渐被认可。

三 门户网站的黄金时代——差异化竞争与特色定位

2004 年以前，中国互联网还处于门户时代。三大中文综合门户网站在市场竞争中，不仅面临着实力强大的老对手，新的对手如新兴门户网站腾讯、TOM 等更是咄咄逼人。在巨大的生存压力下，三大门户网站的发展策略随着形势变化而不断进行着调整，既力求多元化发展，也注重开发自身的特色领域，追求差异化，以争夺市场份额，留住用户，从而增强变现实力。

新浪网以更早介入的品牌优势和以整合新闻为目标的战略定位占据了上风。面对新浪新闻的整合优势，搜狐新闻则通过大型改版来调整自己的定位，体现出有别于新浪的个性特色，将海量、平面的新闻变成有效的有针对性的新闻，增强公信度，改变网上新闻的纯报摘形象，从而确立其新闻价值观："人文关怀、社会责任感与新闻震撼力"。搜狐于 2007 年 5 月 17 日推出的改版体现的正是这一追求。搜狐新版新闻一改以前海量信息的门户风格，以清爽型两栏风格展现，令人耳目一新。

网络媒体的编辑思路与传统媒体不同，网络新闻可以是全天候的，受众参与性强。2003 年 3 月，搜狐开始实行新闻的 24 小时滚动更新，为实现"让网络成为中国人民生活中不可缺少的一部分"的梦想而不断努力。从 2003 年下半年起，网易加强了内容方面的力度，新闻的制作水平有了极大提高。网易"新闻论坛"的推出，不仅成为网友发表观点、交流思想的阵地，也成了新闻媒体发现新闻线索的有效途径之一，当前具有极高的人气。

从版面设置来看，QQ、新浪、TOM 均采用能容纳最多信息的"门"字结构，而网易则采用浏览起来比较流畅的两栏式结构。根据 2007 年 8 月 4 日统计的数字，新浪新闻频道有 1121 条新闻，远远高于其他网站。搜狐是"T"字结构，容纳信息较多，其新闻标题设置与网易极其相似。几大门户在新闻标题设置上都尽显专业性，但网易更显轻松活泼一些，并且在其右栏，多半是网友参与评论，比较亲民。①

从三家网站首页的内容设置来看，新浪的内容设置最多，分类也最为细致，共有 14 项涉及各个领域的内容导航，甚至包括招商、高尔夫、奢侈品等高端消费领域。权威的新闻内容和广阔的覆盖面，为新浪赢得了较多男性的青睐。搜狐在内容设置上则更多地突出了时尚性和休闲性，以红体字突出娱乐圈、吃喝、星座等分类。网易首页的内容设置相比其他两家而言是最少的，它把主要精力都投向了社区服务，更注重网站对于浏览者的实用性，相对而言减小了新闻的涉及范围。

几大门户网站通过特色鲜明的网站风格和差异化内容，获得了不同的定位和稳定的受众群体，新闻传播的方式在互联网上发生了变化，从单向传播向双向互动转变。一种用户至上的互联网思维正被逐渐应用，而为用户服务的本质还是盈利。

四 互联网寒冬来临，业务拓展拯救公司

由于互联网的普及，各大网站为吸引眼球及盈利，展开了更加激烈的竞争。在竞争的过程中，很多网站开始开辟新的经营模式，如曾经挽救过互联网行业的短信业务、网络游戏业务以及风光无限的网络搜索等。传统门户网站的经营开始多元化和合理化，门户网站的发展从纯粹的内容供应向多元化业务模式过渡。千禧年的一场互联网寒冬，让互联网公司的运营模式受到了强烈冲击，发财美梦成为泡影。在生死存亡的节点，短信和游戏业务拯救了搜狐、网易等一众互联网巨头。

（一）在寒风中挣扎的中国互联网企业

2000 年 3 月 10 日，美国纳斯达克指数达到了当时的历史新高 5048 点，整个世界为互联网带来的科技革命感到疯狂不已。但好景不长，纳斯达克指数在 5000 点之上只是稍微停留了一小段时间，科技泡沫就发生了破裂。在接下来的一年中，纳斯达克指数狂降 66%，下跌到 2000 点

---

① 胡洪艳：《中文综合门户网站新闻频道设置比较》，《消费导刊》2007 年第 9 期，第 250 页。

以下。有不少名头很大的科技企业，其公司股票几乎在一夜之间变成废纸。[①]

这股互联网的寒风也吹到了中国，一度摧垮了中国互联网行业，各网站纷纷裁员、倒闭，迅速消失。在当时，能够成功拿到融资活下来的公司，日后都成了巨头，其中就包括百度。腾讯在当时面临着资方撤股的压力，也曾命悬一线。对于那次互联网泡沫时期的艰难光景，盛大创始人陈天桥很久之后都记得，他回忆说："2001年之前，盛大几乎每天都有可能死去。在2002年，盛大每个月都有可能死去。进入2003年，盛大每个季度都有可能死去。"[②]

幸运的是，2000年11月，中国移动正式开放了"移动梦网创业计划"。在接下来的几年内，以移动梦网为代表的手机短信业务的发展，加快了中国移动通信产业的发展，并出乎当初开发者的意料。自中国移动推出"移动梦网"服务以来，在几百家SP（服务提供商）的合作下，移动梦网为广大用户提供了种类齐全、数量充足的上万项移动数据业务。移动梦网打开了互联网增值服务的大门，为中国互联网注入了有史以来最大的一笔收入和利润，并带动了海外风险投资的后续投入，从而盘活了整个中国互联网产业。2002年在不到一年的时间里，从垃圾股、摘牌股到热门股，搜狐、网易等互联网企业实现了由地狱到天堂的三级跨越，迅速由巨额亏损转向盈利。正是短信和游戏这类增值业务拯救了丁磊和张朝阳，三大门户网站才有了今日的辉煌。

2002年第二、第三季度，搜狐、网易、新浪三大门户网站先后宣布实现正运营现金流或盈利。2004年以前，新浪盈利一路领先，但2004年之后，网易利润快速飙升，与搜狐拉大距离，直逼新浪，并在2005年之后以绝对优势超过新浪，处于三大门户网站的排头位置。[③]

---

① 伍治坚证据主义：《回顾2000年的科技泡沫，今天的互联网公司"物有所值"吗?》，https://36kr.com/p/5079384.html，36氪，2017年6月12日，最后访问时间2019年1月。

② 《第一次中国互联网创业泡沫》，http://pe.pedaily.cn/201704/20170405411139.shtml，投资界，2017年4月5日，最后访问时间2019年1月。

③ 钟瑛、张胜利：《我国商业门户网站差异化竞争及其发展》，《现代传播（中国传媒大学学报）》2008年第3期，第110~113页。

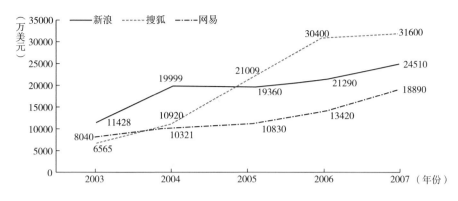

图 4 - 3 - 1 三大门户历年净营收额比较

资料来源：钟瑛、张胜利《我国商业门户网站差异化竞争及其发展》，《现代传播（中国传媒大学学报）》2008 年第 3 期，第 110～113 页。

（二）盈利结构改变，非广告收入得到重视

与此同时，门户网站的盈利模式也开始悄然发生变化。2002 年第三季度，网易总收入达到前所未有的 900 万美元，其中来自短信的收入占到总收入的一半。从 2003 年开始，网络广告收入在总收入中的比重有所降低。搜狐的非广告收入比例在 2003 年第三季度首次超过了广告收入，达到 51%；网易的主营收入由广告转变为包括电子商务、短信、在线服务在内的非广告收入，并且占到了 80% 的绝对优势；新浪网总收入中也有 38% 来自非广告收入。2003 年短信市场的规模为 1600 亿条，由此产生的直接利润为 150 亿元。2005 年，新浪、网易、搜狐三大门户网站的短信收入在其

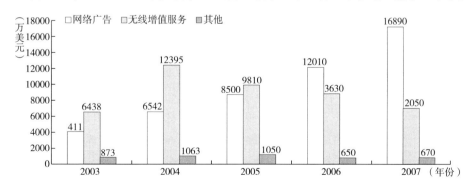

图 4 - 3 - 2 2003～2007 年新浪收入结构

资料来源：毕延玲《中国网络媒体经营管理演变史》，华中科技大学，2008 年。

网站总收入中所占的比例超过 50%。①

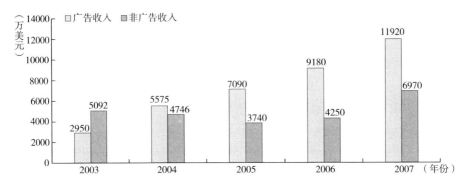

图 4 - 3 - 3　2003～2007 年搜狐收入结构

资料来源：毕延玲《中国网络媒体经营管理演变史》，华中科技大学，2008 年。

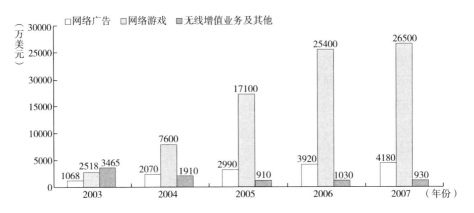

图 4 - 3 - 4　2003～2007 年网易收入结构

资料来源：毕延玲《中国网络媒体经营管理演变史》，华中科技大学，2008 年。

　　截至 2007 年，在网络经济中，网络广告的份额已经逐渐被冲蚀。艾瑞 2007 年发布的中国网络经济市场份额报告显示，在网络经济中，移动增值市场规模为 117 亿元，网络游戏市场规模为 78 亿元，网络广告市场规模为 46.6 亿元，电子商务市场规模为 23.8 亿元，搜索引擎市场规模为 13.9 亿元。网络广告不再是互联网企业唯一的"养命之源"，多元化经营是它们从艰难渡过的互联网寒冬中所吸取的最宝贵的经验。

---

　　①　毕延玲：《中国网络媒体经营管理演变史》，华中科技大学，2008 年。

五 Web2.0 时代到来，互联网形态多元化

2004 年 3 月，中国第一个基于纯 IPV6 技术的下一代互联网主干网——CERNET2 试验网正式宣布开通并提供服务，这一事件标志着中国的网络媒体再次面临全新的变革。建立在基础设施和技术结构的基础上，网络应用方式也发生着一次又一次革命。[①] 互联网形态开始从门户这种单一形式逐渐发展到论坛、搜索、社交、电商、视频网站等多元化形态共存。

（一）搜索引擎市场依旧火爆

BBS、门户网站、电子邮箱、自由博客、网上视频……一切令人眼花缭乱的网络迷宫中，人们最常使用的就是搜索引擎，它让庞大的网络变得清晰可见。搜索引擎的横空出世，让我们有了了解这个世界的指南针。随着技术的进步，这个指南针的功能也越来越强大，使用并接受它的人也越来越多。搜索引擎被业界公认为继广告、网络游戏、无线增值之后互联网的第四桶金。它也成为排在电子邮箱之后，使用率第二高的网络应用产品。2007 年，中国搜索引擎市场迎来了新的高速增长。到 2007 年年底，市场规模达到 29.3 亿元人民币，比 2006 年增长 76.5%。市场第一梯队的百度、谷歌、中国雅虎的整体市场份额达到 92.2%，较 2006 年增加 9.2 个百分点，反映出中国搜索引擎市场集中度进一步提高，整个市场基本为寡头市场。为了解决收支平衡问题，李彦宏引入了竞价排名制度，这成为百度今后最主要的收入来源，大多数门户网站的搜索引擎也是采取此种盈利模式。

（二）社交性媒介——博客与微博

在中国，以"用户生产内容"（UGC：User Generated Content）为核心理念的 Web2.0 技术受到新闻网站的迅速采用和极大推崇。这些技术中，最为突出的应用是博客。

2008 年发布的《第 21 次中国互联网络发展状况统计报告》显示，拥

[①] 彭兰：《中国网络媒体的变革轨迹》，《新闻学论集（第 21 辑）——纪念改革开放 30 周年特辑》，中国人民大学新闻与社会发展研究中心，2008 年，第 15 页。

有个人博客的中国网民比例超过 23.5%，规模超过 4935 万。博客不仅成为网民个人表达的窗口，也成为他们更广泛地参与新闻传播与社会生活的一个重要舞台。博客等技术，不仅推动着"公民新闻"在中国的实践，也在"公民社会"的建构方面起到了潜移默化的作用。

2006 年 5 月 8 日，新浪迎来了第四位领头人——公司原总裁兼首席财务长曹国伟，他被任命为新任首席执行长并进入公司董事会。曹国伟集中精力打造网络门户，将内容和广告业务拓展得更加淋漓尽致。

全力打造博客是新浪抢占网络广告份额的另一撒手锏。根据网站流量评估机构 Alexa.com 公布的数据，新浪访问量最高的三个频道分别是名人博客、财经和新闻。2007 年第二季度，新浪仅通过名人博客首页的显示横幅广告就获得了 100 万美元营收。新浪名人博客是最具吸引力的博客网站。中国著名女演员徐静蕾的博客每日访问量至少为 10 万次，在受众人数方面遥遥领先。一般来说，大多数广告客户更愿意在热门博客上投放广告，这对新浪无疑更为有利。2007 年 9 月中旬，新浪宣布将通过在博客页面上投放显示横幅广告，将博客流量商业化。曹国伟的一系列举措为新浪和自己带来了很多荣誉。2006 年 2 月 6 日，新浪总裁曹国伟获"中国广告最有影响力人物"称号。

博客对于新闻事件的即时反应促进了博客新闻的发展，博客新闻的出现使以新闻报料为主的大众参与式新闻，逐渐过渡到以个人为中心的"自媒体"新闻传播。博客新闻在新闻编辑和呈现方式上深度结合了 web2.0 元素，对网友评论建设的重视以及基于关注机制的推送是博客新闻区别于以往新闻内容运营的最显著特点。当时的 QQ、TOM、新浪、搜狐都开辟了博客新闻这一板块。

当时的微博属于博客的一种形式，单篇文本通常限制在 140 个汉字以内，用户可以通过它发布与接收文字、图片、视频、音频等形式的信息，其核心功能是"社会性交往与互动"。中国大陆最早的一批微博网站诞生于 2007 年，但真正发展起来还是在 2010 年。新浪微博是其中做得最成功的，并在 10 年后成为中国最大的社交平台之一。

（三）即时通信需求的增长，QQ 与 MSN 之争

中国互联网经过接近 10 年的发展，已经深深地融入人们的生活、学习

和工作中。用户开始习惯在网上使用即时通信软件进行交流，并且这一使用趋势有望超过电子邮件。互联网用户的快速增长使即时通信用户也日益增长，截至 2006 年第二季度，我国即时通信注册账户为 8.3 亿个，其中，MSN、QQ 共计占有了 8 成市场份额。

早在 2001 年，腾讯就已经推出了 QQ 会员服务、QQ 产品、QQ 社区等。多年以来，它一直在完善和发展各种增值业务。2007 年，QQ 会员已经突破千万大关。腾讯每月的会员收入已达 1 亿元，QQ 因此成为当时中国拥有最大流量的即时通信应用，腾讯赚得盆满钵满。

2004 年 6 月 16 日，腾讯成功地在香港联交所挂牌上市。目睹了腾讯所取得的巨大商业利益，2004 年年初，新浪、网易、搜狐三大门户网站和国外巨头微软、雅虎纷纷展开了对腾讯的围攻，国内即时通信市场的竞争日趋白热化。2003 年 6 月，网易推出了即时通信软件"网易泡泡"，并以免费短信为手段，在短短几个月间迅速集结了 1000 多万的注册用户基数；2004 年年初，搜狐也推出即时通信软件"搜 Q"；7 月 7 日，新浪收购了 UC 即时通信技术平台。在这期间，雅虎中国的"雅虎通 6.0 中文版"、263 的"E 话通"、淘宝网的"淘宝旺旺"以及网络游戏新贵——盛大也推出了自己的 IM 软件"圈圈"。电信运营商们也不甘示弱，从 2006 年开始，移动飞信、联通超信、网通灵信纷纷上线，试图在即时通信市场分一杯羹。

2005 年 5 月 26 日，微软 MSN 在中国的门户网站正式推出；9 月，MSN Messenger 在中国移动推出移动 MSN 服务，12 月中旬又在中国联通推出相关服务。微软通过 MSN Messenger 与 Windows 系统的整合，使个人电脑与互联网、即时通信软件之间的关系变得更加紧密。与 QQ 这类深受年轻人喜爱的即时通信软件不同的是，MSN Messenger 更具商务色彩，成为企业办公的主要信息沟通手段之一。据说，MSN 是比尔·盖茨亲自干预的产品之一。MSN 每次新版本内测的时候，天才工程师的无数想法都被比尔·盖茨否决掉，从这个意义上讲，MSN 是做减法的软件。

（四）流媒体技术进步与网络视频的崛起

2006 年被称作"网络视频元年"。由于数字技术与计算机技术的飞速发展，远距离传送数字视音频信号成为可能，以 P2P 技术为基础的流媒体网站以及视频分享发展尤为突出。于是，继博客、即时通信等网络社交应用之后，网络视频作为一种新兴的互联网内容形态闪亮登场。2006 年，美国视频博客网站 You Tube 在成立一年半以后，以 16.5 亿美元卖给了 Google，创造了一个互联网财富神话。此后，中国互联网掀起了一阵视频网站热浪，中国视频网站从 2007 年年初的 30 余家激增至 200 余家。

土豆网是国内起步较早的视频分享类平台。平台于 2005 年 4 月开始运营。土豆网为用户创造了一个容易发布或收集个人音频和影像作品的平台。悠视网、OPENV、土豆网、我乐网也分别获得数百万美元到上千万美元不等的风险投资。视频共享网站不同于其他网站，目前普遍通过使用一种叫 Flash Media Server 的技术来实现视频传播，虽然这种技术在很大程度上减少了带宽、服务器的成本压力，但比起图文网站来说，服务器宽带成本仍旧高出很多。从盈利模式来看，较早的盈利模式探索是在 2006 年 3 月，土豆网发布 "Toodou Ad"，即在土豆网的用户申请 "Toodou Ad" 业务的前提下，在其上传的视频作品中插播广告，广告收入采取与用户合作分成的形式，当用户账户达到 100 元时即可向土豆网支取该分成费用，用户分成的前提是在原创内容中插播广告。①

而门户网站在网络视频这方面，具有强大的资源整合能力，内容基本形成了综合资讯点播、影视剧点播、播客分享、客户端直播四大框架，以娱乐和体育内容为主，原创节目以及与卫视的合作是令门户网站区别于那些小的专业视频分享网站的王牌。如《搜狐歌会》因为制作精良，被东南卫视选中在电视台播放，腾讯与湖北卫视合作推出的音乐访谈节目则定期在湖北卫视播出。

形态各异的互联网产品形态极大地丰富了人们的生活，人们开始拥有两种身份——真实社会中的身份与虚拟世界的网民身份。人们的兴趣开始分化，以前那种一味地提供综合性信息的门户时代正在悄然离去。

第二节　打破坚冰、主动合作，新旧媒体之间的竞合

中国社会处于急速的变革中，中国网民对于新闻信息的时效性、丰富

---

① 艾瑞咨询：《国内五大视频分享网站的看点》，《中国电子商务》2007 年第 2 期，第 97~99 页。

性的需求进一步提高。同时，在中国互联网发展的早期，出于对上网成本等因素的考虑，中国网民更希望在少数几家类似大超市式的网站里获得全面的新闻信息，虽然上网的成本已经大大降低，但网民的这种习惯仍然保持下来。只有"整体联合"才能更好地满足他们的需求，于是，传统媒体与商业网站之间的联合使中国的互联网成为一个真正的"超级媒体"，以更好地满足网民的信息需求，从而形成优势互补，共同获利。互联网媒体和传统媒体开始打破壁垒，积极寻求内容、平台、资源上的合作。

一　商业网站与报业间的合作与整合

报网之间的关系很微妙，从一开始的彼此敌对到开放合作，不过就发生在几年间甚至几个月间。

（一）从联合抵制到寻求合作

报刊媒体的颓势与互联网广告的增长形成了鲜明对比，这直接导致了2005年年底在北京召开的全国晚报都市报总编辑年会得出了"赔钱的给赚钱的打工"这一论断，进而提出联合抵制互联网免费使用报业内容的《南京宣言》。

2006年年初，全国30余家报业集团发表联合声明，声讨互联网对报业利益的侵袭。然而仅半年过去，报业在北京召开的"香山会议"出现了倒戈现象，开始寻求合作。一时间，融合代替了冲突，成为报网关系的主基调。[①]

其实，中国的商业网站之所以能在网络新闻领域扮演重要角色，在很大程度上取决于传统媒体信息资源的支持。正是传统媒体及其网站对商业网站的开放姿态，使中国的商业网站获得了比国外很多商业网站更优越的发展条件。

当时报刊媒体与商业网站结盟的主要类型有以下几种。一是与分类广告网的合作，如前程无忧网与《华商报》《南方都市报》《华西都市报》等20多家报刊媒体的合作。二是与即时通讯网的合作，如腾讯利用QQ客户端与《重庆商报》合作开通大渝网；MSN与北青网的合作。三是与门户

---

① 马涛：《中国报业数字化30年》，中国传媒大学出版社，2014年。

网的合作，主要是门户网获得报纸的原创内容，报纸借助门户网推广品牌。此外，国外较普遍的搜索引擎与报纸的合作在我国反而罕见，这是因为中国的门户网站比报纸网站强大得多，谷歌、百度、雅虎等把中国的门户网站视为比传统报刊更有价值的合作伙伴。①

2005年，北青网被评为2005年度十大创新媒体之一。这家媒体网站的创办，既不像人民网、新华网等国家重点新闻网站有巨资投入，也不像千龙网、东方网等地方重点新闻网站由当地多家媒体共同扶持，它是在国家和报社没有任何物质投入的前提下，靠着几个初创者的热情而诞生的。北青网总裁徐建用"热情"和"坎坷"两个词概括了北青网从创立至今的发展历程。1995年开始创办时，因为在集团内部不受重视，北青网无法得到资金和政策的支持。后来报社终于同意网站经营者到社会上拉赞助，当时有一家企业投资了1000万元，也就是这1000万元的投资使北青网初步成为一个商业化的新闻网站；成立的股份制公司——北京青年报网际传播技术有限公司，使它有了一个不同于其他新闻网站的良好机制。②

"学习"与"合作"成为北青网创新的两个关键因素。对商业网站的学习和模仿给北青网的盈利带来了转折性的变化。2003年7月，北青网开始做手机增值业务，还做过手机联盟、代收费等手机业务；2005年9月开通了IVR③业务，一个月有接近百万元收入。另外，WAP业务也有一部分收入。

2005年5月，经过了两年的谈判，北青网成为MSN九大合作伙伴之一，当日开通的"MSN中国"网站资讯与娱乐频道的全部内容为北青网所提供。在方兴东的互联网实验室对中国的网站所做的排名中，北青网与MSN合作后，最高排名排在第50多位，三个月的平均排名为第110多位，而合作之前，排在第1000位以外。合作还包括网络广告的分成，与北青网合作后，MSN的广告利润由3%~5%增长到20%。

北青网不仅重视与其他网站的合作，而且和母报之间的合作也是十分

---

① 袁志坚：《报纸与商业网站结盟：产业融合的选择》，《传媒》2007年第10期，第41~43页。

② 杨春兰：《北青网：从徘徊到奔跑》，《传媒》2006年第10期，第11~13页。

③ IVR：Interactive Voice Response是电信业务名词，即互动式语音应答，您只须用电话即可进入服务中心，根据操作提示收听手机娱乐产品。可以根据用户输入的内容播放有关的信息。

互补的。北青网不仅为北青报提供了内容传播的渠道，而且利用网络直播和网络调查等形式在互动性上发挥了很好的作用。同时，北青报社为北青网所提供的品牌资源也是不可小觑的。

2006 年 4 月上线的重庆大渝网是商业网站布局区域性新闻网站的典型。重庆大渝网同时结合了《重庆商报》的本地化基因和腾讯公司的用户基础，打造了一个立足于重庆，为本地互联网用户提供本地化内容资讯、互联网产品和城市生活便利服务的网络平台。

（二）报网联合的高峰——2008 年北京奥运会

2008 年的北京奥运会让传统媒体和互联网的整合达到了顶峰。2007 年 9 月 14～16 日在北京举行的中国数字报业实验室专题研讨会议的主题是"借奥运契机，发展数字报业"。新闻出版总署报刊司副司长朱伟峰说，"奥运会不仅是体育的竞技场，同时也是新闻的竞技场"，并认为"各报纸网站和新兴媒体在奥运宣传上完全大有可为"，前提是要发展数字报业。2006 年年初发起全国报业内容联盟的解放日报报业集团就在 2006 年 8 月与新浪形成了全面战略合作伙伴关系。

搜狐掌门人张朝阳也把奥运报道视为战略点，认为商业网站新一轮"跑马圈地"开始了，而在这轮跑马圈地中，合作可能是一种最有力的手段。张朝阳的看法是互联网业的一致看法，所以这些商业网站在彼此拼杀的同时，纷纷合纵连横，包括与有影响力的报纸和大多由报业集团主办的新闻网站结盟。

另外，国内大多数新闻网站的年运营成本不过 500 万，靠自身努力进一步扩大影响力的可能性已经不大。传统媒体打造一个网站每年至少也需要这样大的投入，而形成规模也困难重重，因此，这类新闻网站与有自建网站需求的传统媒体进行整合，不失为互惠互利的出路。2005 年以来，部分新闻网站已经开始并入传统媒体，如北京的千龙网被北青传媒并购，安徽的中安网划归安徽日报报业集团，湖南的红网改由潇湘晨报主办，广西桂龙网与广西报业集团的新桂网进行合并等。[①]

---

① 高国营、陈旭东：《产业链重构——新闻网站与传统媒体整合的思考》，《新闻记者》2006 年第 12 期，第 41～44 页。

二 初见"台网联动"

由于流媒体的特性，互联网与广电媒体的合作比与报刊之间的关系更加复杂和多元。"台网联动"成为这一阶段最新鲜的词语，它指的是电视台与互联网（主要指的是视频网络）利用各自的优势进行双向互补，在内容的制作播出、推广营销、媒体发展、品牌建设、资本运营等层面进行联动合作。① 由于电视台的权威影响力以及电视新闻采编权限的局限性，商业网站方在一开始处于弱势，不得不积极主动地与电视台寻求合作。不过，这样的状态也随着互联网的日益强大而悄无声息地发生着改变。

（一） 内容合作的两大板块——娱乐和体育

2006 年 11 月 15 日，新浪网与上海东方卫视联合召开新闻发布会，宣布双方达成战略合作伙伴关系。签约后，双方将在新闻内容、市场活动等各方面展开广泛合作，新浪网将为东方卫视提供网络平台和信息资源，包括网络展示、信息支持和网络互动。作为回报，在今后的一年内，新浪网将成为东方卫视下属栏目及所有时尚娱乐类活动的独家门户网站。虽然合作仅限于娱乐报道，但这一尝试不失为一种在线新闻业务创新发展的积极探索。2006 年元旦，双方共同打造了中国首个网络电视访谈节目《非常声音》。该节目充分利用新浪网"嘉宾聊天室"的品牌和内容资源，在东方卫视播出后好评如潮。随后，新浪娱乐制作的《加油，好男儿》专题中，仅网友的博客评论就有 10 万余篇，留言近 30 万条。② 像这种达成资源共享、联合制作及广告经营合作伙伴关系的还有安徽卫视和搜狐、齐鲁电视台与新浪等。

除了娱乐，内容领域的另一块蛋糕就是体育。在体育类节目的合作方面，互联网也积极与电视台联合，利用专业媒体的内容制作能力，借势热点反向输出。

合作的方式主要有两种。一种是基于独立节目的合作。比如重庆电视台与搜狐、网易、新浪联手打造的《奥运三见客》节目，利用三大门户网

---

① 陈小淑：《从"台网联动"到"网台联动"探索——传统电视台持续发展的新模式》，《新闻传播》2014 年第 7 期，第 94～95 页。
② 黄贞：《商业网站新闻频道的经营模式探析》，南昌大学，2007 年。

站的资源优势，实现台网联动播出，互相引流。再如 2008 年北京奥运会后，搜狐以北京电视台体育频道人员为制作班底，在比赛结束后第一时间邀请到奥运冠军进演播室接受采访的《冠军面对面》节目。采访的人物包括中国奥运冠军以及取得突破成绩的优秀运动员，被采访对象达到了 60人，覆盖了 18 个中国获得奖牌的奥运项目，制作的节目也多达 40 期，每期节目的时长为 30 分钟。节目制作完成后立即在搜狐网站上播出，北京电视台同步播出，大大提升了搜狐作为奥运传播主角的品牌影响力，广告主的品牌曝光度提升也是效果空前。

另一种合作方式则是电视台与商业网站之间的战略合作与资源互通。2007 年 6 月 6 日，陕西电视台与搜狐网隆重签署了战略合作协议。在签约仪式上，张朝阳做了关于新媒体与传统媒体合作的专题演讲，并说"自己是看陕西电视台节目长大的"，表达了自己对家乡的感情和对电视的喜爱，还说自己十分看好和重视此项合作。时任陕西电视台台长王广群与张朝阳签约后互赠礼品、亲切握手的照片被誉为"两个巨人的握手"，网上点击率很高。

（二）关于体育转播权的争夺

我国对电视转播权市场进行了全面改革，特别是自 2002 年以来，国家体育总局对电视转播权开发进行了新的尝试。国家体育总局下发了《关于本赛季足球电视转播权开发工作的有关问题的通知》，明确规定 2002 年重要足球赛时均由总局电视转播权开发指导委员会统一协调指导。该文件被业内人士认为将"打破中国体育赛事电视转播权市场坚冰"。2005 年，国外职业联赛经营收益中的转播权收入占俱乐部总收益的 30% ～50%，而国内只占 2%。谁能争夺到重大体育赛事的转播权，谁就是赢家。

这一阶段，搜狐网与央视国际等 49 家国内电视台形成了战略合作联盟，除了在网络平台为各个合作伙伴建立网上推广专区之外，还开展了短信互动无线增值业务、电视流媒体、博客播客、大型活动的共同策划推广、奥运联盟等一系列深度合作。[①]

---

① 李荣、韩秋雯：《电视与网络新媒体融合初探》，《今传媒》2008 年第 1 期，第 58 ～ 60 页。

2006 年，搜狐与东方宽频签订排他性协议，成为世界杯历史上首个被正式授权播放赛事视频的国内门户网站。世界杯期间，中央电视台不仅全程转播了全部 64 场比赛，还利用 cctv. com 全面启动互联网平台宣传功能，集信息发布、互动、图文、视频于一体，网罗博客、引擎、图文直播、专题报道、收视指南、论坛、在线访谈、视频点播、播客、网络广告等互联网内容形式。中央电视台还与新浪、搜狐、TOM、网易、腾讯、百度等九大网站以及中国移动、中国联通两大运营商合作打造"我爱世界杯"网络联盟，全网参与世界杯这项盛事，成为当年台网联动的现象级事件。

此后，搜狐又获得了 2008 年北京奥运的互联网转播权，拥有 3800 小时的奥运视频内容。除此之外，搜狐还拥有欧洲五大足球联赛、NBA、中超等重大赛事的直播权。

面对搜狐的先声夺人，其他门户也步步紧逼。新浪成为中国内地英超赛事网络视频直播独家门户合作伙伴。腾讯宣布与国际篮联（FIBA）战略携手，成为其官方网站的独家承办方，优先获得其赛事授权。2007 年 7 月 19 日，新浪、腾讯、网易更是共同宣布结为战略合作伙伴关系，组建"奥运报道联盟"。而 TOM 也携手湖南卫视及多家主流平面媒体，意在借助传统媒体的采访资源，在第一时间发布奥运新闻。

体育与娱乐，向来是国民最关注的内容类型。广电媒体与互联网企业勇于突破传统桎梏，进行紧密的技术合作、内容共创、资源共享，在眼花缭乱的内容市场创造出更多贴合互联网特征和用户属性的精品化内容，互联网企业的春天来临了。

第三节　《超级女声》背后的跨媒体合作

在国家三网融合政策的号召下，电信网、互联网、广电网开始了跨媒介的抱团合作。其中，2004 年和 2005 年湖南卫视推出的一档名为《超级女声》的音乐选秀节目闯进了人们的世界，大屏带动小屏，掀起了全民参与的狂潮。

一 《超级女声》背后巨大的经济效益

《超级女声》前身是湖南电视台娱乐频道所主办的名为"超级男声"一个姊妹赛事，2004 年在湖南地区取得成功后，转由湖南卫视接手。到了 2005 年，该节目如日中天，不但成为当时的"现象级"内容，拉开了中国卫视阵营真人秀的大幕，更为湖南卫视的广告经营打开了全新的局面。蒙牛乳业以 2800 万元买断 2005 年"超级女声"冠名权，邀请 2004 年《超级女声》季军张含韵担任产品形象代言人，并投入 8000 万元用于制作电视、平面、网络、户外等形式的广告，与《超级女声》达成战略联盟，同样投入巨资全面支持《超级女声》在各地的活动。冠名了《超级女声》的蒙牛乳业，业绩优异，截至当年 6 月底的半年业绩为纯利 2.5 亿元人民币，上涨 34%。

广告主与节目的结盟所取得的成功大大超出了人们的想象，不仅让赞助企业蒙牛集团出尽了风头、赚足了人气，而且也让电视台、通信公司、网络公司等赚得盆满钵满。

而蒙牛和《超级女声》的案例也被视为营销界的神来之笔。成熟的商业化运作模式为《超级女声》的赞助冠名、贴片广告和短信服务带来了最直接的收入。在这个游戏中，链条的多个环节的多个利益方都是赢家。2004 年，中国省级卫视排名中，湖南卫视以 4.505% 的市场份额位居第一。2004～2006 年，"湖南卫视"和"超级女声"连续位居娱乐类的中文网络搜索及媒体报道量榜首。

二 创新节目机制寻求共鸣

《超级女声》节目采用了制播分离的模式，湖南广电以湖南娱乐频道的名义与北京天中文化共同投资，在上海注册成立了一个控股子公司——上海天娱传媒有限公司，通过影视节目制作与经营湖南娱乐频道的娱乐赛事如《星姐选举》《超级男声》《超级女声》及其艺员经纪和培训等业务，实现湖南娱乐频道边际资源的再开发。天娱公司的成立是频道市场化运作的一种尝试，经营的已不是一个简单的广告时段，而是"超级女声"这个品牌。正如天娱传媒董事长王鹏所说，"《超级女声》的结束是另一个开始。从电视节目、艺人合约到唱片、图书、网络等项目，都是整个'超级女声'文化产业链中不可或缺的一环"。

"真人秀"这一节目机制也蕴藏深意。"真人秀"对观众的一个很大的吸引力就是在普通人中挑选竞争者而不是影视明星，这样观众与节目中的主人公的心理距离小，容易在竞争者中挑选出自己的代表者，然后会更加关注他的命运。所以，《超级女声》在挑选竞争者的时候，往往注意竞争者的广泛代表性，注意挑选不同的表演风格、演唱技法、个人性格等，便于让更多的观众在竞争者中找到自己的认同者。

由于"真人秀"一般有着淘汰机制，如果自己的"代言人"在某一轮被淘汰，观众还会继续在剩余人群中确定自己的新的"代言人"。这种观看心理和动机无疑大大强化了观众的观看快感和参与意识。"真人秀"节目还把淘汰的决定权给予观众，使节目有参与性和互动性，从而吸引更多的观众参与到节目中，获得更多变现的机会。

三 由《超级女声》热播带动的三网融合

《超级女声》宣告了一个多媒体时代的到来。广电网、电信网、互联网产生了合力。

经过多年的发展，短信产品已进入成熟期。从最简单的汉字短消息到短信游戏，从铃声、图片下载到社区交友，已经有上千种业务提供给消费者，涉及生活的方方面面。3G 时代的到来，给无限增值业务带来了更多机遇，形成了更多具有竞争力的主要业务，如短信内容订阅、铃声和图片下载、手机游戏、手机上网等。《超级女声》为通信运营商和短信增值服务提供商创造了一个新的利润增长点——短信投票业务。2005 年 8 月 26 日，《超级女声》三强决赛开幕。李宇春获得 352.83 万票，周笔畅 327.08 万票，张靓颖 135.39 万票，合计超过 800 万票。短信投票对节目进程的影响大大增强，创造了一个手机与电视融合的新模式。

《超级女声》的无线合作伙伴是掌上灵通。据专业人士分析，以每条短信收入 1 元为例，按照通行的行规，移动运营商首先要拿走 0.05 元的短信通道费，在剩下的 0.95 元中再拿走 15% 的代收费，（联通为 30%，电信和网通分别为 20%）剩余不到 0.85 元再由湖南卫视、掌上灵通及天娱公司进行分成。而湖南卫视拿走的无疑是里面的大头，其余的由掌上灵通及天娱公司分食。如此看来，举办一届《超级女声》，湖南卫视可以拿到的短信收入就有几千万元。

据央视索福瑞 2005 年 8 月全国各城市电视节目收视率显示，《超级女声》的收视率居高不下。《超级女声》贴片广告报价甚至超过了央视最贵的《新闻联播》时段广告价格，每场比赛的广告收入大概为 250 万元。

在互联网上，各大网站关于《超级女声》的报道铺天盖地。有调查显示，在各网站的铃声下载中，《超级女声》铃声下载占到了大约三分之一。当时全国有 20 多万个网站，绝大部分网站都开设了"铃声下载"板块。以中国每天有 1 亿人次上网而《超级女声》铃声下载在各种铃声下载中占十分之一计算，每天产生的费用就达到 6 万元，每月产生 180 万元的财富。[①]

这之后更是带动 2006 年成为中国的"选秀年"，全国大大小小的"选秀"活动已经达到 500 多种。影响力较大的有上海文广传媒的《加油，好男儿》、湖南卫视的《快乐男声》、江苏卫视的《绝对唱响》。湖南卫视还与香港 TVB 联手打造全景体验式舞蹈节目——《舞动奇迹》，首次制造了男女两大阵营划分以及男女明星搭档组合的概念。

一个由媒体创办的《超级女声》能带动如此大范围的经济效益，辐射到数个相关行业，这不能不说是一个奇迹。而这与《超级女声》成功的品牌运作密不可分。在电视媒体成为人们日常收视习惯的时代，《超级女声》通过掀起一场全民狂欢，成为 21 世纪初最具娱乐性质的媒介事件。由于品牌已经形成，此后每一届《超级女声》都会引起巨大反响，成为湖南卫视的王牌综艺节目，收视碾压其他电视台。

第四节　有关互联网秩序的规范政策出台

当互联网产业越做越大时，行业的乱象便再也不能被忽视。未成年人患上网瘾，沉迷电子游戏，分不清虚拟与现实，这严重影响了正常的生活和学习，许多亲子关系因此破裂；网络环境的开放性特征助长了抄袭、盗版等侵权行为，对知识产权问题的重视被迫提上日程。尤其是商业网站没

---

① 陈卓：《解析〈超级女声〉：媒体、企业、大众的共谋》，四川大学，2006 年。

有新闻采编权而直接使用传统媒体原创内容获利的现象，令传统媒体十分恼火；网民的素质低下，网络的匿名性特征导致一些不文明的内容污染了互联网环境；被眼球经济影响、利欲熏心的组织或个人开始在网络上传播色情、淫秽信息……此时，政府不得不出面整治。

一 关于网上服务营业场所的管理收紧

2001年4月3日，信息产业部、公安部、文化部、国家工商行政管理总局联合发布《互联网网上服务营业场所管理办法》，整治互联网上网服务营业场所，监督互联网上网服务营业场所经营许可审批和服务质量。2001年4月13日，信息产业部、公安部、文化部、国家工商行政管理总局部署开展"网吧"专项清理整顿工作。这是我国第一次大规模的"网吧"清理整顿活动。

2002年5月17日，文化部下发《关于加强网络文化市场管理的通知》，要求网吧等互联网上网服务营业场所必须实行消费者入场登记制度和场地巡查制度，严禁网吧等营业场所容留未成年人夜间上网。《通知》规定，网吧等互联网上网服务营业场所不得开设在中小学校周边直线距离200米以内；允许未成年人在国家法定节假日及寒暑假每日8时至20时进入"网吧"等互联网上网服务营业场所，但在线时间不得超过3小时。16周岁以下的未成年人进入以上场所，必须由其监护人陪伴。《通知》对规范"网吧"等互联网上网服务营业场所、遏制有害信息的网络传播等做出了进一步规定。

2002年8月14日，国务院第62次常务委员会通过《互联网上网服务场所管理条例》。2002年9月29日，时任国务院总理朱镕基签发中华人民共和国国务院第363号令，公布《互联网上网服务营业场所管理条例》，于2002年11月15日起施行。《互联网上网服务营业场所管理条例》作为一部行政法规，其内容与《互联网上网服务营业场所管理办法》相比更为严厉。《条例》明确了审批、管理权限，强化了经营者的责任和管理要求。《条例》第9条规定居民住宅楼、院和中小学校周围200米均不得设立网吧；第19条规定网吧等经营单位应当实行经营管理技术措施等。《条例》对于网吧的设立和经营都规定了严厉的条件，违反规定的将受到严厉处罚，这对于规范网吧的经营管理起到了积极作用。2001年11月22日，共青团中央、教育部、文化部、国务院新闻办公室、全国青联、全国学联、全国少工委、中国青少年网络协会向社会正式推出《全国青少年网络文明公约》，旨在"引导网络机构和广大网民增强网络道德意识，共同建设网络文明"，增强青少年自觉抵御网上不良信息的意识。

二 网络侵权行为的整治

为巩固互联网新闻宣传阵地，宣传部门一方面利用传统媒体资源培育主流新闻网站，另一方面也加强对互联网内容的管制。从 2000 年开始，信息产业部、中宣部、广电总局、新闻出版总署陆续有政策文件发布，如由新闻出版总署与信息产业部联合发布的《互联网出版管理暂行规定》明确规定了自 2002 年 8 月起，未经批准，任何单位或个人不得开展互联网出版活动。2003 年 1 月，国家广播电影电视总局制定《互联网等信息网络传播视听节目管理办法》，规定通过信息网络向公众传播视听节目必须持有国家广播电影电视总局颁发的"网上传播视听节目许可证"。并在 2004 年更新了这一文件，增强了对网络视听节目开办主体的限制，要求除国家广播电影电视总局批准设立的广播电台、电视台或依法享有互联网新闻发布资格的网站外，其他机构和个人不得开展网络传播新闻类视听节目业务。[1]

网络侵权行为呈现泛滥之势，国家相关部门制定了很多法规试图遏制这种现象。中国互联网协会于 2002 年 3 月 27 日颁布了《中国互联网行业自律公约》，该《公约》的推出不仅积极推动互联网行业的自律，在网络信息发布、链接方面严格把关；还注重引导个人用户和企业用户增强网络道德意识，以积极的心态利用互联网这个资源巨大的平台，营造文明健康的网络环境。2006 年 5 月，国务院颁布了《信息网络传播权保护条例》，旨在保护著作权人、表演者、录音录像制作者的信息网络传播权，规定除法律、行政法规另有规定外，任何组织或个人将他人的作品、表演、录音录像制品通过信息网络向公众提供，须获得权利人许可，并支付报酬。2008 年 6 月，国务院正式颁布实施《国家知识产权战略纲要》。

---

[1] 李春：《当代中国传媒史（下）》，漓江出版社，2014 年，第 599 页。

三　互联网内容的监管

从 2007 年开始，针对互联网淫秽色情等不良内容传播的现象，我国政府也开始了艰难的整治之路。2007 年 6 月，中央办公厅、国务院办公厅发出《关于加强网络文化建设和管理的意见》。12 月，国家广播电影电视总局又发布了《关于加强互联网传播影视剧管理的通知》。这两项文件都旨在防止一些违反社会道德、色情淫秽甚至危害国家安全的内容在互联网上传播，净化网络环境。2008 年 2 月，国内八家中央网络媒体在北京签署《中国互联网视听节目服务自律公约》，共同约定为创造健康绿色的网络环境贡献自己的一份力量。

针对未成年人沉迷网络游戏而损害身心健康的现象，在社会压力之下，2007 年 4 月，新闻出版总署、中央文明办等八部门联合发布《关于保护未成年人身心健康实施网络游戏防沉迷系统的通知》，要求各个网络游戏启用防沉迷系统。

一个良好健康的互联网环境是媒体赖以生存的土壤，在内容还没有那么丰富的时代，媒体依靠其专业的生产能力和效率占据了内容和用户优势，然而激烈的竞争让市场秩序失位，只有整治互联网秩序，才能不让不法分子有可乘之机，才能保护版权，从而鼓励更多优质内容的生产，让网络媒体处于一个良性竞争的生态之中。

第四章 媒体广告市场走向成熟

媒体广告市场在进入 21 世纪后迎来了繁荣时期。其最直接的表现在于媒体广告形态的极大丰富，从电视软广告兴起到互联网广告的多样化，人们适应广告，市场重视广告，并对其提出了更高的要求。于是，专业的广告公司、媒介购买公司等新的产业角色出现了，它们很快获得了巨大市场，并对媒体广告经营产生影响。在这种情况下，媒体开始对广告经营机制、服务能力进行革新和升级，媒体广告经营竞争加剧，进入白热化阶段。

第一节 媒体广告形态越发丰富

植入广告、特约播出、赞助冠名、电影映前广告、网络视频贴片……这些如今已经司空见惯的媒体广告形式，都是在 2000 年后开始集中出现的。它们是对传统广告形式的补充，也是媒体广告繁荣的直接写照。这一阶段，媒体广告更多、更深入地走进了人们的生活。

一 电视媒体软广告逐渐兴起

电视丰富的内容为软性广告形式提供了发展的土壤，植入式广告也悄然登上荧幕。《丑女无敌》、《超级女声》、2006 年世界杯、2008 年奥运会，提到这些节目或活动，难免会让人想到当年商业广告在其中的热闹景象。

（一）多样的软性广告

2003 年 9 月，国家广播电影电视总局颁布了《广播电视广告播放管理暂行办法》（简称"第 17 号令"），并于 2004 年 1 月 1 日正式实施。17 号令对电视广告时长和黄金时间电视剧插播广告进行了限制。于是，在行政干预的作用下，黄金时段播出的广告开始缩水。2004 年，中国电视广告时长比 2003 年增长了 24%，这是中国电视广告市场高速发展的有力印证。但19：00～21：00 黄金时段的广告播出时长，比 2003 年明显减少，减幅为13%。① CTR 是英文单词"Click－Through－Rate"的缩写，翻译成中文为"点击通过率"，可以理解为"广告点击率"，即广告的质量度，它受多方面因素影响，如创意的相关性、创意历史点击率、下载完成率等。在电视媒体硬广告资源的扩张受到严格限制的情况下，传统广告的收视率和广告传播的效果备受影响。靠硬广告来支撑，完成创收任务越来越难，新形态广告产品亟待被挖掘。

在这样的形势下，电视媒体软广告逐渐兴起。

栏目、板块或剧场的冠名，片尾鸣谢，特约播出，赞助播出等软性广告开始逐渐成为电视剧广告的重要形式，同时挂角标、剧情预告、剧情互动、有奖收视等多种灵活的方式在电视剧广告中也是屡见不鲜。相比于在节目之间直接播放的硬性广告，软广告形式多样，表现丰富，在不易招致观众反感的同时，常能起到更良好的效果。

与此同时，进入 2000 年后，电影中偶有出现的"隐性"广告获得关注，引起媒体运营者和电视剧发行商的注意。慢慢地，电影常用的隐性广告即"植入广告"，在电视剧中也开始运用。等到观众们看了《手机》《大腕》等电影后，对植入式广告的心态开始趋于平和，电视剧植入式广告发展的步伐变得迅速。

其实，中国电视剧植入式广告的应用，可以追溯到 1991 年的情景喜剧《编辑部的故事》。② 北京百龙绿色科技总公司以 13.5 万元认购《编辑部的故事》的片头广告，并安排百龙矿泉水壶以陈设道具的方式在剧中出现，随着电视剧的热播，百龙矿泉水壶几乎成为家喻户晓的产品，销量直线上升。这被认为是中国电视剧植入式广告获得成功的最早案例。

《丑女无敌》是 2008 年湖南卫视节目和广告互动的典范。这部当年制作、当年播出的新形态电视剧，因剧中出现的植入式广告而获得观众强烈

---

① 数据来源：CTR 市场研究。
② 樊丽：《是润物细无声，还是广告连续剧？——对电视剧植入式广告的思考》，《声屏世界》2009 年第 10 期，第 54～55 页。

反响。这部堪称史无前例的全程、全方位植入的"广告连续剧",包含了理念植入、故事植入、明星植入、道具植入等多种广告植入形式。其中最值得一提的是互动式的创新植入:企业当前正在设计、制作的活动,剧组可以实时、实地拍摄"真实现场",经艺术处理后播出。拍摄期间,演员甚至亲临企业组织的公关活动等。可以说,至《丑女无敌》,中国影视的植入手段已经与国际完全同步了。① 在该剧开机前,海外著名快消品企业联合利华反应快速,第一时间摘得"首席赞助",旗下系列品牌贯穿全部剧情。联合利华媒介总监表示:"其规模和开创性而言,在全球都极具影响力。"②

(二)"热闹"的大型活动广告

当然,对于电视来说,随着节目形式与内容的丰富,广告营销的手法也相应变得丰富。2005 年,湖南卫视综艺选秀节目《超级女声》火爆全国,同时引发了中国广告市场的一股新的浪潮。以"活动行销""植入广告"为代表的"软广运动"更加激烈,大型直播活动赞助成为电视广告营销的一个新的高地。

就以《超级女声》与蒙牛酸酸乳的合作来说,年轻、活力、自信、美丽是节目与产品所共有的特质,两者的结合可谓珠联璧合。③ 蒙牛对该节目进行赞助,植入的表现形式以传统的标版、口播、角标为主,同时通过如海选现场的广告牌、背景灯、跳动的蒙牛 LOGO 以及评委席上的产品特写等方式,全面传播蒙牛品牌形象。节目期间蒙牛的品牌形象和系列产品收到了良好的宣传效果,蒙牛与《超级女声》的完美整合成为中国电视植入式广告合作的标志案例。

另外,在活动营销这块高地上成绩显赫的案例还有央视的"2006 年世界杯营销"和"2008 年奥运会战略"。前者开发了多达 10 个以上的产品线,后者则集结了其旗下几乎全部频道"打通了来玩",规模和力度都在

---

① 张霖枫、董茜:《媒介融合背景下电视广告的突围——以湖南卫视的广告经营为例》,《媒体时代》2011 年第 9 期,第 32 ~ 34 页。

② 陈敢:《价值创新:寻找电视媒体的世外桃源——软广,可以改变一切》,《广告人》2008 年第 7 期,第 134 ~ 137 页。

③ 赵梅、黄磊、陈晨:《浅谈植入式电视广告效果评估体系》,《市场观察》2007 年第 4 期,第 15 ~ 17 页。

行业中无人能敌。

2008 年，中国第一次有城市作为主办城市举办奥运会，具有非常重大的时代意义。从媒体的角度讲，它们要集中精神，向世界展示中国国力。从企业的角度讲，2008 年奥运会更是一次需要集中时间、精力，通过荧幕向世界展示自己品牌的难得的大好时机。

中央电视台是北京奥运会在中国内地唯一拥有电视转播权的单位。央视准备了 7 个频道：CCTV－1、CCTV－2、CCTV－5、CCTV－7 和 CCTV 高清频道 5 个有线频道，风云足球、高尔夫网球两个付费频道。① 作为"2008 年奥运会中国大陆及澳门地区独家播出机构"，央视因此成为众多国际品牌竞相追逐的焦点。奥运期间，可口可乐、一汽－大众奥迪、阿迪达斯、耐克、肯德基、一汽丰田、上海通用、韩国现代汽车、GE、三星、松下、西门子、麦当劳、VISA、广州本田、奔驰、欧米茄、强生等国际品牌出现在央视屏幕上，数量之多，创下历届奥运会国际品牌投放广告之最。据不完全估算，北京奥运会期间的十几天，央视的广告收入超过 20 亿元人民币。

总之，随着我国媒体及节目形态的不断发展丰富，广告主的需求也日益多样化，对传播渠道的需求促使他们追逐个性化、互动化、定位明确的媒体。为了收到更好的传播效果，广告主愿意尝试多样的传播载体以完成同一个传播目标。而在广告时长受到政策限制，观众对观看体验的要求提升的情况下，媒体也必须寻求新的经营之策。这样，软广相比于硬广的优势被凸显出来，逐渐被媒体、广告主和观众认可，逐渐成为电视媒体广告的重要形式。

二 广电新媒体开启广告运营

有线数字电视在我国市场出现，不仅给消费者带来崭新的接收终端、内容和业务的新鲜感受，也给广告业的发展带来机遇和挑战。我国有线数字电视广告的商业运营始于 2006 年，由杭州华数首开先河，率先启动数字电视广告的经营。

---

① 《央视成 08 奥运最大受益者，广告收入将超 20 亿》，《东方早报》，http：//media. people. com. cn/GB/7522785. html. 人民网，2008 年 7 月 17 日，最后访问时间 2019 年 1 日。

2007 年，我国有线数字电视用户达到 2500 万户，地面数字电视的移动接收在超过 30 个省或地市开始运营。但数字电视运营商对自身媒体空间上广告形式的开发、广告价值认定等都处于摸索阶段。同样，广告公司都在慢慢挖掘数字电视广告的制作流程、运作模式等，广告主意识也刚刚导入。①

在之后的五六年里，包括有线数字网络运营商在内的各种角色，逐渐加强了对这一新型平台广告形式的开发和广告业务经营的探索，并逐渐成熟。2010 年前后，北京、上海、广州、深圳等数字电视发展基础良好的城市陆续开展广告经营并取得较好成效。

传统电视广告中，覆盖范围和受众规模是决定电视广告价值的核心因素。数字电视的发展，带来了新的业务形态和服务模式，不仅在很大程度上更新着电视广告的内涵，也不断延伸其外延。

以实时交互为主要特色的数字电视作为载体，其广告传播方式发生了根本变化，在广告形态上也体现出区别于传统模拟电视单向传播的特点。数字电视广告提升了观众的主动性，产生出种类繁多的新型广告形式，如 EPG 类通过数字电视电子节目菜单导航信息传播的广告，具体包括开机广告、菜单主页广告（或称门户广告）、栏目二级页面广告、换台导航条广告、频道列表广告、音量条广告等，还有用户管理界面广告、数字广播背景广告、回看贴片广告，以及 VOD/NVOD 点播的首页页面、栏目冠名、贴片、挂角广告，卡拉 OK 贴片广告、互动类广告等，还有包括游戏、邮件、资讯等在内的增值业务广告。②

进入 2010 年后，在全国已开展数字电视广告业务的城市中，EPG 广告因其高到达率和曝光率，且不受换台影响的特点，逐渐成为主流形态，其收入贡献率也最高。而随着各地双向网改造进程加快，在具备大规模双向用户基础的城市中，VOD、时移、回看等增值业务的贴片广告也受到青睐。

增值业务类广告，因其与具体业务的开发情况密切相关，若某增值业务本身无法吸引用户，则其广告价值也不高，在有线数字电视发展的这一

---

① 丁俊杰：《广告业在数字电视时代的机遇》，《广告大观（综合版）》2008 年第 2 期，第 5 页。

② 徐琦、张雨忻、李贝：《中国有线数字电视广告经营现状、困境与策略研究》，《现代传播（中国传媒大学学报）》，2013 年第 35（10）期，第 111～115 页。

阶段，增值业务种类有限，因而相应的广告市场也有限。互动类广告的实现需要双向数字电视网络来支撑，观众可利用遥控器实现与广告信息的实时互动，按下遥控器特定按钮后进入广告互动环境，并可获取更多产品信息。和传统电视广告相比，互动广告非常有竞争力。同样，由于对网络、技术条件等有所依赖，交互操作相对复杂，推广和普及也只是在较为初级的阶段。

对于媒体经营者来说，数字电视的新技术带来的是更多资源，除传统电视频道外，点播、资讯、支付、游戏等新业务，点播、回看等新功能，以及数字化的页面设计、更智能化的操作，让互动广告、页面信息广告、专区广告以及上文中提到的各类新型广告形态成为可能。通过这一全新的终端，产业链条上的各种角色都可以与观众实现沟通和交互，对广告主来说，更是有从宣传向销售转化的直接效果。日后，随着有线数字电视在我国市场的普及，这一广告形式也得到进一步的创新和转化。

三　电影广告开始起步

在国内，相比于广告经营较为强势的电视、报纸、广播、杂志四大媒介载体，电影领域广告经营较为滞后。从 1994 年起，中影公司（中国电影集团公司）开始引进海外影片，迅速激活了我国的电影市场。对于电影发行方、放映方来说，他们看到了除票房之外的电影广告的商机。电影开始成为举行商业广告活动的一种新的载体。加入 WTO，中国承诺每年引进 20 部进口大片，除了分账收入外，广告收入也是一个重要卖点。于是，中国电影广告在各种条件的刺激下逐渐起步了。

（一）进口电影首现中国广告

1997 年，中国的第一个电影广告出现了。当年 5 月，加映在美国进口影片《山崩地裂》前一分钟的"新飞电器"企业形象广告片，成为国内影院内首次出现的跟片广告。它随着进口大片走进了全国 100 座大中城市的 1500 家影院，经过 10 万场次的放映，观众达 7000 万人次，这迅速提高了新飞电器的品牌知名度。[①]

---

① 屈雅利：《电影贴片广告的传播价值剖析》，《新闻爱好者（理论版）》2008 年第 10 期，第 54~55 页。

1998 年春天，美国影片《泰坦尼克号》在中国上映。这艘巨轮载着动人心魄的爱情故事，在全世界掀起一片热潮，同样受到我国数以万计的观众的热烈欢迎，市场票房收入高达 3 亿人民币，创下进口大片票房之最的佳绩。电影广告随之受到追捧，甚至出现广告客户排队争上跟片广告的热闹景象。最终，有幸搭乘上这艘巨轮跟放全国范围的就有 TCL 王牌彩电（1 分钟）、宝洁公司出品的飘柔和海飞丝洗发水（30 秒）、乐百氏纯净水（30 秒）、喜之郎果冻（1 分钟）、三源美乳霜（30 秒）等多家客户，① 喜之郎的果冻产品"水晶之恋"，更是借此成为家喻户晓的产品。

1998 年 7 月，中影公司和中国电影发行放映协会共同召开了中影和部分省市电影公司的电影广告工作研讨会，提出了我国第一个《电影广告管理办法》，商定了全国与地区广告位置分配和广告发布费等权益分配的比例。并针对经营的方式和规模以及技术上的协调等基本达成共识，此办法的出台，初步规范了电影广告的市场行为，加强了各地区的合作，协调了各方的利益，有效地控制了少放、漏放、剪片等不良现象的重复发生。于是，电影广告逐渐具备了一个当代大众媒体所应具备的条件和资格，从而被人们重新开始认识与利用。

（二）国产电影广告的贴片和植入

国产片加载贴片广告是从《没完没了》开始的。2000 年票房战绩最为辉煌的国产电影当属贺岁片《没完没了》，它还没有上映，跟片广告的收入就已经超过了电影投资。② 2002 年 5 月，中国电影集团与当时日本最大的广告制作公司株式会社电通 TEC 联合成立中影电通太科广告有限公司，共同打造中国电影广告市场。这对即将成立的中影院线的贴片电影广告发展有重大帮助。此举推动了业界对电影贴片广告的重视和市场整合进程，在当时中国电影广告市场中先行一步。③ 之后，在《英雄》《手机》《十面埋伏》等当时成绩斐然的国产电影中，都可以看到贴片广告的身影。

是时，电影广告运作方式灵活，互动性强。企业如果在电影媒体投放广告，既可选择做全国贴片广告，也可做省市跟片广告；既可选择跟月广

① 连云丽：《"电影广告"力拯中国电影》，《工人日报》2000 年 6 月 13 日，第 4 版。
② 连云丽：《"电影广告"力拯中国电影》，《工人日报》2000 年 6 月 13 日，第 4 版。
③ 《2002 年中国广告业十大新闻候选事件》，《广告大观》2003 年第 2 期，第 25～27 页。

告，也可选择冠名（全国冠名、地方冠名）广告。同时，为使广告客户的投放达到预期的目的，配合客户的需求，还可举行广告与促销相结合的复合式广告活动，如赠送样品，现场展卖、抽奖，派发宣传单等。

为了规范对电影贴片广告市场的管理，国家广播电影电视总局和国家工商总局于2004年7月出台了规范我国电影贴片广告市场的第一个规范性文件——《关于加强影片贴片广告的通知》，《通知》中规定电影贴片广告的内容要真实合法，符合社会主义精神文明建设的要求，不得欺骗和误导消费者；未经版权方同意，任何单位不得搭载、删减贴片广告；影片贴片广告一律加在《电影片公映许可证》画面之前；不得占有电影放映时间；电影院要对放映的影片贴片广告时间予以公告。但是，该《通知》对电影贴片广告的具体时长并没有做出明确的规定。实际上，当时也确实存在电影观众因电影跟片广告时间过长而产生不满的情况。

继贴片广告之后，电影植入广告也开始在国内影片拍摄中有所尝试。

2003年年底，冯小刚的贺岁片《手机》上映，在这部围绕"手机"的影片中，演员使用的全部是摩托罗拉牌手机，男主角被安排的大量特写镜头，也对其使用的手机进行了表现。《手机》这部电影几乎成为摩托罗拉品牌的"专属代言"，因此也成为国内电影植入广告的经典。再如，电影中一个很生活化的场景，插播了中国移动"沟通从心开始"广告，此时恰逢剧中主演情绪波动，而荧屏上正好出现了这一幕场景，与广告相互呼应。① 《手机》之后，植入式广告成为国内又一新兴的电影广告方式，并在后续的影片中被应用。

从1998年到2008年，经过10年发展，一个以北、上、广为支点，向全国做层级推进的现代电影广告营销传播格局已经基本形成。② 然而，电影媒体生产和发展状况会制约其广告的传播广度。要使电影广告达到最好的传播效果，首先要求被贴片、植入广告的电影本身具有较高的质量水准，既要叫好又要叫座。这一时期，我国电影的生产状态使每年出产的具有影响力和规模的影片数量极其有限，因而在广告放映协议周期之内符合此类要求的影片自然也十分有限，因此电影广告在当时来说，仅是一个刚

---

① 张颖：《电影广告四大商业价值》，《市场观察》2004年第8期，第40～41页。
② 伍尚金：《世界广告潮流与中国现代电影广告——中国现代电影广告的形成与发展初探之一》，《中国电影市场》2008年第7期，第28～29页。

刚起步的规模而已。

四　互联网广告逐渐多样化和丰富化

在互联网诞生之初,网络广告飞速发展,给无数的互联网从业者带来了梦想,互联网公司如雨后春笋般成立、上市。2000 年,网络泡沫破灭,互联网公司纷纷破产,网络广告进入萎缩期。2003 年之后,经过寒冬的洗礼,网络广告开始重焕生机,进入平稳发展阶段。2005 年,国内网络广告市场规模已突破 30 亿元人民币,超过杂志广告的市场规模,接近广播广告的市场规模。

(一) 互联网广告被认可

自网络诞生以来,网络广告一直是各大网站的主要盈利项目之一。网民数量快速增长,网络广告成为各广告商争抢的蛋糕。网络广告,是指利用国际互联网这种载体,通过图文或多媒体方式发布的营利性商业广告,是在网络上发布的有偿信息传播。有些网络广告形式看起来只是传统广告形式在互联网媒体中的延伸,而另一些网络广告形式却真正体现出了互联网媒介的特点,如互动性、非线性等。这一阶段诞生的互联网广告形式有电子邮件广告、旗帜按钮广告、竞价排名广告、文字链接广告、网络视频贴片/植入广告、在线游戏广告等。

在这个阶段,互联网媒体的广告价值已经获得了市场的认可,在广告形态、广告表现上的创新层出不穷,广告价格也开始节节攀升。据艾瑞统计:2003 年,中国网络广告市场总值为 13.1 亿元人民币,其中排在榜首的 IT 行业,高达 2.7 亿元;其次是手机,1.8 亿元;汽车和房地产类广告异军突起,以 300% 的高速增长,分别达到了 1.2 亿元和 1 亿元。在 13.1 亿元的市场总值中,三大门户网站业绩突出,新浪达到 3 亿元,搜狐为 2 亿元,网易接近 1 亿元。三大门户再加上 TOM、雅虎中国等门户,占到整个网络广告市场的 70%。2004 年网络广告达到 23.4 亿元,2005 年达到 40.7 亿元,2006 年达到 60.5 亿元,2007 年达到 106.1 亿元。年增长率超过 50%,甚至达到 75%。相比网络广告发达的欧美国家,以美国为例,其 2007 年网络广告市场规模是 113 亿美元,年度增幅保持为 15%,中国网络广告市场展现出惊人的高速增长趋势。

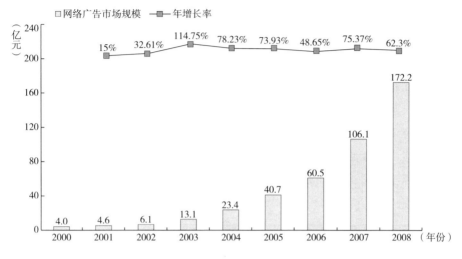

图 4－4－1 2000～2008 年中国网络广告市场规模

注：网络广告市场规模包括品牌图形广告、搜索引擎广告、固定文字链、分类广告、富媒体广告和电子邮件等网络广告运营商收入，不包括渠道代理商收入。

资料来源：艾瑞咨询研究报告。

1997 年 3 月，我国出现了第一个商业性的网络广告，IBM 为其产品 AS400 的宣传支付了 3000 美元，广告表现形式为 468×60 像素的动画旗帜广告。中国 IT 网站 chinabyte 获得了中国历史上第一笔互联网广告订单。早期国内经常在互联网上投放广告的广告主是 Intel 和 IBM。

腾讯在早期也是将网络广告作为自己的赢利手段。腾讯创业时，由于资金短缺，马化腾想把 QQ 软件卖掉，但由于各种原因始终没有脱手。但是，当时 QQ 注册人数以陡峭的曲线疯涨，几乎每天都有 80 万的新增用户注册。如此算来，一个月要新加两台服务器，一周需要投入一台双 CPA、1G 内存的服务器，价值 7 万多元；还有租用带宽和其他硬件的成本，每个月都需要几百万元的成本投入，此后又相继控制注册用户数量等。处于艰难时期的腾讯开始了最早的盈利方式——广告。腾讯最初的网络广告取得了较大的成就，成为紧随新浪、搜狐之后的第三大网络广告媒体。但最初的网络广告在形态、尺寸上还没能形成统一的行业标准，定价比较混乱。

（二）网络广告形态多样化创新

2001 年年初，饱受纳斯达克寒霜影响的网络公司开始开源节流，开源是能够存活下去的关键。对于大部分以网络媒体为定位的网站来说，网络广告无疑是网站最重要的收入。但是，在网络广告过去的发展历史中，由IAB（网络广告局，现更名为互动广告局）制作的传统的 468×60 像素的GIF 格式的网幅广告，点击率一再下降，广告效果也越来越差，大部分广告主认为网络广告效果不佳，在投入方面有所保留。2 月初，美国传来好消息，CNet 在网站上首先开始大规模使用大尺寸网络广告，广告幅面可以达到 300×300 像素甚至更高，广告尺寸比传统网幅广告大了三四倍。接着，国内的网易、新浪、搜狐等网站开始纷纷行动，设计推出了适合各自媒体形式的大型网络广告。有了更大的表现空间，网络广告的设计效果也提升了一个台阶。大部分大广告开始采用 Flash 制作，广告呈现的图像高度清晰，并可以有声音、游戏等效果。经过这一年，网络广告彻底改变了原有的呆板形象，网民也越来越接受大尺寸的网络广告。网络广告行业死而复生了。网民通过网络广告对 Intel、IBM、联想、摩托罗拉、索尼等公司的品牌和产品有了更多的认识。

随着中国成为全球用户数量最多的互联网市场，网络广告的商业机会也在不断涌现，众多本土的广告公司开始崛起，网络广告里的金矿逐一显现，迎合网络广告发展趋势的新技术平台，迎来属于它们的黄金时代。而百度在这个阶段基于搜索引擎的竞价排名是当时非常典型的互联网广告产品。

2001 年 9 月 20 日，百度推出"竞价排名"服务。2002 年 10 月，百度竞价排名业务全国代理商大会召开，百度开始为雅虎中文 yahoo.com.cn 提供服务，雅虎同时加入百度竞价排名阵营。2003 年 9 月，百度开展"9 月营销革命"，在全国近百个城市开展"竞价排名"付费搜索服务的市场推广活动，取得了巨大市场反响。

2004 年 9 月，上海一家公司以每字每天超过 1000 元的天价购得百度一个文字链广告位，创下了中国网络界广告的收费纪录。2006 年 6 月，百度竞价排名调整原来的统一起始价规则，"智能起价"系统正式上线。2006 年 7 月，百度推出颠覆性广告模式——精准广告，这也标志着百度的广告产品进入了全新的发展阶段。

2008 年 8 月，百度联盟推出按效果付费的 CPA 广告平台和"百度 TV 奥运样式"版。2008 年 12 月，凤凰网加盟百度联盟，迅雷加盟百度联盟。

就在 2008 年，百度广告联盟规模达到 21.7 亿元。

广告投放形式不断推陈出新，网络带宽的提高为中国网络广告摆脱单纯的图片广告形式提供了机会。随着流媒体技术的发展，音频、视频形式的网络广告开始出现。2002 年，中华网在国内首次推出流媒体广告，以流媒体技术为其客户百事可乐公司在其网站上投放广告，页面弹出一个窗口——如同欣赏电视广告一样，"小甜甜"布兰妮将百事可乐的精彩世界完全展现。中华网开国内流媒体应用的先河，凭借其新颖的表现形式和良好的传播效果，很快被国内众多网络媒体采用，至今流媒体仍然是中国网络广告的重要表现形式。

根据互联网数据中心的调查，超过七成网络受众对视频广告持赞成态度，并预测广告将成为未来网络视频盈利的主要方式。当时，门户视频的广告主要有 FLASH 和 WMV 两种格式，在点播或直播中通过贴片、插片、后插片等形式投放。网络视频贴片广告，即在视频的片头或片尾插播的与视频无关的广告内容，时长与传统电视广告相似。经过几年的发展，网络视频贴片广告在各类视频广告中占有举足轻重的位置，受到了网站运营商和广告客户的一致关注。视频贴片广告和普通的网页广告一样，拥有链接功能，点击广告后就会弹出广告主页面，使受众对广告中所宣传的商品或服务有更多的了解，这无疑是网络技术在传统电视广告上的利用和延伸。视频贴片广告的时长主要有 5 秒、10 秒、15 秒和 30 秒，与电视广告相类似。为了不招致用户反感，网站的视频节目中还没有大量添加广告，比较常见的形式是在部分体育赛事的直播以及原创的名牌栏目中添加贴片广告。据悉，2008 年新浪自制节目《小马锐话题》的广告收入已超过百万元。

另外，门户网站的一些名牌原创栏目以及制作精良的视频专题采取了企业冠名的方式，将企业的名称与栏目名称相结合，在场景、道具或情节对白中展现企业产品的形象，达到为企业宣传的目的。比如腾讯演播室的《德尔惠明星访谈》《小肥羊涮不停》等节目都采取栏目冠名的盈利方式。

第二节　媒体广告经营机制革新

新时期广告市场变化多样，媒体环境日渐复杂，竞争激烈。在这种情况下，媒体广告经营机制只得通过不断调整、革新来顺应市场发展需求。进入 21 世纪，以电视为主的媒体，经营管理结构逐渐形成"中心制"和"频道制"并存的局面，广告经营机制与之相对应，各地根据实际情况也有所区别。2003 年，我国文化体制改革试点工作展开，作为其中重要组成部分的传媒业，在企业转制过程中新建了许多专门负责广告业务的广告公司，公司化运营由此展开。

一　"频道制"还是"中心制"？

从我国广播电视事业诞生至 20 世纪 90 年代末，"中心制"一直在电视台的管理中发挥着重要作用。直到进入 21 世纪，即从 2000 年开始，"频道制"改革开始推行，我国广电媒体管理体制逐渐形成了"中心制"和"频道制"并存的局面。

（一）频道制与中心制的由来

在我国广电事业发展初期，中央、地方电视台，频道资源、数量有限，当时的电视台作为事业单位，在生产管理上与政府部门思维一致、部门设置对应。这就形成了中国电视台机构设置的部门制方式。

中心制其实是从部门制发展变化而来的。90 年代末，随着我国广电系统"三台合并"的推行，媒体集团化浪潮出现，电视台业务总量增加，资源不断丰富，部门制逐渐演变为中心制，如分设制作中心、播出中心、编辑中心、广告中心和技术开发中心等专业化中心部门，并根据各自的职能划分进行节目的生产、购买，再输送到相关频道时段播出。一时之间，全国的电视台，从中央到地方，基本都有了类似的机构设置。[①]

对于广电系统来说，中心制是对传统管理体制和运行机制突破性的改革，是对"四级（中心—部门—科组—栏目）办电视"体制的进一步补充和改良，它打破了原来台与台的界限，把相关的部门合并，集中人力、物力，使各个中心朝各自专业化方向发展，在频道资源稀缺的计划经济体制下能够集中优势、统一调度、统筹管理、资源共享。这一时期，观众在收

---

① 熊忠辉、周欣：《透视中国电视传媒组织变革——在中心制与频道制之间》，《视听界》2007 年第 3 期，第 16~20 页。

看如中央电视台的节目时，可以在每档栏目的结束字幕中，看到最后升起的"中央电视台某某中心"的字样。

在这之后，随着我国电视产业化进程的不断推进，专业化频道增多，内容也向专业化发展，国内电视媒体开始进入频道化时代。观众开始改变根据栏目选择频道的收视习惯，逐渐根据频道选择节目，频道也开始注重和培养各自的品牌。原有的电视台与电视台之间的竞争已经演变为频道与频道之间，乃至栏目和时段的份额竞争。在这样的背景下，频道制管理模式应运而生了。[①]

频道制也称频道总监制，是以频道为单元，对频道内的栏目设置和节目日常管理、人力资源使用、报酬分配等实施管理的现代电视媒体管理模式。从 2000 年开始，以中央电视台为代表，开始进行频道制改革。

2000 年，央视开始开展频道制改革试点工作，先后在英语频道、西部频道、经济频道和西法语频道 4 个频道进行探索。2000 年 9 月 25 日，随着 CCTV-9 英语国际频道的开播，频道总监制在中央电视台应运而生。2003 年 9 月成立经济频道，撤销了经济部、信息部建制，原两部门的栏目以"合并同类项原则"组建资讯、财经、服务、专题、特别工作室，淡化了行政级别，构建频道总监、工作室主任、制片人三级组织管理机构，后来又撤销了工作室，由频道直接面对栏目管理，初步在经济频道建立起了频道制的管理框架。2005 年，在中央电视台二套进行频道制改革的试点；同年，改革深度推进，开始大范围推行频道制改革，并取得阶段性成果。[②]同时实施、完善《栏目目标管理系统》，改变中心制下"四级管理"的低效状况，实行"频道—栏目"的两级管理，并且减少了管理成本。

（二）浙江广电集团：频道制与中心制并存

专业化频道的设置，可以形成更具有针对性的成熟的受众市场，特别是对于广告投放来说，将更加合理精准。而电视台的广告经营，将大权收归中心，集中统一运行，又可以合理地整合、分配广告和媒介资源。实际上，对于当时国内广电系统，各地各台根据自身情况，在不同时期，组织

① 熊忠辉、周欣：《透视中国电视传媒组织变革——在中心制与频道制之间》，《视听界》2007 年第 3 期，第 16～20 页。
② 郝丽娟：《频道制改革优势分析》，《中国记者》2007 年第 12 期，第 77～78 页。

结构和经营模式上都各成体系，形成中心制与频道制管理并存的局面。而在广告经营对策上，大多采用了统合的路子，如湖南广电集团，即使前期采用频道自主经营，后来还是选择了统合的管理体制。

另外，以浙江广电集团为典型代表。集团独特的组织结构、管理模式、经营机制，反映到广告经营管理与经营实施中，就形成了统分结合，集团整合与频道自主经营相结合的广告经营管理模式。

浙江广电集团于 2001 年 12 月正式挂牌成立，在此之前浙江广播电视局对原省级电视三大播出机构实施体制改革。经过改革，浙江电视台、浙江有线电视台、浙江教育电视台三台合一，原本分属三个台管理的六个频道被整合成由浙江电视台统一领导。经过集团化改革，浙江广电集团对所属的 20 个单位实施了国有资产、发展规划、新闻宣传、节目资源、技术、人事、财务等十个方面的统一管理，形成了分级负责、分级核算、统分结合的组织结构体制。而浙江广电集团管理层由党委会、管理委员会、编辑委员会等 10 个相关管理部门组成。在这 10 个相关管理部门中，产业发展部（又称广告管理中心）居其中。

在这样的管理结构下形成的统分结合的广告经营管理组织结构具体表现为：根据各频道的经营情况及其特殊性，由集团统一下达不同的、具有现实性的年度广告经营指标给各个频道；根据宏观经济形势，特别是浙江区域市场的经济发展状况、媒介发展状况、广告经营现状等，统一制定广告成本政策；为防止各频道在经营过程中各自为阵、恶性竞争、抵制客户压价，由集团统一管理各频道的广告价格；由集团财务部统一进行财务结算和财务管理；由集团统一实施广告监播制度。同时，定期召开由集团各频道总监与广告部主任参加的广告经营例会，分析广告经营形势，进行交流沟通，协调各频道在广告经营中发生的矛盾与问题。

而各电视频道和广播频率作为广告经营的基本单位，在集团的统一管理下实行自主经营，集团依托频道经营实现广告量增长。各频道总监及各频道的广告部主任拥有集团规范下的频道广告经营自主决策权、人事进出选择权、与广告客户自主交易的决定权等。

在这一组织结构中，如何达到科学而有效的统分结合，是实施该广告经营管理结构模式的关键。为避免统得过死或分得过散，真正做到集团化合力运作下的分频道自主经营，2002 年 10 月，浙江广电集团特别设置集团的广告管理中心（又称产业发展部），强化集团对各频道广告经营的日常管理、监督、协调。作为集团的职能部门，广告管理中心逐渐形成五大工作职能：人员培训职能、价格管理职能、广告监管职能、市场研究职能、频道推介职能。① 通过设置该部门，浙江广电集团将各频道广告经营的统一管理、统一服务落到了实处。

二 广告部到广告公司，公司化运营

2003 年，我国文化体制改革试点工作展开，要求经营性文化产业实行企业制改造，按照现代企业制度的要求培育文化市场主体。2003 年 9 月，国家广播电影电视总局向系统内文化体制改革试点单位及试点地区内的广电系统单位印发了《广播影视体制改革试点工作实施方案》。方案要求把允许经营的资产、资源和业务从事业体制中分离出来，进行企业转制和重组，与事业部分分别运营和管理。具体来说，就是把电台、电视台、广电集团（总台）的广告、综艺娱乐类节目、体育节目、科教节目、影视剧的制作与销售业务，从事业体制中分离出来以组建公司，实行所有权与经营权分离，面向市场，自主经营，自负盈亏，依法纳税。②

于是，在政策驱动下，媒体内的广告经营部门在具备实力的情况下被剥离出来，推行公司制，开始了公司化运营。

浙江广电集团作为全国文化体制改革试点单位之一，在深化频道经营体制改革方面，对频道的宣传部分继续实行频道制，将经营部分（包括频道的广告业务、延伸产业、节目购销、经营推广活动等）剥离出来，推行公司制。这种宣传、经营两分开，频道制、公司制并行的频道公司化运营模式，可以称为"浙江模式"。③ 浙江广电集团以电视影视文化频道、广播交通频道和旅游频道为试点，分别组建浙江影视娱乐传媒公司和浙江交通旅游传媒有限公司来进行公司化管理。据来自杭州网的资料，2004 年 9 月成立的浙江交通旅游传媒有限公司，是以浙江电台交通之声和旅游之声两

---

① 浙江广播电视集团管理委员会委员、浙江电视台副台长顾顺坤文稿《分频道经营与集团化运作》，2003 年 9 月。

② 阎忠军：《电视频道公司化运营的制度安排、基本模式及其主要关系》，《视听界》2005年第 2 期，第 42～46 页。

③ 阎忠军：《电视频道公司化运营的制度安排、基本模式及其主要关系》，《视听界》2005年第 2 期，第 42～46 页。

个广播频道媒体为依托的股份制企业，主要负责两个频道的广告经营及相关产业的开发和增值业务。

同样的还有南京广电集团。作为全国文化体制改革试点单位之一，在掌握频道所有权、节目播出权和终审权的前提下，南京广电集团将文体、生活、信息三个亏损频道的制作经营权进行剥离，分别组建频道经营公司：南京风尚传媒公司、南京明视传媒公司、南京导视传媒公司。这三家公司实际经营三个电视频道的除审查和播出之外的所有业务，成为频道运营商。

这些传媒公司以代理电视台的广告业务为主要经营模式，但有的也会参与到节目的制作、发行中。根据 2004 年 12 月 2 日《21 世纪经济报道》报道中的资料，山东视网联媒介发展股份有限公司于 2001 年组建，主营业务涵盖了节目、广告制作、数字电视的投资和运营以及影视剧制作和发行等。山东有线电视影视、综艺、生活三个频道在山东有线电视中心的框架内，继续负责电视节目、广告内容的审查与播出，而公司则负责电视广告与电视节目的制作与经营。

又比如，2010 年，在整合辽宁人民广播电台、辽宁电视台、辽宁教育电视台资源的基础上，创建于 1993 年的辽宁电视台广告传播中心正式更名为辽宁广播电视广告有限公司，标志着辽宁广播电视台在广告经营方面迈出了市场化的重要一步。作为辽宁广播电视台经营创收的主体，辽宁广播电视广告有限公司负责全台八套广播频率、七套电视频道、户外媒体以及新媒体资源的广告经营，打造了"辽宁模式"。[①] 此后，辽宁电视台又成立了集广告传播、节目购销、广告信息制作于一体的北方广电传媒（集团）。辽宁广播电视台全部经营性资源统一纳入集团旗下，包括辽宁广播电视广告有限公司、辽宁七星传媒集团有限公司、辽宁北方新媒体有限公司等多家公司，其业务逐渐发展扩大，后来发展至包括广播电视节目制作，广告经营，新媒体业务，电视购物，影视剧制作、营销，影视基地开发、经营，电影院线经营，会展服务，音像制作出版，文化信息咨询服务，培

[①]　辽宁广播电视广告有限公司，https：//baike. baidu. com/item/辽宁广播电视广告有限公司/5213133？ fr = aladdin，百度百科，最后访问时间 2019 年 1 月。

训，办学，报刊发行等近 20 个业务板块。①

总体来说，通过公司化运营的方式，人员的自主性变得更高，媒体在广告经营上的专业性、主动性更能凸显出来，同时也带动了其他经营业务模式的发展。

三 广告代理制进一步发展

经历了 20 世纪 80 年代末广告代理制度在我国的艰难出现，1990 年以后，广告管理部门在政策上开始进一步推行广告代理制度。1993 年，国家工商总局发布《关于在部分城市进行广告代理制和广告发布前审查试点工作的意见》，决定在全国开展广告代理制试点，这是广告代理制度初步确立后首次在全国范围内开展试点工作。1997 年，《广告服务收费管理暂行办法》颁布，规定广告代理费为广告费的 15%，国际通行的广告代理制以条文形式在我国被正式确立下来。②

进入 2000 年以后，中国加入 WTO，国家经济的发展推动了媒体广告经营的繁荣。与此同时，根据 WTO 广告服务承诺时间表，我国最迟从2003 年 12 月 10 日起允许外资在广告公司中拥有多数股权，最迟从 2005年 12 月 10 日起允许建立外资独资广告公司。在此背景下，具有跨国背景的 4A 公司集中在我国出现，同时本土媒介购买公司、代理公司也纷纷成立，它们不但手握优质的品牌资源，还具备更专业的服务能力，于是广告代理制在这一发展阶段迎来了全新的格局。

从媒体的角度来说，虽然此时四级办台模式下媒介资源丰富，但各级媒体发展情况不同，于是形成了不同的经营局面。这一时期，广告主愿意选择的媒体主要集中在央视和部分省级卫视上，因此它们有更高的议价能力。对于自身媒体较弱的一些省台或城市台来说，则是在与 4A 的竞争、博弈关系中完善和发展了自身的广告经营方式，最终形成大客户与本土直客并重的经营局面。

以广州台为例，受身处环境和自身定位等的影响，广州电视台广告客

---

① 辽宁北方广电传媒集团，https://baike.baidu.com/item/辽宁北方广电传媒集团/5247014，百度百科，最后访问时间 2019 年 1 月。

② 陈刚、单丽晶、阮珂、周冰、王力：《对中国广告代理制目前存在问题及其原因的思考》，《广告研究（理论版）》2006 年第 1 期，第 5～12 页。

户中有将近80%是国际性、国内的大客户。它将一些固定合作且关系比较好的广告公司（它们往往手握大客户代理资源）称为"大协议"公司。这虽然不是明确的代理制，但其实也是一种代理方式。2006年，广州台广告经营收入总额为5.6亿元，由客户代表组织回来的广告收入是4.8亿元；协议投放金额在500万元以上的广告公司，一共投放的广告金额是4.4亿元，占全部广告收入的78.6%。

而广东省台——南方电视台则施行了规范的广告代理制。南方电视台对广告部内部有非常严格的要求，以统一价格、统一折扣、统一标准和统一经营的原则对待各个代理公司。在十家一级代理公司中，也有南方电视台的子公司，即南方电视传媒广告有限公司，很多资源由该公司进行独家代理。与代理公司合作，为广告经营节省了很大成本，南方电视台广告部只有28个人，而广告经营额却在全面的代理制实行之后年年递增。

对于城市台来说，覆盖面和影响力与央视、省级台之间都存在较大差距，若想获取大客户则需要与4A公司合作，而不高的收视率使它们饱受压制。于是它们将经营注意力转移一部分至本地区的广告客户（地面直客）。比如湖南经济电视台，将曾经占全部客户四分之一的4A公司客户压缩至10%；扬州电视台开始给4A公司以更低的折扣，重点发展本土代理公司和自主客户；深圳电视台、上海电视台很大一部分的广告经营收入也都是来自本地客户。数据显示，到2007年，在某些城市台的广告收入构成中，地面直客已占全部广告费的40%。[①]

而对于安徽、湖南、上海等地的几家影响力较大的省级卫视来说，它们往往已经具备了与广告客户直接合作的能力，并能够提供多元的客户服务。因此，它们的广告经营策略就更加灵活，也会依据具体情况实行代理模式。比如上海文广集团，将一些频道资源整体交给代理公司协助经营；也有的将某一类客户统一交给代理公司服务。

央视作为这一时期电视媒体的"老大"，一直贯彻实行彻底的广告代理制度，同时在探索中将其完善。2007年，时任央视广告部主任夏洪波，提出了央视的一项面向广告代理商的三年规划——"3.1.5.1工程"。具体

---

① 《城市台开发地面直客价值解析与原理透视》，《市场观察·媒介》2007年第5期。

来说，就是用 3 年的时间与 300 家广告代理公司建立稳定的合作关系，重点加强与 100 家广告代理公司的全面合作，与 50 家广告代理公司结成"战略合作伙伴"关系，在某些省区或国外委托 10 家代理公司作为中央电视台的区域广告代理商。由此足可见央视对广告代理制度发展的重视。2010年，为了继续完善广告代理体系，央视又推出了信誉评价体系、阳光销售模式等政策。① 可以说，央视对代理制的贯彻，成为我国广告代理制度运行的典范。

同时央视还扶持并推动了一批本土广告代理公司的发展。每年央视都会表彰与之合作的优秀代理公司，评选出"年度十佳代理"。昌荣、三人行、光耀天润、北京电通、盛世长城等公司在与央视的合作中都增强了实力。

随着广告代理制在我国广泛推行，一些问题也出现了。比如为了争夺客户、排挤竞争对手，广告公司之间竞相压价，出现了将媒介支付给自己的代理费优惠给广告主、低价代理甚至"零代理"现象。也有广告主在熟悉市场操作后，开始自己独当一面，不再依赖广告公司。② 究其原因，还是与我国媒体广告市场发展不够完备有关。不过，对媒体来说，提升自身传播能力，因地制宜地采用广告经营制度可能才更为关键。

第三节　以电视媒体为代表的广告服务能力提升

媒体广告服务能力建设，是媒体自身发展、竞争加剧的结果，也是媒体广告市场更加成熟的标志。这一时期，媒体开始调整自身广告营销策略，优化广告服务能力，以帮助它们在市场地位不再强势的情况下，获得广告主的更多青睐和肯定。其中，尤其以电视媒体的广告服务能力提升表现最为突出。

---

① 纪辛：《中央电视台授奖十佳优秀广告代理公司》，《国际广告》2010 年第 4 期，第 110～111 页。
② 黄合水、张茜：《中国广告代理制在挑战中生存》，《广告大观（综合版）》2009 年第 9 期，第 46～47 页。

一　央视：优化招标体系和广告产品形式

长期以来，央视作为我国的媒介之王，在资源占有上无人可及。但面对我国媒体内容及传播途径的日益丰富和快速发展，央视也不得不开始采取措施，通过改革来应对市场变化和挑战。从 2003 年开始，央视开始大刀阔斧地进行内容改革和客户服务升级。在对栏目内容进行优化的同时，增加和提升客户服务形式与质量，并取得了一定成绩。

这些举措包括加大节目调整力度，采取栏目末位淘汰制，塑造精品栏目，走频道专业化道路。当时，收视率最高的中央一套汇集了全国 40 个名牌栏目中的 29 个，许多曾经的名牌栏目被淘汰，但央视的频道、栏目的整体收视率普遍上升。同时，央视也积极打造名牌主持人，通过"十佳"主持人评选来促成主持人的品牌化。

节目资源的优化直接促进了广告资源的优化。数据显示，央视改版效果明显，《新闻联播》的收视份额在几个月内提升了 2 个百分点，同时在每晚 20：00 档和 22：00 档形成了两个新的收视高峰，黄金时段大大延长，观众忠诚度得到了提升。

在此基础上，央视广告经营部门开始对客户服务进行升级，采取新的营销策略。

首先，对广告产品进行优化。比如在央视广告招标中，中标 A 特段的企业不仅能够在这个收视率极高的段位做 15 秒广告，还享有套播的种种优惠，即在包括新闻频道和二、三、四套等收视良好的频道及时段中都可以安排播出。A 特段的含金量大大增加。又如，将《天气预报》中的两条 7.5 秒广告调整为《天气预报》提示收看组合广告和两条 10 秒的广告。经过调整，2004 年，央视一套的重要时段如《焦点访谈》《晚间新闻报道》，央视二套的一些主要栏目和央视三套、央视四套的广告价位都有了不同程度的提高。[①]

其次，改变招标周期，黄金时段经营细分化。央视广告招标将一年一次的局部时段发展成季度标和单元标的形式，淡化了"标王"的概念，品

---

① 兰茂勋：《营销为王央视广告从坐商到行商》，《成功营销》2004 年第 2 期，第 30 ~ 31 页。

牌根据自己的产品销售情况和产品特点，来确定广告投放的情况。此外还增设了上午、下午档电视剧的剧场冠名，按上、下半年为单位招标。2003年，央视广告招标，全部 224 个标物被 150 多家企业竞买，黄金段位价格比上一年增长 10%～20%，新客户增长 50%。央视招标的调整，为更多企业增加了在黄金时段露面的可能性。

央视还通过不断开发"腰部"品牌来拓宽客户市场。2003 年，统一润滑油一举成名，销售额同比增长了 300%，短短一年，就从一个不为人知的品牌成为人们心目中的润滑油第一品牌。央视对统一这种"腰部"品牌进行支持，使之成为行业黑马，刺激了同行业的领导品牌，也为新的黑马树立了榜样。

另外，对于客户服务，央视广告部还组建多个专门沟通小组，与重点客户和常年投放客户进行一对一深度沟通。① 2004 年 8 月，央视成立了经营委员会，与过去央视下设的编务委员会、技术委员会、行政委员会三大部门并列。这也说明央视已将经营放到了一个重要的位置上。为了贴近客户，央视在广告部的业务流程再造方面，也进行了较大力度的改革。为了向客户提供更专业的咨询和策略服务，进行严格的监播和合同管理，央视每年仅用于购买研究数据的费用就达几千万元。② 这些服务保证了重点客户的投标积极性，促进了目标客户广告投放额的增大。

二 媒体推广会："坐商"变为"行商"

20 世纪 90 年代末，"标王"营销的赢家——中央电视台，由于爱多等"标王"品牌的倒地，标王策略开始受到市场的质疑，招标形式的广告招商进入低潮期。进入 2000 年以后，央视大刀阔斧地进行了一系列改革，以"黄金段位招标"代替原来"标王竞价"的说法，同时丰富竞标形式，优化媒介产品和客户服务。2003 年以后，央视广告经营又迎来新的巅峰。

由央视招标会、行业研讨会逐渐向各地发展的媒介推广会，在这一时期逐步蔓延到各大城市地区和媒体，成为媒体"拉拢"广告客户的重要手

---

① 兰茂勋：《营销为王央视广告从坐商到行商》，《成功营销》2004 年第 2 期，第 30～31 页。

② 范亮：《央视卖广告：从"坐商"到"行商"》，《南风窗：新营销》2004 年第 11 期，第 27～28 页。

段。可以看到，"愿者上钩"的媒体经营时代已经过去，在市场化的趋势下，媒体由"坐商"变为"行商"，更加主动地去满足客户需要，展现自身实力和资源。

央视在改革中，通过召集有关企业和行业举办研讨会和交流会，并通过在全国路演，寻找重点客户群，与更多企业品牌商进行交流互动，累计下来，央视3年一共在全国的30多个城市举办了90多场类似活动。[1] 从2003年9月下旬开始，央视广告部在全国各地中心城市召开了11个说明会，介绍2004年的招标情况，实现了"坐商"变为"行商"的历史性转变。[2] 2004年还特意在上海、青岛等经济发达的城市举行广告招标说明会、专家听证会，并在民营企业发达的福建、浙江，派驻专门的班底蹲点儿，举办营销论坛之类的活动。这些活动，成为央视走出本台、走出北京、贴近全国各地各行各业客户的机会，以此改善服务，吸纳资源。

2006年11月，央视黄金资源招标会，68亿元的招标额刷新了电视广告的纪录，央视黄金资源招标更加成为各地媒体的标杆。几年间，形形色色的媒体推广会在各地举行，以央视为标榜，2006年年末，北京、上海、广州等地的媒体推广会就有上百场。[3]

推广会的形式也十分多样化。发布会是最为常见和普通的推广形式，规模从百人到千人不等。媒体介绍自身资源、优势数据、广告政策等，有时遇到和其他媒体的时间重合的情况，客户还要分别赶场。随着行业区分意识的增强，推广会逐步细分化，更加有针对性地满足客户的需求。然而，有些媒体推广会的形式化越来越严重，起不到实际作用，面对这种问题，一些媒体转向采用研讨会形式，相当于为客户做增值服务，并延伸为推广活动。具体比如通过某一专题为客户解决市场营销和广告投放的问题，同时将媒体形象、广告价值融入议题中。有时媒体还会请专家、企业家到场交流。另外，还有招标会、旅游招待、颁奖典礼等形式，招标形式基本为央视独享，因为其他媒体在影响力和传播力上都难以企及；而旅

---

① 范亮：《央视卖广告：从"坐商"到"行商"》，《南风窗：新营销》2004年第11期，第27~28页。

② 兰茂勋：《营销为王央视广告从坐商到行商》，《成功营销》2004年第2期，第30~31页。

③ 陈徐彬、杨猛：《强者恒强，弱者退出——电视媒体推广会的必然选择》，《广告大观（综合版）》2007年第2期，第33~35页。

游、颁奖的形式，其实是与大客户进行交流、培养关系的方式，并不是主流形式。①

随着时间推移，媒体推广会从内容到形式都变得成熟。"天津卫视：笑傲江湖"、"滨海新精彩"（2007年、2008年天津卫视媒体推介会）、"2008我们从心出发"（浙江卫视2008年度媒体推介会）、"展示传播的力量"（2006年江西电视台媒体推广会）、"步步为赢·欢乐有约"（广西卫视2004年优势媒体推广会）、"有没有人告诉你：快乐是一种好品质！"（2008年湖南卫视媒体推广暨广告招商会）、"得长安者得天下"（陕西电视台2007年度媒体推广会）、"整合·力量·价值"（2004年重庆电视台地面频道价值推广会）、"古韵新风，魅力苏州"（2004年苏州广播电视总台北京推广会）……从这些城市台、省级卫视等形形色色的推介会主题可以看出，媒体推广会成为行业内每年的重要仪式，也成为媒体宣扬理念，结合自身特色优势发布产品、推出创新的平台。

不过，随着媒体推广会的流行，在一些媒体收获满盆的同时，也有悻悻而归者，媒体扎堆、千台一面等问题也随即产生。但是，它在市场中起到的激发市场活力、挖掘资源、建立沟通的作用不容忽视。特别对于各大电视媒体来说，在竞争激烈的市场环境中，推广会促进了它们对广告经营策略创新和改变的思考，成为它们形成自身品牌的展现窗口。时至今日，对各家媒体来说，媒体推广会仍是每年都要举办的盛会。

三 客服中心：更加专业的客户服务

面对市场竞争的压力与广电政策对广告资源的"压缩"，以及媒体广告经营专业化的发展，媒体开始将目光更多地转向客户本身，建设"客服中心"是加强客户服务的直接表现。

以安徽台为代表的省级媒体，在广告经营、客户服务上居国内前列。

2002年，安徽台在广告中心的基础上成立了"大客户服务中心"，增强其在广告经营上"专业化销售"的理念。"客服中心"从各方面着手，推出一系列客户服务的创新举措，帮助安徽台在客户服务上形成了突出的优势，而这些与其逐渐成为全国省级卫视收视、创收的佼佼者不无关系。

---

① 姚林：《媒体推广会之批判》，《广告大观（综合版）》2007年第2期，第30~32页。

2002 年，安徽电视台"大客户服务中心"为客户提供了 12 期《营销资讯》，之后又进行改版，内容从宏观到微观、从市场到企业再到消费者各个方面都有所涉及。从更专业的角度对市场进行更深入的研究报道，打造对客户具有实用价值的营销咨询。同年，服务中心还举办了四场大型营销峰会，并对 20 余家大客户进行了专项市场调查。此外，中心还举办分行业专题研讨会，如 2003 年 4 月的"民办高校暨职业教育发展研讨会"，并在此后按不同行业分类召开峰会，使会议更有针对性和差异性，加强与客户的联系。

大客户服务中心除了对增值服务工作进行全面的规划外，还对服务内容、服务方式不断做出相应的调整与改进，为安徽电视台重点行业的重点大客户提供季度监控服务。大客户服务中心还设计了《重点行业重点大客户跟踪服务需求调查表》，根据客户反馈的信息进行考察与研究。服务内容主要涉及品牌满意度、终端表现及评价、广告效果跟踪调查三个方面，为企业品牌规划、品牌形象建设以及新产品开发提供依据，使企业及时了解区域市场产品的终端表现情况，为企业在进行区域开发和深度分销时提供参考依据，也为企业的电视媒介投放策略和方式提供策略性建议和思考。

作为媒体方，安徽台通过客服中心的方式，更加深入地参加到营销环节中，以资讯、市场调查、峰会等形式，与客户建立更加密切的关系。可以看出在当时的市场竞争环境下，媒体方在广告经营上更加专业、更加主动。安徽台客户服务中心的建立及其一系列的工作，获得了客户的好评。在连续三年 AC 尼尔森广告商调查中，安徽卫视都被评为服务最专业的省级卫视，同时获得广东飘影集团评选的"最佳品牌资讯共享媒体"奖。安徽卫视是当时除广东卫视外，唯一获此奖项的卫星频道。[1]

"客服中心"在电视台与客户进行深度的交流与沟通，理解并影响客户行为，最终在提高客户开发、客户维持、客户忠诚上具有明显的效果。可以想象，在媒体广告市场并未发展成熟的当时，通过这种方式与客户建立深度联系，可以形成媒体在市场竞争中的巨大优势。不过，当时以这种专业中心的形式服务广告客户的媒体还是少数，这与媒体自身经营规模情

---

[1] 常青：《掀起媒介专业服务浪潮——访安徽电视台副台长兼广告中心主任邹晓利》，《广告人》2003 年第 7 期，第 63~64 页。

况，广告经营能力、制度等都有关系。

第四节 媒体广告产业链角色丰富

媒体广告产业振兴，催生出更多的市场机会和需求，也催生出更多产业链新角色。媒介购买公司、新兴网络广告公司、专业的数据公司应运而生。在今天看来，这些角色已经是行业重要的组成部分，而在它们诞生之初，却为行业带来不小的影响。

一 强势的4A＋本土媒介购买公司

进入2000年，广告已经成为我国包括电视、电台、报纸、杂志等媒体经营收入的主要来源。以电视为例，广告收入在媒体经营总收入占比之高，甚至达到90%以上。这一时期，媒体高份额的广告收入，除了国内直接客户外，主要来自本土广告公司、外资广告公司及媒介购买公司。

此时，位于产业链中游的广告公司，特别是专业的媒介购买公司开始集中出现。作为产业链中的新兴角色，它们迅速走在了行业发展的前列，并掌握了巨大主动权和对媒体广告经营的制约力。

从整个国内市场来看，这一时期的大型媒介购买公司主要分为两类：一类是含有海外资本的外资或合资公司，另一类是由本土综合性广告公司转型的媒介购买公司。这些公司于1996年开始纷纷成立，并在之后近十年的时间里迅猛发展直至成熟。

（一）跨国媒介购买公司扎根中国

1996年10月，由盛世长城国际广告公司、达·彼思广告公司两家外资广告集团联合组建的"实力媒体（中国）"在北京宣告成立，成为国内第一家正式的媒介购买公司。次年，由奥美（中国）公司、智威·汤逊、灵智·大洋三家著名的外资广告巨头的媒介部联合组建的"传立媒体"成立，并分别在上海、北京、广州、深圳和福州设立分公司，提供全面的媒介服务，包括媒介策划、购买、调研、电视制作包装、数字化媒体咨询等。

　　此后，各大外资广告集团合纵连横，以"某某媒体"命名的大型媒介购买机构纷纷成立。直到1998年国家工商管理局下发停止核准登记媒介购买企业的通知，于是，跨国广告公司开始通过合并各公司的媒介部，在中国组建媒介公司，因为没有独立牌照，它们主要挂靠广告公司或媒体来开展业务。之后的十年间，这样的媒介购买公司在中国成立了十多家，且发展势头强劲，购买额从几亿元到几十亿元不等，在与本土媒介的较量中显示出越来越大的主动性。①

　　2001年，由阳狮集团持股75%的实力传播，以6.09亿美元的媒介承揽额在中国市场位居年度榜首。2002年，传立媒体的年度营业额为4.5亿美元，与实力并列第一。同年，奥姆尼康集团旗下的浩腾媒体在华业务增长迅速，年度收入较2001年上升了65%。2003年，其年度收入再次提升50%。隶属阳狮集团的星传媒体，年度收入较2002年也提升了50%以上。

　　2004年，WPP集团将旗下在中国的几大媒体品牌进行整合，在全球范围推出GroupM，即"群邑"。2004年，群邑全球年度媒介承揽额为187亿美元。其中，中国市场为7.25亿美元，约合60亿元人民币，居中国媒介购买公司榜首。2006年，阳狮集团整合旗下实力传播和星传媒体所构筑的全新战略业务单位——博睿传播正式揭幕。根据全球权威媒介代理评估机构RECMA的数据，博睿年度媒介代理购买量达110亿元，占中国年度媒体投放的13%左右，纯利润为3.3亿元人民币左右，与群邑共居当时国内媒介购买公司的榜首。②

（二）本土媒介购买公司出现

　　隶属于全球顶尖广告媒体集团的跨国媒介购买公司，依靠其雄厚的资本、资源优势和中国加入WTO的契机，以及通过不断的重组、合并，在国内媒体广告市场中形成了远优于国内本土公司的实力。回观国内，昌荣传播、三赢传播、分众传媒成为当时本土媒介购买公司的主要代表。

　　2002年，在原昌荣广告（成立于1995年）的基础上，合力昌荣传播

---

① 《媒介购买公司的中国10年——中国媒介购买公司10年大事记》，《现代广告》2007年第8期，第34~38页。

② 《媒介购买公司的中国10年——中国媒介购买公司10年大事记》，《现代广告》2007年第8期，第34~38页。

机构成立。昌荣传播机构下设合力昌荣广告和合力媒体两个分支，合力昌荣广告主要经营广告综合服务业务，合力媒体负责媒介资源的购买、销售与研究。昌荣传播机构总部设在北京，在上海、杭州、长沙等地设有分公司，整个机构2003年的营业额突破5.5亿元。2004年11月，昌荣传播带领10多家国际客户参加央视黄金段位招标，中标金额近10亿元，占央视招标总额的近两成，一举奠定了其在央视招标代理广告公司中的领导地位。

2003年，三赢传播成立。它是广东省广、广东广旭、省广博报堂等广告公司属下所有公司的媒介购买联合体，凭借三家公司多年积累的客户资源，成为媒介投放代理的一支新锐部队，特别擅长汽车广告的策略性与创新性发布。

2006年，中国最大的户外视频广告运营商——分众传媒于上海宣布，该公司将以3.25亿美元的价格收购其最大的同业竞争对手——聚众传媒的100%股权，合并后的实体将成为在纳斯达克上市的中国企业中市值最高的公司之一，包含分众传媒、聚众传媒、框架媒介三个品牌，整合后的分众传媒的商业楼宇联播网将覆盖中国近75个城市，3万多栋楼宇，以及6万个显示屏。

表4-4-1　1996~2006年国内出现的主要媒介购买公司

成立时间	机构名称	所属公司/集团
1996	实力媒体（后转型为实力传播）	盛世长城国际广告公司、达·彼思广告公司
1997	传立媒体	奥美（中国）公司、智威·汤逊、灵智·大洋
1998（合资）	白马户外	白马户外、Clear Channel（时为全球最大户外广告公司）
1999	博瑞传播	成都商报、四川电器
1999	浩腾媒体（OMD）中国	奥姆尼康下属的天联、恒美、李岱艾
1999	星传媒体	阳狮集团、达美高、李奥贝纳
2000	凯络媒体	法国卡拉特
2000	麦肯公司	IPG集团
2002	盟诺（中国）公司	IPG下属盟诺公司
2002	合力昌荣传播	昌荣广告

续表

成立时间	机构名称	所属公司/集团
2003	三赢传播	广东省广、广东广旭、省广博报堂
2004	群邑	WPP
2005	维亚康姆户外传媒	维亚康姆、北京流动传媒
2006	分众传媒	分众传媒、聚众传媒
2006	华扬群邑	北京华扬联众、群邑
2006	博睿传播	阳狮集团（整合旗下实力传播、星传媒体）

专业媒介购买公司的出现，是广告市场主动权竞争的结果。前几年，媒介供不应求，主动权掌握在媒体手中。这一时期，媒体粗放经营，广告价格直线上涨，媒体数量激增，媒介购买公司将广告与媒介资源进行整合，逐渐在媒体广告投放中取得了主动地位。

同其他广告公司的媒介代理业务相比，媒介购买公司的优势或者核心竞争力在于，规模化地购买媒介广告资源，提高了媒介购买公司与媒体谈判的议价能力，降低广告主的广告投放成本；同时，规模化地占有媒介广告资源，便于整合媒介广告资源，为广告主提供多样化的组合投放方式，提高广告传播的效率。另外，更加专业化的运作，成了为媒介购买公司提供科学、有效的媒介服务的保证。

而在中国的媒介购买市场中，携同外资广告集团手中掌握的外资品牌资源，外资、合资类媒介购买公司构成了非常有力的谈判砝码，形成了媒介购买公司对大中型传媒的对话优势，深刻改变了当时的市场格局，一举遏制了媒介价格高速上涨的势头，广告交易权力的杖柄也越来越紧地握在外资媒介购买公司手中。可以说，在这一时期，媒介购买公司的出现使我国媒体，特别是大中型媒介机构变得多少都有几分被动。[①]

二　专业互联网广告代理公司兴起

经过几年的发展，进入 2000 年以后，网络广告已经成为中国互联网各主要网站的支撑性收入。《2007 年中国互联网调查报告》显示，2007 年中

---

① 李敏：《中国电视媒体广告经营的现状、问题及对策》，《南京航空航天大学学报》（社会科学版）2005 年第 2 期，第 44~48，56 页。

国综合门户网站的营收规模为 123.5 亿元，其中网络广告收入比例为 27.2%，约为 34 亿元。中小型网站在网络广告上有所尝试，不过由于业务单一等问题，其在网络广告竞争中面临一定压力。但网络广告行业升温已经是不争的事实：2001 年，互联网广告收入为 4.1 亿元，到 2008 年时上涨到了 98 亿元，8 年间上涨了近 25 倍。

在网络广告的起步阶段，市场角色、体系尚未健全，网络广告代理主要来自网络媒体自身和兼营网络广告代理业务的传统广告公司，而随着网络广告市场规模的扩大，专业从事网络广告业务的广告公司也应时而生。

1998 年 11 月，24/7 互动传媒亚洲有限公司成立，这是由中华网公司与 24/7 互动传媒公司合作成立的全资子公司，是最先进入中国的全球性专业网络广告代理公司。1999 年 4 月，全球最大的网络广告代理公司 Doubleclick 派人员来京，与传立、新浪、搜狐洽谈合作。国际专业网络广告代理公司进入中国市场，也带动了本土网络代理公司的兴起。[①]

1998 年成立的好耶，成为这一时期国内网络广告营业额和流量规模最大的网络广告企业。凭借资金实力和丰富的网络资源，其从成立时就飞速发展，2002～2005 年连续四年被评为中国最大的网络广告代理公司。好耶的业务模式是：从广告主那里拿到网络广告合同，利用自己开发的网络广告管理系统 AdForward，将广告转发到联盟成员的网站上；在广告主向好耶公司支付的广告费中，分出一部分支付给联盟成员网站，好耶公司则赚取其中的差价。[②]

作为互联网技术驱动型企业，好耶推出了国内最早的按营销效果计费的线上营销网络 SmartTrade。而 AdForward 网络广告管理系统，还可以全程跟踪访客点击后的后续行为，在当时，该系统持续占据 80% 的市场份额。[③] 此外，好耶在搜索引擎营销方面也推出了涵盖关键词管理、监测以及投资回报优化的相关技术。凭借在互联网广告业界积累的经验和全方位的网络广告业务平台，好耶在当时一度达到竞争对手无法短期复制的成功规模。[④]

---

① 王成文：《中国网络广告第一个十年发展研究》，河南大学，2008 年。
② 王成文：《中国网络广告第一个十年发展研究》，河南大学，2008 年。
③ 易明：《网络广告效果评估标准何去何从？——越来越专业的代理商》，《市场观察》2006 年第 12 期，第 24～25 页。
④ 杨冬梅：《网络广告公司盈利模式分析》，《中国商界（下半月）》2010 年第 4 期，第 199，201 页。

华扬联众于 1996 年成立，从 2001 年起开始涉足互联网广告业务，成为中国移动、AMD、宝马等众多国际品牌的网络广告全案代理商。2003 年，华扬联众网络部与传立媒体网络互动部合并，开始全面战略合作。2004 年，华扬联众获得了中国网络广告历史上最大的一笔订单，成为中国移动的全年网络广告代理商，一举成为中国网络广告行业的明星企业。[1]

值得一提的是，在网络广告经营上，新兴的网络广告公司与传统广告公司合作，实现优势互补，特别是在服务和技术创新上，发挥整合力量，更能提升行业水平。因此，这一阶段还存在一种形式，即传统广告公司将所代理客户的广告业务的网上部分，外包给新兴的网络广告公司，之后双方按一定比例利润分成。

很快，这些新兴公司成为资本的宠儿，位列中国前两位的好耶和华扬联众相继被收购。2005 年，WPP 收购华扬联众。2007 年，分众传媒以 7000 万美元现金和价值 1.55 亿美元的普通股收购好耶。此时，国内网络广告策划市场几乎由 WPP、分众、阳狮等几大集团覆盖。到了 2008 年，中国互联网广告以接近百亿元的规模，基本在市场上站稳了脚跟。之后，互联网广告经营方式也出现了更多元化的发展。

三　数据公司让广告有"数"可循

数据是广告主、广告公司进行媒介广告投放的重要参考依据。数据公司的兴起，让中国媒体广告从"盲投"向"数据引导"的方向转变，广告投放效果提升，同时媒体的广告收入也大幅增加。这一时期，针对电视和互联网的专业数据监测公司开始出现。

（一）央视索福瑞：收视率数据监测

20 世纪 90 年代末，特别是中央电视台在 1994 年开始实行广告与收视率挂钩的政策后，媒体方的观众意识增强，媒体人与广告人的收视率观念逐渐建立起来，收视数据开始获得电视台与广告主双方的高度重视。而在这背后，以央视—索福瑞为主的数据调查机构获得了直接的发展动力，成

---

① 石玉：《华扬联众：用专业服务推动营销价值最大化》，《现代广告》2007 年第 3 期，第 82 ~ 84 页。

为媒体广告产业中的重要角色。

早在 1986 年，中央电视台就已经率先在中国开展了电视收视率的调查工作。按照国际上普遍采用的随机抽样原则，进行收视样本采集，到 1995 年，样本数达一万多个，为中央电视台电视节目的播出、栏目的安排和中外企业制订广告策略提供了一定依据。1995 年 5 月，中央电视台在北京成立了一家专门从事媒介调查、市场调查、广告监测和民意调查服务的信息机构——央视调查咨询中心。

1997 年，时为中国最大的市场调查公司——央视调查咨询中心与法国市场调查公司 TNSOFRES 合作成立了央视—索福瑞媒介研究有限公司（CSM）。

借助央视调查咨询中心十多年的电视剧观众调查经验，以及在十多个国家有业务开展的 TNSOFRES 的调查技术和经验，CSM 迅速在国内收视率调查业务上扩大布局，并在媒体广告市场中取得了举足轻重的地位。

1999 年，CSM 拥有了世界上最大的电视观众调查网络，运作的日记卡样本为 12200 个家庭户，拥有全国性样本、4 个省级样本和 65 个城市样本，连续提供 500 多个频道的收视率数据。它为 4A 广告公司、90 多家电视台、300 多家国内广告公司和 10 多家企业提供收视率数据，成为中国电视媒体市场的"通行货币"。1998 年，CSM 将世界先进的电视观众测量技术"人员测量仪"引入中国，同时开发了配套电脑软件。通过这种技术，CSM 可以做到第二天就为客户提供前一天的收视数据，数据提供周期缩减为 2 天，大大优于日记卡调查数据的 14 天的周期，这同时也适用于数字电视的测量。①

1998 年 5 月在上海举行的一次有关电视收视率的会议上，全国 30 多家省级电视台状告央视—索福瑞公司，指责这家公司关于省级电视台收视率的调查数据不准确，从而给这些电视台的广告收入带来了负面影响。这件事当时在电视圈内引起了一次风波。会后，这些电视台还联名给央视—索福瑞写了一封意见信。事后，央视—索福瑞公司及时把这些联名写信的电视台有关人士请到北京，共同商量如何针对省级电视台的特点来完善收视率调查方式。因为央视的收视率调查数据带有明显的城市特色，而省台

---

① 《索福瑞在中国引进人员测量仪系统》，《广告人》1999 年第 1 期，第 16 页。

如同省报一样，覆盖很多地市，兼顾广大农村，因此，仅有省会城市电视收视率调查数据显然难以全面反映省级电视台的收视情况。为此，CSM 增加了它在多个城市和乡村的调查布点。通过该事件，足可看出央视—索福瑞的收视率调查在当时媒介调查业，尤其是在电视收视率方面，具有可谓独霸一方的重要地位。[①]

（二）互联网数据咨询机构

进入 2000 年后，互联网媒体的兴起带动了互联网广告的发展，而互联网广告效果监测需要的是与电视台不同的方法与标准。在互联网经济基础上，同样发展出了类似的数据咨询机构，如艾瑞咨询。同时，以跨国数据公司尼尔森为代表的公司也在中国发展起来。

艾瑞咨询成立于 2002 年，初期员工只有 4 个人，2003 年，艾瑞创建了中国网络经济研究中心网站并第一次发布了中国系列网站经济研究报告。同样是在这一年，艾瑞开发的 iAdTrackTM 网络广告监测业务启动，同时 iUseUurvey 网络调研业务正式启动。[②] 此后，艾瑞多次发布关于网络经济的研究报告，并推出产业研究数据中心、调研社区、调研通软件、网民连续监测等互联网数据、咨询类业务和产品。2006 年，艾瑞网发布。2007 年，艾瑞集团网站发布，经过几年的发展，艾瑞咨询发展成为中国互联网行业数据调查领域的佼佼者。

作为中国第一家互联网数据公司，艾瑞把握了当时各大门户网站的需求，在创业初期说服各家与艾瑞合作以进行数据收集。首先将传统咨询业依托于互联网之上，提供互联网咨询服务，并逐渐推出网络、网民监测产品，通过各类分析报告为媒体、广告主提供数据服务。

除了本土数据公司外，国外较为成熟的营销数据机构也在中国开展业务，以尼尔森为例。尼尔森集团旗下 AC 尼尔森最早进入中国，主要开展电视收视率调研业务，在业内与央视—索福瑞并驾齐驱。在互联网业务部分，尼尔森互联网研究（即尼尔森 NRM）在国内主要开展了三个方面的

① 刘宏：《收视率：启动中国电视改革的一个有力杠杆》，《新闻战线》1999 年第 5 期，第 15~17 页。
② 熊靓：《艾瑞咨询——守望互联网》，《中国科技财富》2008 年第 5 期，第 54~55 页。

业务。① 首先是研究、发布中国互联网市场报告，包括针对中国互联网整体的现状和发展趋势的总结性报告与针对不同公司、网站所做的具体评估和分析报告等。其次，尼尔森还对网站入户行为进行分析，即通过对网站的评估和分析，帮助网站找到各部分内容受到关注的程度和各部分内容的用户分布结构。然后网站可以有针对性地优化内容，改善用户的使用习性。最后是广告相关产品监测，帮助广告主对其在网络上投放的广告效果进行监测，找到最佳的投放位置等。

无论对于电视还是互联网，第三方数据机构，一方面为媒介发展、媒介竞争提供数据参考标准，另一方面为广告主的媒介投放提供数据支持。不过，对于第三方机构来说，获取权威、真实、有效的数据，才能使分析结果更加准确。当时网站数据开放程度有限、数据量不足、流量造假等问题的存在，在某种程度上对第三方数据公司的监测结果有所影响，因此当时在行业中也存在一些质疑的声音。

第五节　媒体广告经营竞争白热化

媒体广告经营的竞争在此时凸显出来，特别是在报业和电视媒体中尤为明显。报纸通过"价格大战"控制发行量，电视台则通过抢夺优质节目资源来提升收视率。受众的认可意味着广告商们的认可，于是，胜利的一方在这场市场争夺中获得不小的收获：口碑和广告收益双丰收。

一　报业价格大战

报业的价格战在中国现代报刊的百余年历史中并非新鲜事。

早在1872年，当时每份售价30文的《上海新报》在上海一枝独秀。著名的《申报》在此时创立，以8文的定价迅速抢占了市场，击败了对手《上海新报》；二十年后，新创刊的《新闻报》同样采取了价格策略，以7文的价格进入市场，并且给摊贩更高的折扣价，发行量一路攀升，很快与

---

① 陶坤：《品味IT专业网站合作的感受——专访尼尔森互联网研究中国区董事总经理庾良建》，《电脑与电信》2006年第5期，第93~96页。

《申报》并驾齐驱。[①] 进入新的时期,依靠广告生存的报纸对发行量的追逐不减,价格大战仍旧是其抢占市场的主要方式,战争再次打响。

(一) 南京报业价格战

20 世纪 80 年代,我国报刊市场化突围开始,到 1999 年,新一时期的报纸价格战打响了。成都、南宁、武汉、南京、西安、济南和昆明等地,都发生过报纸发行价格竞争的现象。调整报纸本身售卖价格,以及扩版不加价、订报送礼品等变相形式,都是常见的手段。

1999 年 5 月 9 日,《江苏商报》以当时南京报业的最低价——2 角 1 分,打进南京导报市场,点燃了南京报业价格战的导火索。同年 9 月,《人民日报》下属《市场报》主办的《江南市场报》改名为《江南时报》,对开 8 版,以 2 角 1 分的价格跟进《江苏商报》的步伐。10 月,新华社江苏分社下属的《现代经济报》扩版并更名为《现代快报》,4 开 16 版的报纸仅以 1 角钱的价格出售,价格战进一步升级。12 月 8 日,《新华日报》旗下的《每日桥报》以彩印大报的形式出现,不仅以每份 1 角的价格酬宾,而且读者在购买《每日侨报》时还能获赠一份《服务导报》。南京的报业价格战开始白热化。年底,《南京日报》再也坐不住了,推出买《南京日报》送《金陵晚报》的政策。如果单订 2000 年的《金陵晚报》则等于免费,144 元订报费可全额返还或者返还同等价值的牛奶、矿泉水等实物。至此,除了《扬子晚报》外,南京综合性报纸全部下水,价格战呈胶着态势。[②]

竞争带来的直接结果是,《江苏商报》《现代快报》等报纸都从原来几千或几万份的发行量,上升至几十万份,而《服务导报》《金陵晚报》以及当时在市场上处于大哥地位的《扬子晚报》等报纸都受到了冲击,发行量下降。

这种情况下,新闻组织和监管部门开始采取措施,对加剧的价格竞争加以调控。2000 年 2 月,在江苏省新闻工作者协会的主持之下,南京地区的部分报纸就调整报纸零售价格达成协议:自 2000 年 3 月 1 日起,4 开 16

① 胡百精:《百年报业价格战:亏本,还是赚钱?》,《中华新闻报》2002 年 9 月 10 日,第 007 版。

② 施锦昌:《南京报业大战引出的思考》,《新闻大学》2000 年第 2 期,第 97~98 页。

版或对开 8 版报纸的最低零售价调整至 3 角，同时在报纸发行或零售中不得采取"买一送一"等其他变相降价方式。2001 年 2 月，江苏省委宣传部、省新闻出版局和江苏省廉政办公室又联合下发了关于进一步规范南京地区报纸价格的紧急通知：自 2001 年 2 月 26 日起，南京地区报纸（4 开 16 版或对开 8 版）每份最低零售价为 3 角；自 2 月 26 日起，各报纸不再实行相互搭售、酬宾、优惠等变相降价的销售方式；违者将视情况给予警告、停刊整顿等处罚，并追究报社领导责任。由于行政力量的介入，南京报业价格战暂告终结。

（二）报业争夺涌向全国

慢慢地，报业价格战开始从较发达地区涌向全国。

2001 年 10 月，在武汉，《武汉晚报》和《今日快报》合并，对抗在武汉市场上执牛耳的《楚天都市报》。2001 年 11 月，和《楚天都市报》同属湖北日报集团的《市场指南报》改名为《楚天金报》，以 3 角钱的定价进入市场。

本来，3 角钱的定价仅仅是一个切入市场的临时策略，但看到市场效果不错，该报于是决定将现有价格坚持下去。这样的无心插柳，成为武汉价格战的导火索。2002 年 1 月 5 日，属于长江日报集团的《武汉晨报》，以"贺岁价"的名义，以 1 角钱价格正式揭开武汉价格战的序幕。1 月 8 日的《武汉晨报》称，自降价以来，它已连续两日位居武汉地区销售量第一，降价第一天省内总销量就飙升至 62.6 万份，刷新了发行纪录。同日，《武汉晚报》也宣布降价。

不过，武汉报业价格战持续时间十分短暂，因行政部门反应迅速，五天之内便夭折了：1 月 10 日，湖北省新闻出版局便出面干预，宣布武汉地区所有晚报类、都市类报纸从 1 月 10 日起实行统一零售价。随后，各家报纸调整售价到每份 5 角。武汉价格战停息之后，中国报纸价格战的喊声更加此起彼伏，但每次价格战都是因政府出面调停而结束。[①]

实际上，报业价格战还有另外一种变相的方式，即增加版面数而不改

---

① 张潇潇、郑一卉：《以"异质竞争"取代价格战——评 2002 年初武汉地区报纸价格大战的夭折》，《新闻记者》2002 年第 3 期。

变价格。1987 年，《广州日报》掀起扩版潮，在销售价格并未增长的情况下，通过不断扩版，《广州日报》发行量大幅上升，由 1991 年的 23 万份增长到 2002 年的 162 万份。另外，在扩版上大有动作的《南方都市报》，短短几年内发展到几十版，2001 年甚至达到 88 版以上，一度成为全国版面最多的报纸，以售价不变的方式，实现发行量翻倍增长。2000 年日均发行量达到 60 万份，2001 年为 93 万份，到 2003 年已经达到 150 万份。[①]

由于广告经营是报业的主要收入来源，因此报业价格大战背后的根本原因，是报纸媒体希望通过二次销售赚取利润，即通过提高发行量，获得广告主青睐，大量拉取广告客户来获得广告收入。于是，在报业大战中，各报不惜在一次销售时亏本以追求更多的发行量。然而，以降价的方式导入市场或短期内扩大市场份额的方式，使更多追随者争相采取同样的策略，改变了报业的资源分配和格局。在较为稳定的市场格局中，单一的报纸采取这种措施确实会产生明显的效果，而随着价格战的激烈升级，非理性的降价扩散至一定范围，由价格带来的优势最终消失，最终则会导致整个市场利润的下降。

二　电视媒体竞争格局

我国电视媒体广告经营竞争格局，与电视媒体层次分明的行政结构有直接关系。由于几十年来各级党委和政府创办电视台的国情，中国电视媒体形成了中央电视台—省级电视台—市级电视台分布的金字塔格局，唯一的国家级媒体——中央台处在塔尖，最下层则是分布在各城市的市县级电视台。而隶属行政层级、报道内容范围以及人才和硬件等软硬资源的差距直接导致了各台在收视市场上的差距，以及广告主在选择上和广告经营上的差距。

（一）　央视台领军与城市台崛起

这一时期，央视稳坐媒介市场的头把交椅。从 2000 年开始，央视的频道制改革及其一系列重大改革调整，都带来了明显成效，许多节目收视率占据了绝对强势地位。

---

① 商建辉、杜友君：《报业价格战再探讨》，《中国报业》2008 年第 2 期，第 61～63 页。

2003 年，改革持续进行，新闻频道的开播标志着中国新闻改革的重大进步。同年 5 月 8 日，一套由新闻综合频道正式更名为综合频道，全天节目同时进行革命性调整。该调整加强了电视剧在中央一套的播放力度，晚间黄金时段播出两集电视剧，上午、下午和夜间均增设剧场。在保留原一套优秀栏目的同时，将二套、三套的优秀栏目如《幸运 52》、《开心辞典》、《同一首歌》和《艺术人生》调整至一套 22 点档播出，将一套晚间黄金时段一直延伸到午夜；从 5 月 12 日开始，八套（电视剧频道）改版，全天播出 9 档 16 集电视剧，与一套互相配合，尝试电视剧播出的细分化市场策略。

2004 年 3 月，中央电视台广告部传出消息，在春节提前的情况下，央视 2 月份广告收入同比增长 25%，延续了其已经连续 34 个月高速增长的势头。

另外，经济发达的地区城市台也在悄悄崛起。

城市台定位准确，了解自身市场，在当地可以获得明显的收视优势。根据央视市场研究数据，在除直辖市以外的省会城市，2003 年城市电视台的收视份额平均为 20%，竞争力很强，有 17 个省会城市台的收视份额超过 15%，高于全国平均水平，包括太原、杭州、南京、沈阳、昆明、苏州、无锡等地。

以南京地区电视市场为例，可以看出城市台崛起后对省级台的巨大冲击。南京台以贴近本市为特征的系列新闻栏目被观众形象地称为新闻家族，其中《直播南京》《社会大广角》《法治现场》等栏目直接挑战省台同类新闻栏目，频频进入尼尔森地区周报前列。在影视剧上，南京台也直接与省台相抗衡，总体受欢迎程度超过对手。尼尔森 2003 年全年数据显示：2003 年，南京台热播电视剧进入地区电视剧前 50 名的入榜率高达 62%。2003 年，南京台在南京地区收视市场上的全天市场份额近 40%，晚间更是超过 50%，成为真正的区域性地方强势媒体。①

（二）省级台夹击下突围

省级卫视"上星"后虽然在一定程度上实现了全国有线覆盖，成为全

---

① 沈天澜：《回顾与前瞻——中国电视媒体广告市场竞争格局透视》，《广告大观》2004 年第 4 期，第 120～122 页。

国性频道，但除极少数几家外，卫视在省外市场普遍表现不佳，全国性资讯节目缺乏，内容雷同，与中央台节目差距还非常大。根据央视—索福瑞媒介研究数据，2003 年，中央电视台在全国电视收视份额中约占 32%，而全国所有省级卫视频道的收视份额之和为 16%。

央视频道化和专业化的改革与节目细分化的市场策略，直接弱化了省级卫视以及它们专业频道节目设置的优势。另外，城市台的悄然兴起，在地方上的强大竞争力，使省级卫视及专业频道存在的危机更加突出。

于是，处在金字塔层级中部的省级卫视，面对中央台与城市台的"夹击"，努力打造自身特色定位，寻求差异化优势。例如，2002 年，海南卫视全面改版为旅游卫视，并在 2004 年确立了以旅游资讯为主线，时尚、娱乐并重的频道特色；同年，贵州卫视推出了"西部黄金卫视"的策略，紧随西部大开发阔步迈进；湖南卫视则确立了"锁定娱乐、锁定年轻、锁定全国"的战略定位，突出"青春、靓丽、时尚"的频道特色。

2003 年 9 月 26～27 日，全国 31 家省级台云集郑州，在"内挤外压"的竞争大环境和央视及城市台夹缝中，延续去年整合传播和广告联播的联合之路，从竞争走向整合。同时，各家电视台利用窗口优势，大张旗鼓地号召企业参加联合体的后续行动。10 月 17～19 日，2004 年度全国省级电视台广告策略研讨暨广告推广会在河南省郑州市召开，与会者超过 1000 人。本次会议的主题为"全国 28 家省级卫视联播，通过整合推广创造更多优势"。省级卫视广告协作会及各广告客户再次聚集郑州，实施 2004 年卫视联合经营战略。①

2004 年 2 月底，江苏卫视宣布重新定位为"资讯·情感频道"，昭示其打造全国性频道的雄心；安徽台影视频道、湖南经视、山东齐鲁频道、浙江教育科技频道在黄山联合召开"中国媒介金牛市场暨金牛工程新闻发布会"，强强联合打造竞争壁垒。② 通过一系列举措，省台在竞争中逐渐强弱分化，于是，到 2005 年，省台开始兴起，一些优质电视台慢慢凸显出来。

---

① 胡晓云：《统分结合　自主经营——浙江广电集团广告经营管理模式研究》，《2003 年全国广告学术研讨会论文集》，中国广告协会，2003 年，第 21～38 页。

② 沈天澜：《回顾与前瞻——中国电视媒体广告市场竞争格局透视》，《广告大观》2004 年第 4 期，第 120～122 页。

（三）各级电视台广告成绩表现

在广告表现上，三大层级媒体的收视表现反映在广告成绩上。央视的广告经营一直维持稳定增长，黄金段位广告招标额更是连年居高不下。2000年以后，央视实行以客户为中心，面向市场、客户需求的广告经营策略，优化广告产品，提升客户服务，不断开辟广告，经营新的增长点。

对于省级电视台来说，明显的强弱分化，导致各省级台在广告经营和收入上拉开了不小的距离，从几千万元到十多亿元不等。更有一个现象是，由于竞争激烈，许多省台开始降低广告价格，延长广告插播时长，折扣甚至降到三四折或更低，价格失衡导致广告收入走低，为了完成创收，不得不加大时长。这不仅使观众体验变差，还影响了广告效果。价格和时长的混战导致市场失衡，直到2003年17号令出台，情况才有所缓解。而后随着各大省台的转型改革，广告经营收入也得到回暖。

而城市台在节目、服务等方面的努力也收获了一定成绩，尤其是在经济较为发达的地区，媒体也利用经济发展的红利获得发展。2000年以后，一些省会台在收视份额上实现了对本省台的反超，城市台的广告收入进步显著。例如，江苏作为国内经济相对发达的省份，南京、苏州、无锡、常州等城市在该省经济总量中占有巨大分量，各城市台的广告收入连年猛增，南京台2003年超过100万投放量的品牌数比2002年同期增长37%，品牌投放总量比2002年同期增长42%（数据来源：央视—索福瑞）。2001年广告创收2.2亿元，2002年创收2.5亿元，2003年达到2.86亿元。[①] 在经济发达地区，城市台的崛起成为中国电视媒体竞争格局中的重要变化。

三 电视剧独播争夺战

从2005年开始，我国掀起了各电视台争夺"独播剧"的热潮。独播剧是指映权、发行权等相关权限都被买断，买方拥有独家资源，在自己的平台上独家播出的剧种。也就是说，一个电视台独家买断的电视剧不再

---

① 任坚华：《论长三角地区城市电视台的竞争环境及发展走向》，华东师范大学，2006年。

出售给其他电视台。

在独播剧抢夺浪潮之前，我国的电视剧购买与播出模式一般实行首播剧的形式。电视台在购买电视剧的时候具有竞争性，各电视台之间竞价购买首播权，但其他电视台还有播出的机会，观众可以在几个电视台同时看到一部电视剧。

对于电视剧而言，一部优秀作品的火爆可以吸引几乎全国的电视观众，电视台对优秀电视剧进行垄断购买，往往能收到极高的收视率，从而获得高额的广告回报。2005年，央视以3500万元的天价买断电视剧《京华烟云》，该剧在中央电视台一套黄金档播出，单集最高收视达到12.92%。《京华烟云》四天收回成本，总广告收益过亿元。[①] 足见抢夺一部成功的独播剧对电视台来说，收益有多么明显。

之后，各大电视台对独播剧的抢夺更加激烈，而且，是否有慧眼发现一部能够创造收视奇迹的好剧，也考验着各电视台的识别能力，"押宝"成败会导致最终结果天差地别。

同样在2005年，《大长今》火热全国，播出台湖南卫视风光无限。2006年，安徽卫视即将推出独播剧场的消息一经传出，湖南卫视随即将《金鹰剧场》改名为《金鹰独播剧场》。

2006年年底到2007年元旦，几乎是同一时间段，湖南、安徽、浙江三家省级卫视同时加入了对独播剧的争夺。涉及的独播剧分别有湖南卫视的《悲伤恋歌》《大明王朝》，安徽卫视的《天国的阶梯》，浙江卫视的《商道》。这些电视剧的播出时间为21：30～24：00，根据CSM35城2006年12月27日至2007年1月18日的收视率数据，这些剧目的平均收视率分别为：湖南卫视《悲伤恋歌》为0.737，《大明王朝》为0.588；安徽卫视《天国的阶梯》为0.716；浙江卫视《商道》为0.13。从最后的收视表现看，除了《商道》稍为逊色外，湖南和安徽两台依靠两部0.7以上的剧目，获得了旗鼓相当的竞争地位。[②]

据统计，安徽卫视2006年10～12月，22：50～23：50的平均收视率为0.199，而独播剧场开播之后，该时段平均收视达到0.716，增长近3.6

---

① 毕延玲：《"独播剧"争夺谁是赢家？》，《法制与社会》2007年第3期，第620页。

② 张东辉：《独播剧2007年第一场厮杀》，《国际广告》2007年第3期。

倍，同时段收视份额也从 1.335 增加到 4 左右。2005 年年底，伊利以近600 万元买下独播剧场的剧场冠名权，为其早餐奶寻找最适合的广告人群；而银鹰也以 100 多万元的价格买下了《天国的阶梯》的独家冠名赞助权，随着《天国的阶梯》的收视步步攀升，很多品牌也进行了跟进，如快克药业、千金片、盼盼食品、黄山品牌、太子奶等，总额约 300 万元。而湖南卫视的《金鹰独播剧场》，改版后，在播出时间和节目安排上不断进行调整，不断推出优质独播剧集，在全国收视率常常跃居同时段第一，形成了独特的受众市场，成为广大客户常年投放全国市场的重要优质平台。

"独播剧"的出现，让卫视频道在准入门槛、资源垄断上都达到了新的高度。但是，抢夺"独播剧"首先意味着高额的资金投入，有些电视台盲目追逐名演员参与的大制作，结果收效不好，有时会入不敷出，造成巨大损失。

这一时期，"独播剧"成为国内媒体流行的电视剧购买播放模式。它的出现有利于改变"千台一面"的局面，给观众带来更好的视觉享受。对于广告经营而言，对"独播剧"的争夺等于对优质广告资源的抢夺，成功"押宝"可以带来可观的广告收入，这使电视台难以放弃这种颇具风险的竞争手段。不得不说，依靠"独播剧"取得的成功，几个卫视大台获得了从口碑到人气再到广告收入的多重收益。

第五篇

融合互联时代（2009～2019）

2009 年之后，中国媒体又迎来了一个新的时代。自 2008 年互联网用户达 2. 98 亿之后，我国一跃成为互联网用户规模全球第一的国家，从此互联网开进了快车道，发展速度狂飙突进，最终超越电视成为影响力和广告收入第一的媒体。与此同时，2009 年，工信部发布 3G 标准，移动通信正式进入 3G 时代，移动端逐渐成为人们上网的重要选择，并在 2012 年超越 PC 端成为了第一大上网终端。

　　从电视到互联网再到移动互联网，十年间，技术的发展消解了媒体之间的壁垒，传统媒体与新媒体融合已然成为潮流，互联网公司也在媒体化的道路上越走越远，新的技术还在层出不穷，不断改变着媒体，改变着人的媒体接触和消费行为，一切都在走向融合、走向移动化、走向万物互联，我们逐渐进入了一个融合的移动互联新时代。

第一章 王者易位，媒体广告格局发生重大变化

广告是一个国家经济的晴雨表，按照国家工商总局的统计口径测算，2013年中国广告行业收入占世界的比例为16%，已经成为仅次于美国的世界第二大国家。2009～2018年的十年，中国广告市场总体上呈现稳步上升的态势，然而中国媒体广告的格局发生了翻天覆地的变化，一场关于"新"与"旧"的讨论和争夺在悄无声息地上演。随着技术的变迁、国家经济的发展以及互联网的升温，传统媒体广告开始式微，报刊广告在2014年发生了断崖式下滑，而电视广告在2013年到达巅峰后也开始迅速下滑。反观互联网广告，2008年互联网广告收入仅有98亿元，电视广告收入是它的6倍，报刊广告收入大约是它的3.5倍。然而，丰富的广告形式和稳步上升的市场规模让互联网广告备受瞩目，互联网广告发展步入快车道，增长速度惊人，先后超过报纸广告和电视广告，一骑绝尘，成为媒体市场绝对的领先者。另外，随着人们娱乐方式的多样化，电影广告作为一种新的媒体广告形式开始登场。正当传统媒体广告不敌互联网广告之际，广播广告却犹如重生一般实现了正增长。

第一节 互联网广告强势崛起，广告类型遍地开花

从2009年开始，互联网广告市场发生着突飞猛进的变化，收入规模不断扩大。互联网广告形式也从单一的图形广告逐渐发展到搜索广告、视频广告、电商广告等多种广告形式遍地开花的阶段。

一 互联网广告坐上中国媒体广告市场第一把交椅

根据CNNIC统计的数据，2008年，中国网民数量达到2.94亿，超越

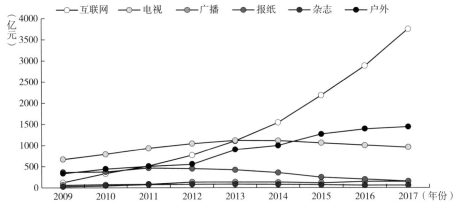

图 5 - 1 - 1　2009～2017 年中国媒体广告市场规模走势

资料来源：中国广告 40 年项目组根据公开资料整理制图。

美国，成为全球第一，后来持续增长到 2018 年 6 月的 8.02 亿，互联网普及率过半。网民数量的增加和互联网的普及为互联网广告市场的发展孕育了丰厚的土壤。

图 5 - 1 - 2　2007～2017 年中国网民规模和互联网普及率

资料来源：CNNIC 第 41 次《中国互联网络发展状况统计报告》。

互联网媒体的形式多元化、移动互联网的发展以及媒体经营方式的多元化，共同造就了广告形式的多元化。互联网广告已经不再是单一的门户网站广告形式，人们进入了一个图、文、声、光、电并存的广告时代。互联网广告行业的发展经历了千禧年的大爆发和严酷的寒冬，现在又开始了新一轮的崛起。

伴随着互联网广告经营的成长变化，互联网媒体整体广告收入迅速走高，不断攀升。2005 年，中国广告中的互联网广告营业额占比仅为 3%，到 2013 年已经达到 22%。2009～2013 年，中国互联网广告营业额年均复合增速高达 50%，远高于中国广告行业营业额的 25% 的复合增长率。[1]

2011 年，互联网广告市场规模首次超过报纸，跃居中国媒体广告市场第二席位；2013 年，互联网广告市场破千亿元（1105.2 亿元），直逼电视媒体。互联网成为与电视媒体同一量级的广告媒体，并从 2014 年起超越电视媒体，坐上了中国媒体广告市场上的第一把交椅。

2015 年之后，互联网媒体广告收入突破 2000 亿元，达到 2093.7 亿元并稳步发展至今。2017 年，互联网广告收入已经达到 2975 亿元，同比增长 29.06%。这个近 3000 亿元的数字已经接近广告行业 2017 年全部广告经营额（6896.41 亿元）的半数。

二 互联网广告细分市场遍地开花，搜索、电商、网络视频广告兴起

从细分领域来看，互联网广告在多个领域不断拓展，搜索、电商、视频等广告形式兴起。

艾瑞咨询的数据显示，搜索引擎广告[2]规模从 2008 年的 48.5 亿元迅速增长到 2012 年的 254.8 亿元。到了 2016 年，增速有所放缓，达到 790.1 亿元。预计 2018 年将突破千亿大关。2012 年，搜索引擎广告超越了品牌图形广告，占据了互联网广告市场的半壁江山，此后几年，搜索引擎广告一直是中国互联网广告市场份额占比最大的广告形式，而百度公司显然是这一广告形式最大的受益者。

这种现象一直持续到 2011 年，随着用户对电商交易的接受度提高，电商广告成为互联网广告的投放新军。淘宝、京东一类电商网站开始试水互联网营销，积极抢夺互联网广告资源。根据艾瑞咨询发布的《2012～2013 年中国网络广告行业年度监测报告（简版）》和《2018 年中国网络广告市场年度监测报告（简版）》中的数据，从 2011 年开始，电商广告（垂直搜索广告）在网络广告市场占据的市场份额超过两位数，从 2011 年的

---

① 马超、杨金表：《互联网广告行业浅析》，《现代商业》2015 年第 12 期，第 53～54 页。
② 艾瑞所统计的搜索引擎广告收入为关键词广告、联盟展示广告及导航广告三者收入之和。

12.7%增长到2017年的31.8%。值得注意的是，2016年，搜索引擎广告不再是占据最大份额的媒体形式，电商网站广告成功逆袭，超越了搜索引擎广告，占比28.2%，市场规模达871.1亿元，这一数字是2012年的近5倍。

与此同时，伴随着在线视频行业的快速发展，在线视频广告也进入快速发展通道，成为电视广告的最强有力竞争对手。

数据显示，我国在线视频市场规模于2013年突破百亿元，为135.9亿元，同比增长48%。2016年，这一数字达到了615.9亿元。网络视频用户规模也在不断扩大，数量从2009年的3.3亿增长到2017年的5.65亿。我国视频网站付费用户数从2013年的80万增长到2015年的2200万，并在2017年突破1亿，用户付费收入规模更是以每年超过50%的增幅大幅增长，并在2016年成功突破百亿元。在线视频市场还有巨大的发展空间，中国网络视听节目服务协会在2018年11月发布的《2018中国网络视听发展研究报告》中预测，2018年中国在线视频市场规模将达到1249.5亿元，其中广告收入占比49%，内容付费占比26.6%，在线视频已经成为传统电视最有力的竞争对手。[①] 目前，以"爱优腾"为核心的在线视频网站格局已然形成，背靠BAT（中国互联网公司三巨头），它们有着不同的内容定位和资源优势，但广告永远是业务版图里最重要的一部分。

巨大的用户规模和流媒体技术的进步，为视频广告提供了更加丰富的土壤，流媒体、Flash等技术手段的广泛采纳使互联网广告从形式到内容都发生了井喷式变化。在视频网站发展的十余年历程中，视频营销手段与日俱增，从早期的视频贴片，到原生内容植入，再到拍摄创意中插、进行弹幕提示等，视频平台内容营销的模式不断进化。根据艾瑞统计的数据，我国网络视频广告市场规模在2013～2015年分别为122.1亿元、170亿元和243.1亿元，每年以两位数的增幅在不断增长。其中，网络视频贴片广告成为该细分市场最主要的收入来源，市场规模从2014年的137亿元增长到2016年的263亿元。而植入广告市场正在成为下一个重要细分领域，市场规模也已经达到百亿元。随着2015年8月网剧《暗黑者2》的热播，创意中插广告的出现为影视内容生产链上的各个角色都带来了新的机遇，2017

---

① 王薇：《2009～2018，融合互联新时代》，《国际品牌观察·下旬刊》，2018年12月。

年的创意中插广告市场规模已达 30 亿元。

第二节 移动互联网广告腾飞，渐成市场主流

智能手机的普及带来移动网民的增长和手机上网程度的加深，再加上移动应用开发者和 App 数量的迅速增多，以及 PC 用户习惯向移动端的逐渐迁移，共同奠定了移动广告市场腾飞的基础。

一 移动互联网的发展大大丰富了人们的生活

2009 年以来，3G 牌照的下发、智能手机与其他移动智能终端的快速发展和 4G 网络的建设等，都促使着移动互联网的爆发式成长。

根据 CNNIC 发布的《2012 年中国手机网民上网行为研究报告》，截至 2012 年 6 月底，我国手机网民规模达 3.88 亿，在整体网民中占比 72.2%，首次超越台式电脑网民数，手机成为我国网民第一大上网终端。[①]

多样化的移动互联网业务类型为移动互联时代的广告主们提供了更多可能性，移动搜索、移动游戏、移动阅读、移动社交、移动电商等业务每天都在占据着人们大量的时间。

表 5 - 1 - 1 2017 年 12 月、2018 年 6 月中国网民 TOP10 互联网应用的使用率

单位：万，%

应用	2017 年 12 月		2018 年 6 月		半年增长率
	用户规模	网民使用率	用户规模	网民使用率	
即时通信	72023	93.3	75583	94.3	4.9
搜索引擎	63956	82.8	65688	81.9	2.7
网络新闻	64689	83.8	66285	82.7	2.5
网络视频	57892	75.0	60906	76.0	5.2
网络音乐	54809	71.0	55482	69.2	1.2
网上支付	53110	68.8	56893	71.0	7.1

---

① CNNIC：《2012 年中国手机网民上网行为研究报告》。

应用	2017 年 12 月		2018 年 6 月		半年增长率
	用户规模	网民使用率	用户规模	网民使用率	
网络购物	53332	69.1	56892	71.0	6.7
网络游戏	44161	57.2	48552	60.6	9.9
网上银行	39911	51.7	41715	52.0	4.5
网络文学	37774	48.9	40595	50.6	7.5

资料来源：CNNIC 第 42 次《中国互联网络发展状况统计报告》。

二　移动互联网广告市场腾飞，短彩信广告风头不再

2012 年以来，移动互联网广告行业的成长速度渐渐超过了传统互联网广告行业。移动互联网广告在互联网广告中所占的市场份额越来越大。艾瑞咨询的数据显示，2014 年我国移动互联网广告市场开始步入黄金期，总产值呈爆发式增长，从 2014 年的 275.6 亿元到 2015 年的 564.9 亿元，再到 2016 年的 1035.6 亿元。2017 年移动互联网广告市场规模达 2648.8 亿元，增速为 51.3%，在整个互联网广告市场的占比达 68.2%。中国广告生态调研数据显示，2017 年被访广告主在互联网投放上，移动端的占比远超 PC 端占比，达到 65%，较 2016 年增加了 11 个百分点。

随着百度、腾讯、阿里等互联网巨头在移动终端上不断发力，移动互联网广告产业已经成为市场竞争的关键阵地。移动搜索广告的崛起、轻应用和 LBS 产品的普及、移动互联网广告联盟流量价值的提高等都成为移动互联网广告的全新业态和发展方向。可以说，在互联网巨头的介入下，移动互联网广告产业发展更趋于全面融合，产业布局更加清晰成熟，实现了"互联网＋广告"的市场落地。①

具体到细分领域来看，根据易观发布的《2017 中国网络广告市场年度综合分析报告》，在 2013 年以前，短彩信广告是移动营销领域当之无愧的老大。之后移动搜索广告迅速发展，2014 年在移动营销领域的市场份额过半。而到了 2015 年，短彩信广告已经风头不再，移动电商广告强势崛起，与移动搜索广告共同构成中国移动营销市场占比最大的两种广告形式。

---

① 吴剑：《移动互联时代广告产业的新变化》，《传媒》2017 年第 3 期，第 82~84 页。

还有一个明显在逐年增长的广告形式，那就是移动社交广告。易观数据显示，2014 年中国社会化媒体广告的市场收入规模为 91.6 亿元，2015年以 91.2% 的环比增长率翻了近一倍，达到 175.1 亿元，在那之后增速趋于平稳，2019 年预计能达到 474 亿元。

三　社交媒体的普及以及原生广告的兴起

随着社交媒体的逐渐普及，广告的核心价值不再是以说服为导向，而是演变为一种关系导向型，社交媒体广告开始不断创新。微博营销手段逐渐朝着多样化、多互动的方向发展，出现了许多新颖的广告形式和全新的商业模式，如信息流广告、KOL 广告等。

以新闻资讯、社交软件、视频等为载体的信息流广告成为 2017 年互联网广告市场的热点话题。如今日头条、天天快报等以新闻资讯类为主的媒体，将原生广告以贴近新闻的形式编写、混排在资讯信息之中。而社交媒体类 App 如微博、微信，则将信息流广告混排在微博粉丝头条、微信朋友圈中进行投放。在大数据的作用下，此类平台都拥有大量用户注册信息，用户属性判定精准度极高，能够使广告主的投放效益最大化。

易观数据显示，2014 年信息流广告市场规模为 52.4 亿元，这一数值到了 2015 年增长为 150.8 亿元，增长率达 188%。2017 年信息流广告市场规模达到 577.5 亿元，增长率为 87%，预计到 2019 年市场规模将超过1500 亿元。今日头条作为信息流广告最大的受益者之一，正是通过基于用户兴趣的个性化推荐系统，从 2014 年不到 2 亿元的收入迅速增长至 2016年的 80 亿元。百度则在 AI 技术驱动下催生出以"搜索 + 信息流"作为双引擎的商业新模式。

在这个信息过剩、受众注意力稀缺的时代，如何保证受众的注意力不被分散、如何快速吸引目标人群成为广告主的核心诉求。伴随着各种直播平台如抖音这类短视频社交软件的兴起，短视频的制作量获得了空前的增长，2015 年短视频制作规模只有 5000 万，在 2017 年却有 10 亿。在这种情况下，短视频广告应运而生。这种广告因为时长短、制作周期短、性价比高等特点，受到了广告主的广泛认可，目前还在积极的探索中。根据艾瑞发布的中国原生视频广告行业报告，原生短视频广告的市场规模在 2015年、2016 年、2017 年分别为 9.5 亿元、29.5 亿元和 95.8 亿元。微播易平台统计的数据显示，2016 年平台社媒意向订单①金额达到 21.3 亿元，相较 2015 年增长了 200%。如今网络红人的营销报价水涨船高，据今日头条的《短视频营销白皮书》，预计到 2020 年，短视频内容驱动的广告规模有望达到 600 亿元。

具有即时性、高触达率和高接受度的移动终端媒体，是广告的最佳载体。移动互联网广告突飞猛进的发展离不开移动终端设备的发展和用户消费习惯的改变，移动互联网广告未来的路还很长。

第三节　电视广告冲顶后下滑

与互联网狂飙突进式的发展不同，2009～2018 年这十年对于广电和报刊这些传统媒体来说，日子变得越来越不好过。

一　2013 年以前：电视广告的巅峰时期

对电视来说，这十年是两个阶段，前半程走向巅峰，后半程开始下山。2010 年的央视招标突破 126 亿元，成为当年的年度热门话题；湖南、安徽、江苏、浙江等地的头牌卫视的广告收入增幅超过了 30%。② 2012 年，电视广告突破千亿元大关，达到 1047.29 亿元。2013 年前后，电视先后涌现了《中国好声音》（2012 年 7 月开播）、《爸爸去哪儿》（2013 年 10 月开播）、《奔跑吧兄弟》（2014 年 8 月开播）等一批现象级的节目，成为街头巷尾热议的话题，广告费也是水涨船高，一家企业的冠名费就可以高达三五个亿。全行业的广告收入突破千亿元，达到 1100 亿元左右。电视行业迎来了自己的巅峰。电视广告市场的腾飞也直接折射出中国经济发展的利好。

二　2013 年以后：电视广告开始走下坡路

巅峰之后就是下行。2013 年之后，伴随着电视收视人群流失、收视率

---

① 意向订单是指企业通过微播易下发的社媒投放订单的数量和订单金额；实际订单是指企业通过微播易下发社媒投放订单后，实际执行的订单数和订单金额。通常意向订单和实际订单成正向关系，即意向订单越大，实际成交订单越多。

② 陈曦：《新媒体时代我国传统电视媒体的广告价值研究》，南京师范大学，2012 年。

下降，电视广告收入也开始停滞乃至下滑。国家广播电视总局于 2018 年 6 月发布的《2017 年全国广播电视行业统计公报》（以下简称《公报》）显示，2017 年电视广告收入为 968.34 亿元，同比下降 3.64%。电视广告收入已降到千亿元之下，电视人感受到了前所未有的严寒。尤其是对于一些实力比较弱的省市台来说，保证正常收入都成了问题。在某些地方，重回体制的呼声悄然而起。

电视不再是人们钟爱的媒体。2018 年，人们日均接触电视时长只有 1.5 小时，19：00～22：00 的收看份额下滑明显，休息日电视剧时段降幅接近 20%。[1]

有线网也面临着同样的问题。在 IPTV、互联网电视的冲击之下，有线电视用户数和收入也开始出现了明显的下滑。《公报》数据显示，2017 年全国有线广播电视实际用户数为 2.14 亿户，同比下降 6.06%；有线网的收入也在下降，2017 年为 834.43 亿元，同比下降 8.33%。[2]

所幸，CTR 数据显示，2018 年上半年，电视广告刊例收入和广告时长有所回升，同比增长 9.4% 和 1.7%。具体到各级电视台，明显拉动广告市场增长的还是中央级、省级卫视和省级地面台，省会城市台和更低一级的电视台的广告经营情况仍然不很理想。

第四节　报刊广告断崖式下滑，媒体人才流失

报刊比广电的情况更糟糕。2009 年 8 月 27 日，《中华新闻报》宣布停刊，这是第一家倒闭的中央级新闻报纸。报刊关停大潮从此打开闸门，逐渐波及了像《京华时报》《瑞丽时尚先锋》《东方早报》这样的知名报刊。报纸广告收入也在 2011 年达到最高峰的 470 亿元之后出现断崖式下滑，CTR 监测数据显示，2017 年与 2012 年同期相比，报纸广告降幅达 77%，只剩一百多亿元了，在中国传媒产业的 1.89 万亿元总体规模中，报刊等平面媒体占有的市场份额不到 6%。[3] 从到达率来看，纸媒在一线城市比较稳

---

① 　群邑山海今：《2019 媒介和消费趋势及品类研究报告》，2018 年。
② 　王薇：《中国媒体市场 40 年大变局》，《国际品牌观察下旬刊》，2018 年 12 月。
③ 　王薇：《中国媒体市场 40 年大变局》，《国际品牌观察下旬刊》，2018 年 12 月。

定，而三、四线城市的杂志到达率却持续下滑，群邑山海今的报告显示，2018 年杂志在三、四线城市的周到达率只有 13%。

为了生存下去，一些报刊社转而寻求财政支持。2016 年 12 月 14 日，广州日报社收到广州市财政局《关于下达支持党报媒体发展资金的通知》，《通知》称，将安排 3.5 亿元资金专项用于《广州日报》的印刷发行支出。当年报社市场化之路上的领头羊，长期占据中国报纸广告排行榜第一位的《广州日报》，也到了需要财政资金来支持印刷发行的地步，沧海桑田，让人唏嘘。

与传统媒体由盛转衰相对应的，是传统媒体人才的流失。原《南风窗》总编辑陈菊红已经是腾讯副总裁，原《南方都市报》的副总编陈朝华去了搜狐做总编辑，原 SMG 总裁黎瑞刚离开上海广电创立了华人文化基金，原 SMG 副总裁张大钟加入了阿里体育……伴随着自媒体的兴起，更有一大批的媒体人选择了自主创业，成为内容市场的生力军。从中央电视台出走的罗振宇创办了《逻辑思维》，马东创办了《奇葩说》，王凯创办了《凯叔讲故事》……

在媒体融合的大环境下，经过一系列努力，2017 年纸媒在经营严冬下的跌幅收窄，释放了一定的触底信号。CTR 数据显示，2017 年前三季度报纸广告刊例花费同比下降 31.9%，较 2016 年同期跌幅回升 8.1 个百分点，杂志广告刊例花费降幅为 21.2%，回升 8.7 个百分点。报刊媒体的出路就是数字化转型，网民逐渐养成了阅读数字报刊的习惯。这种现象在一线城市比较明显，据群邑山海今对 2018 年媒介接触习惯的统计，经常上网阅读数字报刊的用户分布在一线城市、二线城市和三四线城市的比例分别是 47%、30% 和 23%。

第五节　户外广告平稳发展

在户外媒体领域，媒体内容即广告，户外媒体既是最古老的媒体形态，也是非常特殊的媒体细分产业。户外媒体因其强触达性、富媒体性等优点，仍然是广告主媒体投放的重要方式之一。

一　户外广告场景化，价值依旧

群邑山海今发布的《2019 媒介和消费趋势及品类研究报告》表明，2018 年户外广告的日到达率为 73%，仅次于电视，甚至不输互联网。数据显示，户外媒体广告收入从 2009 年的 344 亿元，稳步增长到了 2017 年的 1444 亿元，户外媒体成为排在互联网之后的第二大广告媒体。无论是从广告价值还是到达率来看，户外媒体无疑都是排名前三的媒介形式。

具体到地域来看，一、二线城市面临全民宅化、雾霾天气、市场饱和等多重挑战，户外广告的效果已今非昔比。根据 CTR 媒介智讯的研究，2017 年整体传统户外广告面积继续大幅下降，相比 2016 年减少了 15.3%。除东北的沈阳、哈尔滨、大连，南方的福州以及西南的重庆市的广告面积增加外，其余城市则继续减少。由于传统户外广告的资源减少，未来传统户外媒体的资源价值也会面临重估。

CTR 数据显示，虽然 2018 年上半年传统户外广告的刊例收入同比下降 11.3%，但电梯电视、电梯海报和交通类视频的广告刊例收入都呈增长态势。户外广告的场景开始多元化，2018 年，以航空媒体、高铁媒体、地铁媒体为代表的交通媒体深耕自身媒体空间资源，深度挖掘海量用户流量背后的时间意义，强化场景互动，打造了空中、地面、地下全出行场景覆盖的媒体共生圈。

二　数字户外广告兴起

随着屏幕技术的发展，数字新媒体强势崛起，数字户外广告的出现，在潜移默化地改变着品牌与消费者间的交互方式。CODC 数据显示，近十年来，数字户外广告一直保持着稳定的增速，2017 年，视频媒体①投放总规模为 676 亿元，在户外媒体总投放额中占比 52%。可见，如果算上静态数字户外广告，中国数字户外的市场份额已经占据户外广告市场的半壁江山。

随着移动互联网的普及以及各种移动技术——AR、NFC（近距离无线通信技术）、QR 阅读器（条形码和二维码扫描器或 App）等的发展，移动

---

① CODC 统计的户外视频媒体包括：地铁电视/地铁电子屏/公交电视/楼宇液晶/（街道）电子屏。

互联网正逐渐渗透到人们的生活中，为人们带来了便利、快捷的服务。但同时，移动互联网也冲击着传统企业的发展，于是许多传统企业开始调整战略，通过大刀阔斧的改革来迎接和拥抱移动互联网时代。户外广告也在尝试与移动互联网进行融合贯通，2015年，高铁媒体公司畅达传媒获得1亿元融资，发布"移动互联网+高铁媒体"战略，户外与移动的关系变得越来越紧密，数字户外广告的发展步入新的时代。

户外广告是最容易受到政策、技术环境影响的媒介之一，在这样一个崭新的开放的时代，户外广告散发出新生机。

第六节 广播广告逆势上扬，传统媒体中的"幸存者"

广播媒体的用户收听习惯和电视、报纸等传统媒体都有较大区别，在传统媒体广告下滑之际，广播广告却保持稳定发展。但是，新媒体和互联网的出现，对传统广播电台来说是一个不小的挑战。

一 电台广告逆势上扬

在新媒体的冲击下，传统媒体广告的投放在2009~2018年这十年间总体呈下滑趋势。然而电台广播作为历史悠久的传统媒体之一，其广告投放逆势上扬，呈现走高趋势，成为传统媒体中的"幸存者"。

公开资料显示，广播广告收入从2009年的71.9亿元发展到2017年的136.68亿元，呈现平稳增长态势。CTR数据显示，2014~2016年，传统媒体广告刊例价持续下滑，而电台广告成为当年传统媒体中唯一实现正增长的媒介类型，逆势上扬，2016年收入同比增长2.1%。

2018年，全国广播收听市场三级电台的竞争格局依然不变，中央电台、省级电台和城市电台占比分别为11.0%、34.3%、54.7%，城市电台占据过半的市场份额，广播市场依然呈区域化趋势。

广播广告市场的稳定增长，得益于我国汽车行业的繁荣发展，车载广播成为广播广告增长的主要阵地。2018年，广播车载覆盖人群为4.99亿，车载广播用户为4.01亿，人均日在线收听广播的时间为104分钟，这为车载广播广告提供了巨大的发展空间。

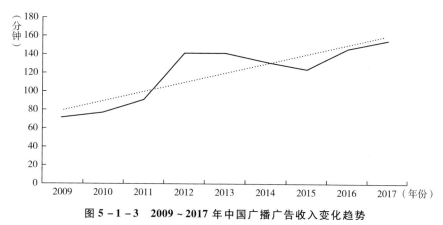

图 5 - 1 - 3　2009 ～ 2017 年中国广播广告收入变化趋势

资料来源：中国广告 40 年项目组根据公开资料整理制图。

交通、音乐、综合，包括新闻，仍是拉动广告投放的主要频率。其中，交通频率依然保有绝对的投放优势，2016 年上半年上亿元的交通广播至少有 17 家，部分城市交通广播甚至接近 4 亿。从 1 ～ 5 月的收听数据来看，相对于 2015 年，综合类、经济类频率的广告投放比重有所增长。

二　在线音频市场的冲击与传统广播电台的转型

但是，在广播广告保持增长的同时，也要看到在线音频市场的发展正在改变传统广播。以喜马拉雅 FM、蜻蜓 FM 为代表的一批在线音频服务商，正在成为越来越多的用户的选择，它们一方面给广播电台提供新的传播渠道，另一方面也分流着广播电台的注意力。面对种种挑战，传统广播电台也在积极探索转型，顺应移动互联网发展潮流，打造精品音频内容，以内容促进广告份额的增长。但整体上多数电台仍承受巨大经营压力，相当大一部分电台和频率的收入明显下滑。

中央人民广播电台最早启航全国媒体整合之路，在移动互联网平台的点播量一直高居榜首，"中国之声"在蜻蜓 FM 等公共收听平台上的点播量近 2 亿，凸显了中央台的公信力和权威性。

在内容类型上，广播媒体也要适应不同内容终端和收听受众的需求，提供满足受众多样化细分需求的内容服务。如传统端中的受众更多偏好新闻资讯、天气、热点解读类内容；车载端听众更多偏好路况信息、汽车服务类节目；手机内置端听众更倾向于收听流行音乐、天气预报、新闻资讯等内容。有了这些精准满足用户需求的内容，广告的投放也会更加具有针对性。

第七节 广告界的"新生儿"——电影广告

电影市场的变化为广告孕育了丰富的土壤。媒介场景化、需求细分化，使中国进入了一个消费升级的时代，用户的媒介接触习惯和信息需求的变化促进了中国电影广告的新生。

一 票房与观影人群的增长催生了电影广告的新生

中国电影市场票房从 2003 年开始便保持着两位数增幅的快速增长态势，成为全球最具发展潜力的电影市场。2010 年，中国电影票房市场突破 100 亿元大关。2013 年，中国电影票房再创新高，达到 217.69 亿元，同比增长 27.51%，中国电影票房进入 200 亿量级的发展阶段。2018 年，全国票房突破 600 亿元大关，达到 609.76 亿元，观影人次 17.16 亿，电影播放场次 1.1 亿场，分别同比增长 9.06%、5.93% 和 17.12%。截至 2018 年 12 月 30 日，2018 年全国新增影院数 1120 家，新增银幕数 9303 个，新增数分别同比增长 11.99%、17.61%。① 观影人群也逐渐多元化。其中，45 岁以上的观影人群比重在增加，45～54 岁的人群影院月到达率从 2016 年的 13% 增长到 2018 年的 18%，55～64 岁人群影院月到达率也从 2016 年的 7% 增长到 2018 年的 12%。

伴随着银幕数量、观影人数、中国电影票房的增长，电影广告市场机会无限。CTR 的数据显示，2016 年上半年影院视频（映前贴片）媒体广告刊例收入同比增长 77.2%，电影广告作为广告市场的新生力量登场。艺恩咨询将中国电影广告形式分为银幕广告和内容营销（植入广告、联合推广）两大板块。其中银幕广告包括贴片广告和映前广告两种。前者捆绑影片进行发行放映，后者采用按周期结算的方式进行运营。临近放映的贴片

---

① 艺恩咨询：《2018 年中国电影市场城市热度趋势报告》，http://www.199it.com/archives/816343.html，199IT 网，2019 年 1 月 2 日，最后访问时间 2019 年 1 月。

广告多为制片方相关的影片预告，而映前广告则是商家在影院、院线/影投投放的广告。在广告放映顺序方面，贴片广告更临近电影正片，其单场上座率达到80%，广告到达率高达90%以上。而映前广告则仅有约30%的到达率。

艺恩咨询的数据显示，从2009年到2017年，中国电影广告市场规模从5.2亿元增长至40亿元，其中，2009~2011年增长势头迅猛，在2012年后逐渐趋于平缓。但从电影市场的收入量级来看，电影广告收入与票房收益相比依然相距甚远。

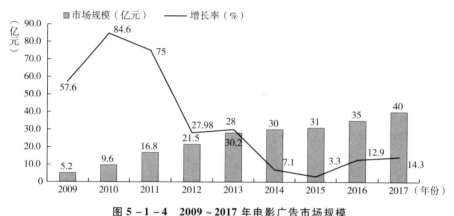

图5-1-4　2009~2017年电影广告市场规模

资料来源：中国广告40年项目组根据公开资料整理制图。

二　映前广告、贴片广告市场丰收

2012年对于电影广告来说也是发生重要转折的一年。这一年，中国电影贴片广告与映前广告收入持续增加，其中映前广告收入增幅较大，增长率为22%，而贴片广告收入增幅缓慢，不足3%。电影植入广告愈加成为电影投资回收的重要渠道，增长率超过85%，与电影贴片广告基本持平。2013年的贺岁档，冯小刚导演的电影《私人订制》植入广告高达8000万元，滕华涛导演的《等风来》中的饮料植入也是充斥全片。从当年冯小刚因为广告植入而"摔杯子"，到现在《控制》等国产片主动寻求客户合作，电影植入广告已经悄然发生了变化，就连称呼也被换成了"品牌内容营销"。

相比而言，影院映前广告的投放终端为电影院，投放周期及成本相对可控而稳定，场次和区域的操作也更加灵活，不会受到单部影片票房高低影响，市场发展潜力巨大，是发行方、放映方和广告商重点争抢的对象。艺恩数据显示，2015 年全国影院映前广告总收入为 22.4 亿元，2016 年这一数字达到了 29.8 亿元。电通安吉斯表示，2018 年的中国电影映前广告市场已经接近于美国市场的水平，并在未来五年有望达到 70 亿元水平。

以行业领军企业万达电影为例，其映前广告在其营收中的比重越来越大。2018 年上半年，万达电影实现营收 73.67 亿元，万达电影的主要业务收入来自电影票房收入、商品销售收入以及广告收入三大块。而广告收入为 12.56 亿元，同比上涨 15.61%，占整体收入的 17.05%。这个广告收入不仅来自映前广告，还来自在实体影院等相关媒介上投放的广告产品。强势的影院和银幕数量是万达电影在电影广告市场风生水起的资本。2015～2017 年，万达电影每年新增影院数超过 100 家。截至 2018 年 6 月末，公司已经拥有直营影院 552 家，银幕数 4872 块。①

总之，旧的广告时代已经过去，报刊和电视风光不再，取而代之的是不断迭代、更新的媒介技术和搭载于其上的创新营销方式。历史如车轮般催促着我们前进，或许只有从未来回头望，我们才能清晰地看见地面上那些碾过的印记是如何反映出当时的情形，我们才会发现，媒介在不断延伸着人体的各个器官，而广告则是社会变迁的忠实记录员。

---

① 《万达电影 2018 年半年报点评：票房市占率提升，衍生品收入增速亮眼》，https://xueqiu.com/1513118436/112986983，雪球网，2018 年 8 月 27 日，最后访问时间 2019 年 1 月。

第二章　媒体环境巨变，进入融合移动互联时代

在移动互联网、大数据、人工智能、虚拟现实、5G 等新技术以及经济、社会发展强烈需求的共同驱动下，媒体融合进程加快。传统媒体与新兴媒体在此时发生了前所未有的互动，融合互联时代，媒体之间的边界变得模糊。加之移动互联网带来的便利，任何组织、机构甚至个人，任何网络产品都有可能带有媒体属性，按照媒体功能进行分类的方式也将越来越难以界定媒体是什么。

第一节　政策大力支持媒体融合

我国的媒体融合，与国家政策推动紧密相关。可以说，这是一场自上而下、政策推动的融合，同时又分不同时期、不同阶段实现。

一　萌芽初探阶段

在中国，"媒体融合"的前世今生，要从 20 世纪 90 年代末互联网兴起时说起。

在互联网逐渐兴起的背景下，1997 年，国务院在全国信息化工作会议上首次提出"三网"的概念，即电信网、广播电视网和计算机网。1998年，在国务院的指导下，我国成立了信息产业部。同年 6 月，国务院办公厅下发文件，提出将广播电视传送网的统筹规划等职能交给信息产业部，但最终没能执行。这体现了国家推进融合的决心，但在萌芽探索阶段，执行有一定困难。①

---

① 　任锦鸾等：《媒体融合与创新》，中国广播影视出版社，2017 年，第 55～59 页。

还是在 1998 年，当年 3 月，以原体改委体改所副所长、时任粤海企业集团经济顾问的王小强博士为首的"经济文化研究中心电信产业课题组"完成了《中国电讯产业的发展战略》研究报告，随后展开了是"三网合一"还是"三网融合"的大辩论。1999 年，信息产业部、国家广播电影电视总局《关于加强广播电视有线网络建设管理的意见》出台，明确禁止广电与电信行业之间的业务互营，三网融合的议题从此被搁置了。①

该意见指出，"广播电视及其传输网络，已成为国家信息化的重要组成"。2000 年 11 月，总局又下发了《关于广播电影电视集团化发展试行工作的原则意见》，确定电子媒体在宣传任务之外，还可以兼营其他相关产业，鼓励我国广电集团发展成为多媒体、多渠道、多层次的综合性媒介集团。② 可以看出国家对广电信息网络的重视，同时对其发展表现出的肯定、鼓励态度。

二 宏观促进阶段

2001 年 3 月 15 日，我国发布《中华人民共和国国民经济和社会发展第十个五年计划纲要》，"十五"计划纲要第一次明确提出"三网融合"的议题，促进电信、电视、互联网的融合。我国的 IPTV 也在这一时期逐渐发展起来。之后，由于"IPTV 牌照"等政策限制，国家广播电影电视总局虽加强了对网络视频内容与渠道方面的监管，但在一定程度上也阻碍了广电内容在互联网上的自由传播。

2006 年 3 月 14 日，我国"十一五"计划纲要中再次提出积极推动"三网融合"，稳步推进新一代移动通信网络建设，建设集有线、地面、卫星传输于一体的数字电视网络和构建下一代互联网。紧接着，在 2006 年 3 月 19 日的《2006～2020 年国家信息化发展战略》中，提到了"推动网络融合，优化网络结构，提高网络性能，推进综合基础信息平台的发展。加快改革，从业务、网络和终端等层面推进三网融合"。可以说，经过过去几年的摸索阶段，国家开始真正意义上在宏观政策层面积极推动三网融合。

---

① 刘册：《融合与否，是个问题》，《媒介》2014 年第 12 期，第 30～32 页。
② 任锦鸾等：《媒体融合与创新》，中国广播影视出版社，2017 年，第 55～59 页。

2008 年 1 月 1 日，国务院办公厅转发了《关于鼓励数字电视产业发展若干政策》的通知。通知中指出，建立和完善适应"三网融合"发展要求的运营服务机制，"鼓励广播电视机构利用国家公用通信网和广播电视网等信息网络提供数字电视服务和增值电信业务"，"支持包括国有电信企业在内的国有资本参与数字电视接入网络建设和电视接收端数字化改造"。这促进了我国全业务网的发展，以及在三网融合背景下网络和信息资源的共享，广电、电信对等进入媒体业务这扇门已开启。

在此之后，通信行业进行了较大规模的重组和发展，广电行业也在积极进行网络的升级改造与数字化转型。2009 年年初，中国移动、中国电信、中国联通分别获得 3G 牌照，三家运营商进入电信业务三足鼎立时代，此时，我国的电信网在体制机制、资本、网络、用户等方面较广电网有了明显的优势。2008 年年底，科技部与国家广播电影电视总局签署协议，共同开发下一代广播电视网（NGB）。2009 年 7 月，总局在《关于加快广播电视有线网络发展的若干意见》中提出"鼓励和支持有实力的省级有线网络公司跨省联合重组……"可以说，在三网融合的大趋势下，电信和广电都在不断加强自身网络建设完善，以掌握更多主动权。

三　落实推进阶段

2010 年 1 月 13 日，时任国务院总理温家宝主持召开国务院常务会议，决定加快推进电信网、广播电视网和物联网三网融合，三网融合被提到了前所未有的高度，并且拥有了明确的时间表和路线图。

在国务院的推进下，三网融合试点工作终于开始。此后，国家从监管、产业发展等方面都推出了相关的促进政策，推进融合进程。

2013 年，"互联网思维"成为行业热词。互联网代表的新兴媒体在我国发展势头强劲，影响广泛，于是，产品层面、技术层面、市场层面等对媒体融合发展的需求日益强烈。新形势下，国家开始强调推动传统媒体和新兴媒体的融合发展。

2014 年 8 月 8 日，中央全面深化改革领导小组第四次会议审议通过了《关于推动传统媒体和新兴媒体融合发展的指导意见》，对新形势下如何推动媒体融合发展提出要求，"媒体融合"这一议题开始有了更丰富的内涵，受到关注。习近平主席在会议上强调，推动传统媒体和新兴媒体融合发展，"强化互联网思维，坚持传统媒体和新兴媒体优势互补、一体发展，坚持先进技术为支撑、内容建设为根本，推动传统媒体和新兴媒体在内容、渠道、平台、经营、管理等方面的深度融合"。

2016年7月18日，总局发布《关于进一步加快广播电视媒体与新兴媒体融合发展的意见》。意见指出，广播电视媒体与新兴媒体融合发展的总体目标为："十三五"后期，融合发展取得全局性进展，建成多个形态多样、手段先进、具有竞争力的新型主流媒体，打造出数家拥有较强实力的新型媒体集团，基本形成布局合理、竞争有序、特色鲜明、形态多样并具有可持续发展能力的中国广播电视媒体融合新格局。意见提出9项重点任务，包括融合型"节目体系、制播体系、传播体系、服务体系、技术体系、经营体系、运行机制、人才队伍"等的建设。

可以看到，国家在推进树立深度融合发展理念、把握媒体融合发展大势的同时，以更具体、全面的融合思维和角度，推动广播电视媒体与新兴媒体"融为一体、合而为一"。于是，几年中媒体融合进程不断加快，从中央媒体到地方媒体都动作频频。2018年8月，在全国宣传思想工作会议上，习近平指出，"要扎实抓好县级融媒体中心建设，更好引导群众、服务群众"。至此，传统媒体和新兴媒体融合发展进程进一步向纵深延伸。

第二节　融合潮下的媒体繁荣发展

借助媒体融合政策支持与万众创新的时代浪潮，传统媒体开始融入互联网，广电系统、报业的探索逐渐有了方向和成绩，建立多终端、全覆盖的新媒体传播体系，新媒体化、全媒体化成为趋势。

传统媒体建中央厨房，建融媒体中心，在微博、微信上开设公众号，开发App，拍短视频，做直播……所有的新媒体平台上都有传统媒体的身影，传统媒体成为新媒体平台不可或缺的内容提供者。同时，互联网领域也逐渐形成新的格局，门户退位，强者居上，互联网大佬们纷纷开始涉足媒体业务，移动互联网推动媒体更加多元化。

一　广电："网络化"到"全媒体化"

广电经历了前一阶段的"台网联动"初体验和"网络版"建设以及网络业务的探索尝试之后，逐渐意识到单纯的"网络化"发展并不能应对互联网新媒体强势崛起带来的冲击。作为传统媒体，其改革和转型只有紧随媒体环境变化，灵活利用自身优势，发挥主动权，才能与网络媒体同台竞争。于是，由"网络化"到"新媒体化""全媒体化"的变革展开了。

（一）中央电视台：全媒体矩阵建设

中央电视台作为中央级最权威媒体，处在广电系统转型升级的头阵，它在新媒体融合发展中，形成了 PC 端、移动端、电视端和社交媒体布局的全媒体矩阵。

时间追溯到 2009 年，当年年底，在已有央视网的基础上，CNTV 中国网络电视台成立了。它同时拥有央视和上海文广的海量视频资源，[①] 并逐渐覆盖了 CCTV 及卫视电视台直播、栏目点播、体育、影视、动漫等节目，电视内容在互联网上找到了出口。后来，经过一系列整合升级，央视的 PC 客户端在 2013 年正式更名为"CBox 央视影音"。2015 年 12 月，整合后的官方门户网站 cctv. com（央视网）正式上线运营。

在移动端，央视 2013 年推出"央视新闻"手机客户端，并逐渐形成了包括"央视影音""央视财经""央视体育 VIP""中央电视台"等 App 产品在内的移动端产品矩阵。在大屏端，2010 年，国家广播电影电视总局正式向 CNTV 颁出第一张互联网电视牌照，互联网电视业务获得许可；2011 年，未来电视有限公司成立，主营央视互联网电视业务；现在，"央视新闻"也有相应的 OTT 版。另外，从 2016 年起，央视与歌华有线、四川有线、东方有线等展开合作，启动建设了基于有线电视网络的互动电视平台"央视专区"项目。

截至 2017 年年底，"央视新闻"新媒体用户突破 3.5 亿，央视网多终端月度全球覆盖用户达 11.28 亿人，"央视影音"客户端累计下载量超过

---

① 孙珺、熊莉：《CNTV：优质资源　跨媒体权威平台》，《成功营销》2010 年第 4 期，第 94～95 页。

6.1亿。[①]

2017年，在直播和短视频成为一种主流的新媒体内容形式时，央视又建立了"央视新闻移动网"，一个以移动直播和短视频为主要内容的移动融媒体新闻平台。移动直播引领了移动互联网时代新闻生产同场化、开放化、交互化等发展趋势，带动了电视媒体一体化运行的全面升级，成为央视新闻移动网成功上线的重要基础。移动网业务的逐渐运行，也将带动中央电视台记者向全媒体记者的转型。可以说，大小屏互动直播、大小屏融合互动报道等在央视已逐步实现常态化，[②] 这也加快了央视全媒体化发展的进程。

（二）湖南广电：双平台融合发展之路

相比于自带"强势"属性的央视，地方广电媒体在新媒体领域名声卓著的当属湖南广电。2000年12月，湖南广播影视集团成立，它是中国第一家省级广电传媒集团。2010年，湖南广播电视台成立。2015年，湖南广播影视集团有限公司举行挂牌仪式，它由已经完成转企改制的湖南广播电视台与芒果传媒资源整合成立。[③]

几年来，湖南卫视走出了一条"双平台"融合发展之路。2014年，湖南广电将金鹰网和芒果TV网站进行整合，推出全新的视频新媒体平台"芒果TV"，同时宣布湖南卫视所有自制节目都独家输入芒果TV，不再为其他视频网站进行版权分销。自此之后，芒果TV专注做强视频平台和新媒体业务，探索电视媒体全方位转型。

而湖南卫视本身，作为传统电视媒体的优质平台，其内容生产的丰富性以及内容运营的创新力无疑在同行中处于领先地位。卫视在内容上的优势自然地延续到了芒果TV的内容运营中，母体够硬的主业优势、无条件的资源倾斜成为芒果TV在融合发展过程中赢得用户、吸引用户的关键因素。湖南卫视生产的《快乐大本营》《爸爸去哪儿》《我是歌手》《变形

[①] 参见中国记协《中国新闻事业发展报告（2017年）》。

[②] 融媒观察：《央视新媒体主任：阻碍我们的只有头脑中未能"融合"的观念》，https://baijiahao.baidu.com/s？id＝1563447243160771&wfr＝spider&for＝pc，百家号，2017年4月1日，最后访问时间2019年1月。

[③] 罗仕美：《一个湖北人与一群电视湘军》，《戏剧之家》2015年第21期，第279页。

计》《天天向上》等节目，已经聚集了大批忠实的粉丝。芒果 TV 独播，实际上是湖南广电看到了电视内容的入口价值。[①]

以湖南卫视为资源依托、芒果 TV 为转型载体，湖南广电在传统媒体与新媒体的融合和创新探索中，走出了自己的道路。

2014 年 4 月 25 日，湖南卫视第二季度大型综艺节目《花儿与少年》正式在全网进行独播；5 月，芒果 TV 的月覆盖人数增速近百分之百，观众规模出现了倍增，芒果 TV 在短短半年时间内跃居视频网站第八位。2015年，芒果 TV 全面启动独播战略，全网独播湖南卫视所有最强 IP 内容，市场价值超 10 亿元的独播资源注入芒果 TV。该战略对其发展意义巨大。芒果 TV 独播一周年成果显著，综艺节目成为芒果 TV 视频特色，移动端流量迅速超过 PC 端。

芒果 TV 在两年的时间里迅速实现了用户累积。截至 2017 年 3 月底，芒果 TV 全终端日均活跃用户数超 4700 万，日常视频点击量超 2.2 亿次。PC 端视频播放月覆盖人数达 2.16 亿人，手机 App 下载安装量达 4.9 亿户，OTT 终端激活用户达到 5286 万，芒果 TV 运营商业务全国覆盖用户 3983万人。2016 年全年营收超过 19 亿元，融资估值已达 135 亿元，成为中国互联网企业百强第 55 位，较 2015 年提升 24 位。芒果 TV 已经在中国网络视频业挺进到行业第四位，仅次于 BAT 背景的爱奇艺、优酷和腾讯视频。[②]

在三网融合的背景下，湖南广电的主要业务不断拓展。除了传统的广电业务，在 PC 端移动视频业务、OTT 和 IPTV 业务外，还涉及动漫、游戏、电商、娱乐经济等方向。2018 年 6 月，芒果 TV 与芒果互娱、天娱传媒、芒果影视和芒果娱乐五家公司整体作价 115 亿元打包注入快乐购（后更名为"芒果超媒"），标志着芒果 TV 正式成为国内 A 股首家国有控股的视频平台。

芒果 TV 跻身网络视听平台前列，成为不多见的投入产出进入良性循环、可持续发展能力较强的视听新媒体机构。湖南广电的成功，让行业开始反思传统电视与互联网的关系。作为以优质内容为驱动实现互联网深度融合的代表，湖南广电将互联网和电视内容生产置于同等地位，全打通的

① 毛震：《湖南广电媒体融合的平台化发展研究》，湖南大学，2017 年。
② 毛震：《湖南广电媒体融合的平台化发展研究》，湖南大学，2017 年。

内容生产模式、互联网化的运营方式，使其在融合转型中，实现了电视和互联网之间顺利的跨越和链接，使"电视湘军"走在全国广电发展的前列。

（三）华数传媒的融合发展

华数传媒网络有限公司成立于 2009 年 12 月，于 2012 年 10 月上市，是浙江华数数字电视传媒集团旗下专业从事数字电视网络运营与传媒发展的运营企业。2008 年，华数入选三网融合的第一批试点企业，并在几年间构建了"数字电视、数字化内容与应用服务、宽带通信、新业态传媒"等产业集群，由一个数字电视有线网络运营商，转变为一个全媒体公司。[①]

在 2009 年之前，华数集团发展战略主要是利用自身优势，迅速完成硬件集成升级，内容、渠道等各方面资源聚拢，继而攻占浙江及周边市场。华数传媒在 2009 年成立后，开始实施"跨代网、云服务、全业务、多终端发展"战略，并作为新兴网络运营商的代表迅速走在了融合发展的前列。

2008 年，华数首创家庭高清点播业务；2010 年，总局发放了首批互联网电视（OTT）牌照，华数入选，并率先开通了互联网电视和 3G 手机电视业务，推动中国的新媒体产业进入一个全新的发展时期。

2012 年，华数在国家发改委的支持下建设了全国第一个媒体云平台。2014 年，华数全面实施"云梯计划"，创新地推出了云电视、云宽带、云家庭和云城市平台。通过云计算平台，华数能够拉通各个服务终端的服务能力，利用云端的海量计算能力，将复杂业务变成频道化的业务流，突破了机顶盒的限制。在此基础上，华数云服务平台形成了"一网多载""一网多屏"的创新服务体系，为其公司业务建设打下了完备的技术基础。

2013 年 6 月，华数传媒拟定向增发融资 7.2 亿元，收购华数网通信息港有限公司旗下的宽带业务资产，正式从广电业务向宽带业务拓展。在产业和资本驱动下，华数不断巩固上游内容优势和下游终端覆盖优势，同时，整合中游渠道，加快有线网络整合进度，确立了"新媒体 + 新网络"双轮驱动战略。同时它还设立文化产业投资基金，以投资、并购的方式聚

---

① 任锦鸾等：《媒体融合与创新》，中国广播影视出版社，2017 年，第 55～59 页。

拢优质广电网络及新媒体产业链上下游的优秀公司。

2014 年，以阿里巴巴掌舵人马云为主要合伙人的云溪投资，以 65.36 亿元人民币的价格入股华数，入股后云溪投资持有的华数传媒股份达 20%。作为互联网电视的牌照方及内容提供方，华数为阿里旗下天猫魔盒提供互联网电视集成播控服务和内容服务。华数与互联网的联系更加深入。

2015 年，华数发布了新媒体生态战略，力求全产业链一体化发展。具体来说，布局版权采购、内容孵化等内容战略；大力发展全网多屏的产品战略；视音频业务跨界合作，拥抱互联网的共赢战略；吸纳新媒体人才的人才战略。到此时，华数传媒的主要业务类型涵盖了视听、互动电视、手机电视、互联网电视、互联网以及广告等，与外界的合作领域涉及电商、电信、视频、内容制作、软硬件制作等。

2017 年、2018 年，"智慧广电"政策推进，成为广电转型的新路径。在此背景下，华数以杭州为基地，深度参与智慧城市建设，利用其数据、网络能力，共同参与城市治理相关数据开发运营，并开发了多种惠政惠民的应用，涉及安防、旅游、交通、政务办理等。

（四）中央人民广播电台新媒体融合

对于广电系统中的另一角色——广播电台而言，如果不能在新媒体环境中迅速实现转型升级，很快就会遭到市场的淘汰。这一时期，融合浪潮下的技术发展，直接推动了传播广播行业的发展，我国广播媒体一方面通过搭建融合媒体直播云平台和服务云平台，实现自身生产能力的优化升级；另一方面也通过拥抱新媒体、拥抱互联网，拓展自身业务范围，加入媒体融合的队列。

中央人民广播电台的媒体融合始于其广播的数字化进程，经历了 20 世纪 90 年代中期的数字广播初始阶段和 1998~2009 年的网络广播阶段，2009 年后，其融合进程加快，进入新媒体融合阶段。

2009 年 2 月，中央人民广播电台开始正式实施"台网一体、全台办网"战略，整合自身资源，加快新媒体与传统媒体在内容资源、人力资源、技术资源方面的协作与融合，将网络、手机广播、手机电视等新媒体资源统一管理运营。2012 年党的十八大之后，融合进一步提速，中央人民广播电台进一步加强旗下新媒体建设，持续打造央广网、中国民族广播网等原有新媒体产品，同时开展"两微"阵地，自建新的手机客户端，到2014年年初，中央人民广播电台融合新媒体产品集群基本形成。① 现在，央广移动端的主要产品有新闻客户端"央广新闻"，声音客户端"中国广播"和预警信息、应急工具类客户端"国家应急广播"。"中国广播"电视和智能音箱版本也全面在主流互联网电视、音箱等智能终端预装。

2014年，央广的媒体融合重点工程项目"中国广播云平台"正式启动。作为技术支撑，云平台整合广播行业资源，增强了听众和用户的到达能力，促进全国广播业的技术革新和演进。截至2018年年初，广播云采编系统和中国广播云平台建设，已基本建成17套频率和新媒体一体化作战体系，可与全国61家广播电台、2300多名编辑记者实现资源共享共用、共采共编。②

2017年，央广建立了融媒体新闻指挥中心，形成统一指挥、高效协同、快速分发的全台融媒体新闻生产格局。另外，央广也建设了自身的"中央厨房"，改革其内容生产机制，提升生产效率。

另外，中央人民广播电台多个频率、多档节目、多位主持人还与蜻蜓FM、搜狐新闻、网易新闻、百度贴吧、爱奇艺等新媒体产品开展不同程度的合作，借此扩大自身业务发展的平台，寻求更多融合机会。

二 报业转型

报业作为传统媒体的另外一员，受到新媒体的冲击最为明显，在如此背景下，其转型也面临更大的困难。2009年前后，报纸广告收入出现断崖式下滑，报业终于难挡新媒体的冲击，迎来了停刊潮。但是，报纸转型升级的道路上也不乏成功者，以《人民日报》为代表的中央队伍，以及一些地方报业集团或媒体，都在这一时期积极探索，寻求出路，在转型的道路上步入正轨。

---

① 王求：《建设广播云平台，构筑融合产品集群——中央人民广播电台媒体融合实践》，《中国广播电视学刊》2015年第11期，第17~23页。

② 彭锦：《2017广电媒体融合发展有这样几个亮点》，http://www.sohu.com/a/216520543_692735，搜狐网，2018年1月13日，最后访问时间2019年1月。

（一）报业停刊潮

2009 年 8 月 28 日，曾被喻为"媒体中的媒体，新闻中的新闻"的中央级媒体《中华新闻报》发布停刊清算公告，这是第一家倒闭的中央级新闻报纸。《中华新闻报》的倒闭，在中国报刊业引发震动。此前，该报曾多次试图引进战略资本，但都未能如愿。①

随后，时任国家新闻出版总署署长的柳斌杰明确指出："对那些宗旨不明、读者不认、效益较差、资不抵债、发展难以为继的报刊，要下决心注销停办；对那些不符合年度核验条件的，要予以注销退出；对那些有严重违法违规行为的，要坚决予以吊销。"当年，新闻报刊司继续报刊退出机制的试点工作，在总结、推广辽宁、河北试点经验的同时，要求并指导其他省市结合报刊年度核验，按照"查处一批、调整一批、停办一批"的原则，对严重违规或整改不合格、不具备出版条件的报刊试行退出。

新华社 2010 年 4 月的一篇报道中提到，辽宁省率先出台了《关于报刊退出机制的若干规定（试行）》，在报刊退出机制试点中停办 12 种报刊。河北省制定了分类指导的评估体系和评估办法，退出报刊 3 种。江西、上海、浙江、北京、内蒙古、广西、海南、湖南等地也结合当地报刊实际，相继建立了评估标准，结合报刊年度核验，对严重违规或整改不合格、不具备出版条件的报刊试行退出。②

截至 2009 年 11 月，全国有 188 种报刊以调整、兼并、重组、停办等方式退出市场。转企改制和报刊退出机制诚如两块大石压在那些发展势头一日不如一日的报刊媒体心头。

此后，余波不减，每年都有不同数量的报纸宣布停刊或合并，其中不乏一些曾经颇具影响力的报纸。2013 年的最后一天，解放报业集团下属的《新闻晚报》出版了最后一期报纸，然后停刊。2014 ~ 2015 年，《风尚周报》《心理月刊》《YES!》《风尚志》《生活新报》《天天新报》等一大批泛生活

---

① 邹海斌：《从〈中华新闻报〉倒闭看行业报刊转企改制趋势》，《宜春学院学报》2009 年第 S1 期，第 98 ~ 99 页。

② 璩静、李克瑶：《我国报业将打破"只进不出、只生不死"格局》，http://www.gov.cn/jrzg/2010 - 04/07/content_ 1575318. htm，中国政府网，2010 年 4 月 7 日，最后访问时间 2019 年 1 月。

类报刊和大众化的都市报先后停刊。2016 年，《时代商报》《时尚生活导报》《贵州商报》《国际先驱导报》等报刊宣告停刊或休刊。2017 年，号称"上海早报双雄"之一的《东方早报》于 1 月 1 日起停刊，员工整体转入澎湃新闻网，专心致力于新媒体发展。同日，北京的《京华时报》也宣布了休刊的消息，而它曾是一份稳占北京早报市场 70% 以上的市场份额，进入全球报纸发行量百强行列的报纸。2018 年，曾为上海周报的第一品牌的《申江服务导报》宣布全面休刊，这一年元旦，与之并称为"全国三大生活类周报"的《假日 100 天》也宣布休刊……

几年来，由于新媒体的冲击和市场环境的变化，报业身陷困境，很多亏损严重，突围未果。也有报纸在转型中放弃纸媒形态，转向更适应市场环境的新媒体形式。如此大潮下，报纸或无奈停刊、休刊，或合并转型，"纸媒已死"的言论甚嚣尘上。但是，纸或死，媒还在，整个行业进行着重新洗牌，经过行业内部的结构性重组、转型、升级，报业未尝不能在新时代下走出一条自己的道路。

（二）报业转型

依托自身强大资源和能力，以《人民日报》为代表的中央级报纸以及上海、浙江等地的省级报业集团为报业转型发展打出了头阵。

2012 年 4 月 18 日，人民日报社旗下人民网展开申购，中签率 1.5%，发行价 20 元/股；27 日，人民网上交所上市，首日大涨 73.6%，一小时内遭两次停牌。它的成功上市创造了中国资本市场的两个第一：第一家在国内 A 股上市的新闻网站，第一家在国内 A 股整体上市的媒体企业。

2014 年，人民日报媒体技术股份有限公司成立。2015 年 10 月，人民日报社新媒体中心成立。2016 年年初，《人民日报》"中央厨房"系统上线，并在 2017 年 3 月"两会"期间发挥了重要作用。《人民日报》通过技术驱动，设立专门的新媒体部门，打造"中央厨房"，探索全新的新闻产品生产模式，同时以微博、微信公众号及新闻客户端为渠道，完善新媒体移动传播格局。在第三方机构微信公众号综合排名中，人民日报微信公众号连年位列第一。

2018 年，《人民日报》还搭建了"全国党媒信息公共平台"，推出"人民日报创作大脑"。3 月，人民网、腾讯、歌华有线视频达成战略合作，将成立视频合资公司，"人民视频"客户端上线，共同发力直播和短视频领域。2018 年 6 月，"人民号"正式上线，数千家主流媒体、党政机关、优质自媒体入驻。《人民日报》尝试"平台 + 内容生产者"模式，试图打造一个体现主流价值的内容生态。《人民日报》作为我国传统官方发声渠道，正在通过不断加快"技术驱动"步伐，在融合潮流中建设新型主流媒体。

除了《人民日报》之外，省级报业集团中的代表——浙报集团和上海报业的转型也较为典型。

浙报集团通过与资本市场对接，利用收购方式，实现跨界扩张。2008 年，由浙报集团控股的传媒业第一个文化产业投资基金——东方星空投资公司正式启动运作。2009 年，浙江日报报业集团确定"全国化全媒体"之路，整合资源发展新媒体。从 2010 年起，集团将文化传媒产业作为投资重点，全面布局包括互联网内容和技术、网络娱乐社区、文创产业园等多个领域，先后完成了包括华数传媒、随视传媒等在内的多个文化产业股权投资项目以及多部影视作品。2011 年，东方星空注册资本增至 5 亿元，规模扩大一倍。2012 年，由东方星空参股的拥有 1200 万用户的华数传媒成功重组上市。同年，浙报集团斥资近 32 亿元，以 100% 股权收购了杭州边锋和上海浩方两个游戏平台，其中边锋在 2011 年月均活跃用户数近 2000 万。2014 年，浙报集团探索在边锋网络平台设立边锋新闻专区，开展主流新闻传播，日访问量超过国内一半以上省级新闻网站。在资本助力下，浙报集团经营实现了由单一向多元的转化，弥补了资源业务短板。

上海报业集团于 2013 年成立。2014 年 7 月，上海《东方早报》新媒体项目"澎湃新闻"正式上线，同年 9 月，主打新闻及商业社交平台的"界面"财经新媒体上线，并仅用 10 个月时间估值上升至 9 亿元人民币。"澎湃"和"界面"两大新闻产品的成功，成为报业通过自建 App 实现转型的典型代表。2017 年，界面新闻客户端被中央网信办评为"App 影响力十佳"，同时位居艾瑞数据移动 App 指数商业资讯类第一名。澎湃新闻也在同年荣获"2017 中国应用新闻传播十大创新案例"。2017 年 1 月 1 日，上海报业集团的《东方早报》休刊，原有的新闻报道、舆论引导功能全部转移到澎湃新闻网，这标志着上海报业集团在新媒体转型中迈出了重要一步。上海报业作为传统媒体，依托自身多年来形成的新闻生产能力、专业性和内容的权威性，在新媒体环境下的新闻产品改革上获得了独特的竞争优势。

三 户外媒体的精耕细作

户外媒体经历了上一时期的快速扩张、市场争夺和数字化转型，于2010年后进入精耕细作阶段。传统户外媒体缩水，分众传媒在户外领域坐上了头把交椅，影院以及航空、地铁等交通场景成为新宠。此时户外媒体开始强调"场景化""生态"概念，依靠数字化、科技创新和相关基础设施的发展，不同场景的媒体都在对原有存量进行升级，突出的表现就是户外媒体的视频化和网络化，进而实现了更高程度的互动化，并且迅速获得了市场的认可。

（一）户外领跑者分众传媒

2005年，分众传媒登陆纳斯达克成功上市，并且打破了此前登陆纳斯达克市场的中国企业创造的多项纪录，成为中国广告传媒第一股。之后的五六年里，它以惊人的速度成长，很快成为行业领跑者。2009年之后，户外媒体市场格局基本形成，分众一方面在原有资源上进行技术创新，另一方面将触角向外延展。

这一时期，数字化在户外领域加强渗透，移动互联也推动分众在传播等技术上的不断创新。2011年，分众推出新一代互动电梯电视，内置Wi－Fi和iBeacon，电梯电视屏进入互动时代，成为网络化的智能终端。

2014年前后，分众推出云战略，通过云计算和大数据，打造由云端控制屏端的LBS精准媒体平台。其实，2009年分众就已建立了物业云，基于物业数据如社区楼龄、楼价、商圈分析等。2015年，分众引进了百度云。2016年它又与电商合作，根据电商消费判断不同楼宇品牌偏好和购买倾向。2017年，分众基于新的屏幕推出了楼宇电视实时收视率系统、跨屏组合的量化分析系统……

随着影院场景成为户外广告的新宠，分众还成立了主打影院广告的分众晶视，2015年推出了UMAX三面银幕联动式广告。2016年中期财报显示，公司签约的影院共1270多家，覆盖全国270多个城市的观影人群。

2015年，分众传媒回归A股市场，成为首家回归A股的中概股，市值突破1000亿元。而之后不到一年，它就上演了连串的投资大戏。分众传媒董事长江南春表示，希望以此"参与到更多的创新行业中去"。2016年，分众相继投资了互联网体育公司咕咚应用、英雄互娱旗下子公司天津英雄体育以及海外的体育相关公司，并表示之后会瞄准影视文娱市场。①

2018年7月18日，分众传媒发布公告称，阿里巴巴集团及其关联方将以约150亿元人民币战略入股分众，双方将共同探索新零售大趋势下数字营销的模式创新。分众传媒曾表示，数据化、精准化、智能化、互动化是分众未来发展的重要方向。能够想象，借助阿里更强大的数据能力和云计算能力，分众将大幅提升其户外媒体广告的投放效果，而它正在尝试的线上线下打通与联动、全域营销等领域的深度参与，也让人们看到未来户外媒体广告营销的边界将变得更加模糊。

（二）不同场景下户外媒体的创新发展

这一时期，人们强调消费"场景"，户外媒体也与"场景化"相捆绑，把握受众在不同场景下的需求。例如，分众回归"生活圈媒体"战略概念；航美传媒提出"美好你的旅程"理念，打造航空生态圈；晶茂传媒从电影观众的"就近观影"习惯出发，构建以影院广告为核心的营销生态圈。同时，不同场景下的科技创新为户外媒体注入活力，大数据、VR、AI被运用，网络化发展，户外媒体互动、融合能力增强。

2010年后，户外LED电子屏的市场规模持续扩大。直到2016年楼宇、地铁、机场等户外媒体占主流，户外LED媒体增长速度开始放缓。有研究发现，七成以上LED户外广告显示屏空置率高达70%～80%，赢利的公司也只占市场30%左右。郁金香传媒在2014年被新文化收购，香榭丽被粤传媒收入麾下至2016年宣布破产。凤凰都市传媒于2016年启动凤凰LED联盟，以应对户外LED媒体市场松散、经营混乱等问题。

不过，虽然市场趋于理性，但技术创新下的户外LED媒体并不显得落寞。"互联网+"时代来临，让它与互联网产生联动，千屏互动的联播网形式出现；触控、红外线感应、VR、人脸识别等互动系统被广泛应用；小间距LED、透明显示屏也加入户外LED媒体领域。随着技术的催动，新的广告商业模式也逐渐形成。如今，户外LED大屏媒体正在向网络化、数字

---

① 陶力：《江南春详解分众投资逻辑："扫货式"投资＋"饱和攻击"》，http：//epaper. 21jingji. com/html/2016－08/09/content_ 44777. htm，21世纪经济报道，2016年8月9日，最后访问时间2019年1月。

化、信息平台化的方向发展。①

作为交通户外领域的航空媒体（包括"机场媒体"和"机上媒体"两种），其价值提升则与航旅市场的发展有最直接的关系。中国民用航空局数据显示，2011～2017年，我国民用颁证机场数量由180个增至229个，全国机场旅客吞吐量每年都有10%～20%的增长。在这样的背景下，航空媒体价值持续迸发，广告投放一直呈增长趋势。

"机场媒体"的主要运营方为以北京首都机场广告公司为代表的资源方，以及以航美传媒为代表的传媒集团。到2017年，前者已经搭建起了国内最大的机场广告媒介资源网络，后者则占据了全国90%以上机场电子媒体市场份额。而掌握"机上媒体"资源的主要是航空集团旗下的传媒公司，比如国航旗下的中航传媒、南航旗下的南航传媒等。②

移动互联时代的大数据应用，为航空媒体赋予了更强的竞争力，海量的航旅用户数据助益精准广告投放。但对于媒体运营方而言，突破数据壁垒十分困难，因此，航空媒体与近年来发展起来的第三方票务平台、第三方数据监测公司等形成了更加深入的合作。

同为交通类户外的公交、地铁媒体，也有各自的创新发展。比如，2016年，覆盖1亿公交移动电视受众的巴士在线，瞄准了互联网圈流行的"网红"和"直播"，推出了公交上的直播PGC模式——移动直播平台"LIVE直播"，实现了台网直播和公交移动电视的跨界整合。地铁媒体隧道酷媒打造了集微计算机、电子显示、通信、电脑图像工程学为一体的数字成像系统，运用电影播放原理，借助隧道壁面安装的高性能LED，使乘客在高速移动的地铁车厢内能透过车窗，清晰观看到一系列连续的动态影像。目前，隧道广告时长一般为15秒，每次列车经过都能看到，每条广告每天至少以60次的频率播放，每周不低于420次。

总的来说，户外媒体可能是当下新技术运用最活跃的媒体形态之一，并且积极利用当下"无线互联"的传播环境，与其他媒体、终端相结合，产生更大的互动效应。而通过这些新技术的组合运用，户外媒体在广告表现和创意实现方面也表现出了革命性的提升。在融合互联时代，户外媒体

---

① 娄钟元：《户外LED的大屏——逆境中破局》，《媒介》2018年第5期。
② 刘晓：《航空场景生态价值爆发时》，《媒介》2018年第5期。

仍旧是媒体队伍中重要的一员。

四 互联网企业：媒体＋多元化产业布局

这一时期，中国互联网企业的第一梯队，形成了百度、阿里、腾讯（合称 BAT）三足鼎立的局面，它们在开疆拓土、缔造"帝国"版图的道路上，纷纷将野心蔓延到媒体领域。与此同时，"门户时代"终结，过去的门户大佬们开始另辟发展新路。

（一）阿里的媒体版图

电商巨头阿里巴巴的媒体情结，起源于 2010 年与浙江出版联合集团创办的电子商务新媒体平台"天下网商"。此后，2012 年，阿里巴巴战略入股社交媒体"陌陌"。2013 年收购新浪微博 18% 的股权。同年，阿里巴巴在原来 25 个事业部的基础上进行调整，设置了数字娱乐事业群，开始正式在媒体业务领域中大展拳脚。

之后，在不到一年的时间里，阿里借助资本的力量迅速完成了跑马圈地。在影视领域建立娱乐宝作为上游投资平台。2014 年，阿里斥资 62.44 亿港币控股 59.32% 认购"文化中国"，将其更名为"阿里巴巴影业"；同年入股优酷土豆，2015 年将其收购。自此阿里全面进军影视业务。在大屏端，阿里研发智能电视操作系统，生产硬件终端天猫魔盒，聚焦家庭数字娱乐矩阵。2014 年，马云联手史玉柱，以 65 亿元收购华数传媒 40% 的股权，通过与华数合作弥补短板，获取海量影视内容。

2013 年，通过收购虾米音乐进军数字音乐市场；2015 年 7 月 15 日，阿里巴巴宣布以虾米音乐与天天动听为基础，成立阿里音乐集团。

2014 年 6 月 11 日，阿里宣布全资收购 UC，业内估值达 50 亿美元，创造了当时中国互联网史上最高的收购纪录。早在收购之前，UC 浏览器全球用户数就已经突破 5 亿，月度活跃用户过数亿，海外用户也超过 1 亿。通过收购深耕移动端浏览器长达十年的 UC，阿里坐上了该领域的头把交椅。[①]

几年来，通过直接、间接、关联公司、个人入股等方式，阿里巴巴将

---

① 舞泡电商，《50 亿美金收购 UC，马云当年到底怎么想的？》，https：//baijiahao.baidu.com/s？id＝1610029034912167207&wfr＝spider&for＝pc，百家号，2018 年 8 月 28 日，最后访问时间 2019 年 1 月。

24 家媒体纳入麾下或对其战略入股，[①] 包括今日头条、著名科技媒体虎嗅和钛媒体、光线传媒、Acfun 等。2016 年 6 月，阿里巴巴集团宣布全面整合优酷土豆、阿里影业、阿里音乐、阿里体育、UC、阿里游戏、阿里文学与数字娱乐事业部等业务，成立阿里巴巴文化娱乐集团。

阿里巴巴集团 2018 年财报显示，2018 财年，来自数字传媒和娱乐业务（包括 UC 浏览器、UC 头条、优酷土豆、天猫 TV、阿里体育、阿里音乐、阿里游戏与大麦网等）的营收为人民币 195.64 亿元，同比增长 33%，占集团整体营收的 7.82%。

（二）腾讯和百度的媒体野心

手握 QQ 和微信的社交巨头腾讯，在媒体业务方面早有腾讯网作为基础。2012 年 5 月，腾讯对自身组织架构进行了大规模调整，从原来以产品为导向的业务系统制转变为事业群制，形成包括 IEG（互动娱乐事业群）、OMG（网络媒体事业群）、SNG（社交网络事业群）等在内的六大事业群。此次组织重构，极大地推动了腾讯的核心业务从社交向社交、游戏、网媒、无线、电商、搜索等多元方向发展。

2014 年 5 月，面对移动互联网社交产品微信的迅速发展，腾讯宣布成立微信事业群（WXG），这次调整使微信由产品升级为战略级的业务体系，并承担起腾讯在移动互联时代战略转型与业务持续增长的重任。

现在，腾讯媒体产品遍地开花，包括社交和通信服务 QQ 及微信、社交网络平台 QQ 空间，国内最大的网络游戏社区——腾讯游戏，以及以2012 年成立的腾讯动漫、2013 年成立的腾讯文学等为代表的互动娱乐业务；此外还有 QQ 音乐、QQ 浏览器、2011 年上线的腾讯视频、门户网站腾讯网、腾讯新闻客户端、2015 年推出的泛资讯类新闻产品天天快报等，覆盖各类网络媒体业务。

值得一提的是，通过投资地方新闻网站、报业新闻门户，腾讯在新闻领域成绩瞩目。数据显示，2017 年 12 月，在综合媒体类 App 榜单中，腾

[①] 互联网科技深度观察，《百度、腾讯、阿里巴巴的媒体帝国》，https：//baijiahao.baidu.com/s？id=1605566946619927116&wfr=spider&for=pc，百家号，2018 年 7 月 10 日，最后访问时间 2019 年 1 月。

讯新闻客户端位列第一，月度活跃用户规模达 23375.739 万人。[①] 2016 年，腾讯又推出了"企鹅号"媒体平台，聚焦移动互联网全内容聚拢、全平台分发，体现了腾讯在移动互联网时代的媒体争夺中更进一步。

而以搜索起家的百度，在媒体领域的布局则稍显薄弱。除了贴吧、知道、音乐、新闻等原有业务，2010 年，百度宣布投资组建独立视频公司，视频网站"爱奇艺"上线。2013 年 5 月，百度收购 PPS 视频业务，并与爱奇艺进行合并。到 2018 年，百度的爱奇艺与阿里的优酷视频、腾讯的腾讯视频，共同跻身于中国网络视频平台三甲。

借助于搜索引擎，百度形成了其资讯聚合平台，百度搜索也成为网民获取互联网内容的一个重要入口。为了更大限度地聚集互联网内容创作者，2016 年 6 月，百度推出了"百家号"，为内容创作者提供了一个内容发布、内容变现和粉丝管理的平台。百家号于 2016 年 6 月启动并正式内测。9 月，百家号正式对所有作者全面开放。任何人都可以在百家号的官网注册成为作者，发布的文章有可能被推荐到百度 App、百度搜索结果以及百度体系的其他信息流当中，百家号已经成为自媒体的重要战场。凭借百家号，百度的媒体传播能力也大大增强。

（三）门户多元化发展

随着 BAT 和各类互联网新贵的崛起，门户时代结束，而当年雄踞中国四大门户的互联网大佬们，除腾讯外，新浪、搜狐、网易开始逐渐退居二线，多元发展以寻找自己的优势领域。

2009 年 8 月，中国门户网站新浪推出"新浪微博"内测版，在门户式微的情况下为自己打出一张新的王牌。2010 年 11 月 11 日，新浪与 MSN 中国宣布结成战略合作伙伴，打通新浪微博和 MSN 账号。2011 年，新浪微博用户突破一亿。2013 年 4 月，微博迎来最大战略投资者阿里巴巴，后者斥资 5.86 亿美元购入新浪微博发行的优先股和普通股，占微博公司全稀释摊薄后总股份的约 18%，该合作为新浪带来可观的社会化营销和电商收入。2018 年，微博月活用户突破 4 亿。可以说，微博的成功打破了腾讯在社交领域一家独大的局面。

---

① 数据来源：易观数据。

四大门户中，网易最早涉足网络游戏业务，如今，网易的游戏收入占比已经超过了50%。2011年，广州起家的网易，将杭州作为创新发展基地，位于杭州滨江区紧挨着阿里巴巴的网易杭州研发中心正式启用。在这里，网易的创新产品相继被研发和孵化，如2013年上线的网易云音乐以及2015年和2016年相继上线的电商类App网易考拉和网易严选等。这些"网红"产品在网易杭州公司发展壮大，并收获了不错的口碑。2017年，网易第四季度净收入为146.08亿元，同比增加20.7%，创下历史新高，其各业务板块的稳步发展都为之做出了贡献。

最后一家老牌互联网企业搜狐，在互联网竞争中略显颓势。其早期在微博、新闻客户端上的尝试，都未能取得明显的成绩。2004年，搜狐视频成立。2009年2月，搜狐"高清影视剧"频道上线，独家首播千余部影视剧。之后在2012年、2013年，搜狐视频依靠主打美剧的定位，收获了大批观众的忠实拥趸。2014年后，随着政策制约，搜狐视频版权投入缩减，其在视频领域的地位开始被后来者超越。

不过，搜狐手中还握有搜狗搜索、浏览器及输入法业务。2008年12月，依托搜索引擎的技术优势，搜狗浏览器诞生。2009年，搜狗输入法诞生三周年之际，数据显示其用户使用率为79.7%，遥遥领先于其他输入法。2014年9月18日，随着iOS 8正式版推送，搜狗输入法iPhone版正式登陆App Store，成为iOS系统问世以来的首个第三方中文输入法应用。2017年11月9日，搜狗在纽交所上市。

互联网领域的优胜劣常常在朝夕之间，但对于这些互联网大企业来说，自身已经打下了雄厚的基础，新势力在短期内还是很难复制或赶超的。不过，互联网天生带有创新、机遇、变革等基因，未来十年、二十年，或许又有新的英雄后来居上，也未可知。

五 移动互联时代，媒体更加多元化

2009年，工信部发布3G标准，移动通信正式进入3G时代，移动端逐渐成为人们上网的重要选择。2012年，中国手机网民达到4.2亿，在全体网民中占比74.5%，自此，移动端超越PC端成为国人第一大上网终端，中国的媒体也正式进入移动时代。截至2018年6月，我国手机网民规模达7.88亿，全部网民中使用手机上网人群的占比达98.3%。如此高比例的网民通过手机随时随地地获取信息、了解世界。在移动互联网近十年的高速发展中，社交媒体飞速成长，成为打开率最高的手机客户端类型。它允许用户自己生产内容（UGC），同时支持受众交流互动，改变了媒体信息传播的单向属性，自媒体因此发展壮大。同时，各种垂直类媒体也纷纷涌现，形成一波又一波风潮。

（一）移动社交媒体兴盛

我国的社交媒体经历了早期以天涯、猫扑、西祠胡同等为代表的 BBS 时代，到 2005 年人人网成立、2008 年开心网成立，可以说拉开了中国社交网络的大幕。而 2009 年之后，伴随着移动互联网的快速发展，以微博、微信为代表的移动社交媒体兴起，把移动社交媒体推向兴盛，随时随地分享一切成为一种新的生活方式。

2009 年 8 月，新浪推出微博产品，140 字的即时表达，图片、音频、视频等多媒体支持手段，转发和评论的互动性，使其迅速聚合了海量用户群，也催生了腾讯微博、网易微博、搜狐微博等相继建立。在后来的发展中，新浪微博将竞争对手远远甩在身后，成为行业的一枝独秀。2019 年年初，微博月活跃用户达 4 亿多人。微博用户包括大量政府机构、官员、企业、个人认证账号，开放的传播机制使新浪微博成为中国的"公共议事厅"。[1]

另一位社交大佬——手握即时通信软件 QQ 的腾讯，在 2005 年推出了网志系统 QQ 空间。2013 年，QQ 空间活跃账户达到 6.2 亿，成为世界第三大社交网站，遥遥领先于中国其他社交网站。[2]

2011 年 1 月 21 日，腾讯推出移动即时通信服务"微信"，上线 433 天用户数即达到 1 亿，到 2018 年用户已经超过 10 亿人，几乎连接起了每个中国人，成为腾讯"连接一切"目标的重要执行者。

2012 年 8 月 23 日，微信公众平台正式上线，2013 年又进行版本升级，微信公众账号被分成订阅号和服务号，供运营主体是组织（比如企业、媒

---

[1] 李娜、胡泳：《社交媒体的中国道路：现状、特色与未来》，《新闻爱好者》2014 年第 12 期，第 5~11 页。

[2] 李娜、胡泳：《社交媒体的中国道路：现状、特色与未来》，《新闻爱好者》2014 年第 12 期，第 5~11 页。

体、公益组织）或个人的申请。现在的微信，已经不仅仅是一个改变人们交往方式的社交通信工具，还是无数微商赖以生存的商业平台，是年营业额数十亿元的广告平台，是连接一切的流量平台，是腾讯焕发新生机的发动机。

此外，百度贴吧、天涯社区以及相对较为小众的垂直类社交平台如豆瓣、知乎等，都成为人们在移动互联网时代的主要信息入口——它们在社交功能之外，渐渐具备了强大的媒体属性，成为互联网媒体的重要组成部分。

现在，无论传统还是新兴媒体机构，都会建立"两微"账号，将其视为重要内容输出平台，传统媒体微信公众号占比接近饱和。数据显示，2016年中国各类传统媒体在移动端传播渠道占有情况中，报纸媒体融合传播度最高，百强报纸微信公众号开通率高达100%。①

微信和微博也带动了自媒体行业的崛起。微博"大V"、"网红"、MCN机构，动辄阅读量"10万+"的微信公众号……标志着自媒体生态的形成，人人生产内容，人人都可以成为媒体人。经历了2014年、2015年的迅速增长，大浪淘沙，行业对于自媒体人的内容质量等方面的要求逐渐提升，到2017年、2018年，自媒体人规模增速放缓。粉丝总数、阅读量、评论量、点赞数、粉丝增长趋势等成为考察自媒体内容的最直观评判指标。数据显示，2017年，新媒体运营行业从业人数达300万人，全年各类机构对内容创业者的投资金额超50亿元人民币。②

截至2017年9月，微信公众号总量突破2000万，公众号月活跃账号数达350万，月活跃粉丝数达7.97亿；截至2018年9月，微信月活跃用户达10.82亿③。截至2017年12月，微博月均阅读量大于10万的用户突破30万，头部自媒体账号平均阅读量超2.3亿次；④ 截至2019年1月，微博活跃用户达4.3亿，有将近3万的娱乐明星，40多万的KOL，用户视频

① 参见艾媒报告《2017年中国新媒体行业全景报告》。
② 参见克劳锐《2018自媒体行业白皮书》。
③ 参见《2017微信数据报告》《2018微信年度数据报告》。
④ 《2019年中国自媒体市场分析报告——行业运营态势与发展前景预测》，http://baogao.chinabaogao.com/wangluomeiti/386631386631.html，中国报告网，2018年12月8日，最后访问时间2019年1月。

和直播的日均发布量超过 150 万，图片、文字日均发布量都已上亿。[①]

（二）媒体多元化发展

移动互联网的广泛使用，使移动端原生应用崛起，移动端不再是 PC 端的翻版。2010 年后，大量新兴的互联网媒体，尤其是手机媒体出现，新媒体迎来一波创业热潮，技术推动内容形式创新，媒体发展更加多元化。

2012 年 3 月，张一鸣创建今日头条——一个技术驱动的聚合类资讯平台。它上线三个月便获取上千万用户，更是在几年后成长为足以挑战 BAT 三巨头的互联网新贵。几年间，综合性、聚合类资讯平台、垂直类内容平台都获得爆发式增长。门户时代走来的新闻媒体平台以及传统新闻媒体凭借用户积累和专业编辑团队，在移动资讯领域仍有重要地位，如腾讯新闻、网易新闻、搜狐新闻、人民日报、中青看点、澎湃新闻等。而新兴的资讯类 App，除今日头条外，还有天天快报、趣头条、一点资讯、UC 头条、ZAKER 等，不胜枚举，算上各领域垂直类的，多达几百种。

2012 年 11 月，快手从制作分析 GIF 图片的工具应用转型为短视频社交平台，浓郁的草根气息使其在几年后成为窥探中国社会万千气象的一个窗口，短视频开始受到关注。2013 年 12 月 4 日，工信部正式发布 4G 牌照，高速移动网络接入的发展进一步助推了移动化的发展。2014 年，网络直播行业启动，出现了斗鱼、映客、虎牙、花椒等一批网络直播平台，催生了网红主播这一新兴职业。

之后，短视频、小视频进入火爆阶段。继快手之后，火山、西瓜、美拍、梨视频等短视频 App 纷纷问世。2016 年，今日头条斥资 10 亿元扶持短视频创作者，并于 9 月推出了抖音，到 2018 年 6 月，抖音国内的日活跃用户突破 1.5 亿。它吸引着越来越多的年轻人投身网络内容创作行列，内容生产的门槛进一步降低，同时，其媒体价值和营销价值也全面爆发。截至 2018 年 6 月，短视频的网民使用率达 74.1%。

2016 年也被业界认为是"移动直播元年"。从 PC 到移动，移动直播行业吸引了百家平台涌入，参与者众多，资本热情高涨。数据显示，截至

---

① 《IT 之家，微博高级副总裁曹增辉：微博活跃用户 4.3 亿 KOL 达 40 多万》，https：//baijiahao. baidu. com/s？ id = 1624072698369567252&wfr = spider&for = pc，百家号，2019 年 1 月 30 日，最后访问时间 2019 年 2 月。

2016 年 11 月 30 日，全国共有 31 家网络直播公司完成 36 起融资，涉及总金额达 108.32 亿元。[①] 人民日报社、新华社以及腾讯、网易、凤凰等媒体，纷纷试水直播频道，大张旗鼓地杀入新闻直播领域。

这十年间，互联网媒体的发展速度不断加快，每一两年就会有一个新兴行业出现。从微博到微信，从网络直播到短视频，发展之迅猛让人惊叹，仿佛一夜之间一个新鲜玩法就闯入了千万人的世界，不断改变着人和媒体的关系，改变着媒体的运行逻辑和生存法则。

第三节　技术驱动媒体发展

新技术不断催生新的媒体形态，补充、替代原有的媒体形态或功能。这一时期，几大全新的技术形态开始走入人们的日常生活。从 VR、AR 到人工智能、大数据、云计算，无论是产品层面还是产业层面，技术在媒体领域的影响愈发明显，人们追捧新的技术，新技术成为行业永恒讨论的热点。

一　产品级

在我国传媒市场中，由手机等移动终端迅猛发展推动的二维码技术的引入，给整个产业发展带来了新的机遇。

2006 年前后，一些电信运营商和媒体开始为推广二维码应用展开行动。2006 年世界杯期间，《新京报》等十多家媒体联合推出"通过手机二维码，看世界杯精彩视频"活动。2013 年"两会"期间，二维码也被广泛运用。同年，中央电视台首次在综艺节目《开门大吉》中设置二维码竞猜环节，收到了与观众的"跨屏互动"效果，提高了节目收视率。2014年，央视在春节联欢晚会中也使用了二维码，实现与观众的互动。[②] 此后，报纸、书刊、电视、网页甚至户外媒体中，二维码开始大量涌现，成为媒

---

① 姜红：《移动直播元年：内容单一，80% 流量靠网红主播》，《北京商报》，http://tech.qq.com/a/20170109/004526.htm，腾讯科技，2017 年 1 月 9 日，最后访问时间 2019年 1 月。

② 李晓莹：《二维码在我国传媒产业中的应用研究》，广西大学，2013 年。

体频繁使用的工具。

二维码成为融合时代传统媒体与新媒体互通的一大手段。纸质媒体引入二维码，不仅可以打破印刷容量限制，还可以拓展内容形态，展示更多的媒体内容。二维码与电商结合，直接影响了订阅、购买等销售环节，广告营销也因此焕发生机。对于电视来说，运用二维码与观众形成互动，促进了节目的创新与突破。多渠道传播平台参与进来，营销模式变得多样化，"双屏互动""台网互动""电视与电商融合"等对电视媒体产生巨大影响，产业链得到拓宽。

另一个对媒体影响广泛的热点技术是虚拟现实与增强现实（VR/AR）。2016 年被许多人称为"虚拟现实（VR）产业元年"。可以明显感觉到，2016 年春节之后，VR 产业突然获得井喷式增长，仿佛一夜之间，人们都在谈论 VR、AR。

在国内，2015 年、2016 年的 VR 投资规模分别为 21.8 亿元和 49.8 亿元，涨幅明显。[①] 经过短暂的热潮后，从 2016 年下半年开始到 2017 年，产业进入调整期，截至 2018 年年初，全国约有 800 家 VR 企业。[②] 与此同时，AR 也逐渐升温。尤其是在 2017 年春节期间，支付宝与腾讯 QQ 掀起的 AR 红包大战，甚至掀起了全民参与的热潮。

经过几年发展，VR、AR 应用已经涉及游戏、教育、医疗、影视、旅游、地产、新闻等诸多领域，国家也将虚拟现实及相关产业作为科技产业发展的国家战略，在政策和财政上给予支持。

媒体行业运用 VR 技术，主要以用户体验与关注为核心，打造全景内容和 VR 直播，为用户带来新的视听体验。2016 年，《翠苑》杂志试水 AR 技术，打造立体阅读。2016 年"两会"期间，人民日报客户端用 VR 技术无死角观察全会场，新华社拍摄了新闻发布会、现场采访等 19 个 VR 视频。《光明日报》《经济日报》等媒体也进行了 VR 视频报道"两会"的新尝试。2017 年，央视春晚推出 VR 全景直播、"VR 版春晚"。同年，央视"3·15"晚会采用 AR 技术，以情景剧、实验室测试等方式揭开骗局。2018 年，央视打造央视影音 AR 平台，推出 AR 互动体验。2018 年"跨年

---

① 《2017 中国 VR 产业投融资白皮书》。虚拟现实产业联盟投资促进委员会编，2017 年 3 月。
② 张苗苗：《中国未来媒体研究报告（2018）》，社会科学文献出版社，2018 年。

演唱会"上，东方卫视、湖南卫视纷纷运用 AR 技术，科技感、体验感十足。

媒体对 VR、AR 技术的应用，实现了多样化的内容形态和信息传播形式，给用户带来了独特的视听体验，而未来随着技术发展，相信它们会给媒体产业带来更多不可估量的影响。

产品级的创新技术在媒体中的使用不胜枚举。2010 年，"街旁"上线使基于地理位置的服务（LBS）在网络媒体中的运用受到关注，催生出新的社交传播模式、信息分享模式与广告营销模式。2015 年，新华网率先组建国内媒体首个新闻无人机队。同年，搜狐网与搜狐新闻 App 同时上线搜狐新闻无人机频道，此后，无人机成为媒体采集新闻素材的重要手段。2018 年，央视 4K 超高清频道开播，视频网站也开始将精力投入 4K 内容，全新的视觉体验为家庭大屏和内容生产领域带来新的机遇。

二 平台级

如果说产品级的新科技点燃了媒体内容产品生产创新的活力，那么平台级的技术发展则影响了媒体运营的方向、效率，催生出新的产业方向，其中以 OTT、云计算最为典型。

OTT 行业于 2009 年前后开始在国内发展起来，推动了传统电视行业的改革。OTT 电视是指通过公共互联网面向电视机传输的由国有广播电视机构提供视频内容的可控可管服务，其接收终端为互联网电视一体机或 OTT 盒子加电视机。

2009 年前后，创维、海尔、长虹等电视硬件企业，开始推出带有联网功能的电视机，互联网内容开始登陆电视大屏。随后，国家广播电影电视总局颁发第一批互联网电视牌照，CNTV、上海文广、华数等机构成为首批集成播控牌照方，随后集成播控平台扩大到 7 家。2011 年，国家广播电影电视总局下发《持有互联网电视牌照机构运营管理要求》，建立了对 OTT 电视的"内容 + 集成"双重牌照监管体系，标志着国家对 OTT 政策的松绑。一时间，百度、腾讯、搜狐等互联网公司、电信运营商、电视厂商纷纷进入该领域，OTT 电视迅速火遍全国。

2015 年，OTT 市场进一步爆发，小米、乐视、阿里等以"硬件 + 平台"为切入点，视频网站以内容为抓手，广电与互联网合作加深，IT、应用厂商也不甘落后。产业角色不断丰富，电视行业生态发生了极大转变，新的产业格局形成了。[①] 可以说，OTT 的出现，为媒体融合发展搭建了一个全新的平台，电视进入互联网时代。

如果说 OTT 电视还集中在对电视行业的重构上，那么，云计算则在更广阔的领域里影响了整个媒体行业的发展。

2009 年 7 月，中化企业"云计算"平台诞生，这是中国首个企业"云计算"平台。中国"云计算"进入实质性发展阶段，为媒体智能化发展打下了基础。

2014 年，阿里云启动云合计划。2015 年，华为宣布"企业云"战略。2016 年，腾讯云战略升级，并宣布实施"云出海"计划。目前，中国云计算行业主流厂商竞争激烈，以阿里云、腾讯云、金山云等为主的多云并存的市场格局基本形成。[②]

对媒体而言，云计算对内容生产、管理和分发等环节都具有重要意义。在云计算技术帮助下，媒体机构建设数据处理平台，对资源与信息进行整合与共享，从海量数据中对有用内容进行有效加工，实现随时随地的新闻采编与内容分发，降低节目制作成本，减少时间。

广电媒体通过搭建"云平台"，可以实现不同机构间技术与资源的有效互通。借助阿里、腾讯等企业云的云服务器、云数据库、云计算、云运营等一体化云端服务能力，媒体企业搭建起 IT 架构，在移动互联时代推进全媒体建设。必须说，如今在推动媒体发展变革方面，云计算及云服务可谓功不可没，不可或缺。

三　产业级

大数据、人工智能、区块链、5G 等产业级的技术发展，正在更为深远的领域影响着媒体行业，将把媒体行业带向一个全新的未来。

大数据如今已经是广泛应用于各领域的重要生产要素，对于企业而言，大数据成为重要的战略资源。2014 年，大数据首次被写入政府工作报告。2015 年，国务院印发《促进大数据发展行动纲要》，系统部署大数据

[①]　方小白：《OTT 行业的过去、现在和未来》，http：//www.sohu.com/a/226397513_114819，搜狐网，2018 年 3 月 26 日，最后访问时间 2019 年 1 月。

[②]　张苗苗：《中国未来媒体研究报告（2018）》，社会科学文献出版社，2018 年。

发展工作。2016 年，工信部发布《大数据产业发展规划（2016－2020）》，在政府和市场力量的推动下，我国大数据产业支撑体系逐渐完善，规模不断扩大。

在媒体领域，大数据更是成为核心资源。通过挖掘、分析和使用数据，可以快速有效地实现舆论监测、深化新闻报道、对未来进行分析预判，为用户提供个性化服务。

应用于媒体行业的数据分析工具也不断涌现，清博大数据、新榜等公司借助大数据技术实现对媒体相关指数的分析评判。大数据技术支持下的"中央厨房"系统，在中央、地方媒体被使用，成为转型发展的重要工具平台。与其他领域一样，如今媒体产业的发展已然离不开大数据作为底层技术支持。

2016 年 3 月，"阿尔法狗"（AlphaGo）围棋大战打败李世石，可以说是人工智能历史上的标志性大事件，人工智能被引爆。2017 年被誉为中国人工智能的应用元年，媒体也在加快对人工智能技术落地融合的步伐。

2015 年 9 月，腾讯开发的自动化新闻写作机器人"Dreamwriter"在国内最先开始尝试发表财经新闻。同年 11 月，新华社推出写稿机器人"快笔小新"，擅长体育、财经类稿件的写作。2016 年，第一财经联合阿里巴巴推出写稿机器人"DT 稿王"。之后，写稿机器人越来越多地被运用到新闻业务实践中，2017 年"两会"期间担任新闻写作报道的机器人就有 15 个。

"写稿机器人""虚拟主持人"等层出不穷，内容和演员智能选择系统、节目价值评估系统等人工智能技术被应用于媒体内容生产领域。在媒体运营服务方面，智能推荐、电视购物、广告投放、客户服务等也都有 AI 技术出现。另外，智能交互技术也在逐渐发展中，相信未来会深入影响媒体传播格局。2017 年，新华社正式上线"媒体大脑"，这是中国首个媒体人工智能平台，向媒体用户提供新闻生产分发、语音合成、人脸核查等功能。国内媒体的智能创新从单一产品向平台升级。[①]

在 AI 技术的推动下，我国媒体加快向智慧媒体、智能媒体迈进，媒体

① 张苗苗：《中国未来媒体研究报告（2018）》，社会科学文献出版社，2018 年，第 54～55 页。

治理模式、服务模式、经营模式、产业发展等也实现了新的突破。

2018 年，区块链技术成为热词。对媒体而言，区块链技术的尝试，将推动媒体内容生产方式的变革和内容版权保护的健全，同时催生出新的内容价值实现的商业模式，广告投放将更加精准，媒体跨区域运营问题也可能得到解决。另外，2018 年 5G 技术也取得突破性进展，这将带来的是媒体融合维度进一步拓宽，传统媒体不仅与新兴媒体融合，与通信计算、物联网也将趋向融合。5G 信息高速公路将搭载万物走向互联，万物皆媒的产业进化成为可能。

第四节　资本强势

在传媒行业发展过程中，资本价值毋庸置疑。我国从 20 世纪 90 年代中后期启动产业化进程开始，资本就不断参与到媒体发展中。进入 21 世纪后，资本动向更加频繁，与传媒行业的结合更加深入，每年收购、并购案不胜枚举，成为推动行业发展的重要动力。这一时期，更是迎来一波上市热潮。互联网、广电、报刊、户外、内容生产等领域，均出现了一大批上市公司。传媒业产值超过万亿。这翻天覆地的变化，资本力量功不可没。

一　2009 年以前的传媒资本

传媒与资本的故事可以从 20 世纪 90 年代末期说起。1999 年，电广传媒在上交所挂牌上市，成为我国传媒业第一股，从此正式走上了传媒业的资本市场之路。2001 年，我国正式加入 WTO，其影响也波及传媒行业，就在这一年，中共中央办公厅下发了《中央宣传部、国家广电总局、新闻出版总署〈关于深化新闻出版广播影视业改革的若干意见〉的通知》，对传媒业融资、媒体与外资合作、跨媒体发展等敏感问题，都做出了积极具体的回应，开始允许媒体通过正常的融资渠道进行融资。

与之相伴的，就是传媒公司的第一波上市热潮。就在 2001 年前后的两三年间，出现了一批传媒类上市公司，如有线网领域的歌华有线、广电网络，报刊领域的博瑞传播，户外领域的白马户外、北巴传媒等。这其中，国资背景的传媒公司，在政策放开的第一时间享受到了政策红利。而与国资在政策鼓励之下登陆 A 股市场不同，户外这种纯粹的市场化媒体，则选择了海外市场、香港市场。从一开始，国资背景的传媒公司和市场化的传媒公司，就走上了两条不同的路径。

在之后大约十年中，传媒业与资本的接触越来越多。并购、重组、上市，资本对传媒业来说，已经不再陌生。

这几年间，以互联网公司、户外媒体广告为代表的一大批市场化公司，成为海外资本投资的热点，四大门户兴起、BAT 的"帝国"雏形逐渐形成。因为受到 A 股市场对投资者结构和公司盈利能力等方面要求的制约，这些公司纷纷选择在海外市场上市。丁磊、马化腾、马云、李彦宏、江南春……一大批新贵在这一时期诞生，刺激更多的人朝着这个方向努力，纳斯达克敲钟成为众多创业者的梦想。

与之相反，国内市场这几年则比较平静。严格的审批制让互联网类公司只能远赴海外，国有传媒公司依然深陷体制制约，并没有强烈的上市融资动机。而之前已经上市的国有传媒公司，在上市之后也没有产生多么明显的效应，对后来者也没有明显的感召和示范效应。一些比较激进的想法还遭到了失败的命运，比如电广传媒在这一时期曾经两次试图冲击整体上市，均无果而终，这也让资本市场进一步对国有传媒公司敬而远之。

二　政策扶持下的资本热潮

直到 2009 年，转机来临。当时国际市场深陷金融危机风暴之中，资本市场自顾不暇，而国内市场在这一年启动了创业板，掀起了新一轮的上市热潮。

背负着鼓励创新使命的创业板，大大降低了上市门槛，为轻资产、长投资周期的传媒公司打开了上市融资的方便之门，一大批公司通过创业板及中小板登陆资本市场，比如互联网领域的乐视网，广告营销领域的省广股份、蓝色光标，影视业的华谊兄弟、光线传媒等。这些公司原本往往实力有限，而上市之后公司在资本市场的推动下加速跑步前进，在兼并收购中市值不断攀升，业绩表现也很优异。公司业绩的提升，又进一步提升了估值，引来更多资本的热捧。

另外，从 2009 年起，国家开始加强对文化产业的政策推动。2009 年，国务院出台了《文化产业振兴规划》。2010 年，中宣部、财政部、文化部等 9 部门联合发布了《关于金融支持文化产业振兴和发展繁荣的指导意见》。2012 年中共中央办公厅发布的"十二五"发展规划中，把文化产业列为国民经济的支柱性产业。2013 年十八届三中全会提出，文化体制改革是全面深化改革的 14 项重要任务之一，鼓励金融资本、社会资本、文化资源相结合。一系列产业扶持政策频频出台，给国有文化传媒企业松绑，给中小文化企业以更多扶持，这无疑极大地刺激了资本市场对传媒行业的热情。

于是，伴随着政策的放松，国有传媒企业开启了新一轮上市热潮。浙报传媒（2011）、凤凰传媒（2011）、华数传媒（2012）、百视通（2015）……广电和报刊出版领域一大批重量级国资公司纷纷亮相 A 股市场。这些国资背景的上市公司，上市之前经历过复杂的改制重组，上市之后借资本之力兼并收购、转型扩张，传媒行业深受资本洗礼，不断调整自身体制机制，发展壮大。

与此同时，伴随着 A 股市场对传媒业估值的提升、政策管制的放松，以及海外市场中概股的遇冷，中概股回归成了一股新的潮流。

三　新兴媒体的融资热

无论是传统传媒企业还是新兴互联网巨头，在向巅峰攀登的过程中，大多借助资本之势实现跑马圈地和资源笼络。进入移动互联时代，新媒体获得极大发展，创业力量不断涌现，而资本对于它们来讲更是推助发展的养料，能否及时获得融资，甚至成为关乎生存的问题。

2014～2015 年，自媒体成为资本的新宠。2016 年，自媒体更是迎来价值爆发期。在这短短的两三年里，各大平台参与、推广和扶持自媒体账号，不少创投基金、大公司乃至个人投资者等纷纷向自媒体抛出橄榄枝。2014 年 11 月，生活消费类视频自媒体"一条"拿到挚信资本的数百万美金 A 轮投资，此时距离"一条"公众号上线才两个多月。2015 年 10 月，罗振宇宣布"罗辑思维"完成 B 轮融资，虽然金额未透露，但 13.2 亿元的估值还是引发各大科技媒体的热议。

据不完全统计，从 2014 年年底到 2016 年 6 月，就有上百个自媒体账号宣布获得天使轮、A 轮、B 轮、C 轮等不同阶段的融资，金额从数百万元到上亿元不等。其中，融资金额在千万元以上的有 20 个，估值亿元以上的项目有 10 个之多。与此同时，一些初具实力的自媒体公司开始追逐上市，比如手握几个微博大号的飞博共创、科技自媒体虎嗅等，自媒体此时迎来了新三板上市热潮。总的来说，行业地位和产业规模不断提升、扩大，反过来又进一步加快了自媒体行业的资本化和市场化进程，自媒体成为传媒领域的一股重要力量。[①]

2015 年、2016 年视频直播行业的火爆也同样引发了融资热。2016年，视频直播平台的融资案例数不胜数，融资规模屡屡创出新高：花椒直播 9 月底宣布完成 A 轮的 3 亿元融资；映客 1 月获得了 A + 轮 8000 万元，仅半年之后，估值就达到 70 亿元；一直播的母公司——一下科技 11 月获得 5 亿美元 E 轮融资；包括熊猫直播、触手 TV、斗鱼直播等在内的其他视频直播平台也陆续宣布融资过亿元，估值相继飙升至数十亿元。[②]

这些新兴媒体发展的步伐未曾停歇，与资本的博弈也从未停止。《2018 中国网络视听发展研究报告》显示，截至 2018 年 9 月底，中国网络视听领域共发生投融资事件 328 起，主要集中在天使轮和 A 轮，投融资金额在 1 亿元人民币以上的达 15 笔，最高投资金额为 10 亿美元。短视频、直播、音频领域的头部平台如快手、斗鱼直播、虎牙直播、喜马拉雅等，均在 2018 年获得了大额投资。2018 年第 1 ~ 3 季度，网络视听领域共有哔哩哔哩、爱奇艺、虎牙直播、映客直播、趣头条 5 家企业成功实现 IPO 上市。

然而，资本助推发展的同时，过度追逐资本也可能会破坏媒体真正发展实力的积累，这些公司好似"游走于刀锋之上"，速度和风险并存。针对这一点，乐视"帝国"的倾覆就是最典型的案例。乐视于 2004 年成立，2010 年上市，此后营收屡创新高。公司成立十年来，借助资本供血不断扩张，形成了从乐视网到电视、影业、体育、手机、汽车等产业生态，涉及数十个下属企业。但是，从 2015 年起，乐视开始陷入资金短缺的困局。

---

① 张意轩，尚丹：《中国自媒体融资现状、问题及前景分析》，《青年记者》2016 年第 28 期，第 49 ~ 51 页。

② 姜红：北京商报，《移动直播元年：内容单一，80% 流量靠网红主播》http://tech.qq.com/a/20170109/004526.htm，腾讯科技，2017 年 1 月 9 日，最后访问时间 2019 年 1 月。

2016 年，其危机开始见之于世，手机、汽车业务相继失利，众多利益方卷入其中。不到两年时间，资本不再为其续血，亏损巨大，甚至有大量被拖欠薪资的普通员工加入供应商的讨债行列中，向曾经的雇主发起仲裁。

总而言之，在我国，传媒与资本的关系越来越紧密，与政策的博弈也紧紧牵涉其中。与此同时，资本对于媒体，既可能成为其发展的助力，也可能诱惑其迷失方向，究竟资本作用如何，最终还是要看媒体自身如何把握资本这把"双刃剑"。

第五节　走向国际舞台

2009 年之后，随着中国综合实力的提升，我国传媒产业开始站在世界舞台上，参与国际化竞争。

过去，媒体"走出去"主要担负着"外宣"职能，向世界展现中国形象、中国文化；而在中国成为世界第二大经济体的今天，提高国际传播力与话语权，展现国家文化实力，一方面可以为企业走出去提供配套支持，另一方面也是对媒体实力能够与经济地位相匹配的要求。

中国传媒业走向国际舞台的两大方阵：一方是以中央媒体为代表的官方媒体，另一方是向海外发展的互联网企业。它们共同将中国传媒事业带向海外。

一　官媒：中国媒体出海主力军

长期以来，以新华社、中国国际广播电台、中央电视台、《中国日报》、《人民日报》等为代表的中央级官方媒体，一直是中国媒体走出去的主力军，担负着直接对外宣传的重任。早在延安时期，新华社就已经开设了英语广播电台来进行对外宣传。而伴随着中国经济实力的逐渐增强，媒体也开始改变观念，真正面向国际市场，针对海外用户的需求来进行信息传播，提升"国际传播力"就成了工作重点。①

---

① 王薇：《官媒：中国媒体出海主力军》，《媒介》2017 年第 7 期。

（一）官媒的海外布局

2009 年 6 月，中央下发《2009—2020 年我国重点媒体国际传播力建设总体规划》，首次明确指出增强国际传播能力、打造国际一流媒体是中国媒体今后的发展方向。于是，国家媒体纷纷开始进一步强化国际传播能力建设。

2010 年元旦，新华社旗下中国新华新闻网 CNC 正式开播。CNC 是一个面向全球进行传播的电视新闻频道，有中文台、英文台两个频道，除了在海外电视网落地之外，还可以通过 App 在移动端收看，目前已经覆盖超过 100 个国家和地区。中国国际广播电台也在 2010 年成立了中国国际广播电视网络台 CIBN，提供包括网络视听节目、手机广播电视、IPTV、互联网电视等在内的各种媒体形态，面向全球进行传播。

中央电视台从 2000 年到 2009 年，相继开播了英语、西班牙语、法语、阿拉伯语等国际频道，2010 年将英语国际频道置换为英语新闻频道。2012年，央视成立了首个海外分台。为了增强在国际传播方面的实力，2016 年12 月 31 日，中国国际电视台（中国环球电视网，CGTN）正式成立。这是一个专门进行国际传播的新机构，包括 6 个电视频道、3 个海外分台、1 个视频通讯社和新媒体集群。原英语新闻频道被重新命名为 CGTN，面向全球 24 小时播出新闻。

另外，随着社交平台上新闻内容的影响力与日俱增，我国官方媒体也开始通过社交媒体打造国际传播力。它们纷纷在 Facebook、Twitter、YouTube等用户众多的成熟社交媒体上开设和运营账户，在社交平台上第一时间发出自己的声音。新华社于 2012 年开始在海外社交媒体上开设账户，从 2015 年3 月起，加强了在几大社交媒体上的运作，开设了统一官方账号，除了英语国家之外，还面向不同区域开设了西、法、俄、日等十多个语种的 30 多个账号。央视的 CGTN 也可以在 Facebook、Twitter、YouTube 等社交平台上收看。

经过几年的运营，我国几大官媒在国际社交媒体上聚集了数千万的粉丝。2016 年中国官媒中央电视台在 Facebook 开设的粉丝专页，以 2618 万获赞数超越美国有线电视新闻网（CNN）的 2153 万；人民日报则以约1917 万的获赞数超越了纽约时报的 1123 万。截至 2017 年 12 月底，全球活跃粉丝数超过 9532 万，总阅读量超过 16 亿，YouTube 平台主账号全球点击量突破 3 亿次；CGTN Facebook 总粉丝量超越 BBC 和 CNN 等西方主流媒体，成为该平台全球第一的新闻媒体主页；中国国际广播电台充分利用语种优势，在海内外社交媒体平台开设了 43 个文种的 226 个账号，粉丝总量超过 1.1 亿，其中海外粉丝数超过 5400 万；央视网海外社交平台粉丝数达到 8700 万，CCTV 系列账号 Facebook 平台贴文阅读量近 79 亿次，熊猫频道浏览量近 29 亿人次。①

（二）海外本土化更进一步

在"走出去"的基础上，中国媒体的官方队伍也通过本地合作、雇佣当地雇员、制作本地化内容来推进本土化。

中央电视台先后与 100 多个国家和地区的 300 多家电视媒体进行过合作，如美国国家地理频道、BBC、NHK 等。中国国际广播电视台在建设海外节目制作室时，最主要的方式就是委托制作，即委托境外合作伙伴按照要求设计制作本土化节目，供海外频率播出。《中国日报》在中国常年聘用近百位来自英、美等国的资深新闻传播人才，还在海外聘用过超过 110 人的当地员工队伍，保证新闻报道以纯正地道的英语满足海外读者的需求。新华社的海外雇员超过 4000 人。中国国际广播电台海外调频台通过高薪招聘等方式，在当地组建了一支 30 余人的专业节目制作团队，聘用了为当地用户所熟知及认可的主持人，每天为调频台制作 16.5 小时本土化节目。为提高赢利能力，该台还雇用了在对象国广告界具有较高知名度的营销人员，利用主持人的明星效应，定期开展各类推介活动，有效吸引广告客户。该调频台在 2013 年就实现广告销售总额约 1000 万元人民币。

此外，为了突破海外市场对中国官方媒体"官方"的刻板印象，提升媒体的市场化运营能力，各媒体纷纷成立公司，以公司为主体来进行海外业务运营。

《中国日报》已经建有中国日报控股公司、美国公司、英国公司、香港公司等。中国国际广播电台与战略合作伙伴在海外成立合资公司以代理

---

① 中国记协：《中国新闻事业发展报告（2017 年）》。

海外落地项目。新华社在 CNC 开播的同时，便在香港注册了中国新华新闻电视网有限公司和中国电视网亚太台运营有限公司。2012 年 2 月 8 日，中国新华新闻电视控股有限公司在香港成功上市，大大提升了公司市场化运营实力。中央电视台新成立的中国国际电视台 CGTN 也于 2017 年 3 月 9 日注册了中国环球广播电视有限公司来进行运营。

近年来，融合传播成为国际传播新常态。2017 年 10 月，中国国际电视台建成启用融媒中心，可实时共享中央电视台所有电视和新媒体新闻资源，并能汇聚全球 25000 多家网络媒体和 70 家权威媒体机构的资讯，全天候提供适应电视、移动网、客户端、社交媒体、视频通讯社等多渠道、多形态传播的新闻内容和产品。[1] 媒体融合在全球范围内展开着，同时也反过来促进媒体全球化发展进程。这对于我国的媒体来说也不例外。

二 互联网出海记

互联网机构作为中国媒体"走出去"的又一大阵营，不得不提。BAT 早在 2005 年就开始试水国际化，今日头条也在迅猛发展起来后快速进行国际化尝试。

与传统媒体口中的"走出去"不同的是，此时，中国的全球地位已经提升，互联网企业在其自身发展中本身就是着眼全球，具有全球视野。"代表中国媒体走出去"并不是它们承担的主要职能，"国门之外"本就是它们计划触达的市场。于是，它们更多地使用"国际化""全球化"等字眼，将参与全球化竞争、建立国际化生态体系作为实现目标。与此同时，由于它们的核心业务差异明显，因此在国际化的实现方式和途径上也存在差异。它们纷纷利用各自在专业领域的技术、业务、产品、平台、资金实力等要素，进行海外铺设。[2]

（一）百度

相比其他，百度较早迈出国际化步伐。

早在 2007 年，经过了一年多的准备，百度日本站开始测试。2008 年 1 月，百度搜索引擎产品正式在日本上线。但此次以搜索技术为先导的出海

---

① 中国记协：《中国新闻事业发展报告（2017 年）》。
② 刘珊：《BAT 出海记》，《媒介》2017 年第 7 期。

试水并不顺利。2013年，百度停止了日本的搜索编目，并于2015年关闭了百度日本搜索引擎。此后，百度战略方向进行调整，开始推广工具类应用，比如在日本推广的输入法Simeji。

2014年7月被业界认为是百度国际化的分水岭。彼时，习近平主席与巴西总统迪尔玛·罗塞夫一起按动电脑键盘，正式启动百度巴西葡语版搜索引擎。同时，百度还在巴西展开了互联网技术研发、人才培养等合作。

2015年的百度世界大会上，张亚勤将当时的国际化战略总结为三点。第一是选择墨西哥、巴西、俄罗斯、越南、菲律宾、泰国这六个国家作为重点区域。相比欧美，日韩等存量市场的移动互联网用户增长最快，而且人口红利较大，所以百度在这些国家推广各类百度的工具性产品，同时继续布局搜索业务。第二是选择重点产品和战略。百度国际化选择的产品包括Hao123、百度知道、Baidu Browser、DU Speed Booster、移动应用商店Mobomarket，以及后期的DU Battery Saver、ES File、Simeji、魔图等，并最终形成了强大的产品矩阵。2012~2016年，百度在国际事业部的投入累计几十亿元人民币。第三是积极布局O2O的领域，百度重点选择了金融和地图两类应用作为出海前站。截至2016年年底，百度地图在包括非洲多国在内的106个国家上线，算上此前登陆的103个国家和地区，百度地图目前已经在209个国家和地区上线，这意味着百度地图完成了从"中国地图"到"世界地图"的转变。百度地图作为百度移动端三大入口之一，将为百度在全球"连接人与服务"打下基础，并推动百度体系其他产品出海。

截至2016年9月已公布的数据显示，百度移动产品已覆盖全球200多个国家和地区，拥有16亿用户和3亿月活用户，面向海外市场的移动广告平台DU AD Platform（简称DAP）也已接入1400多位开发者，广告日请求量超过15亿次——一个商业闭环生态业已形成。

2018年，百度将AI作为其重要的战略方向；5月，百度成立了新的国际事业部，聚焦AI技术及产品全球布局，重点发展北美、日韩、东南亚等市场，并推动百度DuerOS、Apollo等核心人工智能技术产品出海落地。百度总裁张亚勤表示，随着改革开放的不断深入以及"一带一路"倡议的顺利实施，中国企业国际化将迎来新一轮爆发。

（二）阿里巴巴

贸易起家的阿里巴巴，与其他公司相比，可能更具全球化拓展基因。

2016 年 9 月 6 日，《二十国集团领导人杭州峰会公报》（以下简称《公报》）正式发布，阿里巴巴集团董事局主席马云首倡的 EWTP（世界电子贸易平台）建议被写入《公报》第 30 条中。该战略承载了阿里对于贸易全球化的远大设想。在 2017 年 3 月 9 日的阿里巴巴首届技术大会上，马云又提出了震惊中外的 "NASA" 计划，这项计划的愿景是阿里在未来 20 年构建起世界第五大经济体，服务全球 20 亿消费者。

具体到国际化生态系统的搭建上来说，阿里巴巴采取的是一种核心业务全面出击的方式。它在海外布局的主要业务包括电商、菜鸟物流、蚂蚁金服、数字娱乐和阿里云，与其国内核心板块相差无几。

2010 年，阿里上线了全球速卖通（Ali Express）业务，它是阿里巴巴旗下唯一面向全球市场打造的在线交易平台，被广大卖家称为 "国际版淘宝"。截至 2013 年 3 月，全球速卖通已经覆盖 220 多个国家和地区的买家。2016 年 4 月，阿里投资了东南亚地区最大的在线购物网站之一——Lazada。2018 年 5 月，阿里全资收购南亚电商平台 Daraz。几年间，阿里完成了对全球数家电商平台的投资和收购，其国际业务销售总额获得了强劲增长，也成为其他业务国际化的强有力的支撑。

2014 年，阿里云启动国际化进程，并在两年内建立了 14 个节点，为出海的中国企业和一些海外跨国企业提供云计算、大数据服务和产品，也为阿里自身金融、支付、物流等海外拓展搭建了基础设施。

业界不少人认为阿里巴巴是 BAT 三家中国际化走得最快的那一个。

在 2018 年 3 月底结束的这一财年，阿里巴巴营收增长了 58%，为 398.98 亿美元。而其中，第四财季来自国际零售电商业务的季度收入达 39.67 亿元人民币，比上年同期的 24.29 亿元人民币增长了 63%；而在 2017 财年时，该收入同比增长高达 312%，主要是由于 Lazada 及全球速卖通收入的增长。二者年度活跃买家合计已达到 8300 万。

创新业务方面，UCWeb 国际用户继续快速增长。2017 财年，第四季度 UCWeb 新闻和内容聚合服务在印度、印尼市场的月度活跃用户合计 1 亿。在阿里云的收入中，海外市场业务是一个新亮点，增速高达 400%。

（三）腾讯

相对于百度和阿里而言，腾讯较少在公开场合阐述自身的国际化战略。

不过，腾讯在 2005 年便成立了国际业务部，其王牌社交产品 QQ 和微信都较早进行了国际化试水，游戏和大文娱板块也是国际化布局。但由于海外市场已经有了 Facebook 等较为成熟的社交产品，腾讯社交方面的海外拓展效果不尽如人意，但以游戏为代表的泛娱乐板块以及云服务方面则可圈可点。

通过自研 IP 游戏、代理游戏以及"买买买"的方式，腾讯已经是全球最赚钱的游戏公司。在几年来所买下的众多游戏公司中，2016 年斥资 86 亿美元从日本软银（SoftBank）手中购入的芬兰《部落冲突》（Clash of Clans）手游开发商 Supercell 84% 的股份，使腾讯的估值达到约 102 亿美元，这显然是直接奠定了腾讯国际网络游戏巨头地位的一笔，也是腾讯最大的一笔海外收购。

泛娱乐板块的另一组成部分是音乐。这方面，腾讯的国际化道路是通过与国际厂牌的合作来打下基础的。2017 年 5 月 16 日，腾讯音乐娱乐集团和全球音乐巨头环球音乐共同宣布：双方签订中国大陆地区数字版权分销战略性合作协议，未来将携手拓展中国音乐市场。长期以来，腾讯音乐娱乐一直和环球、索尼、华纳三大国际唱片公司保持紧密的合作关系。2016 年，QQ 音乐还与索尼音乐、华纳音乐续约版权战略合作协议。中国在线音乐的竞争升级为国际竞争。

在腾讯云服务拓展方面，从 2014 年开始，腾讯云正式入局全球云服务市场，为走出去的中资企业和海外企业拓展全球业务提供云服务。2017 年，腾讯云的国际化步伐有了明显的提速。继中国香港、多伦多、新加坡后，腾讯云正式开放硅谷数据中心，并宣布将陆续新增德国法兰克福、韩国首尔、印度孟买、俄罗斯莫斯科 4 大海外数据中心。目前，腾讯云开放的全球服务节点已达 29 个，成为全球云计算基础设施分布最广泛的中国互联网云服务商之一。此外，腾讯云官网域名也由 www. qcloud. com 正式更改为 cloud. tencent. com，以更具云标识的方式，向全球客户提供云服务。

虽然 BAT 的国际化离不开"买买买"模式，但腾讯的花钱方式略有不同：腾讯似乎更倾向于与所投基金机构共同投资第三方公司。对此，国内有媒体进行了如下解读：这种与国外知名投资机构共同协作的战略，对于中国公司快速融入当地创投文化，很有借鉴意义。目前，腾讯国外投资占股的公司包括暴雪（魔兽世界制作方）、Riot Games（英雄联盟制作方）、美国的 Epic Games、韩国的 Kakao Talk、Waddle、美国的 Pair 等，涉及行业众多。

（四）今日头条

诞生在移动互联网时代的今日头条，从一开始就具有明确的全球视野和全球发展战略，2018年，张一鸣明确提出目标：三年实现全球化，超一半用户来自海外。[①]

自建和投资是今日头条海外布局的两种主要方式。一方面，公司不断推出自家产品海外版，包括2005年上线的今日头条海外版TopBuzz、2016年上线的TopBuzz Video、2017年推出的火山小视频海外版Hypstar和抖音短视频海外版Tik Tok等。另一方面，今日头条有针对性地不断收购相关领域公司。2016年10月，今日头条投资了印度最大内容聚合平台Daily-hunt；2016年年底又控股印尼新闻推荐阅读平台BABE。

2017年2月，今日头条宣布全资收购美国短视频应用Flipagram。这个短视频创作者社区在创业期间只有三人维护，在引入明星董事之后加速完成蜕变，一度登上美国App Store榜首。在被今日头条买下后，Flipagram成为其国际化战略的重要组成部分。[②]

2017年11月，在猎豹公布旗下新闻聚合平台News Republic以及直播平台Live.me被今日头条收购或投资之后，今日头条又宣布以10亿美金估值收购音乐短视频平台Musical.ly。双方将保持品牌独立，在技术、产品等多方面探索更深入的合作。Musical.ly的功能定位与今日头条旗下的抖音类似，于2014年4月上线，是深受全球青少年用户喜爱的短视频社交App，资料显示，其全球日活跃用户数超过2000万，其中北美活跃用户超过600万。[③]

短视频作为当下内容传播的热点，目前在全世界都处于起步阶段。今日头条频繁的海外布局帮助其抓住发展机会，为其在海外发展业务提供更大平台。据媒体报道，截至2018年2月，今日头条App已在北美、巴西、日本、东南亚等地区拥有超过1000万海外用户，而其三年的全球化目标能

① 高小倩：《张一鸣给今日头条定下"小目标"：三年后超50%用户来自海外》，https://www.36kr.com/p/5125610，36氪，2018年3月，最后访问时间2019年1月。

② 刘亚澜：《今日头条在海外收购的Flipagram究竟是家什么公司》，http://tech.qq.com/a/20170202/013735.htm，腾讯科技，2017年2月2日，最后访问时间2019年1月。

③ 杨鑫健、蔡淑敏：《今日头条10亿美元购北美音乐短视频社交平台，将与抖音合并》，https://www.thepaper.cn/newsDetail_forward_1858291，澎湃新闻，2017年11月10日，最后访问时间2019年1月。

否如期实现还未可知。

　　一路走来，从最初官媒的外宣到国际传播力，从 BAT 们立足国内之后再进行海外扩张，到今日头条起步就拥有全球视野，可以预见，伴随着国力发展，我国的媒体将一步步走向世界舞台中央，成为与大国实力相匹配的国际大媒体，同时为大国传播做出应有的贡献。

第三章　从广告到全媒体营销

这十年间，伴随着媒体形态之间壁垒的消融，广告与营销的界限也越来越模糊，从广告形态到传播模式到广告经营理念都发生了重大变化，媒体正在从传统广告经营走向全媒体营销。

第一节　广告资源极大丰富

这十年间，新型媒体发展方兴未艾，得益于通信技术的发展成熟以及移动互联网媒体的出现，广告资源被极大地拓宽。除了可供投放广告的媒体增加之外，基于新型技术发展起来的广告形式也逐步丰富起来。传统媒体时代，无论是广告形式还是广告容量，都受到当时技术水平的限制，广告资源相对短缺单一。这一时期的大规模新型数字媒体的诞生以及传统媒体的数字化改造，使广告资源在这一时期获得了飞跃式的发展。新型的广告以及越来越多的广告资源，催生了新型的广告产品。

一　电视广告的丰富发展

在这个时期，新型的电视发展逐渐走向常规化，先有 IPTV 的普及，继而有 OTT 电视市场的蓬勃发展。OTT 电视是近年来崛起的又一个智能联网终端，正如智能手机取代功能手机一样，智能电视取代传统电视的趋势也是不可阻挡的。2016 年，我国 OTT 电视保有量就超过了 2 亿部，电视＋盒子的保有量超过 2.4 亿部。①

OTT 电视的普及让"客厅经济"迎来了二次崛起，针对 OTT 电视的广

---

① 舒文琼：《OTT 进入下半场行业焦点从规模扩张转向价值提升》，《通信世界》2018 年第 16 期。

告市场也得到了快速的发展。

2016～2018 年，智能电视广告市场整体保持快速增长趋势，广告曝光量增长超 10 倍。据 Admaster 发布的《智能电视大屏全场景白皮书》，2018 年第一季度，我国智能电视广告投放份额超过了 PC 广告投放份额，达到 19.1%，智能电视的广告增长之快可见一斑。广告投放高速增长的背后是技术的进步以及智能电视的普及率提高。实际上，OTT 电视广告市场直到 2012 年智能电视盒子产品发布，才正式有了发展的基础。从 2013 年开始，便有代理商进入 OTT 广告市场，搭建广告系统，与厂商等媒体资源方展开合作，推动广告主尝试 OTT 广告，整个 OTT 广告市场处于代理商推动阶段。随后的 2015 年，在代理商的推动下，媒体资源方获得了在原有硬件收入之外作为增量收入的广告收入，便开始重视 OTT 广告市场，与代理商合作更加紧密，开放了更多广告资源，这一时期，OTT 广告市场由媒体资源方推动。2016 年，OTT 广告的投放方式、监测手段都逐渐成熟，OTT 端用户规模也超过亿级，成为不可忽视的营销战场，广告主开始主动推进 OTT 广告市场的发展。

目前，针对智能电视常见的广告产品主要分为三个层次，分别是系统层、内容层以及应用层。系统层广告依托于 OTT 操作系统，由终端厂商所有。其中，传统型系统层广告以开、关机广告为代表，多以 CPT 和 CPM 售卖；创新型系统层广告则以定制化的形式进行合作，价格随着项目类型和难度等的不同而不同。目前的系统层广告主要包括开机广告及多种运营平台营销展示形式，比如开屏广告后进入直播、点播选择，点击"影视点播"按键，会出现 5 秒静态广告等。内容层广告以贴片广告为主，前后贴片广告、中插广告、暂停广告都是常见的广告形式。应用层广告主要在智能电视应用市场加载时出现。除了点播节目之外，在直播流信号中，智能电视同样有开、关机和加载内容广告，以及频道切换的窗口广告等。智能电视广告尽管在形式上没有过多的创新，但对于广告数据的收集是传统电视不可比拟的。2016 年，起步不久的 OTT 广告市场规模为 6.1 亿元，与 2015 年相比，增长率达 162.6%。2017 年随着广告主投入更多预算，OTT 广告迎来爆发性增长，预计到 2020 年，中国 OTT 广告市场规模将达到 128.3 亿元。[①]

---

① 《中国 OTT 广告市场研究报告 2017 年》，《艾瑞咨询系列研究报告》2017 年第 9 期。

二 网络媒体广告的爆发式发展

互联网广告是这十年间广告产业发展最快的板块。随着 PC 互联网的发展成熟以及移动互联网的逐步崛起，新型的技术应用在各平台上逐渐发展完善。2008 年中国互联网广告收入仅有 98 亿元，到了 2018 年，互联网广告总收入达到 3694 亿元。近年来，凭借着移动互联网技术的发展普及，互联网大量吸收新增用户，占据了更多用户的使用时间和注意力。作为"注意力经济"的广告行业，自然而然发生了革命性的改变。

事实上，互联网从诞生之初，就与传统媒体有明显的区别。传统媒体对于受众而言，更大的价值依然在于快速高效地传达信息。而互联网则从诞生之初，就兼具了信息传递、通信以及多功能应用的属性。2009～2018 年是互联网商业应用快速发展的十年，移动互联网更是如此。基于移动互联网技术发展的应用，不仅丰富了互联网媒体的商业应用属性，更衍生了不少新形态的广告。

（一）信息流广告的广泛应用

信息流广告是这十年之间快速兴起的广告形式。这种广告类型起源于美国，由 Twitter 在 2011 年首次运用，Facebook、Instagram 等随后相继推出信息流广告。这种建立在用户数据分析基础之上的信息流广告，是通过定位目标消费人群，将广告内容与平台自身的动态信息进行融合的一种广告投放形式。因此，基本上只要具备内容信息属性的应用平台都会选择采取信息流广告进行商业变现。目前，信息流广告应用最广泛的媒体平台主要有社交网络平台以及资讯应用平台。前者的代表有微信和新浪微博；后者的代表则有今日头条、天天快报、腾讯新闻、网易新闻、一点资讯等。

腾讯与新浪微博作为我国最大的社交网站平台，各自推出了有平台特色的、具备社交属性的信息流广告。社交信息流广告融合了广告信息与用户生成内容（UGC），具有基于人际关系传播的互动机制和口碑扩散效应。依托移动社交领域的数据与用户量的优势，腾讯于 2014 年 3 月在 QQ 空间率先推出了信息流社交广告，随后于 2015 年 1 月在微信朋友圈也推出了信息流广告。2015 年 1 月 25 日晚，第一条朋友圈商业广告亮相，它的投放基于用户行为的大数据分析，宝马、可口可乐、VIVO 成为第一波吃螃蟹的品牌，人们纷纷晒出自己的朋友圈广告截图，以刷出宝马为荣，这一事件也刷新了人们对广告的认识。不同于传统的网络广告，朋友圈社交信息流广告支持多种媒体形式，包括图片、文字和链接页面，用户能在下面评论和点赞。基于微信生态圈已有的资源，观看短视频、浏览 H5、关注公众号、支付等都是可能纳入其中的交互形式，微信公众平台的后台分析工具也已为朋友圈广告提供了技术积累和数据支持。因此，社交信息流广告自从推出，就受到了广告主的追捧。

与微信朋友圈的原生信息流广告类似，新浪微博作为数一数二的社交应用平台，也推出了自己的社交信息流广告产品。微博社交信息流广告产品命名为"粉丝通"，投放者能够将广告内容向指定类型用户投放。广告内容的右上方会显示"广告"字样，并有好友进行互动的提示。值得一提的是，相对于纯信息流产品，微博有社交关系上的优势：一方面，微博的信息流已经从纯时间流向关系流，再向兴趣流转变，而兴趣流就是以降低新用户使用门槛和提高中高频用户的使用时长为目标的；另一方面，纯信息流产品的问题在于没有以内容生产者为中心的社交关系，用户无法有效留存。微博很好地兼容了信息属性和社交属性，这是它与微信的社交广告最显著的差异。

微博和微信作为国内体量最大的社交平台，凭借各自的优势推出了自己的社交广告产品。因此，在营销业界有社交营销必布局"双微"一说。社交广告凭借其独特的优势，在 21 世纪第二个十年成为广告主的兵家必争之地。

以今日头条为代表的资讯内容平台的信息流广告应用更为广泛。社交网络需要具有满足用户的社交功能，因此在信息流广告的应用与投放上相对需要克制，微信朋友圈广告在每个用户的信息流中不会超过 2 条/天。而资讯产品的功能属性允许其更频繁、常态化地应用信息流广告。而且，相较于社交平台的内容排列多为按照时间线形排列，资讯平台的内容呈现方式往往是利用算法，根据每个用户的阅读行为习惯进行个性化智能排列。在内容分发上，资讯平台拥有更专业的技术能力，因此也更适合进行信息流广告的投放。新晋的移动资讯平台——今日头条之所以能在短时间内成长并挑战传统门户网站的资讯入口定位，与其良好的商业化开发有密不可分的关系。

"今日头条"是互联网创业者张一鸣于 2012 年 3 月创建的，是北京字节跳动科技有限公司推出的一款基于数据挖掘的个性化资讯应用平台。创建之后短时间内，今日头条就成了国内资讯客户端的领头羊。iMedia Research（艾媒咨询）数据显示，2017 年第四季度，今日头条以 50.1% 的活跃用户占比领跑中国手机新闻客户端市场，而腾讯新闻则以 48.7% 紧随其后。今日头条的用户规模迅速成长，与其开创的个性化内容推送机制有很大的关系。今日头条信息流广告的投放逻辑与其资讯内容推荐的逻辑相同，均是基于数据挖掘与智能分发，实现信息与人的匹配。在这个过程中，根据定向方式实现用户的广告匹配，机器通过对广告质量度的预估来判断广告被该用户点击的可能性。自动完成了广告内容与用户的匹配后，将筛选过后的广告计划按照每次展现的潜在收益竞价排序，频次过滤后排序第一的广告将得到曝光的机会。今日头条的信息流广告支持图文和视频两种形式，视频信息流广告在今日头条母公司——字节跳动有限公司旗下的视频平台得到广泛应用，并成为其新的广告收入增长点。得益于信息流广告的成熟应用，今日头条在成立的第五年即 2017 年，全年广告收入就突破了百亿大关，达到 150 亿元。

（二）网络视频广告的进化

2008 年之后，我国视频网站逐渐由以 UGC 为主转型为以专业内容为主的竞争格局，从此，我国网络视频行业竞争愈发激烈。截至 2018 年 3 月，爱奇艺、优酷、腾讯视频的用户人数纷纷突破 4 亿，它们成为我国视频网站的中坚力量。尽管内容付费是视频网站的重要收入，而且比重也在不断提升，但广告收入仍是大部分视频网站收入的主要来源，预计到 2020 年，中国网络视频广告市场规模将达到 863 亿元。庞大的网络视频广告市场推动了更多新形式的网络视频广告，目前我国的网络视频广告主要可以分为展示广告和软性内容营销。

相较于电视媒体的展示广告，视频网站的展示广告形式更加多样化。目前，视频网络平台主流的展示广告主要为视频内广告和图文广告。视频内广告主要是指在播放视频节目的过程中插入节目前后的贴片广告（包括前贴片、中贴片和后贴片），以及在暂停播放视频时出现在视频框中的暂停广告等。部分视频网站在贴片广告中加入了互动元素，以提高用户的参与感。比如，爱奇艺曾在 2015 年推出一种名为"悦享看"的互动广告模式，允许用户自行选择是否跳过前贴片广告，如果用户观看不足 30 秒而选择跳过广告，爱奇艺不会向广告主收费。用户避免看到自己不感兴趣的广告，广告主也可以节省预算，理论上这将造就一场共赢的局面。除此之外，也有在贴片广告中加入可跳转购买链接的广告产品，能够促成兴趣用户的购买转化。

除了展示形式更丰富之外，视频网站的展示广告还在投放逻辑上与传统电视有所区别。视频网站除了拥有大量的用户之外，还拥有用户数据。根据用户数据构建的用户画像，各视频平台可以为不同用户精准化地播放不同的展示广告。爱奇艺"一搜百映"依赖百度海量的用户搜索数据，腾讯视频的"广点通"依赖腾讯庞大的用户社交数据，优酷凭借阿里巴巴"阿里妈妈"的数据营销平台，打通了视频用户的消费和交易数据。除了平台账户数据之外，视频网站本身的行为数据也是视频网站进行广告展示的重要依据，比如搜索内容、观看行为、互动行为等。不过，值得注意的是，尽管爱奇艺、优酷、腾讯视频都有庞大的数据库，但因为各自母公司存在严重的数据隔离的孤岛效应，这种精准投放显然也是有限度的精准。

展示广告之外，基于内容本身的内容营销成为近年来更受视频网站重视的广告形式。目前，基于视频内容本身的营销产品主要可以分为三类。

一是导流曝光类。品牌可以在与自身相关的特定视频元素中设置浮层，消费者可点击，直接浏览广告信息，甚至跳转购买。代表性产品包括随视购（爱奇艺）、边看边买（优酷）、灵犀贴（芒果 TV）等。

二是后期植入类。通过自动化的视频植入技术，广告主可在电视剧拍摄完成后，选择合适的广告植入位置，在画面中插入广告信息、产品实物等元素。代表性产品包括 VIDEO IN（爱奇艺）、移花接木（优酷）等。另外，通过 AI 技术对内容、人物、场景的识别，进行广告投放，如创可贴 2.0（爱奇艺）、场景广告（优酷）等。

内容植入的第三种常见形式为原生视频广告。原生视频广告通过创新把品牌和内容进行紧密结合，由剧组而非广告公司拍摄制作。广告演员是剧中的"角色"，广告创意也通常和剧情有一定的关联。代表性产品为近两年大受追捧的创意中插。2016 年暑期档的《老九门》算得上是创意中插广告的转折点，剧里面所有"前方高能"的创意中插广告被剪辑成合集，播放量都达到数千万。据《老九门》制片人白一骢透露，《老九门》中一共植入了 7 个品牌，带来了四五千万元的收入。创意中插广告与视频内容紧密结合，而且对付费会员也同样可见，因此，热门剧集的创意中插广告成为不少广告主争抢的稀缺广告资源。除了创意中插广告之外，网络视频平台综艺节目中，也有通过主持人口播的方式进行内容植入的。最有代表性的莫过于大热的网络综艺《奇葩说》，在一般的口播硬植入之外，《奇葩说》还会根据节目辩论主题内容进行品牌植入，加深观众对于品牌植入的认知。

除此之外，主流的视频网站都在致力于开发会员可见广告。在会员付费越来越普遍的情况下，如何继续满足广告主的投放需求成了各家视频网站都要解决的问题。除了上述原创中插广告之外，在每集的前情回顾以及下集预告中都会有相应的广告标识。另外还有剧情中的剧情场景广告，这种场景广告又被称为"创可贴"广告，是爱奇艺推出的一种创新场景的精准广告，将广告无缝融入剧情场景，实现广告与内容的紧密连接，简单而言，就是在剧情发展过程中，看似不经意间（实则经过严格考量而设定）从屏幕中跳出来一小句文案，做成剧情弹幕，既带动情节发展，又能一下子击中人心，引发共鸣，让观众感觉有趣或来吐槽。

随着网络视频的不断发展演进，网络视频媒体经营机构也在不断革新自己的广告产品。广告营销变现仍然是网络视频媒体重要的变现手段，网络视频广告的进化程度在一定程度上决定了网络视频媒体发展的高度，视频网站广告对电视广告的冲击也越来越显著。

（三）电商广告的多样化发展

2009～2018 年，这个互联网快速增长时期也是我国电商行业发展壮大的时期。CNNIC 数据显示，截至 2009 年 6 月，我国网购用户为 8788 万，网络购物在网民中的渗透率还不高，仅为 26%。① 而截至 2018 年 6 月，我国网络购物用户规模达到 5.69 亿，占网民总体比例为 71.0%。2018 年上半年，我国网上零售交易额达到 40810 亿元，同比增长 30.1%，继续保持稳健增长势头。② 短短 9 年内，我国电商用户增长了接近 7 倍，交易额更

---

① 《2009 年中国网络购物市场研究报告》2009 年第 11 期，CNNIC。
② CNNIC：第 42 次《中国互联网络发展状况统计报告》。

是屡创新高。个人用户涌入的背后是大量商家入驻电商领域。商家剧增之下，电商各种配套业务也就顺理成章地发展起来。其中一项重要的配套业务，莫过于广告营销业务。

阿里巴巴早在2007年就意识到电商营销业务的重要性。2007年4月，时任阿里巴巴CEO马云提出营销是电子商务不可或缺的一部分，并设想搭建一个线上的自由交易所，让营销产品像商品一样流通起来。淘宝的营销平台——阿里妈妈就此诞生。同年，阿里巴巴第一款电商广告产品——淘宝直通车应运而生。从2009年开始，阿里巴巴逐渐推出多样化的电商广告产品。目前，阿里妈妈旗下一共有六个不同的电商广告营销产品，即UN-Idesk、淘宝直通车、智钻、淘宝客、品销宝和达摩盘。六种产品中，又可以分为展示类广告产品与数据类广告产品。其中淘宝直通车就是典型的展示类广告产品。

淘宝直通车是淘宝网为淘宝商家提供的以竞价排名为基础的推广活动，淘宝网把正常商品搜索结果页面的右侧和最下方的位置作为广告位供商家竞拍，提高广告商品被消费者浏览到的概率。广告主在选定要推广的商品后，可以根据商品的特性选择一系列关键词并设定相应的竞拍价格，一旦消费者在淘宝的搜索框或导航页面中搜索该关键词，除了左侧的自然搜索结果列表外，广告主的商品广告图片链接会按竞价的顺序依次显示在搜索页面的右侧与下方。除了淘宝直通车之外，智钻、品销宝都是常用的展示类工具。

UNIdesk、达摩盘和淘宝客则为偏数据系统化工具，能够帮助商家做出更好的营销决策，并且沉淀数据。基于大数据进行营销，正在成为整个数字营销行业的基础。

电商平台直接介入广告之后，更强调广告对销售的直接转化效果，用户看到广告之后就可以直接一键进入购买页面，这种广告运营方式也改变了以往广告传播和销售环节分离的局面。尤其是移动电商发展起来之后，传播与销售逐渐变成一个整体，用户所见即所得，看到就可以马上买到。可以预见，随着这种运营模式的发展，广告的作用和传播模式都将发生根本性变化。

三　数字化、智能化的户外广告

这十年是智能设备快速发展的十年，智能化大潮也延展到了户外领域。近年来，户外广告屏幕兴起智能化改造，语音交互、动作感应、人脸识别、联网精准投放等数字化、智能化技术等的加入，让户外广告逐渐改善了静态图像、粗放式投放的形象，变成了互动的、智能化媒体。

户外行业的代表机构——分众传媒自 2011 年起就开始在电梯电视中内置 WiFi 和 iBeacon，2017 年全国一线城市点位已经换完新的具有 WiFi、ibeacon、人脸识别和在线支付等功能的电梯电视大屏。WiFi 和 ibeacon 基于蓝牙信号发射器与移动设备端接收信号形成连接，比如在电梯口用户看到某品牌的广告，只要根据该品牌的提示对着广告使用微信摇一摇，就可以得到这个品牌所对应的免费试用券或电商优惠券；在线支付源于分众传媒在屏幕上设有 RFID 的读头支持 NFC 技术，NFC 技术形成的电梯电视屏幕与手机的互动可以直接导向交易，给用户带来全新的购物体验；人脸识别则意味着观看者只需在广告机前面轻轻挥手、摇摇头，就可以操控广告机里面的人、物，与之互动。

互联网巨头通过数据的积累也开始入局数字化户外市场，帮助它们实现从线上资源向线下实际场景的延伸。

2010 年，百度的数据监测平台——百度司南开始出现户外版本，利用线上数据提供线下相关决策，如店铺选址、户外广告效果监测等。2017 年，百度聚屏产品上线。媒体资源方面，聚合了 OTT 家庭智能电视、电影院放映屏和取票机、电梯楼宇屏幕、公交巴士屏、KTV 点歌屏等多种家庭/户外场景下的资源，官网显示聚屏有超过 12 万块屏幕布局，日总曝光超过 2 亿，覆盖全国 31 个省市地区。

阿里巴巴的 1688 网销宝广告交易平台于 2016 年推出"线下展位"功能，与分众传媒等 93 个户外媒体资源商，提供户外广告的一站式采购与管理，目前有将近 18 万个资源位。其主要功能与百度聚屏类似，数据方面依托阿里系产品如支付宝、手机淘宝、天猫、旺旺、千牛形成的大数据 One ID 系统，提供户外点位精准的人群数据，形成人群画像。它的独特性在于，和阿里巴巴零售通（线下智能门店）合作，拥有各行业的大量数据，能帮助广告主触达商业客户，促成 B2B 即"商对商"业务。

户外广告实现了线上向线下的延伸，具有强烈的场景属性，再搭配上智能化的翅膀，智能场景营销正在成为户外广告的发展方向。

四 基于不同技术应用衍生的广告产品

除了基于不同商业应用产品衍生的新广告形态，移动信息技术的发展也直接催生了新型广告产品。与前一种不同的是，这种类型的广告产品更加依托于技术本身，而非平台应用。近年来比较成熟的技术衍生广告产品包括二维码广告、HTML5 广告、VR/AR 广告等。

（一）二维码广告

二维码是用某种特定的几何图形按一定规律在平面（二维方向上）分布的黑白相间的图形记录数据符号信息的图形。二维码技术最早诞生于美国。我国最早在 2006 年引进二维码技术，由中国移动和银河传媒合作应用，但受制于能够扫码使用二维码的设备不多，当时没有大规模开展应用。直到智能手机以及 4G 技术的普及，二维码技术才在我国大规模应用起来。

二维码技术在广告上的应用，主要体现在二维码充当网络入口应用上。二维码广告是与广告主的广告产品或服务相对应的，消费者如果对广告内容感兴趣，通过二维码扫描软件扫描二维码广告就可读取商家所提供的广告信息，省去了输入网址、关键字等烦琐步骤。

事实上，在广告传播使用二维码作为网络入口应用的情况下，二维码扫描跳转导向一般有几种情况。第一种是链接至企业/品牌的官方主页。例如，微信公众号、微博官方账号或者企业网站，能让消费者直接获取更多与企业/品牌相关的信息。第二种是链接至企业/品牌/产品的电商销售主页，直接导向销售购买转化，能减少消费者从获取品牌信息到下单购买转化的流程。如果是互联网服务产品，这种转化会变为互联网服务应用的下载。第三种是链接至营销活动详情页面，比如营销活动的规则介绍、个人信息填写等，为以后的客户关系开发留下关键的线索。

得益于二维码方便易用的特性，二维码技术在广告上的应用范围广，跨越电视、平面、互联网等多种媒介，并且能够通过手机扫码这一行为实现跨媒介的联动。许多视频节目的"边看边买"模式，就是利用了二维码这一入口应用，让观众在观看节目的时候可以扫描屏幕上出现的二维码进行购物。作为一种新的广告形式，作为沟通广告主和消费者的有效途径，作为连接线上和线下的关键入口，二维码技术将新的技术融入广告业，为广告信息的传播提供了更好的方式，也为广告业的发展提供了新的思路和方法，是移动互联网时代不可小觑的技术应用。

（二）HTML5 广告

HTML 全称为 HyperText Markup Language，中文直译为"超级文本标记语言"，它是一种基于互联网的网页编程语言，从 1994 年由万维网发明至今，已逐渐成为网页编程的行业规范。HTML 目前已历经了 5 次重大修改，直到 2014 年 10 月 HTML5 最终定稿，使其更适合移动设备，让网站更加便于浏览，并与用户产生互动。与此同时，基于 HTML5 传递品牌营销信息成为一种流行的趋势，业界也将这种广告称为"H5 广告"。

因为 H5 网页能够承载多种媒体格式（包括图文、视频），也支持用户通过手机进行互动，同时由于网页的轻量化，能够轻易在社交网络上进行传播，打破社交网络对于传播内容的格式限制，所以，H5 广告在其出现之后一时间成为广告主与代理公司追逐的潮流。

H5 广告在业界的流行趋势，是由上海的独立创意热店 W 带领的。2014 年年底到 2015 年年初，W 连续为 NewBalance、大众点评等品牌客户创作了多个大量传播的 H5 广告。W 在 2014 年年底为大众点评创作的《我们之间只有一个字》的 H5 广告，为业界树立了 H5 广告的标准。该广告创意从不同的汉字出发，解析文字背后的含义，最后通过过年与朋友叙旧的创意引出大众点评的品牌，并引导用户进行下载。该 H5 广告获得了超过百万的曝光。在大众点评发布《我们之间只有一个字》之后，手机百度、乐蜂网、QQ 浏览器、搜狗、腾讯手机、一号专车等近 60 个品牌都发布了它们的"一个字"。此后，业界不断涌现更多制作精良、传播广泛的 H5 广告，围绕 H5 广告制作的产业供应链也逐渐形成。

（三）虚拟现实广告/增强现实广告

虚拟现实技术（Virtual Reality，简称 VR）和增强现实技术（Augmented Reality，简称 AR）是两种显像技术。2015 年前后，谷歌、Facebook 等国际科技巨头纷纷投资入驻 VR/AR 技术领域，收购此领域的技术公司，再加上技术的逐渐成熟，智能手机也能支持最初级的 VR/AR 技术显示，

VR/AR 技术才被大规模应用在个人商业领域。其中一个重要的应用，便是在广告营销领域。

2016 年，飘柔在和国内电商巨头淘宝合作的营销活动中，利用 VR 技术制作了两部生动的微电影。利用全景摄像，记录下品牌代言人杨洋以及迪丽热巴演出的男友和女友角色。观众在微电影中以男/女朋友的视觉观看代言人的演出，沉浸感明显。该微电影项目由阿里 VR 实验室 Gnome Magic Lab（GM Lab）研发，是国内首部第一人称交互剧情 VR 微电影。为了能够尽可能增强粉丝的沉浸感，VR 微电影拍摄采用了 180 度 3D 超清拍摄技术和国际领先的八声道 3D 人耳收声技术，原片分辨率高达 12K。值得一提的是，与微电影同步上线的，还有淘宝的 VR 购物系统。剧情中出现的产品可以支持收藏、购买和店铺一键关注。在影片播放完成之后，页面会跳转到淘宝的 VR 导购系统，利用视角移动可以进行选择操作。此项目上线之后，飘柔洗发水销量与往年同期相比，提升了三倍有余。[①]

2015 年，美汁源公司在上海投放了中国首例 AR 公交站台广告。这则 AR 广告以各类自然景观为主体，通过对上海街头公交站牌的一系列改造，实现了瀑布、蝴蝶、藤蔓等虚拟数字视讯与公交站牌附近现实场景的即时结合，向广告受众传递了美汁源公司"把自然带到身边"的品牌理念。该 AR 广告的受众本身也位于 AR 站牌摄像组件的录入范围之内，受众可以与虚拟数字内容进行有限互动。

此后，VR/AR 技术应用于广告的案例层出不穷，但受制于两者技术的产业在 2016 年之后就没有大规模的发展。目前 VR 与 AR 技术应用有限，尽管也有不少优秀的行业案例，但并没有形成大规模的针对 VR/AR 技术的广告产业链。

二维码、H5、VR/AR 技术在广告上的应用，不过是这个时代广告产品创新的典型表现，事实上还有很多其他的新技术，如光线感应、动力感应、3D 立体投影、动态成像等，也带来了多种新鲜有趣的广告创意形式，这里不再一一赘述。可以预见，随着技术的不断发展，还必将不断催生新的广告创意和广告产品。

---

① 《阿里 VR 实验室推出 VR 女友 请上淘宝签收》，http：//mobile.163.com/16/0520/15/ BNH3TEC3001168BQ.html，网易新闻，2016 年 5 月 20 日，最后访问时间 2017 年 3 月。

第二节　媒体经营模式日新月异

这十年是技术对媒体行业冲击最为明显的十年。除了广告传播模式本身的变化之外，受众的触媒行为也在发生着激烈的转变。移动互联网的普及不仅带来了更便利的传播渠道，更改变了用户的媒介使用习惯。用户在新兴互联网媒体上消费内容的时间越来越多，在互联网媒体的冲击之下，传统媒体艰难维持经营，但同时也发挥着传统媒体的主流价值。新兴媒体乘着移动互联网东风，不断扩展自己的业务边界，开发出越来越多元化的业务。

一　互联网媒体新模式"夺权"

互联网机构是这十年媒体产业中最吸引目光的角色。凭借着移动互联网技术的发展普及，互联网大量吸收新增用户，占据了更多用户的使用时间和注意力。作为"注意力经济"的广告行业，自然而然发生了革命性的改变。除此之外，大数据和云计算技术的广泛应用于广告行业，也促成了程序化购买的产业链条形成。不少互联网机构在这个产业转型时期，以巨额流量、海量数据、先进技术以及丰厚的资金入局，挑战广告业原有的秩序，用经营模式的创新夺取话语权。

（一）程序化广告的颠覆崛起

互联网机构对于传统广告行业的挑战，离不开一个关键词——"程序化广告"。在传统广告产业链中，媒介代理公司往往掌握着重要的媒体渠道资源。传统媒体将媒体资源销售给媒介代理公司或者广告代理公司，广告主从媒介代理公司手上购买整合的广告策划、投放服务，媒介代理公司从为广告主提供的服务中赚取服务费用，以及通过媒介资源代理获得返点费用。这是传统广告产业的经营模式。

然而在移动互联网时代，媒体所拥有的资源，无论是在数量上还是种类上都取得了爆发式增长，广告主对于媒体资源的需求呈现多样化的趋势。广告投放需要整合不同渠道的资源，加上受众的碎片化、分层化，用单一媒体资源接触受众几乎已经不可能。再加上大数据、云计算等技术的成熟应用，程序化购买的广告交易模式由此诞生。

在程序化广告购买中，广告主委托 DSP 公司（需求方平台）负责广告的投放，DSP 公司接入 ADX（广告交易平台），采取 RTB 实时竞价模式或非 RTB 程序化交易模式投放广告。这种交易模式中，DSP 公司不是购买媒介资源，而是直接购买目标受众，因而能够做到广告精准投放和广告效果的可视化与可控化。程序化交易模式日益得到广告主的认可。其中，腾讯、百度、今日头条、阿里巴巴等互联网巨头几乎在程序化广告的各个环节都有进行布局，这些互联网巨头也被称为综合大型投放平台。

图 5 - 3 - 1 中国程序化广告生态圈

程序化广告引入国内不足十年的时间里，程序化广告颠覆了整个广告市场。2012 年，阿里巴巴已上线了国内第一家广告交易平台 TANX，谷歌旗下广告交易平台正式在中国上线，腾讯的广告交易平台开始试运行。2012 年成为程序化广告市场和技术萌芽的元年。2013 年，腾讯 Tencent AdExchange、新浪 SAX、百度流量交易服务 BES、优酷土豆等企业纷纷加入，为 DSP 做了坚实的铺垫。2012～2015 年，中国 DSP 广告投放市场呈现高速增长模式，增速都在 100% 以上。从 2016 年开始，增速虽有所放缓，但仍维持在一个较高水平。2016 年，程序化广告步入大数据运营时代，几乎每个互联网公司都是一个 DSP 平台。2017 年，程序化电视广告、程序化户外广告等多种形式新增入中国程序化广告技术生态图。据 eMarketer 数据，中国的程序化广告支出预计在 2019 年达到 296.1 亿美元，占所有数字化广告支出的 69%。由此可见程序化广告对于我国广告产业的颠覆性影响。

（二）互联网机构纷纷"占山为王"

伴随着数字广告份额的腾飞，互联网机构在营销广告领域逐渐崭露头角，发挥出和体量相适应的影响力。尤其是以腾讯、阿里巴巴、百度为代表的互联网巨头公司，对移动互联网时代的广告产业发挥了重要的影响，取代传统的报社、电视台，成为体量最大的广告载体，也成了最具影响力的新型媒体集团。

1. 腾讯：占据社交传播第一阵地

凭借国民级别的社交应用——微信和 QQ 的强势表现，腾讯理所应当地占据了国内社交传播的第一平台。事实上，直到 2015 年，腾讯才将原腾讯广点通与微信广告合并，成立社交与效果广告部，开始发力将巨大的社交流量变现。社交广告的建立基础，是早在 2011 年就已经成立的腾讯广点通。广点通的商业逻辑很简单：以服务的心态，搭建一个可以满足不同广告主的投放诉求的平台，做好用户和广告主之间的连接器，在满足广告主需求的同时，充分尊重用户体验，给予用户想要的信息。广点通成立之后运行顺畅，受到广告主认可，在此之上，才有了腾讯今天的社交广告体系。

腾讯社交广告是腾讯旗下核心的广告业务单元，承载了腾讯各大社交平台丰富的广告场景，特别是微信、QQ、QQ 空间等社交媒体的精品流量。由于腾讯拥有海量的社交数据，可以通过三种人群定向的方式精准投放用户群体，包括基础用户定向（包括地理位置、基础信息、用户状态、用户行为、消费能力、天气定向、设备定向等维度）、垂直行业定向以及相似人群扩展。除了精准的人群定位投放之外，腾讯社交广告从诞生之初就与程序化广告结合紧密。社交广告采取的是 ADX + DMP 组合模式服务品牌，使广告主的投放更精确。作为数据中枢，腾讯社交广告的广点通技术平台方面拥有强大的 DMP 收集、管理和数据挖掘能力，为广告主优化数字营销效果，实现数据的增值与变现；另外，利用有着"营销加速器"之称的 ADX，不仅涵盖腾讯和第三方媒体优质资源，还能对接 DMP，使广告投放更智能，并支持业界 DSP 接入，开启全竞价模式，明显提升了营销效率。

腾讯 2018 年第一季度财报显示，网络广告业务收入同比增长 55%，为人民币 106.89 亿元。社交及其他广告收入增长 69%，为人民币 73.90 亿元，这主要受益于广告主基数扩大而提高了微信朋友圈广告填充率以及移动广告联盟 CPC 的增长。广告主对于腾讯社交广告的青睐程度可见一斑。

2. 阿里巴巴：全域营销

以电商业务起家的阿里巴巴，在 2016 年提出"新零售"概念，进行整体的战略升级。阿里巴巴在整个新零售领域的布局，旨在帮助商业品牌商实现端到端的转型，并通过数字赋能优化决策和转型的过程，而智能营销是阿里整体布局中十分重要的一环。2016 年年底，阿里巴巴提出了全新的数据赋能的营销方法论——全域营销 Uni Marketing，一种在新零售体系下以"消费者运营为核心"，以数据为能源，实现全链路、全媒体、全数据、全渠道的营销方法论。该方法论利用阿里 Uni Identity 的数据基础设施，重新定义了经典的消费者链路（AIPL）概念，将"认知"（Aware）、"兴趣"（Interest）、"购买"（Purchase）以及"忠诚"（Loyalty）的消费者链路变成可视化、可运营的消费者资产管理过程。全域营销的产品组合包括"品牌数据银行"（Brand Databank）、"全域广告投放工作台"（Uni Desk）、"品牌号"（Brand Hub）以及"全域策略"（Uni Strategy）。除了足够的数字化广告工具之外，阿里巴巴进入营销行业还有更重要的撒手锏——数据。

"大数据"是 Uni Marketing 作为阿里数字营销大中台的一个核心驱动力，以"数据"为能源，赋能商业世界。阿里巴巴的数据资产优势十分显著。经过多年的业务布局与裂变发展，目前，阿里巴巴的数据来源、多样性与维度愈加丰富，除了电商数据，还拥有大文娱的娱乐数据、UC 的门户数据、高德的位置数据，以及来自微博、陌陌的社交数据等。而对应在 Uni Marketing 的产品体系中，"品牌数据银行"是打通数据全链路的典型产品。在品牌数据银行中，品牌可以把自有数据与阿里独有的 Uni Identity 进行匹配，打通一个个"数据孤岛"，实时融合成品牌自己的消费者数据资产，而且通过数据全链路透视，这些资产变得可评估、可优化、可运营，最终实现消费者数据资产的激活和增值。

3. 百度：人工智能技术助力，推出智能营销

2018 年的戛纳国际创意节上，百度推出了人工智能营销工具体系——Omni Marketing 全意识整合营销数字平台。百度 Omni Marketing 全意识整合营销数字平台，是百度品牌营销的全域解决方案，通过将百度 AI 技术与整合营销体系相结合，覆盖品牌营销前、中和后的全生命周期，打通消费者品牌决策闭环，打造螺体包围圈营销全链路覆盖。Omni Marketing 和阿里巴巴的全域营销概念有类似之处，却更多地强调 AI 技术应用在营销工具中的作用。在用户行为数据的深度挖掘（比如用户画像建立、需求洞察、知识图谱、行为预测等方面）、自然语言的解读应用、语言图像视频的融合创意、营销投放效率优化提升、营销效果的实时监控、智能硬件的交互联通方面，人工智能技术都有相当重要的作用。

事实上，人工智能营销产品的顺利推出，很大程度上得益于百度此前做出的两个战略举措——一是对人工智能技术本身的重视，二是"搜索＋信息流"的战略布局。早在 2013 年，百度就建立起了面向人工智能的深度学习研究院（IDL），随后百度通过不断的组织迭代，最终形成了百度研究院，下辖深度学习实验室（IDL）、大数据实验室（BDL）、硅谷人工智能实验室（SVAIL）、商业智能实验室（BIL）、机器人与自动驾驶实验室（RAL）。国内互联网机构中，百度的人工智能技术水平处于第一梯队。

而"搜索＋信息流"则是百度在信息流内容领域的布局，也是百度目前主要的信息分发方式。2017 年第二季度百度财报显示，信息流日活用户超过了 1 亿；2017 年第三季度财报则显示，信息流季度年化收入达到 10 亿美元（即按照季度收入预估的年度收入）。信息流与搜索不可分割，也是百度做信息流最显著的优势：用户通过搜索进行更多的需求和兴趣表达，贡献更多数据，让百度优化自然语言处理（NLP）、深度学习、知识图谱等技术，进而更好地进行内容分发，提升用户体验和分发效率。人工智能技术和双轮分发机制的结合，弥补了百度在移动营销上的短板，使之在与腾讯、阿里巴巴以及今日头条竞争时能够处于不败之地。

移动互联网的普及让互联网机构乘风而上，不仅占据了用户的使用时间和注意力，更是在营销传播方法论、系统工具构建上为自己建立了一个足够高的竞争壁垒，成为新时代的佼佼者，进一步挤压传统媒体的生存空间。

二 电视媒体的"自救"

在互联网机构大举"入侵"营销广告行业，并占领了行业的话语权的背景之下，电视媒体失去了往日的辉煌。收视率的下滑带走了广告客户，广告主的流失成为各大广电媒体需要面对的问题。面对互联网机构的步步紧逼，广电媒体需要找到差异化生存的策略。央视、省级卫视以及地方广电机构各自布局了不同的自救策略。

（一）央视的"国家品牌计划"

2016 年 10 月，中央电视台 2017 年黄金资源广告招标上，正式推出了"国家品牌计划"这一对于央视广告经营具有战略高度的广告服务计划。第一年的国家品牌计划，来自各行各业的二十余家顶级品牌企业成功入选。

实际上，推出国家品牌计划，是央视应对广告经营压力之举。CTR 媒介智讯数据显示，2015 年，电视刊例收入整体下降 4.5%；2016 年，电视刊例收入整体下降 3.7%。在电视广告整体下行的情况下，中央电视台也同样面临压力，实行一套新的解决方案势在必行。中央电视台是我国唯一的国家电视台，拥有无可比拟的权威性和传播高度，从这个角度出发，央视推出了国家品牌计划项目。

国家品牌计划在理念、模式、产品、规则等方面都实现了突破。它整合央视、企业以及行业智库等方方面面的资源，对入选企业进行服务和扶持，除了配置《新闻联播》《焦点访谈》等王牌新闻节目广告资源外，入选企业还将享受多项增值资源。央视将为入选企业定制"中央电视台国家品牌计划 TOP 合作伙伴/行业领跑者宣传片"和企业品牌故事，在央视各频道高频次播出；同时，在央视广告经营管理中心主办的各类线下活动、论坛上体现企业元素，由央视广告经营管理中心组织的专家团队为企业提供定制化品牌策略咨询服务及培训服务，为企业设立 VIP 专属通道，快速响应企业需求，为企业提供商务信息传播服务等，全面释放出国家平台的传播价值。

除了产品创新之外，中央电视台还针对广告经营调整了组织架构。2016 年之前，央视广告中心只有一个经营部门，有两个科组负责销售。调整之后变为三个部门负责销售，一共有七个科组，并且还新增一个研究部门，有四个科组专门为销售团队提供研究支持，组织架构对客户和市场整个的服务体系进行了优化。组织架构调整之后，2016 年 CCTV - 1 自营资源的销售额增长了 65%，2016 年里约奥运会资源销售额也比四年前的伦敦奥运会逆势增长了 30%。

除了商业产品之外，国家品牌计划也提供公益服务。公益部分的内容主要分为"广告精准扶贫"项目和"重型装备制造业品牌传播"项目。广告精准扶贫项目是央视首倡推出的，该项目旨在对习近平总书记提出的"精准扶贫战略"，用广告的形式来贯彻落实，通过优惠的广告销售政策，助力贫困地区名优农产品和有潜力的中小企业登陆央视，以品牌传播撬动地方产业发展，以产业发展推动地区脱贫。自 2016 年 9 月 1 日首支精准扶贫广告——水城猕猴桃广告登陆央视以来，20 多天，水城猕猴桃线上销售达 400 多吨，同比增长 1000%；销售额达 1700 多万元，同比增长 1500%。[①] 重型装备制造业品牌传播项目，旨在通过定制化传播方案塑造、传播大国重型装备制造业的品牌形象，以品牌建设驱动产业升级。

国家品牌计划推行之后，取得了良好的效果。87.5% 的国家品牌计划入选企业广告覆盖 8 亿以上受众，91.7% 的国家品牌计划入选企业广告累计接触超过 150 亿人次，所有国家品牌计划入选企业广告的平均 3 + 到达率为 56%，意味着全国有 7.2 亿观众看过广告 3 次以上。尽管近年来央视没有公布广告收入数据，但从 2017 年供不应求的国家品牌计划资源来看，央视这一成功的战略转型为其在互联网时代争取了媒体传播的一席之地。

（二）省级卫视的联动经营

在整体下滑的电视剧广告市场中，省级卫视的表现不容乐观。CTR 媒介智讯数据显示，2015 年我国省级卫视广告收入整体下降 5.6%，广告总

---

① 谢俊：《央视国家品牌计划，不只是广告那么简单》，《新闻战线》2017 年第 5 期。

时长减少了 11.3%。省级卫视没有央视的国家级媒体影响力，在广电系统内部面临央视的竞争，外部还有互联网机构群狼环伺，生存空间相对较小。湖南卫视、浙江卫视、江苏卫视、东方卫视、北京卫视五大领先省级卫视尚且能保留一席之地，中长尾的卫视群都面临比较严峻的经营难题。在这种情况下，抱团取暖、合作经营成为他们的选择。

2016 年 10 月 21 日，第 23 届中国国际广告节举办了名为"五星联动，聚力中国"的 2017 年五大卫视黄金资源联合推介会。会上，广东卫视、河南卫视、湖北卫视、辽宁卫视和四川卫视正式宣布建立合作关系，并推出强势省级卫视联合组织——"五星联盟"。五大卫视覆盖了广州、郑州、武汉、哈尔滨、成都五个千万人口级别的消费市场，通过联盟合作的形式，能够显著扩大广告的传播范围。目前，五星联盟合作的主要方式为联播节目，比如，湖北卫视的《非正式会谈》《我为喜剧狂》《门当户对》《了不起的匠人》《阳光艺体能》等节目都与其他联盟成员卫视进行了双平台联播，广告主在综艺节目上的广告投入能够在不同的卫视频道进行曝光。

2017 年 10 月，在长沙举办的中国国际广告节上，举办了一场名为"融聚丝路·和合共赢"的 2018 丝路国际卫视联盟推介会。会上，陕西、甘肃、宁夏、青海、新疆、广西、东南七家国内卫视与意大利、泰国、印度、伊朗等十八个国家主流电视台重磅合体，正式首次以联合组织"丝路国际卫视联盟"的形式进行广告节集体推介。丝路国际卫视联盟由国家新闻出版广电总局国际合作司指导，陕西卫视发起组织，于 2017 年 6 月在陕西西安成立。联盟成立之后，联盟各成员集中资源合作打造"丝路 IP 集群"，包括有高端人文属性的品牌"丝绸之路品牌万里行"，有集中爆发、大晚会营销型的"丝路春晚"，以及年轻化、精准布局大学的"丝路国际大学生艺术节"。集群的节目内容涵盖了人文、综艺、体育、公益、新闻等收视板块。

在内容合作之外，丝路国际卫视联盟每个成员台立足本地特色资源，打造了一系列"广电内容＋"产业的拓展模式。比如广西卫视的龙虾文创、陕西卫视的广电农产品电商销售平台，都在前期取得了不错的成绩，为客户带来直接的销售转化。尽管目前的"广电内容＋"模式尚未取得较大经营成果，但通过电视台联盟合作的形式能够显著扩大联盟成员的地域影响力，为中国传统电视行业带来全新的融媒体营销模式。

除了常规的合作项目之外，联盟成员还合作举办了 2018 年的"丝路春晚"以及 2017 年、2018 年的"丝绸之路品牌万里行"。除了上述两个规模较大的合作联盟之外，也有基于项目制的合作，如北京卫视与黑龙江卫视联合播出《舞力觉醒》；而北京、河北、黑龙江三家卫视还联合举办跨年晚会，同步播出了"2018 环球跨年冰雪盛典"。

（三）网台联动新模式

与互联网企业合作，是电视媒体应对数字化媒体浪潮、积极融合新媒体的重要举措。目前，网台联动的合作方式早已不限于早期的内容合作，还扩展到了内容制作播出、推广营销、媒体发展、品牌建设、资本运营等层面。具体来看，主要可以分为以下几种方式。

1. 内容经营联动

这种方式通常是视频网站与电视台联合购买、联合播出、联合推广、联合招商，不仅大大节约了版权成本，而且实现了双方互惠互利，联合互补。例如，古装穿越剧《宫锁心玉》于 2011 年在湖南卫视和优酷联合播出，就取得了良好的效果。湖南卫视首播时，全国平均收视率为 2.51%，覆盖人口突破 2000 万，全剧 39 集累计观看人次达 7.92 亿。在优酷播映时，平均每日搜索量高达 80 万，一个月时间内播放量达到 1.34 亿次。二者联合播映，让这部剧成为当年的爆款剧。[①] 受众覆盖面广，自然就吸引来了广告主的投放。在另一个案例中，优酷与安徽卫视合作播出《美人心计》，两者进行联合招商吸引了广告主拉芳集团。拉芳集团利用跨屏播放的电视剧《美人心计》进行了整合营销，实现了对于不同人群的有效覆盖。除了上述两个案例之外，2010 年安徽卫视与优酷合作举行的《海派甜心》和《新三国演义》的联合招商会、湖南卫视与优酷合作播出的《宫》《裸婚时代》也是这一合作模式下网台合作的典范。

2. T2O（TV to Online）合作模式

T2O 模式是电视台与互联网机构进行深度合作的业务模式，是电视媒

---

① 许莉芸、谢毅：《省级卫视与视频网站协同发展的策略探讨：以优酷网与各省级卫视合作发展为例》，《电视研究》2012 年第 2 期。

体在进行节目制作、播放的全流程中将内容创新和用户互动体验紧密结合的重要体现。T2O 发展模式在我国的发展经历了几个不同的阶段，总的来说，电视台在内容改造以及利用互联网资源进行内容商业价值增值上的参与程度越来越深入。

T2O 模式的崭露头角最初是在 2014 年中央电视台的纪录片《舌尖上的中国 2》（以下简称《舌尖 2》）热播时期。当时这种模式表现为"电视＋电商"的方式，在节目播出前，天猫商城争取到《舌尖 2》的"独家整合传播体验平台"，同步首发售卖每期节目中的食材和美食菜谱。天猫官方数据显示，2014 年 4 月 18 日，《舌尖 2》首播当晚 9：00 ~ 12：00 的三个小时内，有 207 万人通过手机搜索《舌尖 2》美食；9：00 ~ 11：00 的短短两个小时内，节目中出现的四川腊肉、北京烤鸭成交 3000 多份。这次合作模式的成功让节目制作方取得了不错的分账收入，为 T2O 模式深化发展奠定了基础。

如果说《舌尖 2》仅仅是在电商平台售卖节目出现的同款食物，而没有太多对节目内容模式进行的改造，那么同年东方卫视的综艺节目《女神的新衣》的出现则将 T2O 模式向前推进了一步。《女神的新衣》节目规则是参与节目的设计师在 24 小时之内完成从设计到成衣制作，通过女明星的 T 台走秀展示共同设计的服装作品，以获得买手竞拍和观众投票，而企业参与竞拍拿下服装版权后，会在其天猫网店上同步出售。这种模式能够让观众边看边买，实现商业闭环。可以看出，《女神的新衣》节目中，节目内容与电商购物环节已经紧密结合，但仍以节目内容为主，销售行为为辅。

真正将 T2O 合作模式中的电视节目与购物行为无缝衔接的，是 2015 年的"天猫双十一狂欢夜"晚会。晚会由湖南卫视与阿里巴巴合作举办。晚会直播过程中，主持人多次组织现场观众和电视机前的观众拿起手机，打开手机淘宝或者手机天猫，通过"摇一摇"竞猜现场两队游戏活动的胜负结果，猜对的观众则有机会获得超值购物的福利。这种新型的晚会模式使受众可以积极参与、平等交流、合家狂欢，创造了前所未有的观众活跃度。在这种合作模式之下，购物行为成为主导，节目是串联起购物行为的线索。

2017 年，T2O 模式真正达到了内容与产品打造合二为一的境界。江苏卫视推出的《我们相爱吧》第三季节目与电商平台网易严选进行了深度合作。网易严选根据江苏卫视《我们相爱吧之爱有天意》的节目主题风格，与江苏卫视联合打造了爱恋主题系列产品"黑凤梨"，产品系列包括首饰、情侣小食、情侣服饰、家居空间等各种类型商品，并在节目中全面曝光网易严选平台以及根据内容定制的产品。节目放映之后，节目中出现的产品也同步上线了网易严选的电商平台。这次的合作将节目、严选电商平台、IP 衍生产品实体三者串联成了一个闭合的产业价值链，把 T2O 合作模式带到一个新的高度。

纵观 T2O 模式发展的短短几年，从内容和购物行为、产品的分离到结合，从以内容为主、购物为辅再到两者协同发展，参与其中的电视台与互联网机构的合作程度不断深入，体现了电视台对于新兴传播模式和商业形态的尝试与转型的决心，也是广电体系机构对于摆脱过度依赖广告变现的新商业模式尝试。

3. 深度战略合作

近年来网台联动的合作已经不仅限于基于内容合作或商业项目的单一合作，不少电视台与互联网机构展开了横跨多个业务的战略级别合作。

2017 年 4 月 13 日，阿里巴巴集团与北京卫视宣布了一项名为"台网联盟"的战略合作。北京卫视将整合全天广告时段、电视剧资源、综艺资源、大活动资源，根据不同时段、内容创新定制丰富而精准的互动方式，打通从内容到终端的整个生态闭环，后者将在这些时段的内容中植入场景营销。

双方合作框架之下的第一个合作项目是北京卫视的人气综艺节目《跨界歌王》。在节目中，当电视屏幕出现"摇摇摇"提示时，用户打开手机淘宝或手机天猫首页，摇摇手机即可进入"跨界歌王"主题互动界面。在每期时长 2 个小时的节目中，用户可参与 4 轮歌手演唱 PK 环节，提前在手机上押宝获胜选手，每轮押宝正确的即有机会抽取一百元红包，用于天猫超市的购物。

对于阿里巴巴而言，北京卫视作为省级卫视中排名华北地区收视份额前列的卫视，在内容策划、娱乐营销上的经验与能力正是阿里巴巴所需要的。阿里巴巴表示，阿里与北京卫视的"台网联盟"确实是想让观众边看电视边购物，但并不仅限于此——更重要的是提供一个新的场景营销服务，譬如策划热点事件、娱乐营销、新品首发、品牌曝光等。将电视内容与电商促销信息利用场景植入，是双方合作的主要形式。

此外，安徽卫视也是近年来积极与互联网机构进行合作创新的头部省级卫视。2017 年年底，安徽卫视联合网络视频头部机构——爱奇艺以及医药互联网应用——春雨医生举办 2018 年的广告发布会，并命名为"R 计划"超级合伙人战略发布会。三方将在内容和营销层面上进行全面的融合对接。内容上，安徽卫视与爱奇艺进行共同的投入和生产，打造台网联动的新型互动内容，并在两个平台上播出。在营销上，双方进行深度捆绑、互动与融合。通过双屏互动实现观众和网民的相互导流，同时结合各自的优势为客户提供运营服务。除此之外，针对垂直行业的客户需求，安徽卫视和春雨医生从客户需求出发，开展定制化营销活动。春雨医生只是垂直领域营销资源整合的第一步尝试，这一类型的融合营销模式如果得到验证，将会在更多垂直领域展开复制与推广。

第四章　媒体广告监管日趋成熟

在十年之间，技术的发展消弭了媒体之间的边界，媒体形式的爆发式增加，使媒体广告形态也不断增加。原有的媒体广告管理制度、规章已经不适应新媒体形态下主流的广告形态。为了更有效地引导广告行业健康发展，规避新媒体广告的乱象，我国主管部门加强了对于广告监管的建设。这一时期发展最快的互联网广告也不是法外之地，我国媒体广告监管日趋成熟。

第一节　互联网不是法外之地，纳入常态监管

互联网广告在这个时期的发展突飞猛进，占据了我国广告市场的半壁江山，但对互联网广告的监管的相对滞后造成了不少市场乱象。2015 年之后，国家强化了对互联网广告的监管，把互联网广告纳入了常态监管范围。

一　互联网广告法诞生

长期以来，互联网广告都是监管的法外之地，缺少足够有力的法律对其进行有效监管。2015 年和 2016 年，我国分别颁布了新《广告法》和《互联网广告管理暂行办法》，结束了法律层面对互联网广告的空白监管状态。

（一）新《广告法》的出台

我国互联网广告早在 1997 年就已经诞生，但一直到 2015 年新《广告法》颁布之前，我国互联网广告的监管几乎处于空白状态。我国第一部《广告法》颁布于 1995 年，彼时我国互联网事业正处于起步阶段，互联网广告产业还未诞生。互联网广告业的 20 余年快速发展中，原有《广告法》

中没有对应的条文能对互联网广告进行有效的监管。在互联网广告起步之后，主管部门并非没有做出对互联网广告进行监管的努力。2000 年，首个行政许可性互联网广告规范性文件《关于开展互联网广告公司经营登记试点的通知》在北、上、广三座城市进行试点。随后从经营许可角度，北京市率先颁布了地方政府规章，对互联网广告公司资格进行审批。国家工商总局经过严格审查，向搜狐、新浪等企业颁发了互联网广告经营许可证。随后除了前置性的许可性审查之外，并未深入开展有效监管的研究和立法。从这里可以看出，并非毫无监管，但监管的方式仅以事前审批的方式展开，并未对何为合法、何为非法进行定义，也没有针对违法行为设定相应罚则，也没有在机构设置上确保执法。① 随着互联网广告业逐渐成为广告市场主导力量，《广告法》的修订迫在眉睫。

2015 年是互联网广告法律规制具有历史性意义的一年。2015 年 9 月，新《广告法》生效。在其中，第四十四条规定了有关互联网广告类型的内容准则。这是《广告法》此次修改的一项新增内容，第一次将网络类广告规定到法律的调整范围内。

从条文内容来看，主要规定此种类型广告活动均应适用本法关于传统商业广告的所有内容，从总则、内容准则、行为规范、监督管理到法律责任，各主体均须遵守传统广告的相关规定，行使权利并承担相应责任。而第二款主要针对互联网广告行为提出一般和具体义务要求，从一般义务的角度要求广告行为不得对用户正常使用互联网产生影响。也就是说，通过互联网进行广告活动必须考虑到用户的使用体验，要符合消费者或者用户的自由意志。这两款规定对互联网广告行为进行初步的规范和约束，对互联网广告的主体进行赋权，将选择权交给大众，切实保障用户正常上网的权利。

（二）《互联网广告管理暂行办法》补充执法细节

新《广告法》只是原则意见，关于具体执行层面的内容还需要有法律条文进一步进行规定。于是，2015 年 7 月，国家工商总局将《互联网广告管理暂行办法》（以下简称《暂行办法》）征求意见稿通过国务院法制办

---

① 夏东政：《新广告法背景下互联网广告监管研究》，北京邮电大学，2018 年。

和工商总局网站向社会广泛征求意见，并多次组织座谈和调研，数易其稿。2016年6月，国家互联网信息办公室发布了《互联网信息搜索服务管理规定》。不过，受网信办的法定权限所限，该规定没有对"付费搜索信息服务"和"商业广告信息服务"这两个概念做进一步的区分和解释，付费搜索的属性仍然不确定。于是，全社会将这一期待寄托于工商总局的《暂行办法》。几经修改，《暂行办法》最终于2016年7月4日发布，9月1日起实施。《暂行办法》明确了付费搜索的互联网广告性质，细化了《广告法》中的相关规定，完善了互联网广告监管的法律规范。[①]

《暂行办法》是一部专门针对互联网广告进行管理的法规。从全球范围来看，为互联网广告单独立法，中国是唯一一例。《暂行办法》是对新《广告法》的补充，两者在不少条文上都有着一致的地方。例如，针对互联网广告中普遍存在的广告与信息混淆、广告辨识度不高的问题，新《广告法》和《暂行办法》中明确规定："互联网广告应当具有可识别性，显著标明'广告'，使消费者能够辨明其为广告。付费搜索广告应当与自然搜索结果明显区分。"另外，针对互联网广告过度泛滥、强制曝光、干扰性大等问题，新《广告法》和《暂行办法》中明确规定："利用互联网发布、发送广告，不得影响用户正常使用网络。在互联网页面以弹出等形式发布的广告，应当显著标明关闭标志，确保一键关闭。不得以欺骗方式诱使用户点击广告内容。未经允许，不得在用户发送的电子邮件中附加广告或者广告链接。"

除此之外，《暂行办法》还对互联网广告的种类做出了明确的划分，包括以下五种：

（1）推销商品或者服务的含有链接的文字、图片或者视频等形式的广告；

（2）推销商品或者服务的电子邮件广告；

（3）推销商品或者服务的付费搜索广告；

（4）推销商品或者服务的商业性展示中的广告，法律、法规和规章规定经营者应当向消费者提供的信息的展示依照其规定；

（5）其他通过互联网媒介推销商品或者服务的商业广告。

---

① 郑宁：《〈互联网广告管理暂行办法〉的法律解读》，《全球传媒学刊》2017年第2期。

《广告法》和《暂行办法》两个规范性文件的相继颁布，在内容上进行了原则和细节的具体搭配。从罚款数额上看，《广告法》中实现了数额的突破，由原来的 1~5 倍转向了最高罚款额度达到两百万元的规制，一般罚则规定可 3 万元以下的罚款数额并补充广告费用 1~3 倍的处罚。从互联网广告规制的具体问题上看，我国广告法体系对弹窗广告、广告联盟（程序化购买问题）、付费搜索引擎列入广告规制角度和互联网广告管辖问题等都做出了细化规定。由此，我国互联网广告监管彻底告别了无法可依的状态。

二　网络内容监管趋严

新媒体的勃兴，也直接成就了依托互联网构筑起来的庞大的新型内容产业。在线网络视频、社交网站、短视频 App、新闻资讯类 App，不同形态的互联网产品成为承载内容的各种平台。在新型的内容产业越发庞大的同时，各种乱象也不断出现。互联网新型的内容产业不是法外之地，近年来国家主管部门对于互联网内容行业的监管也呈现高频化的趋势。

（一）自媒体账号纳入管理服务对象加强管控

自媒体账号，通常指在各种新型媒体平台通过系统化、专业化运营的账号主体。低俗、谣言、抄袭、价值观不正确是自媒体账号主要面临的乱象。由于自媒体账号广泛分布于各个不同的内容平台上，数量庞大且发展速度快，没有具体的法律条文来指导、监管，因此自媒体账号乱象一度受到的监管比较有限。

事实上，国家主管部门对于自媒体运营主体的监管是有迹可循的。2017 年 2 月，在全国新的社会阶层人士统战工作会议上，有关部门提出将新媒体从业人员纳入统战工作，将自媒体纳入管理服务对象，这间接提高了自媒体的地位。随着自媒体的蓬勃发展，自媒体暴露的导向、低俗、洗稿等诸多问题也呈现出来，当时主管部门对于自媒体的管理也提上日程。

2018 年 11 月，国家网信办针对自媒体账号存在的一系列乱象问题，开展了集中清理整治专项行动，依法依规全网处置"唐纳德说""傅首尔""紫竹张先生""万能福利吧""野史秘闻""深夜视频"等 9800 多个自媒体账号。国家网信办在相关通报中指出，自媒体绝不是法外之地；法律法规必须得到尊重，人民群众的利益必须得到保护；自媒体账号运营者要珍惜自己的权利，履行自己的义务，积极传播正能量。

国家网信办有关负责人在大规模查封自媒体账号事件之后指出，国家网信办等有关部门根据群众举报和舆论监督，经排查取证，依法依规对这些账号进行处置，对相关平台进行约谈。这一行动表明，自媒体管理已经纳入法治化、规范化、制度化轨道，绝不允许自媒体成为某些人、某些企业违法违规牟取暴利的手段。① 网信办等监管部门对于自媒体账号的监管表明，自媒体账号野蛮生长的阶段已经不再，监管常态化是行业现状。

（二）内容平台监管

除了对于自媒体账号本身的监管之外，由于自媒体账号分散化运营，更多的监管职能落在了依附于自媒体的互联网内容平台之上。互联网内容平台主要包括微博、微信等社交网站，抖音、快手等短视频应用，UC、今日头条等新闻资讯应用。互联网内容平台种类繁多，不一而足，但都是主管部门对于内容监管的重点抓手。

从 2017 年开始，国家主管部门就对内容平台开始进行大力监管，今日头条、新浪微博、百度贴吧、花椒直播等各平台就受到过主管部门的警告或者处罚。2018 年主管部门继续加大对于内容平台的监管力度，全年内，国内几乎所有热门互联网内容平台都受到了主管部门不同程度的查处和整改。从以下几次较大规模的监督整改事件中，可以看出主管部门对于互联网内容平台监管的决心。

2018 年 1 月 29 日，中国互联网监管机构约谈新浪微博负责人，新浪微博热搜榜、热门话题榜、微博问答功能等板块暂时下线一周进行整改。北京市互联网信息办公室相关负责人指出，新浪微博违反有关互联网法律法规和管理要求，传播违法违规信息，存在严重导向问题，对网上舆论生态造成了恶劣影响。

2018 年 2 月 2 日，中国网络信息办公室公布，将加强对新浪微博、腾讯、百度、优酷、秒拍等网络平台的监管。

---

① 万静：《严格监管自媒体账号将成常态 自媒体应有明确法律边界》，http://media.people.com.cn/n1/2018/1116/c40606 - 30403563.html，2018 年 11 月 16 日，最后访问时间 2019 年 1 月。

2018年2月12日，央视《焦点访谈》点名批评火山小视频主播李天佑的视频内容低俗，并对其实时封禁。

2018年2月，北京市文化市场行政执法总队约谈新浪微博、新浪视频、凤凰网、秒怕、百思不得姐、水木社区6家网站，经查，新浪微博、凤凰网等6家网站未能有效履行主体责任，对向用户发布的违法违规视听节目未尽到审查义务，持续传播炒作导向错误、低俗媚俗等违法违规的视听节目内容，在内容审查和用户管理等方面存在较大管理漏洞，责令上述6家网站限期整改。

2018年3月2日，北京市网信办发布通知，称知乎平台因管理不严，传播违规违法信息，根据相关法律法规，要求各应用商店下架知乎App七天。

2018年4月4日，国家广播电视总局对今日头条、快手两家网站的主要负责人进行了约谈，并要求全面整改。国家广播电视总局要求全面清查库存节目，对网站上的低俗、暴力、血腥、色情等有害问题节目要立即下线，并追究相关人员责任。

2018年4月8日，国家广播电视总局责令今日头条永久关停"内涵段子"等低俗视听产品；国家网信办公布从2018年3月至今，已经关停了70多款涉黄涉毒直播类应用，相关平台封禁涉及未成年人主播账号近5000个。

主管部门主导之下的内容审查、账号关停必然不是常态化的内容监管工作，更多的内容监管职能还是属于平台本身。仅仅在2018年5月一个月内，微博、秒拍、好看视频、好兔视频、快视频、虎牙、斗鱼等短视频和直播网站以及腾讯视频、优酷、爱奇艺等综合性视频网站，纷纷响应管理要求，组建专项清查团队，集中对涉黄、格调低俗、宣扬暴力、恶搞经典、歪曲历史、非法剪辑拼接等问题节目进行清理，共计自查清理下线问题音视频节目150余万条，封禁违规账户4万余个，关闭直播间4512个，封禁主播2083个，拦截问题信息1350多万条。

为了配合内容审查监管的强化，各主流平台也加大了在内容审核上的投入力度，最典型的表现莫过于大手笔增加人工审核编辑的数量。以算法推荐著称的今日头条在2018年1月新招2000名编辑，预计将人工编辑规模扩大到上万人。短视频应用快手在2018年也新增了3000名员工进行内容审核。在主管部门的指导下，各平台加强自查、审核工作，直接强化了对自媒体账号的内容监管。

（三）新闻资讯应用资质问题

早在 2005 年 9 月，国务院新闻办公室就发布了《互联网新闻信息服务管理规定》，其中就要求非新闻单位提供互联网信息服务时需要向国务院新闻办公室提出申请。面对发生巨大变化的媒体环境，2017 年 5 月 2 日，新修订的《互联网新闻信息服务管理规定》正式发布。

新规定对"新闻信息"的定义如下："本规定所称新闻信息，包括有关政治、经济、军事、外交等社会公共事务的报道、评论，以及有关社会突发事件的报道、评论。"同时，将互联网新闻信息服务的定义扩散到"互联网新闻信息服务，包括互联网新闻信息采编发布服务、转载服务、传播平台服务"，并要求"通过互联网站、应用程序、论坛、博客、微博客、公众账号、即时通信工具、网络直播等形式向社会公众提供互联网新闻信息服务，应当取得互联网新闻信息服务许可，禁止未经许可或超越许可范围开展互联网新闻信息服务活动"。这就意味着除了传统的新闻门户网站之外，移动互联网时代的头条类 App 以及各种自媒体、公众号也全部被纳入了监管范畴。虽然重点监管的内容依旧是政治、经济、军事、外交等时政类的新闻资讯内容，但监管对象有所扩大，要求更多的自媒体平台或者内容分发平台具备许可证。

新规出台之后，新闻资讯类 App 成为重点整顿对象，这是因为拥有《互联网新闻信息服务许可证》的多为传统的门户网站新闻媒体，近年来新兴的、基于移动设备的新闻资讯类应用大多没有该许可证。可见，新闻信息服务资质已经成为新闻资讯类 App 生存的必要条件，无证运营将成为历史。

三　数据安全与隐私问题

随着大数据的发展，数据的信息安全问题日益凸显，数据隐私问题越来越被个人、企业乃至国家所重视，数据信息甚至有可能影响社会的发展和国家安全。

大数据时代在数据安全方面遭遇的问题是多方面的。比如数据基础设施受到攻击，数据丢失及泄露，新型网络威胁，数据资源开放共享与安全保护相矛盾，个人信息遭受泄露或被不当使用等，这些问题将不利于大数据行业的健康发展。近十年来，人们通过手机与移动互联网的联系更加紧密，数据安全问题频频发生。央视"3·15"晚会连年曝光数据信息安全领域的问题，引起反响。公共 Wi-Fi、公共充电桩都有可能成为恶意程序的入口，个人文字、图片等信息被读取，支付账户被盗用；手机实名制形同虚设，个人身份信息被过分采集并泄露，成为诈骗的工具；病毒黑客攻击企业数据，甚至个人身份证、银行卡信息在网上被成套兜售，民众财产安全受到威胁。

问题频繁出现，我国数据合规的立法也在逐步完善。大数据行业的相关活动受到法律法规、标准规范的制约，合理、合法使用数据，不侵犯其他权益成为法律要求。大数据相关法律基本确立。

2012 年 12 月，《全国人民代表大会常务委员会关于加强网络信息保护的决定》发布，明确提出"国家保护能够识别公民个人身份和涉及公民个人隐私的电子信息"，"任何组织和个人不得窃取或者以其他非法方式获取公民个人电子信息，不得出售或者非法向他人提供公民个人电子信息"，同时对网络服务提供者、其他企事业单位等提出要求，涉及公民数据信息的采集、管理、使用、保护等多方面。

2013 年 10 月，全国人大常委会通过《消费者权益保护法》第 2 次修正决定，新版《消费者权益保护法》中加入了消费者个人信息保护的相关内容。

2016 年 11 月，《网络安全法》公布，并于 2017 年 6 月 1 日起施行。保障网络数据的完整性、保密性、可用性的能力即保护数据安全是《网络安全法》的核心价值之一。在网络运行安全部分，《网络安全法》在传统保护方式基础上（数据分类、重要数据备份和加密）（第 21 条），从关键信息基础设施保护（第 34 条）、网络安全审查（第 35 条）、数据本地化留存与跨境流动（第 37 条）等方面强化数据全生命周期安全的要求。在网络信息安全部分，《网络安全法》第 40 条到第 45 条规定了网络运营者对个人信息的全生命周期保护义务，要求网络运营者建立健全用户信息保护制度、信息安全投诉及举报制度，须合法、正当、必要并经收集者同意后收集、使用其个人信息，强化个人信息安全保障，履行泄露告知、补救和报告等义务等。同时，《网络安全法》法律责任部分也明确了对违法行为的行政处罚。①

此外，《民法总则》《刑法修正案（九）》等，也包含了个人信息与数据保护条款，涉及网络信息安全的规定，对互联网数据安全与信息保护、大数据合规使用等问题初步构建了民事、行政和刑事保护相结合的立体框架。

大数据以及互联网行业还在不断发展，新兴技术也不断涌现，数据领域基础立法有待指引和标准化落地，并在实施过程中接受实践检验。同时，随着数据技术进一步发展和相关案例的丰富以及行业规则的建成，相信数据安全与个人信息安全、隐私安全方面也会形成更加完备的社会、法律保障体系。

四 "网台同标"政策推行

经过十多年的发展，视频网站已经成为中国网民获取视听内容的主要途径，视频网站和电视台的话语权、网剧和传统电视剧的地位也在悄然发生着改变。不过，在网络视频野蛮生长的发展时期，以网剧为例，从博眼球的低级内容到重金砸 IP、明星、大制作，其内容环境的鱼龙混杂一直广受诟病，也影响了市场、行业的健康发展。于是，针对网生内容乱象，从2016年起，国家开始推行"网台同标"的相关政策，加强对网络视听产品的政策约束。

实际上，早在2011年，国家广播电影电视总局就曾考虑以广播影视作品标准来规范网络自制视听作品，但考虑到互联网是新生事物，就决定以创新性的试行规定来管理，让有资质的网站根据规定自审自播，网站自审的审核员接受总局培训考核。2012年，国家广播电影电视总局出台了《关于进一步加强网络剧、微电影等网络视听节目管理的通知》，规定网络视听节目由播出机构"自审自播"并报当地省广电局备案。

此后，网生内容虽然有所发展，但由于内容质量问题并不被看好。直到2015年、2016年，一大批优秀的网生影视剧作品开始出现，并引起观

---

① CSDN 景琦：《公安部专家谈大数据安全与政策法规》，https：//www.sohu.com/a/205702513_115128，搜狐网，2017年11月21日，最后访问时间2019年1月。

众热烈反响，获得认可，网生内容走上逆袭之路。2016年，广电等有关部门开始对网络剧的审查工作做出新的规范。

2016年2月27日，全国电视剧行业年会召开，网络剧的监管成为核心话题。会上，国家新闻出版广电总局电视剧司司长李京盛表示，总局将对网络剧审查做出一系列规定，包括网络剧审查线上线下统一标准；24小时不间断地监看模式；网站自审的审核员需要接受总局培训考核，自审后播出引发热议的剧目将会进一步由管理司专家审核团队审核总结，有疑义的还会更进一步审议。另外，对网络剧制作机构也有进一步的管理要求。国家新闻出版广电总局网络视听节目管理司司长罗建辉指出，"加强对优秀网络剧的引导，内容标准统一，电视不能播什么，网络也不行"。[①]

"电视不能播什么，网络也不行"，直接将网络剧审查制度和标准提升到电视的"高度"，网生内容创作进入了新的局面。2016年12月，《重点网络原创节目信息登记表填写说明》发布，要求重点网剧、网大采取备案登记制度，《重点网络原创节目信息登记表填写说明》的发布是对网台平权进一步的执行。

之后，对网台标准归一的政策越来越明确。2017年9月，国家新闻出版广电总局、发展改革委、财政部、商务部、人力资源和社会保障部五部委联合下发了《关于支持电视剧繁荣发展若干政策的通知》。该文件中明确指出，"对电视剧、网络剧实行同一标准进行管理，规范网上播出影视剧行为，未取得新闻出版广电部门颁发许可证的影视剧一律不得上网播放"。

2018年，国家广播电视总局《关于进一步加强广播电视和网络视听文艺节目管理》通知发布，部署广播电视和网络视听节目管理工作，其中又一次提出"广播与电视、上星频道与地面频道、网上与网下要坚持统筹管理、统一标准"，"同时各级广播电视主管部门要积极探索建立网台联动的有效管理机制，严把文艺节目的内容关、导向关、人员关、片酬关，推进广播电视和网络视听文艺节目在理念、内容、体裁、题材、形式、方法、手段等方面的创新"。

---

① 《国家广电总局将实行网剧线上线下统一审核标准》，http：//news.jstv.com/a/20160227/108844.shtml，荔枝网，2016年2月27日，最后访问时间2019年1月。

可以看出，在媒体融合、网台联动等宏观形势下，视听行业网上、网下边际被淡化，"网台同标"逐渐成为常态。而在这一系列政策压力下，影视制作公司、网络视听媒体都意识到，再也不能寄希望于在杂草丛生的环境中浑水摸鱼，行业逐步规范，只有脚踏实地尊重创作规律和网民，提高内容质量，才能在长期的竞争发展中获得与电视同等的竞争机会。

第二节　传统媒体广告持续保持严格监管

政策法规的变化时刻牵动着传统媒体的经营，国家对传统媒体的广告经营向来保持着严格的监管，因为传统媒体不但要保证经济效益，更要注重社会效益。而一些媒体的广告经营泛滥，产生了不良的社会影响，国家迅速出台了一系列的广告管理法规，被业界称为"限广令"。而"一剧两星"政策的施行也影响着电视台的广告经营。

一　"限广令"的出台

国家对传统媒体广告经营的收紧是一个循序渐进的过程，从 2003 年国家广播电影电视总局发布《广播电视广告播放管理暂行办法》（17 号令）起，关于电视广告的管理法规就越来越多，辐射面积也越来越大，条款也渐趋完善。

（一）中插广告的监管收紧

一些媒体为了经济目的而在节目中插播广告，严重影响了观众的观看体验，同时也拉低了节目质量，于是广电部门推出了一系列规范性文件来遏制这种现象。

早期对中插广告的管理集中在对时长和频次的限制上。2009 年 9 月，国家广播电影电视总局出台《广播电视广告播出管理办法》（61 号令），该办法自 2012 年 1 月 1 日起施行，共 45 条，在电视广告内容与播出方面做了许多补充，明确了监督管理和法律责任，具有更强的操作性。该办法要求播出电视剧时，可以在每集（以 45 分钟计）中插播 2 次商业广告，每次时长不得超过 1 分 30 秒。其中，在 19：00 至 21：00 播出电视剧时，每集中可以插播 1 次商业广告，时长不得超过 1 分钟。

但这一政策仍然没有遏制住所有的违规现象，仍然有一些媒体在法规中的"灰色地带"做文章。一是影视剧片头、片尾插播广告；二是超时插播广告；三是一些传输转播机构在传送转播节目时插播游动字幕广告；四是一些广告夸张宣传；五是一些时政新闻类节目商业冠名等。针对这些法规的反弹现象，2011 年 10 月 11 日，国家广播电影电视总局进一步下发《关于进一步加强广播电视广告播出管理的通知》，明确要求今后全国各家卫视的影视剧中间插播广告要严格遵守时间要求，并禁止在片头之后、剧情开始之前，以及片尾之前插播任何广告。随后又在 11 月 28 日下发了《〈广播电视广告播出管理办法〉的补充规定》（66 号令），要求每集电视剧中禁止插播广告。要求播出电视剧时，不得在每集（以 45 分钟计）中间以任何形式插播广告。

这一政策的出台立刻引起了电视媒体行业和电视广告行业的又一次强烈震荡。电视媒体广告经营本就在竞争中遭遇了插播广告泛滥、植入广告烦琐的"内忧"与电视节目复制跟风、视频网站崛起的"外患"，此时"限广令"的出台实际上是对电视媒体广告经营做出结构性的调整和框架性的制约，同时平衡了经济利益、受众利益与社会利益三者之间的关系，也是对文化体制改革的有效补充。

2016 年 2 月 25 日，国家新闻出版广电总局下发了《关于进一步规范电视剧相关广告播出管理的通知》，对电视剧及相关广告播出不规范的行为再次进行管理和规范，主要包括以下几点：（1）各级单位要把好关，履行好播出以及重播审核原则；（2）明确标明发证机关、发证许可号、电视剧制作许可证号，展示不得少于 3 秒；（3）不得以"完整版""非删减版""被删片段"等进行炒作；（4）电视剧中间不得插入任何广告或者相关栏目，也不得出现任何节目、栏目的预告，不得擅自改变剧集长度，片头片尾不得以任何形式插入广告。[①]

除了中插广告，其他广告形式也受到了严格约束。受到 61 号令明确禁

---

① 主编温静：《大盘点！2016 年广电行业各类新规汇总！（附重要会议精神）》，https：//mp. weixin. qq. com/s/xXR0kZevP4_ j5rU－T－nwVw，微信公众号，2016 年 12 月 21 日，最后访问时间 2019 年 1 月。

止的广告形式有"以新闻报道形式发布的广告""除电影、电视剧剧场或者节（栏）目冠名标识外任何形式的挂角广告""游动字幕""叠加字幕"。

（二）广告内容和标识的管理

对于广告内容的监管不仅有利于塑造良好社会风气，发挥媒体的教化作用，更能够防止广告行业出现不正当竞争行为，规范广告业的发展。

加大对虚假广告的打击力度，一直是监管部门的主要任务。2013年年末，按照中央《关于开展"四风"突出问题专项整治和加强制度建设的通知》精神，国家新闻出版广电总局把清理虚假违法广告作为解决群众反映强烈的问题进行了专门研究，并部署专项整治行动。2014年3月，新修订的《消费者权益保护法》明确提出：明星代言广告如涉及虚假宣传，将与商家一起承担连带责任。2015年全新修订的《广告法》明确界定了虚假广告的具体情形，为虚假广告的认定设置了具体标准。因此，今后司法实践对认定虚假广告相对有法可依，有据可循。

对于一些与传承和弘扬中华优秀传统文化的精神相违背，对社会公众尤其是未成年人会产生误导的广告用语，广电部门予以了纠正。2014年11月27日，国家新闻出版广电总局发出相关通知，要求各类广播电视节目和广告应严格按照规范写法和标准含义使用国家通用语言文字的字、词、短语、成语等，不得随意更换文字、变动结构或曲解内涵，不得在成语中随意插入网络语言或外国语言文字，不得使用或介绍根据网络语言、仿照成语形式生造的词语，如"十动然拒""人艰不拆"等。

在严查违规行为的同时，国家新闻出版广电总局还完善广告管理政策，发布了《关于进一步加强卫视频道播出电视购物短片广告管理工作的通知》，要求自2014年1月1日起，全国卫视频道播出电视购物短片广告每小时不超过1次，每次不超过3分钟，每天播出同一内容不得超过3次。

广告标识是区分内容商业性目的的关键，对于广告标识的监管，广电总局有明确规定，按照61号令，电影、电视剧剧场或者节（栏）目冠名标识不得含有下列情形：

（1）单独出现企业、产品名称，或者剧场、节（栏）目名称难以辨认的；

（2）标识尺寸大于台标，或者企业、产品名称的字体尺寸大于剧场、节（栏）目名称的；

（3）翻滚变化，每次显示时长超过 5 分钟，或者每段冠名标识显示间隔少于 10 分钟的；

（4）出现经营服务范围、项目、功能、联系方式、形象代言人等文字、图像的。

2015 年新修订的《广告法》对广告内容和行为监管的修改幅度很大，包括明确虚假广告的定义和典型形态、新增广告代言人的法律义务和责任、强化对大众传播媒介广告发布行为的监管力度、公益广告发布等多个方面。其中，第 14 条明确规定，广告应当具有可识别性，能够使消费者辨明其为广告。《广播电视广告播放管理暂行办法》第 15 条也规定，电视广告应与其他节目明显区分。

在相关法律法规、政策性文件的监管下，广电媒体的广告经营逐步规范化，广告环境也进一步得到了净化。

（三）特殊品类广告的禁止

烟草、医疗保健、药品、酒类、投资金融广告是国家监管的重灾区，这几类行业由于品类特殊性，经常会违反国家广告管理的相关规定，因此受到了广电总局的严格管控。

（1）针对烟草广告的管控。2011 年 2 月，国家广播电影电视总局办公厅下发通知，要求影视剧中不得出现烟草的品牌标识和相关内容及变相的烟草广告；不得出现在国家明令禁止吸烟及标识禁止吸烟的场所吸烟的镜头；不得表现未成年人买烟、吸烟等将烟草与未成年人相联系的情节；不得出现有未成年人在场的吸烟镜头。同时严控以"艺术需要""个性化表达"为名出现吸烟镜头，应尽量用其他形式代替吸烟。

（2）针对医疗保健、药品广告的监管。2009 年的 61 号令规定，禁止药品、医疗器械、医疗和健康资讯类广告中含有宣传治愈率、有效率，或者以医生、专家、患者、公众人物等形象做疗效证明的；电影、电视剧剧场或者节（栏）目不得以治疗皮肤病、癫痫、痔疮、脚气、妇科、生殖泌尿系统等疾病的药品或者医疗机构作冠名。2016 年 8 月 26 日，总局印发《国家新闻出版广电总局关于进一步加强医疗养生类节目和医药广告播出管理的通知》（以下简称《通知》）。针对当下一些节目存在的非法兜售药品、保健品和医疗服务以及播放虚假医药广告等问题，《通知》要求进一步加强播出管理。新修订的《广告法》第十九条指出：广播电台、电视台、报刊音像出版单位、互联网信息服务提供者不得以介绍健康、养生知识等形式变相发布医疗、药品、医疗器械、保健食品广告。

（3）针对投资金融类广告的监管。61号令指出，投资咨询、金融理财和连锁加盟等具有投资性质的广告，应当含有"投资有风险"等警示内容。针对投资金融类广告的市场乱象，有关部门一直都在严查。

（4）针对酒类广告的监管。酒类广告在媒体广告发布中所占比重极大，原《酒类广告管理办法》第九条规定了对电视、广播、报纸、期刊等大众传播媒介发布酒类广告时间、版面和次数的限制。2017年10月27日，《国家工商行政管理总局关于废止和修改部分规章的决定》（92号令）决定废止《酒类广告管理办法》。《酒类广告管理办法》废止后，《广告法》中并未对大众传播媒介发布酒类广告的时间、版面等做出限制性规定，但相关管理部门对于酒类广告的发布有规定的，大众传播媒介也应遵守。《广播电视广告播出管理办法》第二十五条规定，播出机构应当严格控制酒类商业广告，不得在以未成年人为主要传播对象的频率、频道、节（栏）目中播出。广播电台每套节目每小时播出的烈性酒类商业广告，不得超过2条；电视台每套节目每日播出的烈性酒类商业广告不得超过12条，其中19：00～21：00不得超过2条。

国家广播电视总局在2018年9月30日发布通知，宣布自即日起至该年年底开展广播电视广告专项整治工作，存在夸大夸张虚假宣传、误导受众、引诱受众上当受骗等问题的医药、保健品、化妆品、美容、招商加盟、投资理财、收藏品等九类广告将被重点整治。从以上规制办法的出台来看，国家对特殊行业广告十分重视，对违反广告相关规定的发布主体实施严厉打击。

（四）公益广告的扶持与相关规定

国家对于广电媒体广告经营的管理也并非都是一味的限制，公益广告就是国家大力推行的一种广告类型。

61号令中规定，播出机构每套节目每日公益广告播出时长不得少于商业广告时长的 3% 。其中，广播电台在 11：00 ~ 13：00、电视台在 19：00 ~ 21：00，公益广告播出数量不得少于 4 条（次）。2015 年的新《广告法》的亮点之一就是增加了公益广告内容，扩大了广告法调整范围，旧法仅规范商业广告而没有涉及公益广告。

《公益广告促进和管理暂行办法》由国家工商行政管理总局、国家互联网信息办公室、工业和信息化部、住房城乡建设部、交通运输部、国家新闻出版广电总局于 2016 年 1 月 15 日发布，自 2016 年 3 月 1 日起施行。该办法对公益广告的相关管理做出了更加详细的规定，比如各类媒体——报刊、广播电台、电视台、新闻网站等刊登公益广告的频次、时长或版面要求，还明确了企业公益广告的界定标准。

广电总局每年都会拿出巨大的资金来扶持优秀的公益广告项目，可见其对公益广告的重视程度。

二　内容管理政策对广告招商的影响

除了直接管理媒体广告之外，广电总局还出台了"一剧两星""限娱令"等对内容进行监管的政策，对广电媒体的内容和广告经营都产生了很大影响。

（一）"一剧两星"政策加速卫视两极分化

2014 年 4 月，国家新闻出版广电总局发布了"一剧两星"政策规定，自 2015 年 1 月 1 日开始，同一部电视剧每晚黄金时段联播的卫视综合频道不得超过两家，同一部电视剧在卫视综合频道每晚黄金时段播出不得超过两集。

著名电视剧导演赵宝刚表示："新政会提高电视剧质量，因为四颗星的钱挤成两颗星了，那两颗星就得多付钱，电视台就得挑你的剧，质量不好的剧就不会买单。""一剧两星"政策加速了卫视平台的分化，同时也影响了广告招商的两极分化，好的内容抢着买，不好的内容没人要。

"一剧两星"政策下，媒体的播出模式在业界的不断探索中出现了新的变化，先是 1.5 轮跟播模式，之后 2015 年年底《芈月传》创新播出模式，它将"一剧两星"衍生为"一剧两星两网"（即两家卫视和两家网站），变相回归"一剧四星"模式，且之后又诞生了"一剧三星"模式，安徽卫视成为继北京卫视、东方卫视之后的第三家播出《芈月传》的卫视，但播出形式令人叫绝——"白＋黑"连播的霸屏模式：白天档5集连播，晚间档2集连播。① 在节目编排模式和台网联动的创新形式下，广告主也获得了更多投放策略选择的可能性，通过组合投放扩大覆盖面。

（二）"限娱令"影响植入广告

娱乐类节目一直是广电媒体的重点招商资源，高价冠名费和赞助费能够为电视台带来巨大的收益。然而，娱乐节目中存在过度娱乐和低俗化的问题，政策对娱乐类节目的约束令电视台损失惨重。

2011年10月24日，国家广播电影电视总局下发《关于进一步加强电视上星综合频道节目管理的意见》，提出从2012年1月1日起，34个电视上星综合频道要提高新闻类节目播出量，同时对部分类型节目播出实施调控，以防止过度娱乐化和低俗倾向，满足广大观众多样化、多层次、高品位的收视需求。

文件对节目形态雷同、数量泛滥的婚恋交友类、才艺竞秀类、情感故事类、游戏竞技类、综艺娱乐类、访谈脱口秀、真人秀7种类型的节目实行播出总量和播出时间的控制。要求每晚19：30~22：00，全国包括央视一套在内的34家上星频道中，这7类节目数量不超过9档；每家卫视则不能超过2档；每天黄金档播出这7类节目的时长不超过90分钟。各电视上星综合频道还要开办一个弘扬中华民族传统美德和社会主义核心价值体系的思想道德建设栏目。

2013年10月12日下发的《关于做好2014年电视上星综合频道节目编排和备案工作的通知》以及2016年8月4日的《国家新闻出版广电总局关于进一步加强社会类、娱乐类新闻节目管理的通知》，进一步加强了对此类内容的管理。这些管理规定在不断规范娱乐类内容的同时，也给其广告经营设置了边界，直接影响到节目的广告经营效果。

综上，最近十年，无论是互联网媒体还是广电等传媒媒体，对其内容和广告经营的监管都越来越常态化、法制化，规章制度制定得越来越细

---

① 主编温静：《"一剧两星"一年间"盒子"遭重拳，2015就这么过去了》，https：//mp. weixin. qq. com/s/7OYuRhRtJV－dJc2rI－8zfQ，微信公众号，2015年12月24日，最后访问时间2019年1月。

致，管理手段、管理技术等也越来越成熟。互联网不是法外之地，这句话值得所有的互联网机构慎重对待，尤其是对于新兴的移动互联网媒体来说更是如此，野蛮生长的起步阶段已经过去，只有建立在规范的、合法的基础上，才有可能持续健康发展。

当然，媒体试图拓展更大经营空间、赢取更多机会的动力也不会消失，这种勇往直前的精神正是推动中国媒体40年来蓬勃发展的内容发展动力。中国媒体经营与政策监管的博弈也将持续进行下去。

后　记

两年前，我们接到了中国媒体四十年经营史研究这个重大任务。说实话，刚一拿到题目的时候，肯定是有些茫然的。虽然在过去 20 余年间，我们的团队从未停止过对中国传媒行业的追踪研究，但是站在这样一个重要的历史节点，回望过去的 40 年，还是让人不禁产生要正襟危坐之感。

两年来，我们查阅了大量的历史资料，开了无数次碰头会，广泛跟业界人士交流，不断修改文稿，终于逐渐完成了这本对中国媒体 40 年经营历程进行梳理的著作。在这个过程中，我们看到了前辈们从筚路蓝缕中一步步走过来，中国媒体用 40 年时间从一穷二白走到了万亿规模。作为改革开放的见证者、亲历者、记录者，其间有多少荡气回肠的故事值得回味，有多少可歌可泣的人物值得尊敬，又有多少彷徨失败值得反思。

今天，21 世纪即将进入第三个十年，未来已来，技术洪流依然滚滚向前，资本势力不断汹涌而入，与政策的博弈也将持续下去，身处大时代中的媒体，又将谱写多少值得记录、值得回味的未来。我们非常幸运，能够参与这一伟大的历史进程，并以我们的方式对之进行记录、思考。

在本书中，我们把媒体 40 年来产业经营的探索分为 5 个阶段，一家之言，虽不那么严谨，但也基本描述了 40 年来的发展过程。

第一阶段：1979～1984 年，这是媒体广告经营艰难恢复的阶段，这一过程自然不可能一帆风顺，关于媒体能否经营广告成为争论焦点，最终为广告正了名，为媒体走向市场、走向产业化定了调。

第二阶段：1985～1991 年，这是恢复之后初步探索市场化的阶段。媒体在政策许可的范围内大胆改革，广告经营的性质不再受到质疑，开始被看作弥补媒体经费不足的有力手段。

第三阶段：1992～2000 年，这是风云迭起、产业化进程加快的阶段。企业发展导致广告需求量大增，媒体广告经营随之增长，到 90 年代末期，电视和报纸都达到了年收入百亿元的规模。广告之外媒体自身经营探索也更加多元，产业化浪潮到来。

第四阶段：2001～2008年，传统媒体迎来巅峰，互联网开始兴起，整个传媒行业开始向数字化方向转型，技术开始对整个媒体行业的颠覆和重构。

第五阶段：2009～2019年。传统媒体逐渐走下坡路，再次面临生死存亡的考验。而互联网则在技术和资本的助推下狂飙突进，从PC迈向移动，从数字化迈向智能化，大数据、人工智能掀起重重波澜，颠覆与重构的口号响彻云霄，无论新旧东西，"融合"成为一个不可抗拒的潮流。

在后两个阶段的20年里，中国媒体市场发生重大变化，各方力量轮番登场，相互的勾心斗角博弈竞争层出不穷、空前激烈，传统产业的"数字化"与新兴产业的"媒体化"交织在一起，构成一幅百年不遇波澜壮阔的媒介产业化图景。

梳理40年媒体经营史，我们始终把产业经营问题放在媒体发展的重要位置，只有市场化的经营才能带动中国媒体机构不断向前发展，才能解决发展中所面对的种种问题。今天，虽然中国传媒行业的总体规模超过万亿，但是媒体机构的发展环境依然不容乐观。

第一，生存的问题再次被摆在了台面上。当下，媒体环境的复杂程度和竞争的激烈程度更胜以往，技术的融合与迅猛发展带来了全面融合的媒介环境，颠覆了传统的媒介作业方式，广电、报刊这样的传统媒体面临着极大的生存挑战，对它们而言，产业化道路回到原点，且环境更加严峻。

第二，经营仍然是生存发展的关键。我国媒体一直以来都在政治和经济的博弈中生存，妥协在所难免，但是极端化的选择是需要避免的。如果新闻媒体机构由于生存困难就选择放弃经营，倒退成为依赖财政拨款生存的"机关媒体"，那么，这些媒体机构的经营能力迅速退化，只能"生存"，而无从"发展"，也妄论"强大"。

第三，新兴媒体本身带有市场基因，如果任由资本操控，违背中国媒介产业双重属性的发展基准，同样会失去经营空间。因此，要不要遵循媒体的双面属性，如何在融合环境中健康、有序地经营，成为新兴的驯服工具，仍然是新兴媒体机构不得不解决的生存问题。

第四，机制体制顶层设计缺失的问题仍然没有得到良好的解决。正因为我国媒体同时具有事业和产业双重属性这一特殊性，我们无法照搬国际媒体机构的生存发展模式，概念上的粗放借鉴是不可能在中国特色市场中落地生根的。所有行之有效的发展模式，都必须结合自身的发展需求和市场特色来设计。从这个角度而言，缺乏系统化、体系化的体制机制、发展模式设计将会在很大程度上限制我国媒介产业的未来发展。

40 年时过境迁，但是，问题依然存在，表象是经营问题，实质还是制度问题，牵扯技术迭代也有环境适应，总而言之，事关未来的生死存亡的大问题。这些问题带入新的时代环境，构成了媒介产业化的下半场。

我们会继续保持对中国媒体行业的好奇心，持续关注和研究这一行业的发展变化。期待下一个 10 年、40 年，中国的媒体产业经营更加精彩。

本书能够出版，还要感谢中国商务广告协会、中国广告协会、中国广告主协会等机构的大力支持和指导，感谢中央广播电视总台等媒体机构接受我们的采访和调研，并提供了相关资料，感谢中国传媒大学广告学院黄升民教授、丁俊杰教授、周艳教授、刘英华教授、宋红梅副教授、马澈博士等人为本书写作提供的无私帮助。在研究过程中，中国传媒大学广告学院硕士研究生陈苢扬、刘硕、张熙悦、谢晨薇四位同学作为课题组成员参与了本书的内容撰写，付出了辛苦劳动；中国传媒大学广告学院 2016 级网络与新媒体系的十余位同学搜集整理了大量基础资料，他们是朱容州，王原青，杨雅坤，万拥坤，贾玉涵，薄雨成，杨艺淑，刘佳蕊，王彦翔，刘瑾，马天行，高青青，在此对他们的辛勤付出表示感谢。同时，也要感谢社会科学文献出版社社会政法分社的王绯社长、崔晓璇编辑为本书出版所付出的努力。此外，本书在撰写过程中参考了大量前人成果和资料，谨向相关著者、作者表示最诚挚的感谢和敬意。本书中所用照片的相关版权问题，文责自负。

谨以此书，献给改革开放 40 年以及这 40 年中兢兢业业努力奋斗的中国传媒人。

本书作者
2019 年 5 月

图书在版编目(CIP)数据

中国媒体经营四十年：1979－2019 / 王薇，刘珊著
. -- 北京：社会科学文献出版社，2019.5
（中国广告四十年）
ISBN 978－7－5201－4780－4

Ⅰ.①中…　Ⅱ.①王…②刘…　Ⅲ.①传播媒介－经
济管理－中国－1979－2019　Ⅳ.①G206.2

中国版本图书馆 CIP 数据核字（2019）第 080650 号

·中国广告四十年·

中国媒体经营四十年（1979～2019）

著　　者 / 王　薇　刘　珊

出 版 人 / 谢寿光
责任编辑 / 张建中　崔晓璇

出　　版 / 社会科学文献出版社·社会政法分社（010）59367156
　　　　　　地址：北京市北三环中路甲 29 号院华龙大厦　邮编：100029
　　　　　　网址：www.ssap.com.cn
发　　行 / 市场营销中心（010）59367081　59367083
印　　装 / 三河市龙林印务有限公司

规　　格 / 开　本：787mm × 1092mm　1/16
　　　　　　印　张：22.25　字　数：361 千字
版　　次 / 2019 年 5 月第 1 版　2019 年 5 月第 1 次印刷
书　　号 / ISBN 978－7－5201－4780－4
定　　价 / 118.00 元